2판
최신 버전
신기능 반영

한 권으로 끝내는
영상 기획 / 촬영 / 편집 / 제작
with 프리미어 프로

영상 실무에 **적용**할 수 있는 **92개** 실전 예제!

앤써북
ANSWERBOOK

한 권으로 끝내는

영상 기획/촬영/편집/제작 with 프리미어 프로

영상 실무에 **적용**할 수 있는 **92개** 실전 예제!

초판 1쇄 발행 | 2022년 05월 31일
2판 1쇄 발행 | 2023년 04월 10일

지은이 | 신재호
펴낸이 | 김병성
펴낸곳 | 앤써북

출판사 등록번호 | 제 382-2012-0007 호
주소 | 파주시 탄현면 방촌로 548
전화 | 070-8877-4177
FAX | 031-942-9852
도서문의 | 앤써북 http://answerbook.co.kr
ISBN | 979-11-981892-2-6 13000

[안내 드립니다]
• 이 책의 내용을 토대로 진행한 실습 및 결과에 대해 저자, 출판사, 소프트웨어 개발자 및 제공자는 일체의 책임을지지 않으므로 양해 바랍니다.
• 이 책에서 소개하는 제품명, 회사명은 각 회사의 등록 상표(또는 상표)이며, 본문 중에는 TM, ⓒ, ⓕ 마크 등을 생략합니다.
• 이 책에서 제공하는 예제 파일은 프리미어 프로 CC 2023 이상의 버전에서만 사용할 수 있습니다.
• 이 책의 예제 파일에서 사용된 폰트는 구글에서 제공하는 Noto Sans CJK KR Bold 폰트 등 무료 폰트를 사용하였습니다. 폰트 관련 내용은 Chapter 03 Lesson 03 _ 07 "폰트는 어디서 받을 수 있을까요"를 참조하거나 무료 폰트를 모아 놓은 사이트인 눈누 폰트(https://noonnu.cc/)를 이용하면 편리하게 자신이 원하는 폰트를 찾을 수 있을 것입니다.

Preface

머리말

어느덧 영상 업계에서 일한 지 15년이 흘렀습니다. 뮤직비디오 촬영팀부터 해외 드라마 제작팀, 재외공관 영상 PD 등 여러 영상 업계를 거쳐 지금은 콘텐츠 제작 회사를 운영하고 있습니다.

대학 신입생 때 첫 다큐멘터리 작업을 하면서 아버지를 인터뷰했습니다. 지금 생각해보면 아버지는 미래를 내다보셨던 것 같습니다. 당시 비주류 전공이었던 영화와 영상을 공부한다는 것에 대해 어떻게 생각하는지 여쭤봤고, 아버지는 '앞으로 모든 것이 영상이 되는 시대가 올 것이기 때문에 좋은 선택인 것 같다'라고 이야기하셨습니다.

그로부터 15년이 지난 지금, 정말 모든 것이 영상 콘텐츠로 이뤄진 시대가 되었습니다. 어쩌면 제가 영상에 관심을 가지고 공부하기 시작했던 타이밍이 좋았는지도 모르겠습니다.

하지만 제가 처음 영상을 배울 때는 지식을 얻기가 너무 어려웠습니다. 유튜브도 없었고, 마땅한 학원도 없었으며, 전문가를 만날 수 있는 플랫폼도 없었습니다. 서점에서 여러 권의 책을 사서 보긴 했지만, 쉽게 따라 할 수 있는 구성이 아니었습니다. 책의 내용과 실무에서 필요로 하는 내용도 많이 달랐습니다. 그래서 매일 밤새 가며 프리미어 프로의 버튼을 하나하나 눌러보고, 여러 번 실패한 끝에 배웠습니다.

이 책을 통해서 여러분들께 드리고 싶은 가장 큰 것은 '시간'입니다. 여러분들께서 저와 같은 불필요한 '실패'를 겪지 않고 빠르게 영상의 기술을 습득하실 수 있도록 기획부터 촬영, 편집까지 모두 실무 위주로 다뤘습니다. 특히 영상 편집에서는 불필요한 기능은 제외하고, 현업에서 자주 사용하는 효과들만 정리했습니다.

영상을 처음으로 접하시는 분들도 쉽게 익히실 수 있도록, 실습은 '따라 하기' 순서대로 구성했습니다. 물론 너무 어려운 기능은 텍스트만으로 이해하기 어려울 수 있어서, 동영상 강의를 포함했습니다. 이를 통해 여러분들께서 불필요하게 소모되는 에너지와 시간을 절약하실 수 있으면 좋겠습니다. 여러분들께서 이 책의 마지막 장을 읽으셨을 때는 언제라도 실무에 투입되실 수 있는 준비가 되어있길 바랍니다.

콘텐츠 제작 회사를 운영하면서 글을 쓰느라 3개월 안에 마무리하겠다던 약속이 거의 2년을 채워서야 끝이 났습니다. 긴 시간 글을 집필한 만큼 더 꼼꼼하게 다뤄진 내용을 보실 수 있을 거라 자신합니다.

제가 이 책을 쓸 수 있었던 것은 앞서 말씀드렸던 것처럼 저의 꿈을 응원 해주시고 항상 좋은 방향으로 이끌어주신 부모님 덕분이라고 생각합니다. 늦은 시간 일 마치고 집에 귀가해도 반겨주는 봄둥이와 새봄이에게도 고마운 마음을 전하고 싶습니다.

제가 집필하는 동안 저의 업무를 많은 동료들이 나눠서 해주었습니다. 어려운 환경에서도 언제나 옆에서 묵묵히 그리고 꿋꿋이 버텨주고 힘이 되어주는 서정훈 COO를 비롯한 피버즈 식구들에게 감사드립니다. 언젠가 꼭 결초보은하도록 하겠습니다.

군대에서 만나 10년 넘게 인생의 멘토로서 항상 긍정적인 기운을 전해주는 수완이, 늘 미래를 향해 준비하며 나아가는 우성이, 6mm 캠코더를 들고 다닐 때부터 평생을 함께한 방학동 친구들에게도 고마운 마음을 전하고 싶습니다. 이외에도 분량 상 글로 표현하지 못한 많은 분들께 감사드립니다.

마지막으로 매번 마감 시간을 지키지 못해서 애가 타셨을 텐데도 끝까지 기다려주신 앤써북 편집부 임직원들께 감사드립니다.

신재호 씀

Reader Support Center

독자 지원 센터

독자 지원 센터는 이 책을 보는데 필요한 책 소스 파일, 독자 문의, 별책 부록 PDF 파일 다운로드방법 등 책을 보는데 필요한 사항을 지원합니다.

책 소스 및 프로젝트 파일　　**동영상 강의**　　**별책 부록 PDF 파일 다운로드**

이 책과 관련된 **실습 소스** 및 **프로젝트 파일, 별책부록** PDF 파일 다운로드, 동영상 강의 경로, 정오표를 확인하기 위해 앤써북 카페의 [도서별 독자 지원 센터]–[영상 기획촬영편집제작 with 프리미어프로] 게시판을 클릭합니다. 게시판 [공지] 글인 "책 소스와 책 실습 〈동영상 강의 영상〉 경로 및 별책부록 PDF 파일 다운로드 안내입니다." 게시글을 클릭한 후 안내에 따라 확인하면 됩니다.

독자 문의

이 책과 관련된 실습 소스 및 프로젝트 파일은 앤써북 카페(answerbook.co.kr)의 [도서별 독자 지원 센터]–[도서별 독자 지원 센터]–[영상 기획촬영편집 제작 with 프리미어프로] 게시판을 클릭합니다.
버튼을 클릭한 후 제목에 다음과 같이 "[문의] 페이지 수, 질문 제목"을 입력하고 궁금한 사항은 아래에 작성 후 [등록] 버튼을 클릭하여 등록합니다. 등록된 질의글은 저자님께서 최대한 빠른 시간에 답변드릴 수 있도록 안내합니다이 책은 따라하기 실습 시 동영상 강의를 시청할 수 있는 QR 코드를 제공합니다. 동영상은 두 가지 버전이 제공되는데요. 프리미어프로 CC 2023 버전용 동영상은 QR코드 테두리가 빨강색, 프리미어프로 CC 2023 이전 버전용 동영상은 연두색입니다.

실습 예제에 따라 두 버전 모두 제공되는 경우가 있고, CC 2023 이전 버전만 제공되는 경우가 있는데요. 버전에 따른 인터페이스 변화로 인해 프리미어프로 CC 2023 버전에서 따라하기 쉽지 않은 실습 예제만 두 버전 동영상이 모두 제공됩니다.

자신이 사용하고 있는 프리미어프로 프로그램 버전에 맞는 동영상을 시청하면 됩니다.

CC 02023 이하 버전   CC 02023 버전

---

10 _ 프로젝트 생성하기

▶ 동영상 강의 시청하기
https://youtu.be/Re4UKgACs4U
CC 2023 이하 버전
https://youtu.be/9oAhKW3JMsQ
CC 2023 버전

이제 컷 편집을 시작할 수 있도록 프로젝트를 생성해봅시다. 프리미어 프로의 프로젝트 생성 화면이 2022년 4월 업데이트부터 많이 바꿔었습니다. 업데이트를 통해 이전보다 간단하게 만들게 되었지만, 기능은 그전과 다르지 않으니 이전 버전을 쓰시더라도 비슷하게 따라하시면 됩니다.

01 홈 패널에서 New Project 버튼을 누르거나, 상단 메뉴에서 File - New - Project를 클릭합니다.

Contents

목차

CHAPTER 02 영상 7할은 촬영이다!

"나에게 맞는 촬영 장비 선택 가이드", "영상 촬영 실습" 등에 관한 자세한
내용을 별책 부록으로 제공합니다.

CHAPTER 03 프리미어 프로 기초 _영상 편집, 자막 제작, 모션 효과 만들기

Contents

목차

Contents

목차

CHAPTER 04 고급 편집 기법으로 프리미어 프로 레벨업 완성하기

Contents

목차

Bonus book

별책부록

"영상을 만들어야 하는데, 대체 뭐부터 해야 하지?"

영상을 배우는 분 중 대다수는 갑자기 영상이 필요해서 배웁니다. 회사에서 회의 중에 떠밀려서 직접 영상 제작을 해야 되기도 하고, 부서 이동으로 영상 제작 업체와 함께 일을 해야 해서 배우곤 합니다. 물론 학생들은 조별 과제로 영상이 필요해서 배우기도 합니다.

그런데 유튜브를 찾아보자니 뭐부터 봐야 할지 모르겠고, 내가 원하는 내용 위주로 정리되어 있지 않아서 공부하기가 힘듭니다. 당장 이번 달 안에 결과물을 만들어내야 하는데 공부할 시간이 부족하고, 그렇다고 그냥 시작하자니 정리가 안돼서 막막하셨다면, 이번 Chapter를 꼼꼼히 읽어주세요. 영상을 만들기 위해 꼭 알아야 하는 이론과 제작 과정에 대해서 모두 꼼꼼히 설명해 드리겠습니다.

CHAPTER 01

영상 제작 기초

LESSON
01
좋은 촬영과 편집의 기초
영상 필수 이론

사칙연산을 할 줄 알아야 더 어려운 수학 문제를 풀 수 있습니다. 마찬가지로 영상도 기초적인 이론을 알아야 좋은 촬영과 편집을 할 수 있습니다. 물론 이론을 몰라도 누구나 스마트폰으로 영상을 찍을 수 있지만, 퀄리티에서는 많은 차이가 나게 됩니다. 이번 Lesson에서는 여러분들이 영상 제작을 할 때 꼭 알아두어야 하는 필수적인 영상 이론들을 배워보도록 하겠습니다.

01 _ 영상의 구성단위

영상의 구성단위를 알고 나면 대본을 쓰기가 훨씬 쉽고, 촬영 전에 어떤 준비를 해야 할지 보이게 됩니다. 컷부터 스토리까지 어떤 단위를 이용해서 영상을 구성하는지 알아보겠습니다.

01-1 가장 작은 구성단위 컷(Cut)

남자와 여자 그리고 불륜녀가 서있다.
묘한 긴장감이 흐른다.
여자는 남자를 향해 소리친다.

       여자 네가 어떻게 나한테 그럴 수 있어?

남자도 여자를 향해 소리친다.

       남자 사랑에 빠진 게 죄는 아니잖아!

남자의 변명에 코웃음을 치는 여자.
머리를 쓸어 넘기다 남자의 뺨을 때린다.
남자가 뺨 맞은 고개를 돌리면 쌍코피를 흘리고 있다.

위의 대본을 가지고 영상을 촬영한다면 어떻게 촬영하실 건가요? 한 장면으로 연속해서 보여줄까요?

장면 01
남자와 여자 그리고 불륜녀가 서있다.
묘한 긴장감이 흐른다.

장면 02
여자는 남자를 향해 소리친다.
"네가 어떻게 나한테 그럴 수 있어?"

장면 03
남자도 여자를 향해 소리친다.
"사랑에 빠진 게 죄는 아니잖아!"

장면 04
남자의 변명에 코웃음을 치는 여자.
머리를 쓸어 넘기다 남자의 뺨을 때린다.

장면 05
남자가 뺨 맞은 고개를 돌리면
쌍코피를 흘리고 있다.

◆ 스토리보드(Storyboard)

일반적인 드라마 형태라면 위의 스토리보드처럼 촬영하게 될 것입니다. 첫 장면은 장소와 상황을 전달하기 위해 인물 세 명이 다 보일 수 있도록, 넓은 화각으로 촬영할 것입니다. 다음 장면에서는 소리치는 여자의 얼굴이 보일 것입니다. 이어서 남자가 소리칠 때는 남자의 얼굴이 잘 보이게 카메라 위치를 변경해 줄 것입니다.

이처럼 영상은 글로 된 대본을 여러 장면으로 나누어서 촬영하게 됩니다. 이런 장면 단위를 **컷**(Cut)이라고 합니다. 2시간 분량의 영화는 평균적으로 1,500컷으로 구성되어 있고, 액션 영화의 경우 2,500컷~3,000컷이 될 정도로 컷의 길이를 짧게 쓰기도 합니다.

01-2 컷(Cut)과 유사한 개념의 테이크(Take)

◆ 슬레이트에 써있는 Scene, Cut, Take

컷과 비슷한 개념으로 테이크(Take)가 있습니다. 테이크는 카메라의 녹화 버튼을 누르고, 감독이 "레디 액션!"을 외친 후로부터 종료 신호인 "컷!"을 외칠 때까지를 의미합니다. 왜 헷갈리게 컷 말고 테이크까지 있을까요? 한 컷을 찍을 때 한 번 만에 OK가 나면 좋지만, 배우가 대사를 잊어버릴 수도 있고, 주변 소음이 갑자기 문제가 될 수도 있습니다. 이런 경우 같은 컷을 여러 번 찍게 되기 때문에 테이크의 개념을 넣은 것입니다. 영화나 드라마에서 컷이 바뀌지 않고 오랫동안 한 컷으로 유지되는 촬영기법을 롱 **테이크(Long Take)**라고 하는 것도 액션 신호부터 컷 신호까지의 길이가 길기 때문입니다.

01-3 장소와 시간으로 구분하는 씬(Scene)

S# 1. 도로	S# 2. 병원
남자와 여자 그리고 불륜녀가 서있다. 묘한 긴장감이 흐른다. 여자는 남자를 향해 소리친다. 　　　　**여자** 네가 어떻게 나한테 그럴 수 있어? 남자도 여자를 향해 소리친다. 　　　　**남자** 사랑에 빠진 게 죄는 아니잖아! 남자의 변명에 코웃음을 치는 여자. 머리를 쓸어 넘기다 남자의 뺨을 때린다. 남자가 뺨 맞은 고개를 돌리면 쌍코피를 흘리고 있다.	병원에 앉아있는 남자. 양쪽 콧구멍에는 휴지가 꽂혀있고, 뺨을 부여잡고 있다. 뺨 맞은 것이 분한지 씩씩거린다. 불륜녀가 얼음팩을 들고 나타난다. 남자보다 더 화를 내는 불륜녀. 　　　　**불륜녀** 뭐 저런 사람이 다 있어?! 남자는 동의를 표현하고 싶지만, 불륜녀 앞에서 여자에게 맞았다는 사실이 부끄러워 대답을 하지 않는다.

다시 돌아와서 컷(Cut)보다 큰 단위를 봅시다. 컷이 여러 개가 모이면 하나의 **씬(Scene)**이 됩니다. 씬은 **장소**와 **시간**으로 구분을 합니다. **장소가 바뀌면 씬이 바뀌고, 같은 장소라도 시간이 달라지면** 씬이 바뀝니다. 예를 들어 위의 대본처럼 거리에서 남자가 뺨을 맞고 코피를 흘린 후, 다음 장면에서 남자가 병원에 있다면, 총 2개의 씬으로 구성된 것입니다.

01-4 씬(Scene)들의 조합, 시퀀스(Sequence)

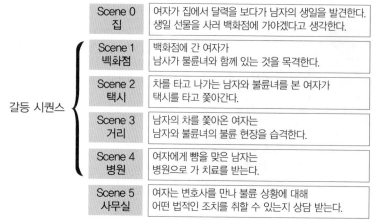

	Scene 0 집	여자가 집에서 달력을 보다가 남자의 생일을 발견한다. 생일 선물을 사러 백화점에 가야겠다고 생각한다.
	Scene 1 백화점	백화점에 간 여자가 남자가 불륜녀와 함께 있는 것을 목격한다.
갈등 시퀀스	Scene 2 택시	차를 타고 나가는 남자와 불륜녀를 본 여자가 택시를 타고 쫓아간다.
	Scene 3 거리	남자의 차를 쫓아온 여자는 남자와 불륜녀의 불륜 현장을 습격한다.
	Scene 4 병원	여자에게 뺨을 맞은 남자는 병원으로 가 치료를 받는다.
	Scene 5 사무실	여자는 변호사를 만나 불륜 상황에 대해 어떤 법적인 조치를 취할 수 있는지 상담 받는다.

여러 개의 씬들이 모이면 하나의 **시퀀스(Sequence)**가 됩니다. 예를 들어 **씬1) 백화점에 간 여자가 남자의 바람 현장을 목격하고, 씬2) 택시를 타고 몰래 쫓아간 다음, 씬3) 불륜 현장을 습격해서 뺨을 때리고, 씬4)뺨 맞은 남자가 병원에 갔다면**, 총 네 개의 씬이 만들어집니다. 이 네 가지 씬을 모으면 하나의 시퀀스가 되는 것입니다.

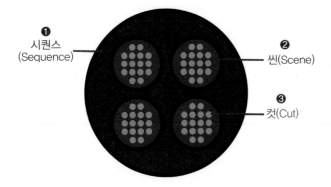

정리하자면 범위는 ❶ 시퀀스(Sequence) 안에 여러 개의 ❷ 씬(Scene)이 있고, 씬은 여러 ❸ 컷 (cut)으로 나누어서 찍는 것입니다.

01-5 플롯(Plot)과 스토리(Story)

그럼 조금 더 큰 범위로 가보도록 하겠습니다.

시퀀스가 여러 개가 모이면 무엇이 될까요? 하나의 이야기가 될 것입니다. 그 이야기는 저희가 보는 영화나 드라마입니다.

한 편의 영화가 있다고 가정해 봅시다.

철수가 군대를 전역하고 학교에 복학하는 것으로 시작합니다. 철수가 들어간 동아리에 영희가 있고, 철수는 첫눈에 영희에게 반합니다. 철수는 동아리 MT에서 영희에게 고백을 하지만 거절당합니다. MT에서 돌아온 후, 다시 영희에게 고백하지만 또 거절당합니다. 철수는 거의 포기한 상태가 되지만, 우연히 교양 수업에서 영희와 조별 과제를 같이 하게 됩니다. 함께 과제를 하면서 영희도 철수에게 매력을 느끼게 됩니다. 철수가 다시 고백을 하고, 결국 영희는 철수의 고백을 받아주며 영화는 끝이 납니다.

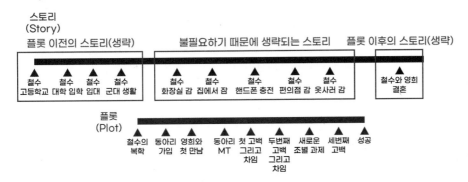

영화의 끝 이후는 어떻게 될까요? 철수와 영희는 결혼을 할 수도 있고, 시간이 흐른 뒤 헤어졌을 수도 있습니다. 마찬가지로 영화 이전은 어떤 사건이 있었을까요? 관객들은 철수가 군대에 다녀왔다는 사실은 알지만, 군대에서 무슨 일이 있었는지는 알 수 없습니다.

이처럼 **내러티브(서사)**는 **플롯(Plot)**과 **스토리(Story)**로 구분됩니다. 철수가 학교에 복학해서 영희에게 교제 허락을 받는 것까지가 플롯입니다. 즉, 플롯은 관객에게 보여주는 내용을 의미합니다. 플롯의 이전 또는 이후에 일어나는 일은 스토리(Story)입니다. 플롯에 나왔어야 하지만 생략된 이벤트들, 예를 들어 철수가 영희에게 거절당하고 집에 돌아오거나, 혼자 슬퍼서 술을 마시는 모습들은 플롯에서 빠져있는 스토리에 해당합니다. 효율적인 내용 전달을 위해 플롯에서 생략이 될 뿐입니다.

플롯과 스토리의 개념을 알아야 하는 이유는 시나리오를 작성할 때 효율적으로 내용을 구성하기 위함입니다. 어떤 부분은 넣고, 어떤 부분은 빼도 되겠다는 판단을 세워야 관객들이 이해할 수 있으면서도 템포가 느려지지 않는 시나리오를 쓸 수 있습니다. 이뿐만 아니라, 캐릭터들의 성격에 대한 타당성을 부여할 수도 있습니다. 예를 들어 스토리를 구성할 때 '*영희가 철수의 고백을 받아주지 않는 것은 예전에 선배와 연애하다 차였던 아픈 기억 때문이다.*' 라는 전제를 만들어 놓으면, 이에 해당하는 복선을 플롯에 조금씩 넣어서 캐릭터가 극 중에서 내리는 결정에 대한 당위성을 만들어줄 수 있습니다.

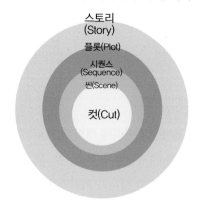

다시 한 번 영상의 구성단위를 정리해 보겠습니다.

거대한 스토리(Story) 안에 관객들에게 보여주는 내러티브인 **플롯(Plot)**이 있습니다. 플롯은 여러 개의 **시퀀스(Sequence)**로 조합이 되며, 시퀀스는 여러 개의 **씬(Scene)**들로 조합이 됩니다. 마지막으로 씬은 여러 **컷(Cut)**을 사용해서 효율적으로 구성합니다.

이 구성단위를 제대로 알고 있어야 글을 쓰는 것뿐만 아니라, 준비 과정에서 효율적으로 작업을 할 수 있으니 꼭 외워두시길 바랍니다.

02 _ 영상의 원리인 잔상효과와 프레임 레이트(Frame rate)

◆ 그림이 영상처럼 보이게 되는 플립북(출처: Wikimedia Commons, Josila)

교과서의 모서리에 한 장마다 연속된 그림을 그리고 손가락으로 쭉 넘겨보신 적이 있으신가요? 분명 그림이었는데 영상처럼 움직이는 것을 보셨을 겁니다. 이를 **플립북(Flip book)**이라고 합니다. 플립 북의 원리는 영상의 원리와 같습니다.

플립북이 연속된 그림을 보여준다면, 영상은 연속된 사진을 보여주는 것입니다. 즉, 1초 동안 여러 장의 사진을 찍고 연결해주면 영상이 됩니다.

◆ Edward Muybridge가 1878년에 찍었던 연속 사진[1]

◆ 잔상효과를 활용한 영상 재생 장난감 조이트로프[2]

1800년대에 사람들이 말의 뛰는 모습을 가지고 논쟁을 벌였다고 합니다. 말이 뛸 때 최소한 한 발이 바닥에 붙어 있는지, 아니면 네 발이 다 떨어지는지를 내기했다고 합니다. 이에 에드워드 마이 브리 지라는 영국의 사진가가 연속 촬영이 가능한 사진기를 개발해서 이를 촬영하게 되었습니다. 이후 더 많은 장 수의 사진 촬영이 가능한 기계를 개발해 촬영했고, **주프락시스코프(zoopraxiscope)**라는 영 사 장치를 개발해서 이를 관객들에게 영상처럼 보여준 것입니다. 비슷한 장난감으로 한 방향으로 돌 리면 그림이 영상처럼 보이는 조이트로프가 있습니다. 모두 '**잔상효과**'를 이용한 장치입니다.

---

[1] Edward Muybridge, 〈The Horse in motion〉, Library of Congress Prints and Photographs Division, http://hdl.loc.gov/loc.pnp/cph.3a45870

[2] Clem Rutter, Rochester, Kent, www.clemrutter.net

사람의 눈은 1초에 12장 이상의 이미지가 주기적인 속도로 지나가게 되면 낱개의 이미지로 인지하지 못하고 하나의 움직임으로 보게 됩니다. 이를 잔상효과라고 합니다. 사람의 눈으로 연속된 이미지를 보면, 놓치는 정보가 생기게 되는데, 뇌에서 이 정보를 보완하기 위해 앞에서 본 것과 뒤에서 본 것을 자연스럽게 연결하도록 처리를 합니다.[1] 이것이 바로 영상의 원리입니다.

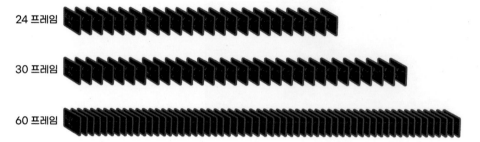

위의 원리를 이용한 기술이 바로 **프레임 레이트(Frame rate)**입니다. 프레임 레이트는 1초에 몇 장의 이미지가 지나갈 것인가를 의미합니다.

1초에 24장의 이미지가 지나갈 때와, 1초에 60장의 이미지가 지나갈 때, 어떤 것이 더 부드럽게 보일까요? 정답은 1초에 더 여러 장의 이미지로 표현되는 60프레임입니다. 가전제품 전시장에서 전시되어 있는 TV를 보면, 집에서 볼 때보다 화면이 훨씬 부드럽게 보일 것입니다. 왜냐하면 TV 전시장에서는 1초에 60장으로 처리되는 60프레임 또는 1초에 120장의 이미지가 지나가는 120프레임을 사용합니다. 반면 집에서 보는 영상들은 일반적으로 24프레임과 30프레임을 사용합니다. 초당 프레임 수가 2배 ~4배 많게 사용되는 가전제품 전시장의 영상들이 더 부드럽게 보일 수밖에 없는 것입니다.

영화, 드라마에서 주로 사용

예능 프로그램, 시사 프로그램, 광고 등 방송 매체에서 주로 사용

다큐멘터리, 스포츠 등 화질이 중요한 포맷에서 사용

영화나 드라마에서는 일반적으로 24프레임을 사용하고, 뉴스, 예능 등의 방송 프로그램은 30프레임을 사용합니다. 가전제품 전시장이나 스포츠, 다큐멘터리의 경우 더 부드러운 움직임과 높은 화질을 보여주기 위해서 60프레임 또는 120프레임을 사용하기도 합니다.

프레임 레이트는 기종에 상관없이 카메라나 스마트폰 내에는 설정이 가능하게 되어 있습니다. 카메라는 기종에 따라 다르지만, 보통 녹화 포맷 설정 메뉴에서 바꿔줄 수 있고, 스마트폰은 카메라 환경설정에서 동영상 해상도 설정으로 변경할 수 있습니다.

---

[1] 서울시립과학관 G전시실 포스팅(https://science.seoul.go.kr/board/display/read?menuId=8&bbsId=4&searchSeq=296&rsvnCd=rider)

그러면 다 60프레임으로 찍으면 되겠네요?

60프레임으로 촬영하면 선명하고 부드럽지만, 그렇다고 장점만 있는 것은 아닙니다.

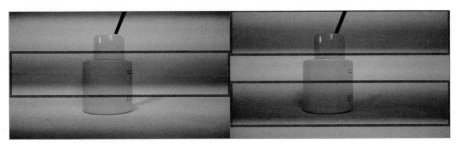

◆ 빨간색 상자 안에 해당하는 검은 줄이 플리커입니다.

첫째, 플리커 현상이 나타날 확률이 높아집니다.

60프레임으로 촬영을 하게 되면 1초에 60장의 이미지를 확보하기 위한 설정이 필요합니다. 즉, 카메라의 셔터가 열렸다 닫혔다 하는 속도인 셔터 스피드가 빨라져야 합니다. 이 때문에 형광등이나 특정 조명 아래에서는 화면에 검은색 줄이 위아래로 움직이거나, 화면이 깜빡거리게 되는 플리커 (Flicker) 현상이 나타납니다.

스마트폰의 슈퍼 슬로우 모션 기능을 켜서 형광등 아래의 물체를 찍으면 빠르게 깜빡거리는 현상을 볼 수 있습니다. 마찬가지로 카메라로 모니터나 TV 화면을 촬영하면 검은색 줄이 움직이는 모습을 발견하실 것입니다. 이것이 플리커입니다. 이는 등 기구의 원리와 연관이 있습니다. 형광등은 계속 켜져 있는 것처럼 보이지만, 실제로는 빠르게 깜빡 거리고 있습니다. 다만 너무 빨라서 사람의 눈으로는 인식을 하지 못합니다. 하지만 이 깜빡거리는 속도보다 카메라의 셔터가 더 빨리 열렸다 닫히게 되면 영상에 플리커 현상이 보이게 됩니다.

24프레임, 30프레임에서도 플리커 현상이 나타날 수 있지만, 60프레임으로 촬영 시에는 최소 셔터 스피드가 24프레임과 30프레임에 비해 빨라지기 때문에 플리커 현상이 더 두드러지게 발견 될 수밖에 없습니다. 이 때문에 외부 조명을 사용하지 않는다면 60프레임으로 실내에서 촬영 시 어려움이 있을 수 있습니다.

둘째로 60프레임으로 촬영을 하게 되면 굉장히 부드럽게 표현이 된다는 장점이 있지만, 일반적인 영상 느낌과 달라서 이질감을 느낄 수 있습니다.

이 때문에 모든 영상을 60프레임으로 촬영하기보다는, 영상의 목적과 분위기에 맞는 프레임 레이트를 설정하여 촬영해 주는 것이 좋습니다.

그렇다면 어떤 프레임 레이트를 고르면 좋을까요?

24프레임 영화 느낌을 살리고 싶다면
단편 영화, 뮤직비디오, 웹 드라마, 감성 브이로그, 시네마틱 여행 영상 등

 30프레임 가장 보편적인 방송 느낌을 원한다면
일반적인 유튜브, 강의 영상, 리뷰 영상, 웹 예능, 먹방 등

 60프레임 고화질이 중요하다면
댄스 영상, 기록물 영상(다큐멘터리) 등

영화나 뮤직비디오, 드라마는 24프레임으로 제작이 되고 있고, 방송은 30프레임으로 제작이 되고 있습니다. 이 때문에 시청자들에게 '익숙한' 프레임 레이트가 있습니다. 따라서 기존의 느낌에 맞는 프레임 레이트를 선정해 주는 것이 가장 무난합니다. 영화 같은 느낌을 표현하고 싶다면 24프레임으로 촬영하시는 것을 추천해 드립니다. 단편 영화, 뮤직비디오, 웹 드라마, 감성 브이로그, 시네마틱 여행 영상 등이 이에 해당합니다.

예능 프로그램이나 방송 느낌을 표현하고 싶으시다면 30프레임으로 촬영하시면 됩니다. 일반적인 유튜브 영상, 제품 리뷰, 먹방, 일상 브이로그, 강의 영상 등이 이에 해당합니다.

만약 고화질이 중요하거나, 부드러운 움직임을 보여주고 싶다면 60프레임으로 촬영하면 됩니다. 댄스 커버 영상, 연예인 직캠, 스포츠 영상, 기록적인 영상(여행지, 아이 영상) 등이 이에 해당합니다.

03 _ 영상 제작 과정 배우기

◆ 혼자서 라이브 스트리밍을 진행하는 현장의 모습

유튜브를 보다 보면 1인 크리에이터들이 만든 영상이 많아서 '대본 없이 카메라 한 대만 들고 찍으면 안 되나?'하는 생각이 드실 수 있습니다. 하지만 영상에 보이지 않을 뿐, 1인 크리에이터들도 촬영 전에 대략적인 구성은 준비한 채로 촬영을 합니다. 특히 처음 영상을 제작하는 분이라면 준비 과정 없이 카메라 한 대만 들고나가서 좋은 영상을 찍어오기에는 어려움이 있습니다. 머릿속으로 상상하는 촬영 현장과 실제 촬영 환경은 굉장히 다르기 때문입니다.

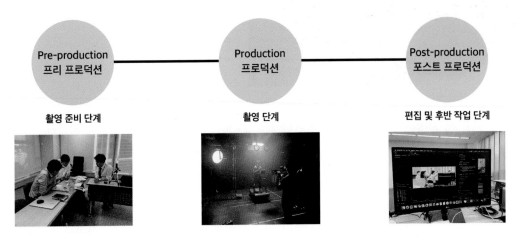

◆ 영상 제작 프로세스

상상과 현실의 간극을 줄이기 위해서 영상제작자들은 준비하는 과정을 거칩니다. 실제로 전체 영상 작업 중에서 가장 많은 시간을 쏟는 부분이 사전 준비 과정입니다. 이 과정에서 대본을 작성하고, 촬영할 장소를 섭외하며, 등장할 출연진들을 섭외하고, 스토리보드를 그립니다. 이 때문에 이 단계에서 실제로 촬영될 결과물의 내용이 거의 다 정해진다고 봐도 무방합니다. 이렇게 사전에 촬영을 준비하는 과정을 **프리 프로덕션**(Pre-production)이라고 합니다.

◆ 광고 촬영 현장

Pre는 영어에서 '이전의~'라는 뜻을 가지고 있습니다. 즉, 프리 프로덕션은 프로덕션 이전의 작업이라는 뜻입니다. 그렇다면 **프로덕션**(Production)은 무엇일까요? 바로 실제 촬영이 진행되는 단계를 의미합니다. 프로덕션 과정에서는 프리 프로덕션에서 준비한 내용을 바탕으로 촬영을 진행합니다.

◆ 편집 및 2D 그래픽 작업

프로덕션 작업, 즉 촬영이 끝나면 **포스트 프로덕션**(Post-Production) 과정을 거치게 됩니다. Post 는 영어에서 '이후의~'라는 뜻을 가지고 있습니다. 촬영된 결과물의 편집, 색보정, 사운드 믹싱, CG 등의 후반 작업을 거치는 단계입니다.

이 모든 과정이 끝나게 되면 검수를 거쳐 저희가 실제로 보는 영상으로 제작이 됩니다. 굉장히 거창해 보일 수 있지만 아주 단순하게 생각하면 촬영 전에 준비를 하고, 촬영을 하고, 촬영된 결과물을 다듬는다고 생각하면 됩니다.

◆ 간소화 된 장비로 촬영하는 1인 촬영 현장

물론 영상의 포맷에 따라 과정에 차이가 있을 수 있습니다. 여행 브이로그나 가족 영상 또는 행사 영상 촬영이라면 실제 현장에서 일어나는 이벤트를 바탕으로 촬영을 진행하기 때문에 프리 프로덕션 단계 가 굉장히 가볍게 진행이 됩니다. 하지만 아예 준비를 하지 않는 것보다는 적어도 '**어떤 내용을 촬영해 서 어떤 구성으로 만들겠다**'라고 미리 생각한다면 현장에서 더 좋은 장면을 확보할 수 있습니다.

정보 전달이 필요한 유튜브 영상, 예능 프로그램, 광고, 드라마라면 프리 프로덕션 단계에서 더 많은 시간을 쏟아야 합니다. 많은 스태프들이 움직이게 되기 때문에 현장에서는 시간이 곧 돈입니다. 따라서 가장 효율적인 방법으로 촬영을 할 수 있도록 프리 프로덕션 단계에서 꼼꼼히 준비를 해야 합니다. 프리 프로덕션과 관련된 자세한 내용은 Lesson 02에서 배워보도록 하겠습니다.

04 _ 대규모 영상 제작에 필요한 주요 구성원 살펴보기

그렇다면 영화나 드라마, TV CF 등의 대규모 영상 제작을 할 때는 얼마나 많은 사람들이 필요할까요? 팀 단위로 나눠보도록 하겠습니다.

연출팀
- 연출(Director)
- 조연출(Assistant Director)
- 연출부(2nd AD, 3rd AD)
- 스크립터(Script Supervisor)

제작팀
- 제작 총괄(Executive Producer)
- 프로듀서(Producer)
- 제작 실장(Line Producer)
- 제작부(Production Assistant)

촬영 조명팀
- 촬영 감독(Director of Photogrpahy)
- 조명 감독(Gaffer)
- 촬영팀(Assistant Camera)
- 조명팀(Best boy, Technicians)

그립팀
- 그립 기사(Key Grip)
- 그립팀(Best boy)

미술팀
- 미술 감독(Production Designer)
- 미술 감독(Art Director)
- 미술팀(Assistant Art Director)
- 의상팀(Costume Designer)

녹음팀
- 녹음 감독(Sound Supervisor)
- 붐 마이크(Boom Operator)

기타
- 분장팀(Makeup Department)
- 특수효과팀(SFX Department)
- 현장 편집팀
- 편집팀
- DI(색보정)
- 사운드 디자인

구성되는 팀은 영상 장르와 촬영 규모에 따라 다르고, 국가별 시스템에 따라서도 다릅니다. 일반적으로 한국 촬영 현장에서는 연출팀, 제작팀, 촬영팀, 조명팀, 그립팀, 미술팀, 녹음팀, 분장팀 정도가 함께 합니다. 할리우드의 경우 화물차 노조가 활성화되어 있어서 차량 운용을 담당하는 Transportation 팀이 따로 있기도 하고, 현장에서 모니터링만을 담당하는 팀이 있기도 합니다.

◆ 연출자의 모습

그럼 팀마다 어떤 일을 할까요? 우선 **연출팀**은 흔히 영화감독, PD라고 부르는 연출자가 속해있습니다. 콘텐츠가 어떤 방향으로 진행될지 정하며, 촬영 감독, 미술 감독과 함께 글로 써져있는 시나리오(대본)를 시각화하는 작업을 합니다.

감독 혼자서 모든 것을 컨트롤하기에 어려움이 있기 때문에 연출 진행을 도와주는 조연출이 있고, 그 아래로 연출 부들이 있습니다. 연출부들은 롤(Role)에 따라 배우를 담당하기도 하고, 미술팀을 담당하기도 합니다.

◆ 스크립터

연출부에는 아주 중요한 직책인 **스크립터(Script Supervisor)**가 있습니다. 스크립터는 프리 프로덕션 단계에서 컷을 나눌 때 서로 부드럽게 연결이 될 수 있도록 '**콘티뉴이티(Continuity)**'를 확인하고, 조언합니다. 촬영 현장에서는 촬영 간에 일어나는 모든 디렉션과 세팅 등을 문서에 기록합니다.

연출팀이 연출을 한다면, 제작팀은 촬영 전반의 모든 것을 관리합니다. 스케줄 관리부터, 회계 및 비용 처리, 배우 및 촬영 장소 섭외, 주변 협조, 현장 통제 등 프로덕션이 원활하게 진행되게 만듭니다.

◆ 촬영 감독

그다음은 시각화 단계에서 가장 중요한 **촬영 · 조명팀**이 있습니다. 촬영 감독은 어떤 카메라와 어떤 렌즈를 사용할지 선택하는 것부터 시작해서, 연출자가 의도하는 바를 가장 효과적으로 관객에게 전달하기 위한 시각화 작업을 합니다.

한국에서는 보통 촬영팀과 조명팀이 나눠져 있습니다. 이런 경우 촬영 감독과 조명 감독이 사전에 협의한 대로 카메라를 위치하면, 조명 감독이 조명을 디자인하고 세팅합니다. 할리우드에서는 DP(Director of Photography)라고 하여 촬영 감독이 조명까지 디자인하고, 조명 감독 대신에 Gaffer가 들어와서 촬영 감독의 주문에 따라 조명을 세팅하는 시스템도 있습니다.

◆ 트랙을 담당하는 그립팀

◆ 녹음을 담당하는 사운드팀

이외에도 지미집이나 달리(트랙) 등의 특수 장비를 운용하는 **그립팀**, 동시 녹음을 담당하는 **사운드팀**, 카메라에 걸리는 모든 미장센을 기획하고 세팅하는 **미술팀**, 배우의 헤어 메이크업을 담당하는 **분장팀** 등이 있습니다. 후반 작업에서는 편집, 사운드 디자인, DI(색보정), VFX 등을 담당하는 부서들이 별도로 운용됩니다.

5 _ 소규모 유튜브 촬영에 필요한 구성원 살펴보기

◆ 소규모 촬영 현장

대규모 촬영이 아니라 위의 사진처럼 유튜브를 촬영하는 경우에는 구성원이 간소화되며, 유튜브 포맷에 따라 그 수가 달라지기도 합니다.

예를 들어 〈워크맨〉, 〈네고 왕〉 등의 방송 프로그램 같은 현장 예능 콘텐츠의 경우, 메인 MC를 포함한 다양한 패널이 출연하기 때문에, 카메라 감독만 6~7명이 되기도 합니다. 보통 연출, 조연출, 작가, 촬영팀, 조명팀, 사운드팀으로 구성됩니다.

반면 출연진이 1명이거나, 간단한 실내 촬영인 경우 카메라 1~2대만으로도 충분히 작업이 가능하니다. 예산과 규모에 맞춰서 바뀌지만, 보통은 감독 1명, 조연출 1명, 촬영 감독 2명이 한 팀으로 작업하게 되고, 촬영 감독들이 직접 조명과 사운드까지 담당하게 됩니다.

'유튜브인데 혼자서 다 찍으면 되는 거 아닌가요?'하는 생각이 드실 수 있지만, 영상 퀄리티는 인원수에 비례할 수밖에 없습니다. 카메라가 많아지면 다양한 구도에서 장면을 확보할 수 있기 때문에 영상의 편집 템포를 원하는 대로 조절하기가 쉽고, 영상이 다채로워집니다. 반면, 영상 스태프들은 인건비가 높은 편이기 때문에 소규모로 작업을 하게 되면 예산을 줄일 수 있다는 장점이 있습니다.

유튜브 촬영인데, 어떻게 구성하면 좋을까요?

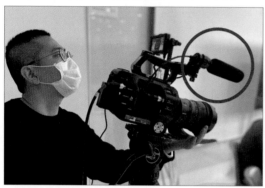

◆ 지향성 마이크

◆ 와이어리스 마이크

현장 예능 형태의 유튜브 콘텐츠를 제작해야 한다면 카메라가 최소 3대 이상으로 구성되는 것이 좋습니다. 현장의 전체적인 모습을 담당하는 카메라 1대, 메인 출연자를 담당하는 카메라 1대, 보조 출연자를 촬영하는 카메라 1대로 구성합니다. 사운드 감독을 따로 두면 좋지만, 비용이 부담이 되는 경우에는 각 카메라에 지향성 마이크 또는 와이어리스 마이크를 달아서 촬영하면 됩니다.

◆ 카메라 2대로 촬영하는 현장

◆ 다중 채널 녹음이 가능한 외장 녹음기

한 장소에서 촬영하는 유튜브 영상이라도 카메라 대수가 많아질수록 좋고, 최소 2대를 사용하는 것을 추천해 드리지만, 부득이한 경우에는 1대만 운용해도 됩니다. 카메라 한 대를 사용하는데 패널이 2명 이상 등장하게 되면 각자의 목소리 녹음을 위해 외장 녹음기에 와이어리스 마이크를 여러 대 연결해서 사용하는 것을 추천해 드립니다.

LESSON
02 시작이 반이다!
프리 프로덕션(Pre-production) 파헤치기

발표를 할 때 준비를 하지 않고 가면 어떻게 되나요? 아무리 내가 잘 아는 내용이라도 발표 준비를 하지 않았다면, 발표의 퀄리티는 떨어집니다. 다음 발표 자료에 어떤 내용이 있을지도 잘 모르니까요. 마찬가지로 영상도 준비를 어떻게 하느냐에 따라 결과물의 퀄리티가 달라집니다. 이번 레슨에서는 영상 촬영 전에 어떤 준비들이 필요한지 상세히 배워보도록 하겠습니다.

01 _ 프리 프로덕션(Pre-production)의 전체 과정 알아보기

간단히 말해서 프리 프로덕션(Pre-production)은 프로덕션(Production) 단계 전에 촬영과 관련된 모든 내용을 정리하고 준비하는 단계입니다.

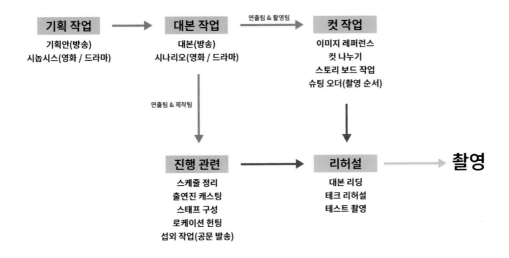

프리 프로덕션에서 가장 먼저 해야 하는 것은 기획 작업입니다.

방송 프로그램, 유튜브의 경우 기획안을 만듭니다. 기획안을 만드는 이유는 상사에게 보고하고 진행 허가를 받기 위해서도 있지만, 가장 큰 이유는 아이디어의 구체화입니다. 아이디어에 맞는 정확한 타깃 오디언스(Target Audience)를 설정하고, 타깃 오디언스의 니즈와 시청 습관에 맞게 내용을 구성하기 위한 이정표입니다.

마찬가지로 영화나 드라마도 기획안을 만들기도 하지만, 단편 영화나 독립 영화인 경우, 기획안 없이 줄거리를 정리하는 시놉시스(Synopsis)를 쓰는 것으로 시작이 됩니다. 몇 줄 분량의 시놉시스를 작성해서, 조금 더 많은 분량이 들어간 아웃라인(Outline)으로 디벨롭하고, 씬(Scene)으로 나누어지는 트리트먼트(Treatment)로 점차 구체화하게 됩니다.

방송의 경우 기획안이 통과가 되면 작가들이 함께 붙어서 **대본 작업**을 하게 됩니다. 영화 및 드라마는 트리트먼트가 완성되면 시나리오를 작성합니다.

대본과 시나리오까지 끝이 나면 더 많은 스태프들이 참여하여 연출팀을 중심으로 시나리오와 대본을 시각화하는 작업을 진행합니다. 연출팀과 촬영팀은 컷 작업을 합니다. 컷을 나누고 스토리보드를 그리는 작업이 포함됩니다. 동시에 연출팀과 제작팀은 진행 관련 작업을 합니다. 예산안 작성, 스케줄 관리, 촬영 장소를 물색하는 로케이션 헌팅, 출연진 섭외 등이 포함됩니다. 어느 정도 준비가 되면, 연출팀과 촬영팀은 어떤 순서로 촬영을 할지 정하는 슈팅 오더(Shooting Order)를 작성하고, 일일촬영계획표(Call Sheet)를 준비합니다. 그리고 테스트 촬영을 진행한 후, 촬영을 실제로 진행하는 프로덕션 단계로 넘어가게 됩니다.

프리 프로덕션의 부서별 업무를 정리하자면 아래와 같습니다.

팀	협업 팀	하는 일	비고
연출팀	단독	시나리오 수정	
		이미지 레퍼런스 정리	다른 팀에 원하는 이미지 공유 목적
	촬영팀	컷 분할(Cut list)	
		스토리보드 작업	스토리보드 작가 필요
	제작팀	스케줄 정리	스태프 스케줄, 출연자 스케줄, 소품 준비 소요 시간 등을 정리하여 촬영 스케줄 확정
		출연진 섭외	
		대본 리딩	
		스태프 구성	각 팀의 감독들 구성하는 작업
		일일 촬영 계획표	촬영 직전에 작성
	미술팀	컨셉 회의	연출팀이 준비하는 이미지 레퍼런스와 시나리오를 보고 미술팀이 준비한 아트 컨셉늘 토대로 회의
		소품 선정	미술팀에서 준비하는 소품에 대한 컨펌 진행
	의상팀	의상 선정	의상 선정
		의상 피팅	일반적으로 대본 리딩 시 진행
	촬영팀 / 조명팀 / 제작팀 / 미술팀	로케이션 헌팅	부서별로 필요한 팀은 모두 함께 진행
		촬영 순서 정리(shooting order)	
	전체팀	테스트 촬영	스탠드인(대역) 배우 필요

제작팀	단독	예산 집행	
		로케이션 섭외	로케이션 헌팅 후 섭외 작업 진행
		공문 작성	촬영 협조 공문 작성(로케이션, 공공 도로 등)
		문서 작성	각종 필요 문서
		촬영 진행과 관련된 섭외 작업	· 전기 · 주차장 · 식당 · 화장실
		물품 구입	· 부식 · 각 팀별 필요한 물품 구입
촬영팀	단독	장비 선정	렌즈, 카메라 등
		촬영 장비 운용 인력 선정	· 짐벌 오퍼레이터 · 스테디캠 오퍼레이터 · 드론 오퍼레이터 · 로봇암 오퍼레이터
	조명팀 등 기술팀	컨셉 논의 진행	
		필요 장비 전달	
	D.I(색보정)	코덱 및 촬영 세팅 / DI 방향 논의	
기술팀	단독	장비 선정 및 준비	각 부서별 필요 장비 선정 및 준비
		인력 구성	
미술팀	단독	레퍼런스 준비 / 아트 컨셉 준비	
		소품 구입 및 제작	
기타팀	단독	연출팀, 제작팀, 촬영팀과 협력하여 필요한 사항 준비	

연출팀과 제작팀 그리고 촬영팀을 중심으로 다른 팀들이 함께 협업하는 것으로 이해하면 편합니다. 위의 표에 빠져있는 특수 분장 또는 SFX(현장 특수효과) 팀 같은 경우에도 위의 세 팀을 중심으로 진행하게 됩니다.

더 상세한 내용들은 이어지는 내용을 통해 설명해 드리도록 하겠습니다.

02 _ 시놉시스부터 시나리오까지, 대본 작성 단계 알아보기

감독이나 작가들은 어떻게 시나리오를 쓸까요?

'어떤 의도를 가진 작품을 써야겠다'는 생각에서 시작될 수도 있지만, 보통은 한 장면이 먼저 떠올라서 쓰는 경우가 많습니다. 신문 기사를 보거나, 거리에서 지나가는 사람의 모습을 보고는 영화 같은 장면이나 상황이 떠올라 그 장면의 앞과 뒤에 살을 붙이는 것입니다. 예능 프로그램도 마찬가지로 다른 프로그램을 보다가 '이렇게 바꿔보면 어떨까?'라는 생각에서 시작되는 경우가 많습니다.

하지만 무턱대고 시나리오를 쓰다 보면 중심이 없어서 내용이 산으로 가는 경우가 많습니다. 이 때문에 이정표 역할을 하는 시놉시스가 필요합니다. 시놉시스는 시나리오를 간단하게 요약한 것이라고 생각하면 됩니다. 시놉시스를 어떻게 써야 할지 모르겠다면, 먼저 줄거리를 3줄로 정리한다고 생각하면 됩니다.

> 불륜 커플이 깊은 산속의 펜션으로 여행을 간다.
> 아무도 없는 펜션, 갑자기 비가 내리기 시작한다. 창문으로 낯선 사람이 보인다.
> 남자가 낯선 사람을 쫓아내던 중, 불의의 사고로 낯선 사람이 죽게 된다.

줄거리를 3줄로 정리했다면, 이제 10줄 정도로 바꿔봅니다.

> 불륜 커플이 깊은 산속의 펜션으로 여행을 간다.
> 차 안. 라디오에서는 연쇄살인범에 대한 이야기가 나오고 있다.
> 비수기에 평일이라, 아무도 없는 펜션에 도착한다.
> 즐겁게 요리를 해먹고 쉬고 있는 커플.
> 갑자기 천둥 번개가 치며 비가 내리기 시작한다. 비를 피해 펜션 안으로 들어간다.
> 번개가 치는 순간, 창문 밖으로 낯선 사람이 보인다.
> 남자는 낯선 사람과 대화를 시도한다.
> 낯선 사람이 자꾸 펜션 안으로 들어오려고 한다.
> 그를 쫓아내기 시작하는 남자. 불의의 사고로 낯선 사람이 죽게 된다.
> 그러다 지나가던 등산객이 그 장면을 목격하게 된다.

10줄이 되었다면 이제 기본적인 내용은 나온 셈입니다. 여기에 등장인물과 플롯을 작성해서 일반적인 양식에 맞춰 넣으면 시놉시스가 됩니다.

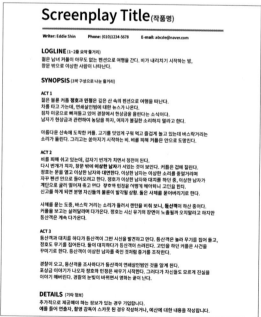

◆ 미국에서 주로 사용하는 형태의 시놉시스

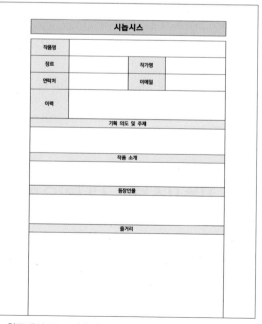

◆ 한국에서 주로 사용하는 형태의 시놉시스

한국에서는 기승전결로 나누어서 시놉시스를 작성하고, 영어권 국가에서는 3막 구조로 나누어서 시놉시스를 작성하는 경우가 많습니다.

시놉시스가 완성되었다면 아웃라인 작업을 하지만, 이를 생략하고 바로 트리트먼트 작업을 진행하기도 합니다. 아웃라인은 보통 정해진 형식 없이, 작가가 어떤 이야기를 할 것인지 혼자 보기 위해 정리하는 내용에 가깝습니다. 이에 반해 트리트먼트는 다른 스태프나 관계자들에게 보여주기 위한 것으로, 씬(Scene) 별로 나누어서 상세하게 작성하게 됩니다. 시나리오가 아니기 때문에 정확한 대사나 디테일한 내용은 없지만, 트리트먼트만 읽고도 어떤 분위기인지, 무엇을 의미하는지 알 수 있을 정도로 많은 지문이 들어가게 됩니다. 장편 영화의 경우 15~30페이지에 해당하는 분량으로 작성합니다.

트리트먼트	시나리오
S#6. 펜션 앞 바비큐 장소	S#6. 펜션 앞 바비큐 장소
남자와 여자가 앉아서 이야기를 하고 있는데, 갑자기 바스락 소리가 크게 들린다. 여자는 놀란다. 남자가 벌떡 일어나 확인을 하러 간다. 아무것도 없는 것을 확인하고 여자에게 돌아와 설명한다. 그 순간 갑자기 하늘에서 비가 쏟아지기 시작한다. 바스락 소리가 크게 들린다. 여자가 비명을 지른다. 남자도 깜짝 놀랐지만 티를 내지 않으려고 노력한다.	바스락 소리가 크게 들린다. 여자가 비명을 지른다. 남자도 깜짝 놀랐지만 티를 내지 않으려고 노력한다. **남자** (벌떡 일어나면서) 어후 산에도 고양이가 사나? 남자는 괜히 바깥쪽을 살펴본다. 아무렇지 않은 척하고 있지만 내심 겁을 먹었다. **남자** 아 도토리 떨어졌나 보네 다시 돌아와 여자 앞에 앉는 남자. **남자** 아무것도 없어! 걱정하지마. 나 있잖아. 나 여자는 여전히 말이 없다. 눈동자만 굴리며 주변을 살핀다. 그 순간 갑자기 하늘에서 비가 쏟아지기 시작한다.

◆ 트리트먼트와 시나리오의 차이

이 과정이 끝나면 비로소 시나리오를 작성하게 됩니다. 트리트먼트에서는 간단한 분위기 전달과 내용을 전달했다면, 시나리오는 인물의 대사와 동작까지도 세밀하게 들어가게 됩니다. 모든 스태프들과 배우들이 시나리오를 보고 각자 준비하게 되므로, 꼼꼼히 작성하는 것이 중요합니다.

시나리오를 작성을 할 때는 Ⓐ씬 넘버를 붙여주어야 합니다. Ⓐ씬 넘버 옆에 Ⓑ실내외 구분, Ⓒ장소, Ⓓ시간대를 표기하여 보는 사람이 쉽게 이해할 수 있게 만들어줍니다.

S#1. 실외. 도로. 낮

검은색 SUV 외제차 한 대가 도로를 따라 빠른 속도로 달린다. 조금 열린 창문 틈으로 시끄러운 댄스 음악이
흘러나온다. **정호**는 좁은 도로임에도 불구하고 거칠게 운전 한다. 좁은 골목을 돌아 차를 세운다.
사이드 브레이크를 채우고는 음악을 잔잔한 클래식으로 바꾼다.
차 안의 냄새를 킁킁 맡더니, 차량용 방향제를 한 번 뿌린다.
그리고는 문자 메세지를 입력한다.

그러자 저 멀리 보이는 골목에서 **민정**이 캐리어를 끌고 나타난다.
정호는 차 문을 열고 나와 민정의 캐리어를 말 없이 뒷좌석에 실어준다. 그리고 민정이 옆에 탈 수 있도록
옆 좌석 문을 열어준다.

작가의 스타일에 따라 시나리오를 쓰는 방식이 조금씩 달라지기도 합니다. 어떤 작가는 모든 동작과 상황을 세밀하게 표현하고, 어떤 작가는 상황만 보이게끔 추상적으로 작성을 합니다. 맞고 틀린 것은 없지만, 개인적으로 인물의 동작과 시각적인 표현이 필요한 부분은 최대한 세밀하게 묘사하는 것을 추천합니다. 다른 스태프들이 시나리오를 한 번만 읽어도 어떤 준비가 필요한지 이해할 수 있게 만들기 위함입니다.

차 안에서도 말이 없는 정호와 민정.
차가 출발해서 골목을 벗어나자 갑자기 민정이 선글라스를 벗으며 분위기가 달라진다.

      Ⓐ
    Ⓑ **민정** 우와~ 드디어 간다!

아이처럼 신난 민정의 얼굴을 바라보고는 피식 웃는 정호.

      Ⓐ
    Ⓑ **정호** 그렇게 좋아?

차의 오디오 기기를 조작하기 시작하는 민정.

대사가 필요한 경우에는 Ⓐ인물의 이름을 옆에 적어서 누가 말하고 있는지 알 수 있게 만들어 줍니다. 가급적이면 보기 편하게 이름 왼쪽에 Ⓑ여백을 만들어주는 것이 좋습니다.

시나리오는 1고로 끝나지 않습니다. 프로덕션 단계에 이를 때까지 계속해서 수정을 진행하게 됩니다. 10번 가까이 수정하는 경우가 많으며, 심한 경우 촬영 중에도 수정을 하기도 합니다. 수정을 자주 하다 보면 내가 처음에 생각했던 것과 많이 달라지기도 합니다. 이 때문에 끝까지 방향을 잡아줄 수 있는 트리트먼트나 아웃라인을 만들어두어야 처음에 생각했던 스토리와 작품 의도에서 많이 벗어나진 않았는지 확인할 수 있습니다. 처음 시나리오를 작성하는 분들이라면 꼭 스토리부터 플롯까지 꼼꼼히 써보면서 아웃라인을 작성하고, 이를 토대로 트리트먼트를 만들어보시는 것을 추천해 드립니다.

03 _ 컷 작업 자세히 알아보기

M.S	후면	Fix	(2컷 B캠) 비계의 틈 사이로 마네킹이 떨어지는 것이 보인다. 안전블록을 채운 마네킹은 멈추고, 안전죔줄 마네킹은 계속 아래로 떨어진다.

◆ 컷 리스트

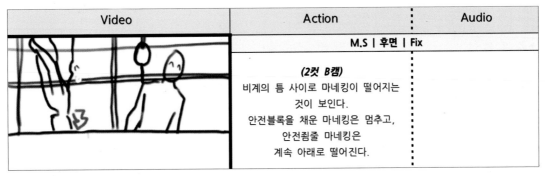

Video	Action	Audio
	M.S | 후면 | Fix	
	(2컷 B캠) 비계의 틈 사이로 마네킹이 떨어지는 것이 보인다. 안전블록을 채운 마네킹은 멈추고, 안전죔줄 마네킹은 계속 아래로 떨어진다.	

◆ 스토리보드

◆ 실제 영상 결과물

시나리오가 나왔다면 다음은 컷을 나누는 작업입니다. 어떤 각도에서 어떤 사이즈로 찍을지 고민하고, 몇 초 동안 사용할 건지 결정하는 단계입니다. 이를 바탕으로 컷 리스트를 만들게 되고, 컷 리스트를 바탕으로 스토리보드가 만들어집니다.

03-1 컷 리스트(Cut list)

구분	번	컷	장소	샷 사이즈	카메라 앵글	카메라 무브먼트	내용	출연진	대사	소품	비고
							OOO 안전블록 제품 바이럴 영상 컷리스트				FEVERZ.
1		1		F.S	측면	Fix	난간 위에서 실험맨 2명이 각각 마네킹을 밀 준비를 하고 있다. "셋, 둘, 하나" 소리에 맞춰 마네킹을 밑으로 떨어뜨린다.				안전핀을 미리 풀어놓기 #자로 되어있는 구간에서 마네킹이 보이게
2		2-A		F.S	로우앵글	Fix	(메인 카메라, 와이드샷) "셋 둘 하나" 소리에 맞춰 마네킹을 아래로 떨어뜨린다.				
3		3-A		M.S	로우앵글	Tilt Follow	왼쪽 마네킹은 안전핀들에 터지면서 아래로 툭하고 떨어진다.			1. 실험맨 의상	
4	S#1	3-B	실외 공사현장	M.S	정면	Fix	[고속 촬영] 바닥에 떨어져 충격을 받는 마네킹	실험맨 2명	(무전기 너머로 들리는 소리) PD: 셋, 둘, 하나!	2. 안전블록 & 안전핀을 3. 마네킹 & 마네킹 하네스	
5		2-B		M.S	후면	Fix	[2캇H넷탑] 베개인 틈 사이로 마네킹이 떨어지는 것이 보인다. 안전블록을 찬 마네킹은 경우, 안전핀을 마네킹은 계속 아래로 떨어진다.			4. 쿠션(무게 추) 5. 파라코드	
6		4			로우앵글	Fix	안전 블록을 찬 마네킹이 그대로 2m에 걸려있다.				
7		5		M.S	측면	Fix	안전 블록을 찬 마네킹이 그대로 2m에 걸려있다.				
8		6		C.U	정면	Fix	마네킹의 등에 걸려있는 안전블록				

◆ 컷 리스트

제일 먼저 시나리오를 보면서 컷 리스트(Cut list)를 만들게 됩니다. 감독과 촬영감독 그리고 스크립터를 포함한 연출부가 함께 회의를 하면서 시나리오에 있는 글을 영상의 컷 단위로 잘라내게 됩니다. 그러면 위의 사진처럼 만들어지게 됩니다.

번	컷	장소	샷 사이즈	카메라 앵글	카메라 무브먼트	내용	출연진	대사	소품	비고
Ⓐ	Ⓑ		Ⓒ F.S	Ⓓ 측면	Ⓔ Fix	난간 위에서 실험맨 2명이 각각 마네킹을 밀 준비를 하고 있다. "셋, 둘, 하나" 소리에 맞춰 마네킹을 밑으로 떨어뜨린다.				안전핀을 미리 풀어놓기 #자로 되어있는 구간에서 마네킹이 보이게

◆ 컷 리스트

Ⓐ씬으로 분류를 하고, Ⓑ컷 번호를 적고, Ⓒ사이즈가 어떠한지, Ⓓ카메라 앵글이 어떻게 되는지 작성합니다. Ⓔ카메라 무브먼트에는 카메라를 고정해서 찍을 것인지, 아니면 카메라가 움직이면서 촬영할 것인지 적어줍니다. 그리고 시나리오에 있는 지문을 옮겨 적어, 어느 내용에 해당하는 컷인지 작성합니다. 출연자나 소품, 오디오가 별도로 필요한 경우에는 함께 기입해주면 좋습니다.

카메라 앵글과 사이즈, 무브먼트에 대해 잘 모르신다고요? Chapter 02에서 자세히 배울 예정이니 걱정하지 마세요.

03-2 스토리보드(Storyboard)

◆ 촬영 전에 스토리보드를 제작하는 모습

◆ 촬영 현장에서 스토리보드를 체크하고 있는 모습

컷 리스트가 나오면 촬영할 장소를 돌아보는 로케이션 답사를 하게 되고, 이를 바탕으로 스토리보드를 그리게 됩니다. 보통 스토리보드 작가를 불러서 작업하고, 예산이 넉넉하지 않은 경우에는 로케이션 답사를 할 때 카메라를 가져가서 사진으로 찍어 작업하는 경우도 있습니다. 답사 시간이 부족한 경우, 기존에 있는 영상에서 가장 비슷해 보이는 장면을 캡처하여 만들 수도 있습니다.

03-3 슈팅 오더(Shooting Order)

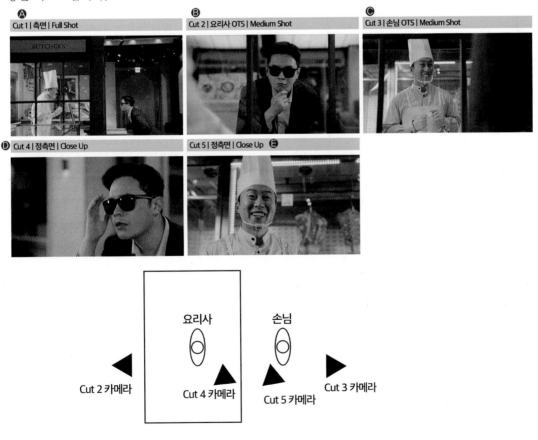

\multicolumn{11}{c}{**OOO 안전블록 바이럴 영상** Shooting Order}										

컷 리스트(Cut list)가 시나리오의 지문 순서대로 작성된 것이라면, 슈팅 오더는 촬영할 순서대로 작성된 리스트입니다.

예를 들어 앞의 그림처럼 요리사와 손님이 대화하는 장면을 촬영한다고 생각해 봅시다. Ⓐ컷 1에서는 장소와 사람 그리고 상황을 보여주기 위해 측면에서 풀샷으로 촬영하게 될 것입니다. Ⓑ컷 2에서는 손님이 무엇을 살지 고민하는 모습을 보여주기 위해 손님의 얼굴을 촬영하는데, 이때 공간감을 보여주기 위해 요리사의 등이 살짝 보이게 촬영할 것입니다. Ⓒ컷 3에서는 요리사가 이야기를 하는 장면을 사용하는데, 2컷과 비슷하게 손님의 등이 살짝 보이게 촬영할 것입니다. 다시 Ⓓ컷 4에서는 손님이 말하는 장면의 클로즈업을 촬영할 것이고, Ⓔ컷 5에서는 요리사가 이야기하는 장면이 나올 것입니다.

이때 시나리오의 플롯 진행 순서대로, 즉 컷 리스트의 순서대로 촬영하면 인물이 대사를 할 때 마다 카메라를 옮겨가면서 찍어야 합니다. 카메라를 옮기면 조명의 위치도 계속 바뀌기 때문에 비효율적으로 시간을 사용하게 됩니다. 효율적으로 촬영하기 위해서는 손님에게 조명을 세팅했다면 그 상태에서 샷 사이즈만 바꿔가면서 계속해서 촬영하고, 손님 분량 촬영이 완료된 후, 요리사 쪽으로 조명을 세팅하고 연속해서 촬영하는 것이 좋습니다.

9		1		F.S	정면	Fix	(타임랩스) 공사현장의 시간 흐름이 보인다.
10		2		F.S	측면	Fix	**(고속 촬영)** 작업자 K양이 공사장에서 걸어가고 있다.
11		3		M.S	정면	Fix	엘리베이터 밖에서 엘리베이터에 타는 K양
12		4		B.S	정측면	Fix	엘리베이터 문을 닫는 K양
13		5		C.U	정면	Fix	엘리베이터의 버튼을 누르는 K양
14	S#2	6	실외 공사현장	M.S	정측면	Fix	엘리베이터를 타고 올라가는 K양 (포커스 풀링)
15		7		M.S	측면	Fix	계단을 걸어 올라오는 K양
16		8		C.U	후면	Fix	안전침줄을 난간에 거는 장면 클로즈업
17		9		M.S	정면	Fix	안전검사지가 껴져있는 서류철을 들고 뭔가를 적는 K양
18		10		E.L.S	정면	Fix	비계위를 불안하게 걷는 K양
19		11		M.S	정면	Fix	비계위를 불안하게 걷는 K양
20		12		C.U	정면	Fix	발을 내딛을 때마다 약간씩 흔들리는 비계가 불안해보인다.
21		13		M.S	후면	Fix	안전침줄이 등에 걸려있는 모습
22		14		E.L.S	정면	Fix	공사장 완전 바닥면, K양 왼쪽 편에 키가 표시된다. 그 왼쪽으로 5.3m가 얼마나 높은 길이인지 보일 수 있도록 표시가 된다.

◆ 컷 순서대로 정리되어 있는 컷 리스트

촬영 순서	장소		씬	컷	샷 사이즈	카메라 앵글	카메라 무브먼트	내용
1	촬영장소1	Ⓐ	S#2	3	M.S	정면	Fix	엘리베이터 밖에서 엘리베이터에 타는 K양
2	(109동 엘리베이터)			4	B.S	정측면	Fix	엘리베이터 문을 닫는 K양
3				5	C.U	정면	Fix	엘리베이터의 버튼을 누르는 K양
4				6	M.S	정측면	Fix	엘리베이터를 타고 올라가는 K양
5	촬영장소2 (프랑스 정원-네덜란드 정원)		S#2	2	F.S	측면	Fix	(고속촬영) 작업자 K양이 공사장에서 걸어가고 있다.
6			S#2	7	M.S	측면	Fix	계단을 걸어 올라오는 K양
7				8	C.U	후면	Fix	안전침줄을 난간에 거는 장면 클로즈업
8	촬영장소3 (103동 옥상 또는 104동 옥상)			9	M.S	정면	Fix	안전검사지가 껴져있는 서류철을 들고 뭔가를 적는 K양
9		Ⓑ	S#9 (엔딩)	3	C.U	정측면	Fix	(빨간색 철제 가건물) 미소를 지으며 일하고 있는 K양 카메라쪽을 향해 돌아본다.
10				4	C.U	후측면	Fix	K양의 등에 ▨▨▨ 제품이 달려있다. 우측에 여백이 있고, 여백에 ▨▨▨ 로고가 나타난다.
11				10	E.L.S	정면	Fix	비계위를 불안하게 걷는 K양
12	촬영장소4 (비계)	Ⓒ	S#2	11	M.S	정면	Fix	비계위를 불안하게 걷는 K양
13				12	C.U	정면	Fix	발을 내딛을 때마다 약간씩 흔들리는 비계가 불안해보인다.
14				13	M.S	후면	Fix	안전침줄이 등에 걸려있는 모습

◆ 위와 같은 내용이지만 이동 경로를 효율적으로 하기 위해 Ⓐ S#2를 촬영한 후 Ⓑ S#9를 촬영하고, 다시 Ⓒ S#2를 촬영하는 슈팅 오더

이처럼 슈팅오더는 촬영 순서대로 컷 리스트를 바꿔주는 것입니다. 컷 리스트와 완전히 동일한 내용이지만, 정렬 순서만 바뀌었다고 생각하시면 됩니다. 만약 인물이 대화를 하는 장면을 촬영하거나, 시간을 효율적으로 사용해야 하는 상황이라면 슈팅오더를 작성하시는 것이 좋습니다.

03-4 플로어 플랜(Floor Plan)

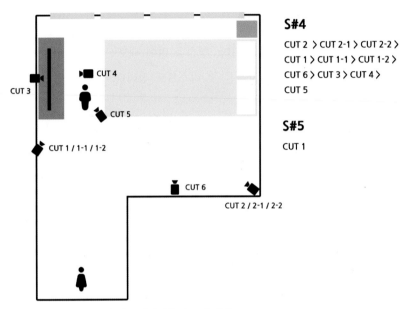

S#4

CUT 2 〉 CUT 2-1 〉 CUT 2-2 〉
CUT 1 〉 CUT 1-1 〉 CUT 1-2 〉
CUT 6 〉 CUT 3 〉 CUT 4 〉
CUT 5

S#5

CUT 1

CUT 3
CUT 4
CUT 5
CUT 1 / 1-1 / 1-2
CUT 6
CUT 2 / 2-1 / 2-2

◆ 컷 별 카메라 위치와 순서를 작성해둔 플로어 플랜

만약 촬영장에서 카메라 앵글이 많이 바뀌어야 하고, 이에 따라 조명이 많이 움직일 필요가 있다면, 플로어 플랜(Floor Plan)을 만드는 것도 좋습니다. 플로어 플랜은 슈팅 오더를 바탕으로 만드는 부감도입니다. 인물의 위치에 따라 카메라가 어디서 어떻게 찍을 것인지, 조명은 어떻게 세팅할 것인지 미리 그려놓는 것입니다. 조명은 제외하더라도 카메라의 위치만 미리 플로어 플랜으로 만들어 놓으면 다른 스태프들이 보고 미리 준비하기가 편해서 큰 촬영 현장에서는 반드시 만드는 문서 중 하나입니다.

03-5 혼자서 다 만들기가 힘든데 어떡하죠?

위의 모든 문서 작업을 소규모로 하기에는 어려움이 있습니다. 따라서 모든 문서를 만들기보다는 본인에게 필요한 것만 만드는 것을 추천해 드립니다.

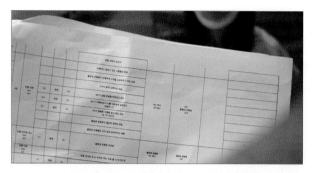

초보자분이라면 컷 리스트는 반드시 만드는 것이 좋습니다. 영상을 많이 해보신 분들은 시나리오에 '/'로 구분 표시를 해서 컷을 나누기도 하지만, 초보자들은 컷 리스트로 정리를 해야 더 쉽게 이해할 수 있습니다.

경력이 10년이 넘는 저도, 아무리 작은 촬영이라도 항상 컷 리스트를 준비합니다. 컷 리스트가 없는 경우에는 촬영 현장에서 '내가 뭘 안 찍었지?'하고 혼란이 오는 경우가 있습니다. 특히 촬영 현장에서 변수가 생기게 되면 급하게 컷을 수정해야 할 수 있습니다. 이때 컷 리스트가 있으면 시나리오 내용이 컷으로 정리되어 있기 때문에 어떤 방식으로 바꿔서 촬영할 수 있을지 대안을 생각해 내기가 더 쉽습니다.

물론 스토리보드도 있으면 직관적으로 볼 수 있어서 편리합니다. 하지만 시간과 비용이 많이 든다는 단점이 있습니다. 이에 반해 컷 리스트는 만들기 쉽고, 컷 리스트만 있으면 촬영 전에 씬(Scene)당 촬영 시간이 얼마나 소요될 것인지 미리 예측할 수 있습니다.

이동이 많거나, 출연 인물이 많아서 슈팅 오더를 만들어야 하는 경우에도 컷 리스트의 순서만 바꿔 주면 돼서 편리합니다. 만약 컷 리스트 외에 한 가지 문서를 더 만들 수 있다면 슈팅 오더를 만들기를 추천합니다. 슈팅 오더가 있으면 다른 스태프들이 다음 장면을 미리 준비할 수 있어서 편리하고, 이는 준비 시간을 줄여 주어, 촬영 시간을 절약할 수 있습니다.

04 _ 로케이션 헌팅 자세히 알아보기

◆ 로케이션 헌팅 시 촬영한 사진

◆ 촬영 결과물

로케이션 헌팅은 굉장히 중요한 절차입니다. 인터넷과 로드뷰를 이용해서 장소에 가지 않고도 장소를 볼 수 있지만, 실제로 가면 사진보다 더 중요한 정보를 입수할 수 있습니다. 눈으로 보는 것과 카메라 렌즈를 통해 보는 것은 화각의 차이가 있기 때문에, 어떤 렌즈를 이용해서 찍어야 할지 확인할 수 있습니다. 더불어 현장 소음을 체크할 수 있어서 녹음이 필요한 경우 반드시 미리 가봐야 합니다.

◆ Cadrage 앱 사용 모습

로케이션 헌팅 때 카메라를 따로 빌려 가기 어려운 경우에는 디렉터스 뷰 파인더와 같은 스마트폰 앱을 사용하면 됩니다. Cadrage가 대표적이며, 원하는 카메라와 렌즈를 선택하면 어느 정도의 화각이 나오는지 화면으로 확인할 수 있습니다.

연출팀과 촬영팀은 로케이션 헌팅 때 촬영과 관련된 부분을 체크해야 합니다. 동쪽과 서쪽을 확인해서 해가 어떻게 움직일 것인지 확인해야 하며, 실제로 촬영이 진행될 시간에 해의 위치는 어디에 있을지 확인해야 합니다. 이를 통해서 조명이나 기타 장비들의 대여 여부를 정하게 됩니다.

제작팀은 촬영 현장 진행과 관련된 내용을 체크합니다. 조명 설치나 배터리 충전을 고려하여 전기를 어디서 사용할 수 있는지 확인해야 하고, 스태프들이 사용할 화장실은 어느 정도 거리가 있는지 체크해야 합니다. 더불어 촬영 차량들이 많이 올 수 있기 때문에 주차장도 미리 찾아두어야 하고, 촬영 시간이 길어지게 되면 식사는 어디서 해야 할지 미리 파악해두어야 합니다.

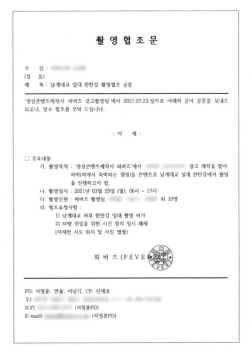

◆ 촬영 협조 공문

모든 조건을 고려했을 때 합리적이라고 판단이 되면 촬영 허가를 받아야 합니다. 사유지인 경우에는 직접 건물주 또는 지주에게 연락을 하고, 국유지인 경우에는 관할 관공서에 공문을 보내서 처리합니다. 공문을 보내면 허가까지 걸리는 시간이 있기 때문에 1개월 전에 미리 연락을 하는 것을 추천해 드리며, 사유지인 경우 장소 사용 비용을 지불해야 될 수도 있습니다.

05 _ 일일 촬영 계획표(Call Sheet) 만들기

일일촬영계획표 — FEVERZ — 2021.03.26 ver.2

PD: 서정훈 (010-0000-0000)
연출: 신재호 (010-0000-000)
촬영감독: OOO (010-0000-0000)

2021년 3월 29일 (월)	Ⓐ 날씨	06시: 흐림 09시~ 맑음	최고온도	15C	Ⓒ 일출시간	06:22	Ⓓ crew call	06:00	Ⓕ 촬영장소	경기 연천군 군남면 OOO로 000-00
	Ⓑ		최저온도	4C˚	일몰시간	16:50	crew wrap	18:30	식사	배달/포장 화장실 / 경기 연천군 군남면 OOO로 00번길 00 (OOO리문화복지회관) 차량이동 왕복 10분 소요

Ⓖ 타임 테이블

순서	시간	소요시간	장소	내용	출연진	INT/EXT	컷수	비고
1	05:30			연출팀 도착		EXT		
2	06:00			전체 스텝 콜 / 촬영 준비 시작		EXT		발전기부터 세팅
3	06:30	30m		아버지 역 배우 콜 / 분장 시작		EXT		
4	06:50	30m		딸 역 배우 콜 / 분장 시작		EXT		
5	07:00	30m		아들 역 배우 콜 / 분장 시작		EXT		
6	07:30			촬영 시작 (아버지 역 배우 부터)	아버지 역	EXT		
7	07:30~10:00	2h 30m	남계로 317-48 남계대교 일대 한탄강	트럼펫-1-(1-A 1-8, 2, 7, 3, 5, 4-A 4-B, 4-C, 6, 9, 11-A) 헤드폰-1-4 트럼펫-1-(11-B, 11-C)	아버지 역 딸 역 아들 역 낚시꾼	EXT	15컷	아빠 트럼펫 연주하기 전까지 촬영
8	10:00~11:30	1h 30m		트럼펫-1-10, 리코더-1-3 헤드폰-1-(1, 2, 3) 트럼펫-1-(8, 12, 13)		EXT	8컷	트럼펫 부는 거랑 어색한 풀샷 1번 끝까지
9	11:30~12:30	1h		점심시간 (화장실 이용)		EXT		배달
10	12:30~14:00	1h 30m		리코더-1-(1-A, 2), 트럼펫-2-1 리코더-1-(4-A, 1-B, 4-B), 트럼펫-2-2, 리코더-1-5, 트럼펫-2-3 리코더-1-(6, 8-A, 8-B, 8-C)	아버지 역 딸 역 아들 역	EXT	13컷	2번 트럼펫 부는 합성 전까지
11	14:00~15:00	1h		트럼펫-2-(5-A, 5-B), 리코더-1-(9-A, 9-B), 헤드폰 추가 트럼펫-2-7, 리코더-1-11, 헤드폰-1-16		EXT	8컷	
12	15:00~15:30	30m		쉬는시간 (화장실 이용) 및 크로마 세팅		EXT		크로마선, C스탠드
13	15:30~16:30	1h		트럼펫-2-6, 리코더-1-10, 헤드폰-1-15, 합성에 해당하는 자연 배경 촬영	아버지 역 딸 역 아들 역	EXT	3컷 + a	크로마 합성, 자연 인서트
14	16:30~17:30	1h		헤드폰-1-(5, 6, 8, 10, 14, 7, 11, 13, 9, 12)		EXT	10컷	헤드폰1번 마무리
15	17:30~18:30	1h		엔딩-(1, 2), 각종 인서트		EXT	3컷 + a	엔딩컷
16	18:30~			촬영 종료 및 정리		EXT		

일일 촬영 계획표는 하루의 촬영 스케줄과 필요한 정보를 모두 담은 문서로, 스태프가 많은 촬영장에서 유용하게 사용합니다. 촬영 당일의 Ⓐ날씨와 Ⓑ온도, Ⓒ일출 및 일몰 시간을 표기합니다. 스태프들이 집합하는 시간인 Ⓓ콜타임과 촬영 종료 예정 시간인 Ⓔ랩 타임을 표기해두고, Ⓕ집합 장소를 명시하여 스태프들이 시간에 맞춰 장소에 올 수 있도록 합니다.

아래에는 간략한 Ⓖ타임 테이블을 만들어 배우들이 몇 시까지 오고, 어떤 장면부터 어떤 순서로 촬영하면 되는지 작성합니다.

Ⓐ

연출팀	촬영팀	미술 소품/의상 리스트	크루리스트
1. 일출표 2. 제작북 3. 스토리보드, 마커펜 4. 그린스크린, 핸디 다리미 5. 노트북 6. SSD2 (메인1, 백업1) 7. 소품 (소품리스트) 8. 기타 (간식테이블, 행사의자10, 듀라테이블2, 연장선, 스크립트 배우 계약서, 공문, 쓰레기 안내, 촬영 안내문, 쓰레기봉투, 간식, 랜턴, 휴전)	1. 발전기 (기름 필요) 2. 장비 렌트 (+C스탠드) 3. 장비 세팅 4. 촬영 차량	**소품** 트럼팻(연주자1, 야마하1), 트럼팻케이스(연주자) 리코더(배우1, 야마하1), 헤드폰(야마하) 렌트 소품, 도킹텐트, 캠핑체어3, 캠핑용테이블, 캠핑용선반, 담요, 전구, 가랜드, 부니햇, 낚시조끼, 낚시대, 낚시의자, 스낵, 과일, 음료 **의상** 아버지 : 셔츠, 패딩 조끼, 기능성 바지, 등산화 아들 : 털모자, 목도리, 후드티, 패딩 조끼, 청바지, 운동화 딸 : 맨투맨, 대님 청바지, 패딩, 청바지, 운동화 낚시꾼: 부니햇, 팔토시, 반팔티, 낚시조끼, 장갑, 기능성 바지, 등산화	1. 연출/감독 : 신제호 2. PD : 서정훈 3. 촬영감독 : OOO 4. 촬영팀 1st 5. 촬영팀 2nd 6. 촬영팀 3rd 7. 사운드감독 : OOO 8. 헤어메이크업 실장 : OOO

Ⓑ 화장실 위치 / 타임	위치 : 경기 연천군 군남로 OOO로 OO번길 OO 촬영장소로부터 3.3km (차량이동 왕복 10분) 1. 아버지 역 (08:00, 점심시간, 15:00, 16:30) 2. 딸 역 (점심시간, 13:00, 15:00) 3. 아들 역 (11:00, 점심시간, 15:00, 16:30)	Ⓓ 비상연락망 / 위치	
		1. 응급실	031-839-4119 / 경기 연천군 전곡읍 은대성로 95 연천군보건의료원
		2. 소방서	031-000-0009 / 경기 연천군 전곡읍 평화로 892 연천소방서
		3. 연천군청 안전과	031-000-0000 / 연천군청 안전과
Ⓒ 차량 운영	1. 소품차량 : QM5 (강가 fix) 2. 촬영팀 차량 : 스타렉스 (강가 fix) 3. PD 차량 : 포르테쿱 (상시 운행) 4. 아들 역 배우 픽업 차량 (오전, 오후) 5. 아버지 역 배우 차량 (입구 fix) 6. 딸 역 배우 픽업 차량 (입구 fix) 7. 야마하 측 차량 2대 (입구 fix)	4. 렌카 업체	031-000-0000 / 경기 연천군 전곡읍 OOO로 OO (OO렉카)
		5. 업체 담당자	010-0000-0000 / OOOOO OOO 대리님
		6. 주유소 (8.5km)	031-000-0000 / 경기 파주시 적성면 OO로 2989 SK OO주유소
		7. 편의점 (5.1km)	031-000-0000 / 경기 연천군 전곡읍 OOO로 0000-1 (GS25 OOOO점) 031-000-0000 / 경기 연천군 전곡읍 OOOO (CU OOOO점)

필요한 경우 Ⓐ**팀별 준비사항**을 표기하고, 화장실이 촬영 현장과 떨어져 있는 경우 Ⓑ**화장실 위치**도 표기합니다. 이외에도 Ⓒ**스태프 차량 주차**와 관련된 내용을 표기하여 스태프들이 현장에 도착했을 때 일일 촬영 계획표만을 보고도 바로 주차를 하고 준비할 수 있게 하며, 비상시 연락할 수 있는 Ⓓ 비상 연락망을 표기해 주는 것이 좋습니다.

일일 촬영 계획표를 만들어 놓으면 전체 일정과 필요한 내용들이 한눈에 보여서, 어떤 스태프가 봐도 쉽게 이해할 수 있습니다. 더불어 다른 팀의 일정까지도 모두가 함께 공유할 수 있기 때문에, 촬영 스태프가 많은 대규모 촬영 현장에서는 필수적으로 만드는 문서입니다.

06 _ 1인 유튜브 촬영에도 대본이 필요할까요?

01 | 인트로

안녕하세요.
캐논TV 크리에이터 호타입니다.
저는 영상 제작사를 운영하고 있고, 영상 제작 강사로도 활동하고 있으며
EOS 400D 시절부터 사진을 찍어온 사진가이기도 합니다.

오늘은 여러분들이 기다리셨을만한 따끈따끈한 신제품 리뷰를 가져왔습니다.
바로 캐논 RF 100mm F2.8 L Marcro IS USM 렌즈 리뷰입니다.

- 인서트컷: RF 100mm F2.8 렌즈 박스에 라이트 빛이 들어온다.
- 인서트컷: 턴테이블위에서 돌아가고 있는 렌즈

02 | 렌즈 설명
이번에 출시된 RF100 매크로 렌즈는 두 가지 의미에서 기념비적인 렌즈입니다.

첫째로 RF마운트에서 첫 L 라인 매크로 렌즈라는 점입니다.
RF 마운트 출시 이후, 35,8 매크로 렌즈, 85.2 매크로 렌즈 등 매크로 제품들은 출시되었지만
L라인의 매크로 렌즈는 없었습니다.

이번에 RF100 매크로 렌즈가 출시되면서 드디어 RF마운트에서도 플래그십 라인업 L 매크로 렌즈를
사용할 수 있게 되었다는 점이 주목할만합니다.

- 인서트컷 이미지(화이트에 렌즈 누끼): RF 35.8, 85.2 매크로 렌즈
- 인서트컷 이미지(화이트에 렌즈 누끼): RF100 매크로 렌즈

◆ 유튜브 촬영을 하기 위해 작성한 대본

소규모로 유튜브를 촬영할 때는 위의 모든 문서가 필요하진 않습니다. 기업의 유튜브 영상 제작 대행이라면 적어도 컷 리스트와 슈팅 오더는 필요하겠지만, 개인 유튜브를 촬영할 때 위의 문서를 준비하기엔 너무 할 일이 많아지게 됩니다. 저 또한 개인 유튜브를 촬영할 때는 대본만 작성하는 편입니다.

오늘은 여러분들이 기다리셨을만한 따끈따끈한 신제품 리뷰를 가져왔습니다.
바로 캐논 **RF 100mm F2.8 L Marcro IS USM** 렌즈 리뷰입니다.

Ⓐ - 인서트컷: RF 100mm F2.8 렌즈 박스에 라이트 빛이 들어온다.
    - 인서트컷: 턴테이블위에서 돌아가고 있는 렌즈

물론 대본만 쓰되, 반드시 촬영해야 하는 Ⓐ인서트 컷은 대본 안에 표기해둡니다. 예를 들어 리뷰 영상이라면, 대사를 작성하면서 말하는 도중에 어떤 화면이 Ⓐ인서트 컷으로 나오면 좋을지 생각하고, 이를 밑에 따로 적어줍니다. 설명하는 장면을 촬영한 후에 Ⓐ인서트 컷만 따로 추가로 촬영을 해주면 됩니다.

마찬가지로 브이로그나 여행 영상을 찍더라도, 어떤 장면이 필요할지 미리 적어놓으면 촬영을 하면서 정신이 없더라도 문서를 보면서 확인할 수 있어서 편리합니다.

개인적으로 스마트폰으로 대본을 작성하려고 하면 보기가 불편해서 PC를 이용하는 편입니다. 반면에 촬영 현장에서는 PC로 대본을 보기 어렵기 때문에 스마트폰으로 대본을 보는 것을 선호합니다. 구글에서 무료로 제공하는 구글 문서를 이용하면 PC와 모바일에서 모두 입력하고 수정할 수 있으므로 이를 활용하는 것을 추천해 드립니다.

LESSON
03
좋은 촬영과 편집의 기초
프로덕션과 포스트 프로덕션

프리 프로덕션에서 준비를 잘했다면 프로덕션 단계는 어렵지 않습니다. 준비한 대로 찍으면 되기 때문입니다. 이번 레슨에서는 프로덕션과 포스트 프로덕션에서 어떤 일을 하게 되는지 배워보도록 하겠습니다.

01 _ 프로덕션 단계에서 각 팀은 무슨 일을 할까?

프로덕션(Production) 단계는 촬영을 진행하는 단계입니다. 프로덕션 단계가 중요한 이유는 촬영한 것은 되돌리기 어렵기 때문입니다. 아무리 좋은 시나리오가 있더라도 촬영을 잘못하면 엉망이 되기 마련입니다. 물론 재촬영을 할 수 있지만, 그렇게 되면 비용이 추가됩니다.

촬영을 하면 여러 비용이 들어갑니다. 촬영 장비 렌탈 비용, 스태프 인건비, 배우 인건비, 촬영 장소 대여 비용, 식비까지 큰 액수의 돈이 움직이게 됩니다. 이런 비용들은 보통 일일 단위로 계산이 됩니다. 이 때문에 약간의 지연(delay)이 생겨서 추가 회차 촬영이 필요하게 되면 그 비용이 한 번 더 들어가게 되는 것입니다. 회차가 늘어나면 예산에 문제가 생길 수 있기 때문에 촬영 현장에서는 모두가 일사불란하게 움직이는 것이 중요합니다.

01-1 연출팀

◆ 촬영 현장

연출팀은 연출 감독을 중심으로 보조하는 역할을 합니다. 감독은 모니터를 보면서 연기, 카메라, 조명, 미술까지 세밀하게 체크합니다. 수정이 필요한 부분이 있으면 조연출에게 전달합니다. 조연출이 스태프, 배우들과 소통하면서 감독이 원하는 방향대로 흘러갈 수 있도록 조율하고 진행합니다. 조연출 아래의 연출 팀원들은 각각 자기가 맡는 미술, 배우를 담당하면서 스케줄대로 잘 진행이 되도록 합니다.

스크립터(Script Supervisor)는 현장에서 매우 중요한 직책입니다. 모니터를 보면서 이전 컷 또는 다음 컷과 맞지 않는 장면은 없는지 확인을 해야 하고, 나중에 재촬영이 생길 것을 대비하여 **스크립트 페이퍼(Script paper)**에 촬영과 관련된 모든 내용을 기록합니다. 재촬영을 하는 경우 이 스크립트 페이퍼를 참고하여 세팅하면 소요 시간을 줄일 수 있기 때문에 꼭 세밀하게 작성해야 합니다.

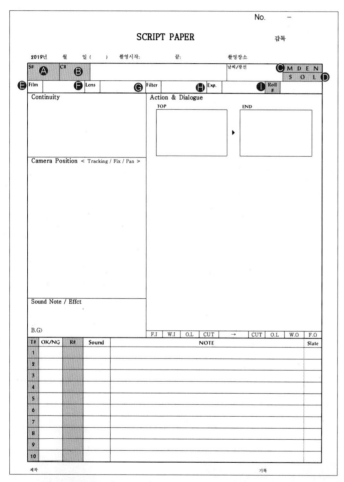

◆ 스크립트 페이퍼(Script Paper)

스크립트 페이퍼의 상단에는 Ⓐ씬과 Ⓑ컷을 기입하는 공간이 있습니다. 우측의 ⒸMDEN은 시간대를 표시하는 것입니다. M은 Morning(아침), D는 Day(낮), E는 Evening(저녁), N은 Night(밤)입니다.

한 칸 아래의 ⒟SOL은 S는 Set, O는 Outside, L은 Location입니다. S는 세트로 만들어놓은 곳에서 촬영할 때 사용하고, O는 야외 촬영을 의미합니다. L은 로케이션을 의미합니다. 예를 들어 약국에서 촬영을 하는데 세트를 짓지 않고 실제 약국을 대여해서 촬영을 하게 되면 L을 선택하면 됩니다.

아래에는 카메라와 관련된 내용을 기록할 수 있는 공간이 있습니다. ⒠Film은 어떤 필름을 사용하는지를 의미하지만 요즘은 모두 디지털로 촬영하기 때문에 사용할 일이 없습니다. ⒡Lens는 어떤 렌즈를 사용했는지 기입합니다. ⒢Filter는 렌즈 앞에 어떤 필터를 사용했는지 작성합니다. ⒣Exp.는 노출을 의미합니다. 카메라에서 세팅하는 ISO, 셔터스피드 또는 개각도, 조리개의 값을 적어놓습니다. ⒤Roll은 메모리 카드 용량이 꽉 차서 새로운 메모리 카드로 교체할 경우 몇 번째 메모리 카드인지 적어주는 것입니다.

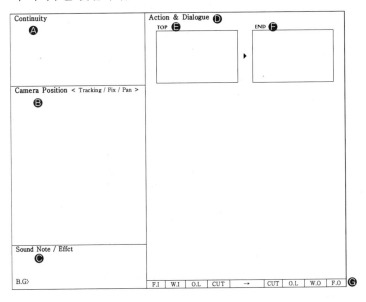

ⒶContinuity는 컷과 컷 사이의 연결을 의미합니다. 저희가 흔히 말하는 '옥에 티' 같은 것이 안 생기도록 작성합니다. 예를 들어 배우의 손동작이 있었다면 손이 어디까지 올라왔는지, 어떻게 손을 펴고 접었는지를 적습니다. 만약 동작과 함께 대사가 있었다면 어떤 동작을 할 때 어떤 대사를 했다고 작성하고, 미술 소품이 인물 뒤에 있었다면 어떤 소품들이 있었는지 기입합니다.

ⒷCamera Position에는 부감도를 그려줍니다. 인물과 카메라 배치, 조명 배치를 적어줍니다. ⒸSound Note에는 현장 녹음에서 특이점이 있는 경우 작성합니다. 후시 녹음이 필요한 부분이나 현장에서 어떤 상황 때문에 지속적으로 들어가는 소리(빗소리, 기계 돌아가는 소리) 등에 대해 기입합니다.

ⒹAction & Dialgoue에는 대사와 동작들을 상세히 작성합니다. 카메라 이동이 있는 경우, ⒠Top에는 시작 지점의 콘티를 그려주고, ⒡End에는 카메라 이동이 끝난 지점의 콘티를 그려줍니다.

Ⓖ아래 상자는 어떻게 연결이 될 것인지에 대한 트랜지션을 의미합니다. F.I는 Fade In, W.I는 Wipe In, O.L은 Overlay, Cut은 일반적인 컷 연결입니다. 트랜지션은 굳이 작성하지 않아도 됩니다.

Ⓐ	Ⓑ	Ⓒ	Ⓓ	Ⓔ		Ⓕ
T#	OK/NG	R#	Sound	NOTE		Slate
1						
2						
3						
4						
5						

스크립트 페이퍼 하단부에는 테이크 별로 기록할 수 있게 되어 있습니다. ⒶT#은 테이크(Take) 넘버를 의미합니다. 완전히 동일한 컷을 여러 번 찍을 때 테이크 넘버가 올라가게 됩니다. ⒷOK/NG에 해당 테이크가 OK인지 NG인지 적어주면 됩니다. 감독이 마음에 들긴 하지만 한 번 더 촬영하면 더 좋을 것 같다 싶을 때는 Keep으로 기록합니다. ⒸR#은 예전에는 필름의 롤을 기입하는 공간이었지만, 최근에는 디지털로 영상을 촬영하게 되면서 카메라에서 기록되는 파일명(클립 넘버)을 기입하고 있습니다. ⒸR#이 영상의 파일명이라면, ⒹSound는 사운드 장비에서 녹음되는 파일명(클립 넘버)을 적는 공간입니다. 좋은 장비들은 녹음기 내에서 씬과 컷, 테이크를 설정할 수 있어서 필요 없지만, 노후화된 장비들은 따로 파일명을 설정할 수 없습니다. 이럴 경우 녹음기에 보이는 파일명을 ⒹSound 란에 적습니다. ⒺNOTE는 일반 문서의 비고란처럼 촬영 중에 일어난 일을 적습니다. 사운드 문제가 있었거나, 감독이 내렸던 지시에 대한 내용을 적습니다. 배우가 무언가 잘못해서 NG인 경우에도 해당 내용을 기록하게 됩니다.

◆ 촬영 현장에서 사용하는 슬레이트

마지막으로 ⒻSlate에는 슬레이트에 기록되는 넘버를 적습니다. 실수로 슬레이트의 번호가 잘못 기록되는 경우가 있어서, 편집 감독이 편집 시에 헷갈리는 것을 방지하기 위해 스크립 페이퍼에 정리하는 것입니다. 앞의 스크립트 페이퍼가 중요한 이유는 편집 감독이나 후반 작업을 담당하는 스태프들은 촬영 현장에 나오지 않기 때문입니다. 후반 작업 담당자들이 싱크를 맞추고 편집 작업을 진행할 때 스크립트 페이퍼를 참고하여 작업하기 때문에 정확하게 작성하는 것이 중요합니다.

01-2 제작팀

가장 일찍 촬영 현장에 와서 가장 늦게 퇴근하는 팀이 제작팀일 정도로 프로덕션 단계에서 제작팀이 하는 일이 많습니다. 제작팀은 쉽게 말해서 촬영 현장에서 발생하는 변수와 문제를 컨트롤한다고 생각하시면 됩니다. 현장 통제, 민원 해결, 주차 및 식사 등의 촬영 현장 관리와 스태프 관리까지, 촬영이 문제없이 잘 진행될 수 있도록 하는 것이 주요 업무입니다.

01-3 기술팀

촬영팀, 조명팀, 그립팀, 사운드팀 등의 기술팀은 각자 장비를 세팅하고 운용하는 일을 합니다. 조연출 또는 촬영 감독이 다음 컷을 이야기해주면, 미리 준비를 하고 촬영하게 됩니다.

01-4 미술팀

미술팀은 현장에서 카메라 앵글에 걸리는 모든 소품을 세팅합니다. 연출자가 의도하는 분위기가 잘 반영될 수 있도록 프리 프로덕션 단계에서 협의된 소품들을 배치합니다. 촬영 중간에는 컷과 컷 사이에 소품 위치가 동일하게 나올 수 있도록 콘티뉴이티도 확인하게 됩니다.

02 _ 촬영은 어떻게 진행되는 건가요?

Q1 하루에 촬영 가능한 시간은?

촬영은 큰 변수가 없다면 프리 프로덕션 작업 때 만든 일일 촬영 계획표를 따라 진행하게 됩니다.

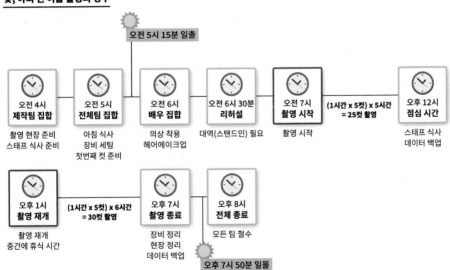

낮의 야외 씬을 촬영한다고 가정해 봅시다. 낮을 보여주고 싶다면 해가 밖에 떠 있는 시간 동안만 촬영할 수 있습니다. 여름 기준으로는 오전 7시부터 오후 7시까지 약 12시간 정도가 됩니다. 일출이 오전 5시 15분이고, 일몰이 오후 7시 50분이지만 일출 직후와 일몰 직전에는 광량이 부족하기 때문에 촬영하기 어렵습니다. 이를 감안했을 때 오전 7시부터 오후 7시까지 촬영이 가능합니다. 만약 이 시간을 다 활용해서 찍어야 한다고 하면, 스태프는 적어도 오전 5시까지 현장에 도착을 해야 합니다. 제작팀의 경우 스태프 콜타임보다 1시간 일찍 도착해서 준비를 하고 있기도 합니다.

기술팀과 다른 팀들은 오전 5시에 촬영 현장에서 아침 식사를 하고 장비를 세팅합니다. 오전 6시에 출연진이 도착하여 메이크업을 시작합니다. 그 사이 스태프들은 스탠드인 배우(대역)를 활용하여 오전 6시 30분부터 리허설에 들어가고, 출연진 메이크업이 완료되는 시간인 약 7시에 첫 컷을 찍을 수 있게 됩니다.

촬영은 미술 세팅, 카메라 및 조명 이동 및 세팅이 있기 때문에 일반적으로 1시간에 4컷을 찍을 수 있다고 보면 됩니다. 물론 지금 예시는 자연광을 이용한 야외 촬영이기 때문에 조명이 많이 필요하진 않아서 1시간에 5컷 정도까지도 찍을 수 있을 것으로 보입니다. 해가 떠있는 12시간 중 점심시간과 휴식 시간을 제외하면 약 11시간을 찍을 수 있을 것입니다. 그렇다면 하루에 찍을 수 있는 분량은 약 55컷 정도가 됩니다. 물론 B Camera를 활용하여 카메라 두 대로 동시에 녹화하는 경우가 있습니다. 이런 경우에는 약 80~90컷 정도까지도 촬영이 가능합니다. 이처럼 한 장면을 찍는 데 소모되는 시간이 많다 보니, 장편 영화를 촬영할 때는 15~60일 동안 촬영을 하며, 길게는 1년 가까이 촬영을 하기도 합니다.

Q2 촬영의 진행 순서는?

촬영 현장에서는 사전에 협의된 대로 미술팀이 세팅을 완료해놓습니다. 이어서 촬영감독이 카메라 앵글을 잡고, 앵글에 맞춰서 조명팀이 조명을 세팅하게 됩니다. 미술팀은 카메라 앵글에 맞게 세팅을 조금씩 변경합니다. 스태프들이 준비가 완료되면 대역 배우를 활용하여 어떻게 촬영 결과물이 나오게 될지 연출 감독에게 보여주게 됩니다. 연출 감독이 OK를 하면 실제 배우가 준비를 하게 됩니다.

동시 녹음이 진행되는 경우에는 콜 싸인을 두 번 주어야 합니다. 촬영 시작을 하겠다는 이야기를 하면, 조연출이 사운드 감독에게 장비를 작동 시키라는 뜻에서 "사운드"라고 외칩니다. 사운드 감독이 녹음 버튼을 누르면 "Speed" 또는 "Roll"을 외칩니다. 이어서 카메라 녹화를 시작해달라는 요청으로 "카메라"라고 외치면, 촬영 감독이 녹화 버튼을 누른 후 "Roll"을 외칩니다.

이때 싱크를 쉽게 맞출 수 있도록 슬레이트를 넣어서 클리퍼를 위에서 아래로 쳐줍니다. 사운드는 화면이 녹화되지 않으므로 클리퍼를 치기 전에 '씬 - 컷 - 테이크' 순서대로 번호를 불러주어야 합니다. 그래야 편집감독이 후반 작업에서 소리를 듣고 화면을 확인해서 싱크를 맞출 수 있습니다. 예를 들어 3씬의 2컷, 1테이크인 경우에는 "3의 2의 1"이라고 외칩니다. 테이크가 한 번 더 가는 경우에는 앞의 내용은 제외하고 "테이크 2"를 외치고 슬레이트의 클리퍼를 쳐주면 됩니다.

슬레이트가 카메라 앵글에서 벗어나면 연출이 액션 사인을 주고, 배우가 정해진 연기를 하게 됩니다. 이때 촬영 현장에서 스태프는 움직이거나 작은 소리도 내 어선 안 됩니다. 연기가 끝이 나면 감독은 컷을 외치고, 촬영 감독과 사운드 감독은 녹화와 녹음의 종료 버튼을 누르게 됩니다. 전 장면과의 연결, 사운드, 촬영에 문제가 없는 경우, 연출 감독은 NG 인지, OK 인지 또는 Keep 인지 스태프들에게 알리게 됩니다. NG나 Keep인 경우에는 재촬영에 들어가게 되고, OK가 나면 다음 컷을 찍기 위해 다시 준비를 하게 됩니다. 마찬가지로 카메라 감독이 앵글을 잡으면 다른 팀들이 앵글에 맞춰서 준비를 합니다.

03 _ 포스트 프로덕션(Post Production) 파헤치기

프로덕션 단계를 잘 마무리했다면 남은 건 포스트 프로덕션(Post Production) 뿐입니다. 우리가 잘 알고 있는 편집과 CG가 포스트 프로덕션 단계에 해당합니다.

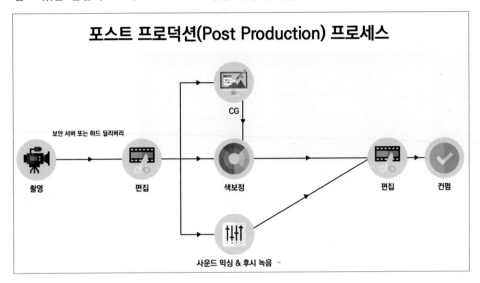

프로덕션 단계에서 촬영되는 영상 소스를 편집실로 전달을 하면서 포스트 프로덕션이 시작됩니다. 영상 소스가 담긴 외장 하드를 직접 전달하는 하드 딜리버리 방식이 있고, 보안 서버에 업로드하면 편집실에서 다운로드하는 방식이 있습니다. 촬영 회차가 1일~2일 정도인 단편 영상의 경우, 하드 딜리버리를 보통 많이 선택하고, 영화나 드라마처럼 회차가 길어지는 장편의 경우 보안 서버를 많이 이용합니다.

드라마나 영화의 경우 회차가 진행될 때마다 조금씩 편집 작업을 시작해서, 촬영이 완전히 종료되는 크랭크업을 기준으로 1~2개월 정도의 편집 시간을 갖습니다. 광고나 뮤직비디오의 경우 촬영 일로부터 퍼블리싱의 기간이 짧기 때문에 촬영 종료로부터 2~3일 만에 영상 초안을 완성하게 됩니다.

초안을 본 감독 또는 광고주가 컨펌을 하게 되면 편집실에서 다른 부서들로 소스가 전달이 됩니다. CG 업체에서는 CG 작업을 하고, 색보정 업체에서는 색보정 작업을 진행합니다. 소리가 들어가는 영상인 경우에는 사운드 믹싱 작업실로도 전달이 돼서, 대사 후시 녹음과 폴리 작업 그리고 모든 소리가 서로 잘 어울리도록 믹싱 작업을 진행하게 됩니다. 음악 작곡이 필요한 경우 음악 작업실로도 전달이 됩니다.

CG 작업이 완성되면 색보정 업체에서 한 번 더 색보정 작업을 거치게 되고, 이를 가지고 감독과 광고주가 컨펌을 하게 됩니다. 수정사항이 발생하는 경우 위의 프로세스를 몇 차례 더 거친다고 생각하면 됩니다.

04 _ 편집 작업은 어떤 프로세스로 진행하나요?

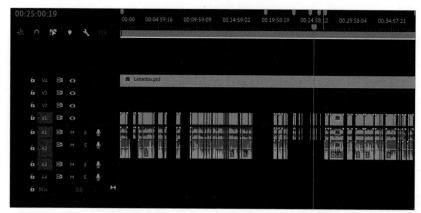

◆ Ⓐ카메라의 영상과 Ⓑ녹음장비의 사운드의 싱크를 맞춰놓은 상황

편집 작업의 가장 기본이 되는 것은 촬영된 소스의 정리입니다. 폴더 별로 영상과 음성을 잘 정리해서 원본이 실수로 삭제되지 않게 해주어야 합니다. 정리가 되면 편집 프로그램에 올려서 싱크를 맞춰줍니다. 싱크를 맞출 때 프로덕션 단계에서 스크립터가 작성한 스크립트 페이퍼를 참고하게 됩니다.

싱크가 다 맞춰지면 시나리오와 스토리보드, 컷 리스트를 보면서 순서대로 영상을 붙여 놓습니다. 이때는 미세하게 편집하지 않고, 감독의 액션 소리와 컷 소리가 들리지 않는 실제 사용 가능한 부분만 잘라서 붙여놓는다고 생각하면 됩니다.

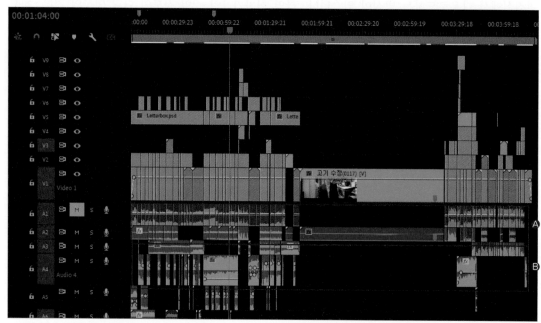

◆ 색보정, 자막, 효과음 믹싱까지 모두 진행한 모습

이 작업이 끝나고 나면 미세하게 컷 편집 작업을 시작하게 됩니다. 잘라내고 붙이고, 최대한 효율적으로 내용을 전달할 수 있게 만듭니다. 이 단계에서 편집 감독은 어떤 컷은 주어진 그대로 쓰고, 어

떤 컷은 다른 컷으로 대체할지 결정합니다. 영상 편집이 마무리가 되면 전체 영상을 재생해 보면서 편집의 리듬감이 잘 살아있는지, 템포가 어긋나는 곳은 없는지 확인을 하게 됩니다.
여기서 문제가 없으면 첫 번째 초안이 완성되게 됩니다.

05 _ 기타 작업의 시간 소요?

CG 작업은 들어가는 양과 투입되는 인력 규모에 따라서 작업에 소모되는 시간이 달라집니다. 〈신과 함께: 인과 연〉의 경우 VFX가 들어가는 컷이 총 2200컷으로 전체 컷 수의 약 80%에 해당한다고 합니다. 이 때문에 CG 스태프 수만 500명에 달함에도 불구하고, 약 10개월 동안 그래픽 작업을 진행한 것으로 알려져 있습니다.[4] 〈어벤져스〉 시리즈처럼 시각 효과가 굉장히 중요한 작품의 경우 CG를 담당하는 스태프 수만 2,000명이 될 정도입니다.[5]

CG가 많으면 그만큼 효과음도 많이 들어가야 하기 때문에, 효과음 제작을 진행하는 사운드 믹싱 스튜디오에서도 많은 시간이 걸리게 됩니다. 이를 잘 계산해서 프리 프로덕션 단계에서 전체 일정을 계획할 때 후반 작업에 얼마나 많은 시간이 걸릴 것인지 예측하는 것도 중요합니다.

06 _ 실무에서는 무슨 프로그램을 이용해서 후반 작업을 하고 있나요?

06-1 편집 프로그램

Ⓐ 아비드　　　Ⓑ 파이널 컷 프로 7　　　Ⓒ 파이널 컷 프로 X　　　Ⓓ 에디우스　　　Ⓔ 프리미어 프로

[4] 「[Oh! 크리에이터] #97 덱스터 스튜디오 VFX 슈퍼바이저 진종현 vol.2 4년의 여정, 〈신과함께〉 제작과정」, 장혜지 기자, 디자인프레스, 2019. 1. 28
[5] 「"3~4초 장면 하나 만드는데 CG작업 최소 한 달"」, 김경학 기자, 경향신문, 2019. 1. 16t

업계에 따라서 사용하는 프로그램이 다릅니다. 영화 업계에서는 Ⓐ아비드(Avid)가 압도적으로 사용률이 높고, Ⓑ파이널 컷 프로 7을 사용하는 편집실도 있습니다. 방송국에서는 Ⓓ에디우스를 가장 많이 사용하고, Ⓑ**파이널 컷 프로 7**과 Ⓒ**파이널 컷 프로 X**를 사용하는 곳도 있습니다. Ⓓ**에디우스**를 많이 사용하는 이유는 중간 송출 때문입니다. 간혹 편집 시간이 빠듯해서 편집을 하면서 바로 송출을 진행하는 경우가 있습니다. 이때 Ⓓ**에디우스**는 중간에 살짝 버퍼링이 걸리더라도 뒤로 밀리지 않고 앞으로 계속 진행된다는 점 때문에 방송국에서 선호하는 편입니다.

이외에 유튜브 제작 업체, 광고 또는 뮤직비디오 제작 업체에서는 Ⓒ**파이널 컷 프로 X**와 Ⓔ**프리미어 프로**를 사용하는 경우가 많습니다.

편집 프로그램은 기능적으로 큰 차이가 거의 없기 때문에 하나를 잘 다루면 다른 프로그램도 쉽게 다룰 수 있습니다. 따라서 한 프로그램을 잘 익히는 것이 중요합니다.

06-2 색보정 프로그램

색보정 프로그램은 Blackmagic Design 사에서 제작한 다빈치 리졸브(Davinci Resolve)를 많이 사용합니다. 색을 미세하게 조절할 수 있는 기능들이 있고, Nod 방식을 사용하고 있어서 작업 편의성이 뛰어납니다. 더불어 다양한 외부 컬러 패널을 사용할 수 있어서 미세한 조작이 필요한 컬러리스트 분들이 애용하는 프로그램입니다.

06-3 오디오 믹싱 프로그램

믹싱 프로그램은 프로 툴(Pro tools)을 가장 많이 사용합니다. 오디오 콘솔과의 연결이 편하고, 안정적이며, 멀티채널의 포맷을 다루기 편하기 때문입니다. 이전에는 맥 운영체제(MAC OS)에서만 사용할 수 있었지만 이제는 윈도우에서도 사용이 가능해졌습니다. 다만 아직도 안정성 때문에 맥을 사용하는 분들이 많습니다.

06-4 CG 프로그램

Ⓐ 마야   Ⓑ 3ds 맥스   Ⓒ 누크   Ⓓ 애프터 이펙트

CG 프로그램은 편집 프로그램과 마찬가지로 업체에 따라 사용하는 프로그램이 다릅니다. Ⓐ마야(Maya), Ⓑ3ds 맥스(3ds Max), Ⓒ누크(Nuke) 등이 주로 사용됩니다. 간단한 텍스트 모션이나 2D 모션 그래픽을 제작하는 경우에는 Adobe 사의 ⒹAfter Effects를 사용하기도 합니다.

07 _ 개인 유튜브 영상 작업은 어떤 포스트 프로덕션 단계를 거치나요?

유튜브 영상도 포맷에 따라 포스트 프로덕션 단계가 달라집니다. 웹 드라마라면 위에서 말씀드린 단계를 거치게 되고, 일반적인 유튜브 예능 형태의 포맷이라면 다른 업체와 협업할 필요 없이 편집 감독이 모든 것을 컨트롤하는 경우가 많습니다. 편집 감독이 직접 편집을 하고, 자막을 입히고, 효과음을 넣고, 배경음악을 넣는 것입니다.

유튜브 예능 영상이더라도 필요에 따라 색보정 작업을 진행하거나 CG가 들어가는 경우도 있지만, 대부분은 다빈치 리졸브처럼 전문적인 프로그램을 따로 사용하지 않고, 편집 프로그램에 포함되어 있는 색보정 기능과 After Effects 프로그램을 사용하여 간단한 CG 효과만 적용합니다.

제작비 규모가 전문 영상들과 다르기도 하고, 유튜브의 경우에는 주어지는 작업 시간이 짧으며, 최소 일주일에 1회는 업로드를 하는 것이 선호되다 보니, 아무래도 포스트 프로덕션 단계가 기존의 영상 포맷보다 짧고 빠르게 진행이 됩니다.

10여 년 전, 영화학과로 대학교에 입학하고, 첫 수업 때 교수님께서 해주셨던 말이 아직도 기억에 남아있습니다. '좋은 시나리오에서는 좋은 영화와 나쁜 영화 둘 다 나올 수 있지만, 나쁜 시나리오에서는 나쁜 영화 밖에 나올 수 없다.' 어느 영화인이 한 말의 인용이었지만, 실무를 하다 보니 이만큼 중요한 말이 없었습니다.

촬영 또한 이와 마찬가지입니다. 아무리 좋은 시나리오를 썼더라도, 일단 촬영을 망치게 되면 편집에서 할 수 있는 것에는 한계가 있기 때문에 나쁜 결과물 밖에 나올 수 없습니다. 따라서 촬영을 잘하는 것 또한 좋은 시나리오를 쓰거나, 좋은 콘텐츠를 기획하는 것만큼이나 중요합니다. 글로 된 기획을 시청자에게 잘 시각화하여 전달하는 과정이 촬영이기 때문입니다.

이번 챕터에서는 여러분들이 촬영을 잘 하실 수 있도록 기본적인 촬영 이론과 카메라 세팅 방법을 알려드리고, 실습 레슨을 통해 여러 가지 상황에서의 촬영 방법을 알려드리도록 하겠습니다.

CHAPTER 02

영상의 7할은 촬영이다!

LESSON 01 촬영 핵심 이론과 실전 노하우 배우기

"나에게 맞는 촬영 장비 선택 가이드", "영상 촬영 실습"에 관한 자세한 내용을 별책 부록으로 제공합니다. 별책 부록에는 유튜브 채널 운영 전략과 방법, 나에게 맞는 장비 선택 방법, 촬영 세팅 및 다양한 영상 촬영 방법, 통통 튀는 자막 효과와 그 외 영화 비율 만들기, 애프터 이펙트 활용 방법, 색보정, 플러그인 사용법 등 바로 활용할 수 있는 영상 편집 꿀 팁이 수록되어 있습니다. 별책 부록은 PDF 파일로 제공하며, PDF 별책 부록의 다운로드 방법은 4쪽을 참조합니다.

LESSON
01 촬영 핵심 이론과 실전 노하우 배우기

외국 여행을 하다 보면 한국 사람들만큼 사진을 잘 찍는 국민이 없는 것 같습니다. 워낙 카메라에 익숙해서 그런지, 다른 나라 사람들에 비해 구도를 안정적으로 잘 잡습니다. 기본기가 뛰어난 만큼 조금만 더 가다듬으면 누구나 쉽게 좋은 영상을 촬영할 수 있을 것입니다. 이번 레슨에서는 우리가 이미 무의식중에 알고 있던 촬영 구도나 여백 등을 어떻게 정확하게 나눠야 하는지 체계적으로 정리해 보고, 촬영 시 신경 써야 하는 이론들에 대해 배워보겠습니다.

01 _ 촬영, 왜 중요할까요?

'대단한 작품을 만드는 게 아니라, 유튜브를 촬영하는데도 촬영이 중요한가요?'
많은 분들이 유튜브니까 대충 촬영해도 괜찮지 않냐고 물어봅니다. 이럴 땐 거꾸로 물어보면 됩니다. '왜 처음엔 스마트폰으로 유튜브를 촬영하던 크리에이터들도 구독자 수가 늘어나면 좋은 카메라와 전문가를 불러서 촬영을 할까요?' 그 이유는 퀄리티가 달라지기 때문입니다.

– 고객님– 원하시는 부위 있으면 말씀만 주세요.

◆ 황금 비율에 맞는 구도

단순히 화질 차이, 색감의 차이만이 중요한 것이 아닙니다. 구도에 따라 시청자들이 느끼게 되는 심리적인 안정감에 차이가 있습니다. 그래서 황금 비율에 대해 설명할 때 항상 영화의 장면이 빠지지 않고 나오게 되는 것입니다.
구도와 노출 그리고 카메라 무브먼트(Camera Movement)를 어떻게 하느냐에 따라서 영상의 톤 앤 매너가 달라질 수 있습니다. 이 때문에 내가 원하는 느낌을 시청자에게 제대로 전달하고 싶다면 촬영을 잘 알고 있어야 합니다. 이 중에서도 구도는 어떻게 잡느냐에 따라 시청자가 느끼는 편안함이 달라질 수 있으니 중요합니다.

| Ⓐ 샷(쇼트) Shot | Ⓑ 카메라 무브먼트 Camera Movement | Ⓒ 노출 Exposure | Ⓓ 미쟝센 Mise-en-scene |

촬영은 크게 네 가지로 나눠 볼 수 있습니다. 촬영할 대상이 되는 물체를 의미하는 '피사체'를 어떻게 촬영할 것인가에 대한 Ⓐ샷(Shot), 카메라를 어떻게 움직일 것인가에 대한 Ⓑ카메라 무브먼트, 어떠한 밝기로 찍을 것인가에 대한 Ⓒ노출(Exposure), 마지막으로 구도 안에 어떤 물체들이 등장하게 할 것인가에 대한 Ⓓ미쟝센(Mise-en-scene)입니다.

Ⓐ샷(Shot)은 장면을 뜻합니다. 어떤 크기로 찍을 것인가에 대한 **샷 사이즈(Shot Size)와 여백**, 어떤 각도에서 찍을 것인가에 대한 **앵글(Angle)** 등이 포함됩니다.

Ⓑ노출(Exposure)은 말 그대로 밝기입니다. 노출의 요소는 네 가지로 나눠볼 수 있습니다. 광량, ISO, 조리개, 셔터스피드입니다. 샷과 노출은 이어지는 내용에서 자세히 설명을 해드릴 예정이니, 우선 넘어가도록 하겠습니다.

촬영의 세 가지 요소 중 마지막인 **미쟝센(Mise-en-scene)**은 프랑스어로 '무대 위에 배치하다'라는 뜻으로, 카메라의 프레임에 들어오는 모든 요소를 의미합니다. 배우들의 연기부터 분장, 촬영, 조명, 세트장, 소품까지 일단 카메라에 촬영이 된다면 모두 포함되는 것입니다. 즉, 미쟝센은 위에서 말씀드린 **샷(Shot)과 노출(Exposure)**이 포함되는 상위 개념입니다. 그러나 현장에서는 주로 소품과 아트(Art)를 의미하는 경우가 많습니다.

'촬영할 때 소품은 예쁘게 생긴 것만 놓으면 되는 것 아닌가?'하는 생각이 드실 수 있습니다. 그러나 캐릭터의 컨셉에 맞지 않는 소품을 단순히 예쁘다고 놓을 수는 없습니다. 만약 현시대를 사는 10대여학생의 방을 보여준다면, 운문집 보다는 패션 잡지가 책장에 꽂혀있어야 할 것이고, 포크 가수의 포스터보다는 아이돌의 포스터가 잘 어울릴 것입니다.

이처럼 영화에서 인물의 방이 나올 때, 방 안의 벽지, 벽의 포스터, 조명, 크고 작은 소품들은 미술팀과 연출팀이 모두 조율하여 배치하는 것이며, 이런 소품들은 주인공의 성격이나 심리 상태를 드러내기도 합니다. 이 모든 것들이 미장센에 포함됩니다.

유튜브를 생각해 봅시다. 감성 브이로그에서 홈 카페를 보여주는 장면이 나오면, 커피를 따르는 모습 뒤로 각종 주방 소품들이 놓여있습니다. 마찬가지로 전자기기 리뷰어들이 리뷰를 할 때 책상 뒤를 보면 여러 가지 전자기기들이 배치되어 있습니다. 이는 전문성을 강조하기 위함일 것입니다. 이런 것들 또한 미장센에 포함이 됩니다. 즉, 자신이 보여주고 싶은 이미지를 만들고 싶다면 소품을 활용한 미장센을 고려해서 촬영해야 합니다.

02 _ 이것만 지키면 반은 성공, 샷 사이즈(Shot Size)

촬영의 네 가지 요소 중 첫째인 샷(Shot)을 살펴보겠습니다.

먼저 위의 세 가지 사진을 보셨을 때 어떤 사진이 가장 안정적인 느낌이 드나요?

당연히 가운데의 사진이 가장 안정적이라고 느낄 것입니다. 위아래 여백의 비율도 맞고, 어디 하나 잘린 부분이 없기 때문입니다. 이처럼 촬영을 할 때 피사체가 사각 프레임에 어느 정도 들어오게 하느냐는 구도의 안정감에 큰 영향을 미치게 됩니다. 이런 프레이밍을 샷 사이즈(Shot Size)라고 합니다. 말 그대로 '어떤 크기로 피사체를 촬영할 것인가?'를 뜻합니다. 저희가 흔히 말하는 클로즈업도 하나의 샷 사이즈에 해당합니다.

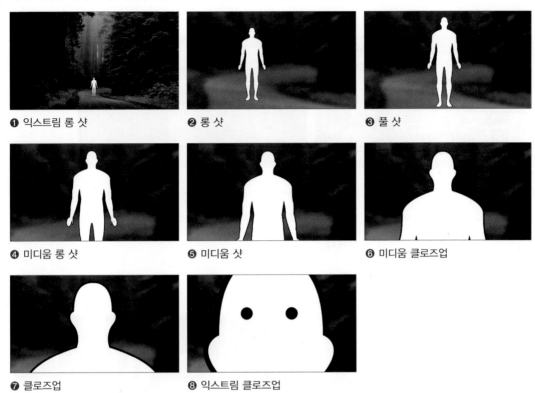

❶ 익스트림 롱 샷   ❷ 롱 샷   ❸ 풀 샷

❹ 미디움 롱 샷   ❺ 미디움 샷   ❻ 미디움 클로즈업

❼ 클로즈업   ❽ 익스트림 클로즈업

기본적인 샷 사이즈는 8가지로 구분할 수 있습니다. ❶ 익스트림 롱 샷(Extreme Long Shot), ❷ 롱 샷(Long Shot), ❸ 풀 샷(Full Shot), ❹ 미디움 롱 샷(Medium Long Shot),❺ 미디움 샷(Medium Shot), ❻ 미디움 클로즈업(Medium Close-up), ❼ 클로즈업(Close-up), ❽ 익스트림 클로즈업(Extreme Close-up)입니다.

❶ 익스트림 롱 샷(Extreme Long Shot)

익스트림 롱 샷은 Extreme이라는 영어 단어 뜻처럼 극단적으로 멀리서 보이도록 촬영합니다. 배경이 넓게 보이며, 인물이 등장하게 되는 경우 인물은 작게 보이는 샷 사이즈입니다. **설정 샷(Establishing**

Shot)이라고 하여 시청자들에게 인물이 어느 공간에 있는지 정보를 전달하기 위한 용도로도 많이 사용합니다. 이 때문에 익스트림 롱 샷은 씬(Scene)의 도입부에서 사용하면 효과적입니다.

❷ 롱 샷(Long Shot)

롱 샷은 익스트림 롱 샷보다 구체적입니다. 인물이 익스트림 롱 샷에 비해 더 크게 보여서 인물을 관찰할 수 있지만, 그래도 여전히 인물보다는 배경에 집중하는 샷 사이즈입니다. 익스트림 롱샷과 마찬가지로 설정 샷으로 활용하기도 합니다.

❸ 풀 샷(Full Shot)

풀 샷은 Full이라는 단어 뜻 그대로 화면에 인물이 꽉 차게 들어오도록 촬영합니다. 인물의 머리부터 발끝까지 모두 보이는 샷 사이즈입니다. 롱 샷에 비해 훨씬 구체적이지만, 여전히 넓은 앵글이기 때문에 인물의 감정을 세밀하게 전달하기보다는 인물의 동작을 보여주고 싶을 때 주로 사용합니다.

❹ 미디움 롱 샷(Medium Long Shot)

미디움 롱 샷은 니 샷(Knee Shot)이라고도 부르고, **할리우드 샷**(Hollywood Shot)이라고도 합니다. 인물의 머리부터 무릎까지 나오는 샷 사이즈입니다. 풀 샷과 마찬가지로 인물이 위치한 배경을 많이 보여주고 싶을 때 사용합니다. 배경을 넓게 보여주고 싶은데 촬영 현장의 바닥이 정리가 잘 안되는 경우에는 풀 샷 대신 미디움 롱 샷을 활용하는 것도 좋은 방법입니다.

❺ 미디움 샷(Medium Shot)

미디움 샷(Medium Shot)은 **웨이스트 샷**(Waist Shot)이라고도 부릅니다. 피사체의 머리부터 허리까지 나오도록 촬영합니다. 가장 대표적인 샷 사이즈로 영화, 드라마뿐만 아니라 다큐멘터리, 인터뷰 등에서도 가장 많이 사용하는 샷 사이즈입니다. 유튜브에서도 클로즈업으로 촬영하면 보는 사람이 부담스럽기 때문에 미디움 샷으로 촬영하고, 필요한 부분에서만 사이즈를 조절해서 사용하면 좋습니다.

❻ 미디움 클로즈업(Medium Close-up)

미디움 클로즈업(Medium Close-up)은 **바스트 샷**(Bust Shot)이라고도 부릅니다. 피사체의 머리부터 가슴까지 나오도록 촬영합니다. 인물의 표정을 보여주면서도 비교적 넓게 배경을 보여줄 수 있습니다.

❼ 클로즈업(Close-up)
사람들이 가장 잘 알고 있는 샷 사이즈입니다. **클로즈업**(Close-up)은 얼굴만 덩그러니 나올 것 같지만, 실제로는 머리부터 쇄골 정도까지 나오도록 촬영을 하는 것이 일반적입니다.

❽ 익스트림 클로즈업(Extreme Close-up)

익스트림 클로즈업(Extreme Close-up)은 극단적으로 클로즈업하는 샷입니다. 신체의 일부분, 즉, 눈만 보여주는 장면이나, 제품 홍보 영상에서 제품의 부분을 확대해서 촬영하면 모두 익스트림 클로즈업에 해당합니다. 주로 망원 렌즈나 매크로렌즈(Macro Lens, 접사 렌즈)를 이용해서 촬영합니다.

샷 사이즈는 바꿔가면서 촬영하셔야 합니다

위에서 정리한 8가지의 샷 사이즈를 정확하게 지켜서 촬영하기만 해도 영상의 퀄리티가 높아집니다. 물론 더 중요한 것은 한 가지 사이즈로 계속 촬영하는 것이 아니라, 사이즈를 변경하면서 촬영하는 것입니다.

1시간 동안 인물의 클로즈업만 나온다면 어떨까요? 아무리 모델이 예쁘고 잘생겨도 화면에 얼굴이 꽉 차기 때문에 보는 사람이 답답할 것입니다. 반대로 계속해서 익스트림 롱샷만 나온다면 피사체의 표정이 보이지 않아 답답할 것입니다. 따라서 샷 사이즈를 바꿔가면서 촬영해야 시청자가 지루해하지 않습니다.

만약 혼자 책상 앞에 앉아서 이야기를 하는 유튜브 콘텐츠라면 미디움 샷으로 고정해서 촬영해도 상관없지만, 그렇지 않다면 꼭 다양한 사이즈로 촬영하실 것을 추천해 드립니다. 그래야 영상이 다채롭게 표현되고, 편집할 때도 선택할 수 있는 범위가 넓어지게 됩니다.

03 _ 조금만 더 디테일하게, 여백의 미

샷 사이즈를 완벽하게 잡기 위해서는 여백도 신경을 써줘야 합니다. 인물의 머리 위 여백을 **❶헤드 룸** **(Head Room)**이라고 하고, 인물이 바라보고 있는 방향의 여백을 **❷리드 룸(Lead Room)**이라고 합니다. 이 여백을 얼마나 크게 잡느냐는 아주 작은 차이지만, 결과물에서는 큰 차이가 생길 수 있습니다.

헤드룸(Head Room)

헤드룸이 너무 많음

헤드룸 적당함

헤드룸이 너무 없음

헤드룸이 너무 많으면 모호한 구도가 되어버리고, 그렇다고 헤드룸 없이 너무 타이트하게 들어가게 되면 답답해 보일 수 있습니다. 따라서 적당한 양의 여백이 생길 수 있게 헤드룸을 설정해 주는 것이 좋습니다.

리드룸(Lead Room)

◆ 가운데 배치

◆ 한쪽 방향으로 배치

인물을 가운데에 배치하고 촬영하면 편하지만, 가운데에 배치하기 어려운 상황도 있습니다.

인터뷰 촬영에서 답변자의 대답을 자연스럽게 끌어내려면 답변자가 카메라를 바라보는 것보다는 질문자를 바라보게 하는 것이 좋습니다. 카메라에 익숙하지 않은 사람이 카메라를 바라보고 이야기하면 표정이 굳어버리는 경우가 많기 때문입니다. 답변자가 카메라를 바라보지 않게 촬영을 하게 되면, 카메라의 위치가 인물의 정중앙이 될 수 없습니다. 따라서 카메라는 인물의 측면 방향으로 움직여 줘야 합니다. 이럴 때는 여백을 어떻게 잡으면 좋을까요?

위의 두 사진을 비교해 봤을 때 어떤 것이 더 안정감이 있으신가요? 상대적으로 오른쪽 사진이 더 안정감 있게 다가올 것입니다. 피사체가 바라보는 시선 쪽으로 여백이 많아야 무엇을 보고 있는지 알 수 있어서, 안정감이 생깁니다.

그렇다고 왼쪽 사진이 틀린 것은 아닙니다. 인물이 바라보고 있는 쪽으로 여백이 많아지면, 무엇을 바라보고 있는지 궁금증을 유발할 수 있습니다. 공포 영화에서는 의도적으로 인물이 바라보는 방향의 반대편에 여백을 주어서 긴장감을 극대화합니다. 주인공이 화면 밖을 바라보고 있을 때, 반대쪽 여백의 배경에 무언가가 지나가는 장면을 떠올려 보면 됩니다.

여백을 잘 잡고 싶다면 카메라의 격자를 활용합니다.

◆ 카메라 격자 기능을 활용한 촬영

여백을 잘 잡기 위해서는 3분할 격자를 활용하면 됩니다. 16:9의 화면 비율을 가로로 3분할, 세로로 3분할 하면 총 9개의 사각형으로 나눠지게 됩니다. 이 상태에서 어디에 피사체를 배치할 것인지 결정하는 것입니다.

정중앙에 놓고 촬영을 할 수도 있지만, 만약 리드룸을 주기 위해서 가로축으로 옮겨서 배치가 필요하다면, 한쪽의 Ⓐ세로 선에 맞춰주면 됩니다. Ⓐ세로 선의 Ⓑ바깥쪽으로 이동을 하게 되면 너무 한쪽으로 기울어진, 불균형한 상태가 됩니다. 이 때문에 아직 구도를 잡는 것이 서투르시다면 선 위에 배치해서 촬영한다고 생각하시면 됩니다.

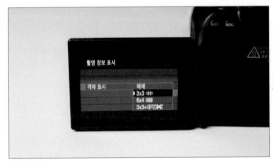

◆ 캐논 카메라의 격자 표시 기능

◆ 소니 카메라의 격자 표시 기능

3분할 격자는 거의 모든 카메라에 탑재가 되어 있습니다. 일반적으로 카메라 설정 메뉴에서 화면 표시 설정에 들어가면 설정할 수 있게 되어 있습니다.

04 _ '어떤 각도에서 바라볼까?' 카메라 앵글(Camera angle)

◆ 탑 뷰(Top View) 앵글

샷 사이즈와 여백이 크기에 관한 것이었다면 앵글(Camera angle)은 말 그대로 각도입니다. 피사체를 어떤 각도에서 볼 것인지 결정하는 것입니다. 정중앙에서 바라볼 수도 있고, 측면에서 바라볼 수도 있습니다.

Ⓐ정면　　　　　　　Ⓑ정측면　　　　　　Ⓒ측면

너무 Ⓐ**정면**으로 보는 것이 부담스럽다면, 15도~45도 정도 틀어진 Ⓑ**정측면**에서 촬영하면 됩니다. 만약 정중앙으로 나올 수 없는 상황에서 촬영을 하다 보니 너무 Ⓑ**정측면** 장면만 있는 것 같다면, 각도를 정면 기준 90도 틀어서 Ⓒ**측면**에서 촬영할 수도 있습니다.

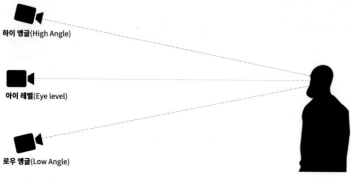

하이 앵글(High Angle)

아이 레벨(Eye level)

로우 앵글(Low Angle)

◆ 새로축 앵글의 차이

위의 내용이 가로축에 대한 앵글이었다면 세로축 앵글도 있겠죠? 세로축의 앵글 또한 중요합니다. 가장 이상적면서 유튜브에 적합한 세로축은 아이 레벨(Eye Level)입니다. 말 그대로 카메라 렌즈와 눈높이가 정확하게 맞는 각도입니다.

◆ 로우 앵글로 촬영된 컷

다른 느낌을 표현하고 싶다면 앵글을 위아래로 틀어줘도 됩니다. 아이레벨보다 아래로 카메라가 내려가게 되면 **로우 앵글(Low Angle)** 또는 **앙각**이라고 부릅니다. 나치 집권 시절, 히틀러는 자신의 권위를 보여주기 위해서 자신의 집무실 책상과 의자를 손님의 자리보다 더 올라가있게 만들었다고 합니다. 사람들이 히틀러와 대화를 할 때 위로 올려다보아야 했던 것입니다.

◆ 영화 〈저수지의 개들〉

◆ 영화 〈바스터즈: 거친 녀석들〉 캡쳐

이와 마찬가지로 로우 앵글은 심리적으로 중압감이 느껴지게 되는 앵글로, 근엄한 인물이나, 인물의 위압감을 표현하고 싶을 때 사용하면 효과적입니다.

◆ 하이 앵글로 촬영된 컷

반면 아이레벨보다 카메라가 위로 올라가게 되면 **하이 앵글(High Angle)** 또는 **부감**이라고 합니다. 셀카를 찍을 때 카메라를 약간 들어 올려서 찍었던 기억이 나시나요? 하이 앵글로 찍게 되면 눈이 카메라 렌즈로부터 가장 가까워지기 때문에 눈은 커보이게되고, 상대적으로 거리가 멀어진 턱은 갸름해 보이는 효과가 있습니다.

◆ 하이 앵글을 사용한 영화의 예 _ 영화 〈쇼생크 탈출〉

◆ 하이 앵글을 사용한 영화의 예 _ 영화 〈어벤져스〉 캡쳐

조금 더 멀리서 하이 앵글로 촬영하게 되면 하늘에서 내려다보는 시점 또는 전지적인 시점으로 보이게 되기 때문에 인물의 나약함을 드러내는 데 사용하기도 합니다. 예를 들어 〈쇼생크 탈출〉에서 주인공이 탈출 직후 비를 맞는 장면이 그러합니다.

◆ 웜즈 아이 뷰

◆ 버드 아이 뷰

로우 앵글을 극단적으로 사용하게 되면 지렁이의 시선에서 바라본다는 뜻의 **웜즈 아이 뷰**(Worm's-eye view), 하이 앵글을 극단적으로 사용하게 되면 **버드 아이 뷰**(Bird's-eye view)가 됩니다.

◆ 오버 헤드 샷(Over Head Shot)으로 촬영된 컷

수직으로 위에서 아래를 보는 앵글은 오버 헤드 샷(Over Head Shot), 직부감, 탑 뷰, 수직 촬영 등으로 부릅니다. 극단적인 로우 앵글은 사용 빈도가 적지만, 오버 헤드 샷의 경우 요리 영상, 언박싱 영상 등에서 다양하게 사용되고 있고, 드론을 이용한 야외 촬영에서도 많이 사용되고 있습니다.

◆ OTS(Over The Shoulder) 앵글로 촬영된 컷

그다음 꼭 알아두어야 하는 앵글로 OTS(Over The Shoulder)가 있습니다. OTS는 Over The Shoulder의 줄임말로, 어깨너머로 상대를 바라보는 앵글입니다. 대화 씬을 촬영할 때 꼭 사용하게 되는 앵글입니다. 인물이 누구와 대화하는지 보여주기 좋아서, OTS 앵글을 활용하면 시청자들이 한눈에 대화 상황을 이해하기가 편리합니다.

◆ 힙 레벨(Hip Level)과 그라운드 레벨(Ground Level)로 촬영된 컷

이외에도 다양한 각도들이 있습니다. **힙 레벨(Hip Level)**이라고 하여 엉덩이와 같은 선상에서 촬영을 하기도 합니다. 최근 영화들에서 많이 보여지고 있고, 특히 21:9 이상의 화면 비율에서 많이 보이고 있습니다. 조금 더 아래로 내려가서, 바닥에 카메라를 놓고 촬영하는 **그라운드 레벨(Ground Level)**도 있습니다.

◆ 캔티드 앵글(Canted Angle)로 촬영된 컷

조금 독특한 앵글로는 **캔티드 앵글(Canted Angle)**이 있습니다. 캔티드 앵글은 수평이 맞지 않게 틀어진 상태를 의미합니다. 최근에 패션 필름, 제품 영상 등에서 많이 보이고 있습니다. 감각적인 연출이 필요할 때 사용하기도 하고, 인물의 불안한 심리 상태를 표현하기 위해 사용하기도 합니다. 다만

캔티드 앵글을 사용할 때는 확실하게 각도를 틀어주는 것이 중요합니다. 어설프게 각도를 틀면 수평이 맞지 않는 촬영 실수로 보이기 때문입니다.

05 _ 구도를 잡을 때 알아두면 좋은 팁

위의 샷에 대해 꼼꼼히 읽으셨다면 구도를 잡는 것이 어렵지 않을 것입니다. 그러나 조금 더 예쁘게 화면을 담고 싶다면 몇 가지 팁을 알아놓으면 좋습니다.

❶ 중앙 정렬

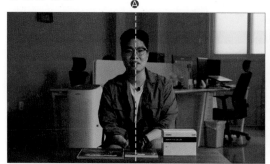

피사체를 프레임 Ⓐ**가로축 가운데**에 위치시키는 방법입니다. 좌우 여백이 일정할 수 있게 정렬하면 깔끔한 느낌이 듭니다. 다만 잘못 찍게 되면 증명사진처럼 보일 수 있기 때문에 심도 표현을 잘하는 것이 중요합니다.

❷ 2분할 구도

화면의 Ⓐ**세로축**을 기준으로 2분할을 해서 잡는 구도입니다. 반드시 절반으로 나눠서 구도를 잡을 필요는 없습니다. 해변가나 도로에서 사용하기 좋습니다.

❸ 3분할 구도

위에서 리드룸을 설명할 때 말씀드렸던 구도입니다. Ⓐ**가로축**을 하나 선택하여 그 선 위에 배치한다고 생각하면 됩니다.

❹ 삼각 구도

Ⓐ**세로축** 밑선으로부터 Ⓑ**중간선**까지 Ⓒ**삼각형**을 그릴 수 있게 구도를 잡습니다. 화면의 깊이감을 표현할 수 있어, 풍경을 촬영할 때 많이 사용합니다. 가로수가 많은 곳에서 사용하면 효과적입니다.

❺ 방사선 구도

Ⓐ**바깥**에서 Ⓑ**안쪽**으로 들어가는 선들이 연결되게 촬영하는 구도입니다. 삼각 구도와 마찬가지로 화면의 깊이감을 만들기 좋습니다. 삼각 구도와 같은 방향으로 선들이 모인다는 점에서 비슷하지만, 균일하게 모이지 않는다는 차이점이 있습니다.

❻ 피사체 앞에 다른 피사체를 두기

앞에서 말씀드렸던 OTS 샷이 이에 해당합니다. 피사체 Ⓐ앞에 Ⓑ다른 피사체를 두고 촬영해서 오히려 메인이 되는 피사체에 집중이 되게 만듭니다. 이때는 메인 피사체가 더 돋보일 수 있도록 심도를 얕게 표현해 주는 것이 중요합니다.

구도에 정답은 없습니다. 그러나 틀린 구도는 있습니다. 위에서 알려드린 **샷 사이즈(Shot Size)**와 **앵글(Camera angle)**을 잘 지키면서 촬영하되, 최대한 카메라 위치를 많이 움직이면서 찍는다고 생각해야 합니다. 계속 같은 방향에서 같은 사이즈, 같은 법칙대로 촬영을 하게 되면 지루한 영상이 됩니다. 위의 두 개를 바꿔주는 것뿐만 아니라 카메라와 피사체의 거리를 조절하면서 촬영한다면 더 만족스러운 결과물을 얻으실 수 있을 겁니다.

06 _ 신기한 카메라 움직임, 카메라 무빙

촬영의 네 가지 요소 중 두 번째, 카메라 **무빙(Camera Movement)**입니다.

영화 또는 유튜브 여행 영상을 보면 신기한 카메라 움직임이 있습니다. 카메라가 긴 시간 동안 인물을 따라가면서 촬영을 하는데, 단 한 번도 흔들림 없이 촬영이 되어 있곤 합니다. 이렇게 카메라가 움직이는 것을 'Camera Movement'라고 하고, 한국에서는 줄여서 카메라 무빙이라고 이야기합니다.

◆ 카메라를 삼각대에 고정하여 촬영하는 픽스(Fix)

만약 카메라가 움직임 없이 삼각대에 고정이 되어있다면 **픽스(Fix)**라고 합니다. 가장 기본이 되는 촬영 방법으로, 영화와 드라마도 일반적인 장면은 모두 픽스로 촬영이 됩니다. 유튜브 영상 또는 스튜디오 포맷의 방송 역시 픽스로 촬영합니다.

카메라가 삼각대에 고정이 되어 있다고 해서 움직임을 줄 수 없는 것은 아닙니다. 영상용 삼각대에는 **틸트(Tilt)**와 **팬(Pan)**에 대한 조절 장치가 있습니다.

팬(Pan)은 카메라를 Y축을 기준점으로 X축(가로축)을 회전하는 것입니다. 즉 좌우 회전을 만들어주는 것이고, 이를 패닝(Panning)이라고 합니다. 패닝을 이용하면 인물이 걸어가는 장면을 따라가거나, 여행지의 풍경을 쉽게 보여줄 수 있습니다.

틸트(Tilt)는 카메라의 X축을 기준점으로 Y축(세로축) 방향으로 회전을 하는 움직임입니다. 상하 회전 움직임을 만들어주는 것입니다. 이를 이용해서 카메라가 아래에서 서서히 위로 보게 하는 촬영을 할 수 있습니다. 인물이 커피를 마시고 잔을 내려놓는 장면, 길이가 긴 제품을 밑에서부터 위까지 보여줄 수 있습니다.

◆ 손으로 카메라를 든 채로 촬영하는 핸드 헬드(Hand Held) 기법

만약 삼각대만으로는 내가 원하는 영상이 표현되지 않는다면, 다른 카메라 무빙을 사용할 수도 있습니다. 가장 기본은 카메라를 손으로 든 채로 촬영하는 핸드 헬드(Hand Held)입니다. 원하는 방향으로 즉각적으로 움직일 수 있다는 점, 러프한 움직임을 만들기 좋다는 점이 있지만, 많이 흔들린다는 단점이 있습니다.

◆ 달리(Dolly)

◆ 스테디캠(Steadicam)

만약 카메라가 흔들리지 않고 부드럽게 움직임을 주고 싶다면 특수 장비들이 필요합니다. 달리 (Dolly)라고 부르는 트랙을 활용하기도 하고, 촬영자의 몸에 유압이 달린 장치를 부착하여 촬영하는 스테디캠(Steadicam)도 있습니다.

◆ 짐벌(Gimbal)

◆ 지미집(Jimmy Jib)

최근에는 스테디캠을 대신하여 각 축에 달린 전동 모터가 흔들림을 보정해 주는 짐벌(Gimbal)을 이용하기도 합니다. 만약 카메라가 위로 올라가는 움직임이 필요한 경우 지미집(Jimmy Jib)을 이용하여 촬영하기도 합니다.

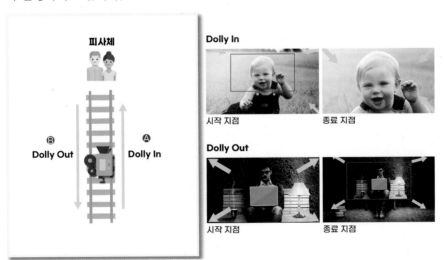

만약 카메라가 피사체를 멀리서 가까이 다가가면서 촬영하거나 또는 가까이서 점점 거리가 멀어지는 촬영을 한다면, Ⓐ Dolly In 또는 Ⓑ Dolly Out이라고 부릅니다.

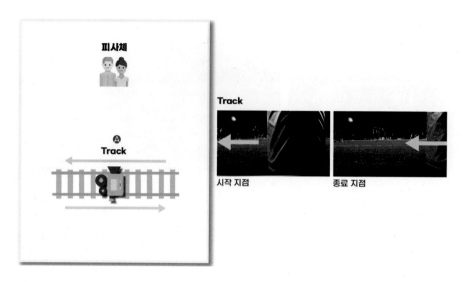

위와 비슷하지만 카메라가 앞뒤로 움직이는 것이 아니라 옆으로 움직인다면 ⒶTrack이라고 부릅니다.

카메라의 수직 움직임이 있다면, ⒶBoom up, ⒷBoom down이라고 합니다. 방송 현장에서는 지미집을 많이 사용하고, 실외 현장에서는 짐벌 또는 드론을 이용해서도 많이 촬영하고 있습니다. 짐벌의 경우 지미집보다 공간을 확보하기 좋다는 장점이 있지만, 사람의 팔에 의존하는 만큼 높이에 제한이 있다는 점이 단점입니다.

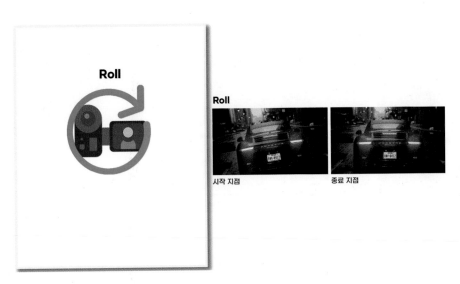

시작 지점 　　　　　 종료 지점

카메라가 만약 원을 그리며 회전한다면 Roll이라고 부릅니다. 가요 프로그램에서 많이 나오는 움직임을 생각하시면 됩니다.

이외에도 Orbit이라고 해서 카메라가 피사체를 중심으로 도는 무빙도 있습니다. 이는 스테디캠 또는 짐벌을 이용해서 촬영하며, FPV 드론을 이용해서 촬영하기도 합니다.

TIP 　 어떤 무빙을 사용하면 되나요?

만약 초보자라면 우선은 카메라를 삼각대에 고정해서 촬영하는 연습을 하시는 것을 추천해 드립니다. 구도를 완벽히 숙지하지 못한 상태에서 카메라 움직임을 주게 되면, 모호한 구도가 만들어지는 경우가 많습니다. 삼각대를 이용해서 기본 구도를 정확하게 잡는 연습을 하고 난 후에 카메라 무빙을 연습해도 늦지 않습니다. 카메라 패닝과 틸트, 핸드 헬드만 이용해도 충분히 괜찮은 영상을 만들 수 있으니, 먼저 삼각대만 가지고 촬영을 하시는 것을 추천해 드립니다. 어느 정도 익숙해진 후에 짐벌 또는 슬라이드 캠을 이용해 무빙을 연습해 보시길 추천해 드립니다.

---

07 _ 반드시 알아둬야 하는 영상 법칙

편집 부분에서도 말씀을 드리겠지만, 영상은 기본적으로 **비가시 편집**(Invisible Editing)을 목표로 합니다. 비가시 편집이란 시청자들이 영상이 편집되어 있다는 사실을 모르도록 자연스럽게 만드는 것을 의미합니다. 즉 컷과 컷 사이의 연결이 부드럽고 자연스럽게 넘어가야 한다는 것입니다. 비가시 편집을 하기 위해서는 몇 가지 영상 법칙에 대한 이해를 갖춘 상태에서 촬영해야 합니다.

❶ 180도 법칙

◆ 180도 법칙을 적용하여 촬영한 영상 장면

180도 법칙은 두 인물이 대화를 하는 장면을 촬영할 때 적용되는 법칙으로, 시청자가 영상 속 공간에 대해 혼란을 느끼지 않게 만드는 법칙입니다.

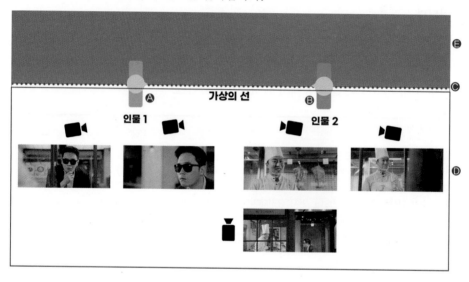

간단하게 말하자면 두 인물의 좌우 위치가 절대 변해서는 안 된다는 것입니다. 이를 위해 Ⓐ**인물 1**과 Ⓑ**인물 2** 사이에 Ⓒ**가상의 선**을 그려놓습니다. Ⓒ**가상의 선**을 기준으로 Ⓓ**아랫면**과 Ⓔ**윗면**으로 나눴을 때, Ⓓ**아랫면**에서 촬영이 시작되었다면 Ⓒ**가상의 선**을 넘어가게 되는 Ⓔ**윗면**으로 카메라가 배치돼서는 안 됩니다. Ⓔ**윗면**으로 가게 되면 인물의 좌우 위치가 갑자기 바뀌게 되기 때문입니다.

따라서 대화 장면을 촬영할 때 첫 장면 촬영을 시작했다면, 가상의 선을 넘기지 않는 상태에서 다음 장면들을 촬영해야 자연스럽게 연결이 됩니다.

어떤 영화들은 일부러 이런 법칙을 깨기도 하지만, 완벽한 이해가 있지 않은 상태에서 깨는 것은 오히려 시청자에게 혼란을 줄 수 있으므로 주의해야 합니다.

❷ 30도 법칙

◆ 30도의 법칙이 어겨진 경우

◆ 30도의 법칙을 지킨 경우

30도 법칙은 동일한 장면을 여러 컷으로 나눠서 촬영할 때 적용되는 규칙입니다.

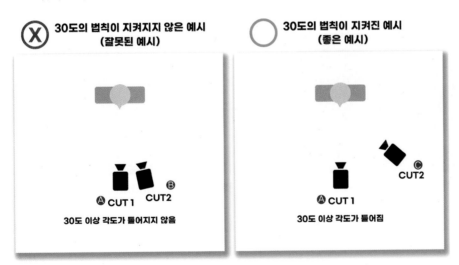

ⒶCut 1을 인물의 정면에서 찍었는데, 이어지는 장면도 정면이거나 Ⓑ정면에서 **30도를 넘기지 않은** 각도로 촬영하게 되면 '컷이 튄다'라는 표현처럼, 편집점이 보이게 됩니다. 물론 점프 컷(Jump Cut)이라 하여 시간의 흐름을 보여주기 위한 연출적인 의도로 사용하기도 하지만 정적인 영상에서는 잘 어울리지 않습니다. 이를 방지하기 위해서는 카메라를 원래 위치에서 Ⓒ**30도 이상 각도**를 변경하여 다음 장면을 촬영해야 합니다.

1번 컷 (미디움 샷) ────────────→ **2번 컷 (클로즈 업)**

만약 카메라를 30도 이상 옮기기 어려운 상황이라면 샷 사이즈를 1개 건너뛰어 촬영해도 자연스럽게 연결이 됩니다. 예를 들어 같은 위치에서 미디움 샷(Medium Shot)으로 촬영하고, 다음 컷을 촬영할 때는 바스트 샷(But Shot)이 아니라 한 단계 더 들어간 클로즈업(Close Up)으로 촬영하면 자연스럽게 연결이 됩니다.

강의 영상, 인터뷰 영상 등 여러 대의 카메라가 동시에 촬영을 할 때 적용되는 규칙이므로, 꼭 기억해두는 것이 좋습니다.

❸ 시선의 일치(Eyeling Match)와 쿨레쇼프 효과

시선의 일치는 말 그대로 인물이 무언가 바라보는 장면이 나온다면, 다음 장면은 그 대상이 나와야 자연스러운 연결이 된다는 이론입니다.

Ⓐ1번 컷 (샷: 무언가 바라본다) ────────→ **Ⓑ2번 컷 (리버스 샷: 바라보는 대상)**

Ⓐ샷(Shot)과 Ⓑ리버스 샷(Reverse Shot)이라고도 합니다. 인물이 대상을 바라보는 장면을 촬영한다면, 다음 장면에서는 인물의 시선 방향과 각도가 일치하게 대상을 촬영하면 자연스럽게 연결할 수 있습니다.

이는 감정의 전달로도 활용할 수 있습니다. 구 소련의 영화감독이자 영화 이론가였던 레프 쿨레쇼프는 실험을 통해 인물이 대상을 바라보는 것만으로도, 관객에게 감정을 전달할 수 있다는 것을 발견했습니다.

◆ 쿨레쇼프 효과

한 남자가 무표정하게 무언가를 바라보는 장면을 촬영합니다. 그다음 따뜻한 스프, 관 속의 아이, 소파 위의 여인을 따로 촬영하여 각각 무표정한 남자의 장면과 연결시킵니다. 이를 서로 다른 관객에게 보여준 후, 어떤 감정을 느끼느냐고 물었을 때, 스프를 바라보는 남자의 영상을 본 관객들은 남자의 표정에서 허기짐을 느낀다고 했고, 관 속의 아이를 바라보는 남자의 영상을 본 관객은 슬픔을 느낀다고 했습니다. 소파 위의 여인을 바라보는 남자의 영상을 본 관객은 남자의 표정에서 사랑을 느낀다고 답했습니다. 남자가 무표정하게 무언가를 바라보는 장면은 동일한 영상이었고, 아무런 대사가 없었음에도 불구하고 뒤에 연결되는 영상에 따라 관객들은 다른 감정을 느낀다는 것입니다. 이것이 쿨레쇼프 효과입니다.

쿨레쇼프 효과는 영화계에 큰 영향을 주어, 지금까지도 사용되어 오고 있습니다. 이처럼 시선의 일치와 쿨레쇼프 효과를 이용하면 자연스러운 컷 연결뿐만 아니라, 관객에게 전달하고 싶은 인물의 감정을 전달할 수 있습니다.

❹ 행위의 일치(Match on action)

1번 컷 (컵을 잡는다) ⟶ 2번 컷 (동일한 방향, 모습으로 잡는다)

자연스럽게 컷을 연결하기 위해서는 행위의 일치(Match on action)도 중요합니다. 행위의 일치란 이전 컷과 다음 컷의 연결에서 **인물이 같은 동작을 하고 있는가**를 의미합니다. 예를 들어 남자가 컵을 드는 장면을 두 컷으로 나눠서 촬영한다면, 첫 번째 컷에서 인물이 테이블에 다가가 컵을 왼손으로 잡게 미디움 샷으로 촬영합니다. 다음 장면에서 클로즈업으로 보여준다면, 같은 방향에서 같은 손으로 컵을 잡아야 자연스러운 연결이 됩니다. 행위의 일치가 깨지게 되면 저희가 흔히 말하는 '옥의 티'가 됩니다. 현장에서는 행위의 일치를 더블 액션(Double Action)이라고 부르기도 합니다.

같은 행위를 같은 각도로 하는 모습을 촬영해놓으면 편집할 때 자연스럽게 연결이 가능한 편집점을 찾기 쉬워지므로, 꼭 이 법칙을 기억해서 촬영하는 것을 추천해 드립니다.

❺ 프레임 인(Frame In)과 프레임 아웃(Frame Out)

장소의 전환이 필요할 때 사용하기 좋은 프레임 인(Frame In)과 프레임 아웃(Frame Out)입니다. 행위의 일치와 비슷한 개념이라고 생각하시면 됩니다.

한 인물이 건물 밖에서부터 꼭대기 층에 있는 사무실까지 이동하는 장면을 보여준다고 할 때, 이 인물이 이동하는 동안의 모든 장면을 촬영할 순 없습니다. 따라서 장면 전환을 위해 프레임 인과 프레임 아웃을 사용하면 됩니다. 건물 밖에서 건물 정문으로 들어가는 장면을 촬영할 때 인물이 화면 밖으로 나가도록 촬영합니다. 그다음 장면에서는 화면 밖에서 인물이 사무실 문 앞으로 들어오도록 촬영하면 자연스럽게 연결이 됩니다.

이외에도 일부러 컷이 튀게 만드는 점프 컷이나 각기 다른 컷들을 배열하여 연출 의도를 전달하는 몽타주 등 여러 가지 편집 이론들이 있습니다. 아는 만큼 시나리오를 쓸 때 편리하고, 컷을 효율적으로 구성할 수 있으므로 꼭 공부해두시길 바랍니다.

08 _ 노출의 4요소 및 등가노출

이번에는 촬영의 세 가지 요소 중 두 번째인 노출(Exposure)에 대해 배워보도록 하겠습니다. 노출은 앞서 말씀드렸던 것처럼 네 가지로 나눌 수 있습니다. 광량, ISO, 조리개, 셔터 스피드입니다.

노출의 4요소 중 광량은 '빛의 밝기'를 의미하므로 카메라 내부에서는 조절이 불가능합니다. 햇빛을 커튼으로 막거나, 조명의 밝기를 조절 혹은 조명 앞에 별도의 장비를 두어 조절해야 합니다. 하지만 ❶ISO, ❷조리개, ❸셔터 스피드는 카메라에서 조절이 가능합니다.

❶ ISO

ISO는 International Standard Organization이라는 뜻으로, 국제 표준 기구를 의미합니다. 그러나 카메라에서 ISO란 **국제 표준 기구에서 지정한 감도**를 의미합니다. 그동안 필름 감도 규격으로 미국 표준 규격인 ASA, 일본 산업 표준 규격인 JIS, 유럽 표준 규격인 DIN으로 표기를 하다가, 전 세계에서 공통된 수치를 쓸 수 있도록 국제적인 표준 규격을 만든 것입니다.

감도란 필름 또는 센서가 빛에 얼마나 민감한가를 나타내는 수치입니다. 감도를 영어로는 Film Speed라고 합니다. 영어 뜻 그대로, 감도는 속도와 비례합니다. 민감도가 높으면 빛을 받아들이는 속도가 빨라지고, 민감도가 낮으면 받아들이는 속도가 낮아집니다.

◆ ISO 100

◆ ISO 800

그래서 ISO 감도의 숫자가 낮아지면 빛을 받아들이는 속도가 느려져서 어두워지고, ISO 감도의 숫자가 높아지면 받아들이는 속도가 빨라져서 밝게 촬영이 됩니다. 그렇다고 ISO를 높여서 밝게 찍는 것이 다 좋은 것은 아닙니다. ISO 감도가 올라가게 되면 입자의 크기가 커지면서 화면이 거칠어지는 '노이즈 현상'이 나타나게 됩니다. 반면 ISO 숫자가 낮아지면 입자가 작아지면서 부드럽게 표현이 됩니다.

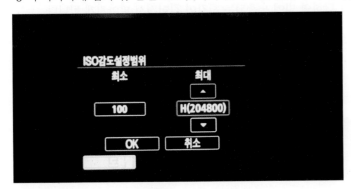
◆ Canon EOS R6의 ISO 감도 범위

보급형 카메라는 ISO 100부터 25600까지 있는 것이 일반적이며, 카메라 기종에 따라 40부터 409600까지 적용이 되기도 합니다. 낮은 감도라 부르는 값은 ISO 25~ISO 100, 중 감도는 ISO 100~ISO 200, 고감도는 ISO 200~ISO 400, ISO 800 이상은 초고 감도라고 하는 경우가 많습니다. 다만 굳이 이런 방식으로 외울 필요가 없습니다.

대낮의 야외에선 ISO 100이 너무 밝을 수 있고, 창문 없이 형광등만 있는 실내에선 ISO 800도 너무 어두울 수 있습니다. 최근에는 카메라 센서가 좋아져서 ISO 감도가 많이 올라가더라도 노이즈 걱정을 별로 할 필요가 없습니다. 소니에서 출시된 A7S Mark Ⅲ 같은 경우 ISO 8000일 때도 노이즈가 크게 보이지 않을 정도로 노이즈 억제력이 좋아졌습니다.

❷ 셔터 스피드

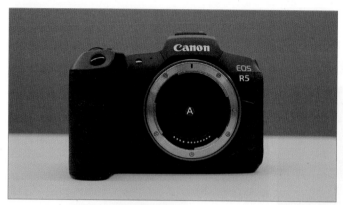

◆ 캐논 EOS R5 카메라의 Ⓐ셔터

카메라로 사진을 찍으면 '찰칵' 소리가 나면서 촬영이 됩니다. 이는 Ⓐ**셔터**가 열렸다가 닫히는 소리입니다. 모든 카메라의 원리는 Ⓐ**셔터**가 열렸다 닫히는 동안 빛을 받아들여 기록하는 것입니다. 여기서 셔터 스피드는 말 그대로 셔터가 얼마만큼의 시간 동안 열렸다가 닫히게 할 것인가를 지정하는 것입니다.

셔터 스피드를 빠르게 만들면 1초 보다 빠른 속도로 열렸다 닫히게 되고, 느리게 만들면 몇 초에서 몇 분까지 열려있게 만들 수도 있습니다. 셔터가 빨리 열리고 닫히면 빛에 노출되는 시간이 짧아지는 만큼 어두워지게 되고, 셔터가 느리게 열렸다 닫히면 빛에 노출되는 시간이 길어져서 밝아지게 됩니다.

◆ 빠른 셔터 스피드로 촬영한 사진

◆ 느린 셔터 스피드로 촬영한 사진

동시에 셔터 속도가 빨라지면 빠르게 찍히기 때문에 잔상 없이 촬영이 가능하고, 셔터 속도가 느려지면 오랫동안 상이 맺히기 때문에 잔상이 많이 생깁니다. 빠른 셔터 속도를 이용해 빠르게 움직이는 물체를 흔들림 없이 촬영하고, 느린 셔터 속도를 이용해서 별 이나 자동차의 궤적을 촬영하기도 합니다.

영상에서의 셔터 스피드 권장 설정
프레임 레이트 X 2

24 프레임으로 촬영 = **셔터 스피드 1/50**

30 프레임으로 촬영 = **셔터 스피드 1/60**

60 프레임으로 촬영 = **셔터 스피드 1/125**

하지만 영상에서는 조금 다릅니다. 영상은 사진처럼 한 장으로 기록되는 것이 아니라 연속 저장이 필요하기 때문에 셔터 스피드가 1초 아래로 떨어질 수 없게 설정이 되어 있습니다. 영상에서는 가장 자연스러운 모션 블러를 만들기 위해 1프레임 당 곱하기 2를 한 숫자로 셔터 스피드를 설정하도록 권장합니다. 24프레임이면 1/48초가 되어야 하지만, 일반적인 카메라에는 1/48이 없기 때문에 1/50로 놓으면 됩니다. 30프레임은 1/60, 60프레임 1/125를 놓고 촬영하면 가장 이상적인 모션 블러가 보이게 됩니다.

❸ 조리개

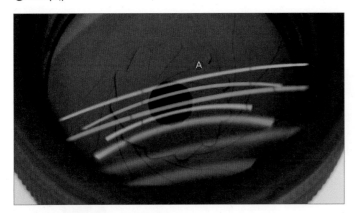

◆ 렌즈에 달려있는 Ⓐ조리개의 모습

셔터 스피드가 빛에 노출되는 시간을 조절하는 것이라면, 조리개는 빛이 들어가는 양을 조절하는 것입니다.

조리개를 이해하기 위해선 수도꼭지를 생각하면 됩니다. 수도꼭지를 많이 열면 물이 많이 나오고, 조금 열면 물이 조금씩 흐릅니다. 조리개도 이와 마찬가지입니다. 조리개를 많이 열면 빛이 들어올 구멍이 넓어지기 때문에 밝아지고, 조리개를 많이 닫게 되면 빛이 작은 구멍으로 들어오기 때문에 어두워지게 됩니다.

F값 F1.4 F2.8 F5.6 F8 F11 F16

조리개를 연다 ← → 조리개를 닫는다
조리개를 조인다

밝기
밝음 어두움

심도
아웃포커스 딥포커스

조리개를 많이 열면 카메라의 ⒶF값이 낮아지게 됩니다. F1.2, F1.4, F2.8 등이 낮은 수치입니다. 조리개를 많이 닫으면 ⒶF값이 높아지게 되며, F8, F11, F14 등이 높은 수치입니다. F값이 낮아지면 조리개를 많이 '연다', '개방한다'라고 이야기하고, 조리개 값이 높아지면 '조리개를 조인다', '조리개를 닫는다'고 표현합니다.

조리개는 빛의 밝기 차이를 조절하기도 하지만, 동시에 심도 표현(Depth of Field)을 할 수 있는 장치이기도 합니다.

◆ 조리개를 열어서 아웃 포커스를 유도한 장면

조리개를 많이 열게 되면 초점이 정확히 맞은 부분만 선명하고, 나머지 부분은 흐려지는 아웃 포커스(Out Focus) 효과가 나타납니다. 이를 '심도가 얕다'라고 하고, 영화 용어로는 쉘로우 포커스(Shallow Focus)라고 합니다.

◆ 아웃포커스의 특징인 빛망울

조리개를 많이 개방한 상태에서 초점이 맞지 않은 부분에 빛이 있다면, 흔히 보케(Bokeh)라고 부르는 Ⓐ**빛망울**이 보이게 됩니다.

◆ 조리개를 닫아서 딥포커스로 촬영한 사진. Ⓐ빛 갈라짐 현상이 나타난다.

반대로 조리개를 많이 닫게 되면 전체적으로 초점이 맞습니다. '심도가 깊다'고 하고, 딥 포커스(Deep Focus) 또는 팬 포커스(Pan Focus)라고 부르기도 합니다. 조명이 있다면 빛이 별 모양으로 갈라지는 Ⓐ**빛 갈라짐 현상**이 나타날 수 있습니다.

많은 초보자분들이 아웃포커스가 주는 몽환적인 느낌 때문에 모든 영상을 최대 개방으로 촬영하곤 합니다. 하지만 상황에 따라 다르게 사용해야 합니다. 최대 개방으로 촬영을 하게 되면 정말 적은 부분만 초점이 맞기 때문에 많은 디테일이 흐리게 표현될 수 있습니다.

◆ F1.4로 찍은 샐러드　　　　　　　　　　　　◆ F5.6으로 찍은 샐러드

예를 들어 음식을 촬영할 때, 플레이트 전체를 또렷하게 보여줘야 하지만, 최대 개방으로 촬영하는 경우에는 맨 위에 올라와 있는 토마토에만 초점이 맞을 수 있습니다. 마찬가지로 제품을 촬영할 때는 제품 전체 디테일이 잘 보여야 하는데, 제품의 로고에만 초점이 맞아 다른 부분은 흐리게 표현이 되어, 시청자들에게 불편함을 줄 수 있습니다.

따라서 조리개는 연출 의도에 따라 조절해가면서 사용해야 합니다. 인물과 배경이 모두 잘 보여야 한다면 조리개를 최대한 닫아서 전체적으로 초점이 맞게 해줘야 합니다. 특히 인물이 앞뒤로 많이 움직이는 장면을 촬영할 때, 카메라의 AF(자동 초점) 성능이 떨어진다면 최대 개방에서 초점이 왔다 갔다하는 워블링 현상이 나타날 수 있습니다. 이럴 때는 조리개를 닫아서 초점이 나가는 것을 예방할 수 있습니다.

반면 특정 사물에만 집중하게 만들고 싶거나, 초점을 이동하는 포커스 풀링(Focus Pulling) 기법으로 촬영하고 싶다면 조리개를 많이 열어서 한쪽에만 초점이 맞게 해주어야 합니다.

❹ 등가 노출: 세 가지 요소가 서로 영향을 준다고요?

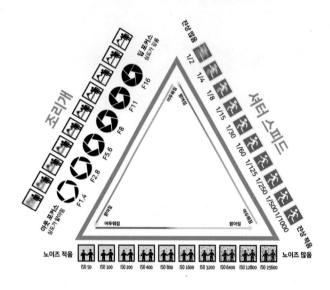

위에서 배운 노출의 세 가지 요소인 **ISO 감도, 셔터스피드, 조리개**는 서로 영향을 줍니다. 실내에서 촬영을 하려는데 어두워서 ISO 감도를 높이니 노이즈가 많이 생깁니다. 노이즈가 신경 쓰여서 ISO 감도를 낮추면 다시 어두워질 것입니다. 그렇다면 셔터스피드를 느리게 하거나, 조리개를 열어주어야 원하는 밝기로 조절이 가능합니다.

이처럼 서로 다른 조합으로 같은 노출을 얻을 수 있다고 해서 등가 노출이라고 부릅니다. 다만, 용어를 외우실 필요는 없습니다. 노출의 세 가지 요소가 상호 작용을 하면서 밝기를 맞출 수 있다고 기억해 주시면 됩니다.

TIP	최대한 아웃포커스 효과를 살리고 싶어요!

아웃포커스는 네 가지 요소에 영향을 받습니다. 조리개 값, 렌즈의 초점 거리(렌즈 mm), 카메라와 피사체의 거리, 피사체와 배경의 거리입니다. 정리하자면 조리개 값을 최대한 낮추고, 카메라는 피사체에 최대한 붙되, 피사체는 배경과 최대한 멀어지게 해서 촬영하시면 아웃포커스 효과를 더욱 극대화해서 촬영할 수 있습니다.

09 _ 화이트 밸런스

영상을 실외에서 촬영하면서 실내로 이동했을 때 색상이 갑자기 바뀌는 것을 보신 적 있으신가요? 이는 카메라가 색상을 인식하는 **화이트 밸런스(White Balance)**가 **자동**으로 되어 있을 때 나타나는 현상으로, 카메라에서 받아들이는 주요 광원의 색상이 바뀌었다고 판단해서 나타나는 것입니다.

화이트 밸런스는 촬영 환경에서 조명이 영향을 주는 것을 보정하여 흰색이 가장 흰색으로 표현될 수 있도록 색온도를 조절하는 것을 의미합니다.

Ⓐ태양광
(백색과 노란색 사이)

Ⓑ흐린 날씨
(백색과 파란색 사이)

Ⓒ텅스텐
(노란색)

먼저 실제 조명의 색상에 대해 생각해 봅시다. **Ⓐ태양광(햇빛)**은 평소에는 흰색과 노란색에 가까운 색상을 보여줍니다. 하지만 **Ⓑ흐린 날**에는 구름에 가려져 푸른색에 가깝습니다. 카페에 많이 설치되어 있는 **Ⓒ텅스텐 조명**은 노란색을 띠고 있습니다. 사람의 눈은 어떤 색상의 조명 아래에 있더라도 흰 물체가 있으면 자동으로 물체가 흰색으로 보이도록 교정을 해주지만, 카메라는 사람의 눈처럼 자동으로 교정해 주지 못하기 때문에 보이는 그대로의 색상으로 기록하게 됩니다. 이 때문에 조명 환경에 따라 흰 물체가 다른 색으로 표현될 수도 있습니다.

화이트 밸런스는 이러한 빛의 영향으로 색상이 다르게 보이는 것을 흰색으로 표현될 수 있게끔 카메라의 기준을 조절하는 기능입니다. 물론 이를 이용하여 사용자가 원하는 색상처럼 보이도록 인위적으로 조절할 수도 있습니다.

이 기능은 DSLR, 미러리스 카메라뿐만 아니라 스마트폰의 카메라에도 포함되어 있는 기능입니다.

화이트 밸런스 메뉴를 눌러보면 다양한 설정값이 저장되어 있습니다. AWB는 오토 화이트 밸런스 (Auto White Balance)를 의미합니다. AWB는 카메라가 인식한 색상을 받아들이는 것으로, 여러 색상의 조명이 있는 곳에서 어떤 값이 정확한지 판단하기 어려울 때 사용하기는 편리합니다. 그러나 카메라를 움직이면서 촬영을 하는 경우 자동으로 화이트 밸런스가 바뀌면서 영상 속의 색상이 갑자기 바뀌는 현상이 나타날 수 있습니다.

이 때문에 중요한 촬영에서는 화이트 밸런스를 정확하게 맞춰놓는 것이 좋습니다. 일반적으로 태양광(Daylight), 그림자(Shade), 백열등(Incandescent), 흐림(Cloudy) 등으로 구분되어 있고, 형광등이나 플래시, 수중 자동 등에 대한 프리셋이 있는 경우도 있습니다. 촬영 장소의 조명 환경에 맞춰서 위의 프리셋을 사용하면 됩니다.

| 3200K | 5600K | 8000K |

만약 위의 프리셋만으로 색상이 제대로 표현되고 있지 않다면, K(캘빈) 값으로 조절하거나 커스텀 화이트 밸런스 기능을 활용할 수도 있습니다. K(캘빈)는 색온도에 대한 값으로, K 값이 낮아지면 차가운 색을 띠고, 반대로 K 값이 올라가면 따뜻한 색을 띠게 됩니다.

이를 보면서 색상이 가장 잘 표현될 수 있도록 맞추면 됩니다. 고급 기종의 카메라는 K 값을 선택한 후에 색조를 조금 더 추가해서 가장 잘 표현되는 색상을 고를 수도 있습니다.

◆ 커스텀 화이트 밸런스 기능을 이용하여 색상을 맞추는 모습

커스텀 화이트 밸런스는 촬영할 곳에서 흰색 물체를 대고 기능을 실행하면, 카메라가 이를 분석해서 해당 물체가 흰색으로 표현될 수 있도록 화이트 밸런스를 조절해 주는 기능입니다.

정확하게 색상을 확인하려면 색온도계를 이용하는 것이 좋지만, 고가의 장비이므로 취미로 영상을 하시는 분들이 구입하기에는 어려움이 있습니다. 따라서 색온도 설정을 통해 눈으로 볼 때와 가장 비슷하게 색상이 표현될 수 있도록 화이트 밸런스를 맞춰주는 것이 가장 편리합니다.

10 _ 높은 해상도가 촬영에서 중요한 이유?

4K 또는 Full HD에 대해 들어보신 적 있으신가요? '4K TV가 좋다더라', 'Full HD 모니터라는데?' 하고 사람들이 이야기를 하곤 합니다. 이 두 개는 녹화되는 화면의 크기인 '해상도'를 의미합니다.

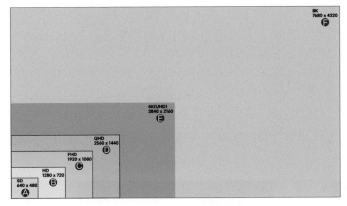

◆ 해상도 크기 비교

해상도를 비교해 보면 위의 그림과 같습니다. 90년대에 사용하던 ⒶSD(640x480)에서 ⒷHD(1280x720)로 진화했고, 조금 더 해상도가 높아진 ⒸFull HD(1920x1080)로 발전했습니다. 이후 2.7K에 해당하는 ⒹQuad HD(2560x1440)가 출시되고 Ⓔ4K(3840x2160)가 출시되었습니다. 이제는 Ⓕ8K(7680x4320)까지 지원되는 TV도 출시되고 있습니다.

해상도를 높여서 촬영하고 편집하면 당연히 큰 사이즈이기 때문에 훨씬 좋습니다. 그러나 집에 있는 모니터나 TV를 생각해 봅시다. 4K TV를 보유하고 계신 분들도 있지만, 일반적으로 Full HD TV를 갖고 계신 분들이 훨씬 많을 것입니다. 실제로 방송국들도 거의 Full HD로 송출하고 있습니다. 스마트폰과 일반적인 모니터 모두 Full HD만 지원합니다. 더불어 4K 모니터는 값이 비싸기 때문에 구입하기가 쉽지 않은 것이 현실입니다.

그 뜻은 저희가 아무리 고해상도로 촬영을 하고 편집하더라도, 시청 환경이 Full HD인만큼, 시청자의 눈으로는 무엇으로 촬영했는지 구별하기 어렵다는 것입니다.

그럼에도 불구하고 설정할 수 있다면 최대한 높은 해상도로 선택하여 촬영하는 것이 유리합니다.

어차피 작은 해상도로 보는데 왜 높은 해상도로 촬영할까요? 높은 해상도가 중요한 이유는 포토샵을 생각해 보면 됩니다.

◆ 작은 해상도의 이미지를 크게 늘린 경우

작은 이미지를 크게 늘리면 어떻게 될까요? 억지로 늘어났기 때문에 픽셀이 보이는 현상이 나타납니다. 반대로 큰 이미지를 작게 줄이면, 원본이 큰 것을 작게 줄인 것이기 때문에 전혀 문제없이 표현이 되는 것을 확인할 수 있습니다.

고해상도로 촬영을 하는 이유가 여기에 있습니다. 4K로 촬영하고 일반적인 시청 환경인 Full HD로 편집을 하게 되면 사이즈를 조절할 수 있는 범위가 넓어집니다. 최대 두 배까지 사이즈를 크게 조절해도 픽셀 현상이 나타나지 않습니다.

◆ 4K로 촬영하여 FHD로 편집하며 사이즈를 조절한 예시

유튜브에서 크리에이터가 미디엄 샷 사이즈로 말을 하고 있다가 갑자기 클로즈업으로 확대되어서 말을 하는 장면을 보신 적 있으실 겁니다. 이는 컷을 두 번 나눠서 촬영한 것이 아니라, 4K로 촬영해서 편집을 하면서 사이즈 조절 효과를 넣은 것입니다.

◆ 4K로 촬영된 영상을 FHD로 편집하면 사이즈를 더 자유롭게 조절할 수 있습니다.

4K로 촬영을 했다면, 수평이 잘 맞지 않게 촬영이 되었더라도, 고해상도인 만큼 편집에서 Rotation을 이용해 수평을 맞춰줄 수 있습니다. 물론 그만큼 화각 손실이 있기 때문에 가능하다면 촬영할 때 신경을 써주는 것이 좋습니다.

동영상 기록 크기			카드별 총 기록 시간 (근사치)			동영상 비트 레이트 (근사치, Mbps)	파일 크기 (근사치, MB/분)
			64 GB	256 GB	1 TB		
4K UHD	59.94 fps 50.00 fps	ALL-I	9분	36분	2시간 21분	940	6734
		IPB	36분	2시간 27분	9시간 35분	230	1656
		IPB (라이트)	1시간 10분	4시간 43분	18시간 28분	120	860
Ⓐ 4K UHD 4K UHD Fine	29.97 fps, 25.00 fps, 23.98 fps	ALL-I	18분	1시간 12분	4시간 42분	470	3373
		IPB	1시간 10분	4시간 40분	18시간 17분	120	869
		IPB (라이트)	2시간 21분	9시간 26분	36시간 52분	60	431
Ⓑ FULL HD	59.94 fps 50.00 fps	IPB	2시간 18분	9시간 14분	36시간 6분	60	440
		IPB (라이트)	4시간 1분	16시간 7분	63시간 1분	35	252
	29.97 fps, 25.00 fps, 23.98 fps	ALL-I	1시간 33분	6시간 12분	24시간 16분	90	655
		IPB	4시간 30분	18시간 2분	70시간 27분	30	226
	29.97 fps, 25.00 fps	IPB (라이트)	11시간 35분	46시간 23분	181시간 13분	12	88
	119.88fps, 100.00fps	ALL-I	23분	1시간 34분	6시간 10분	360	2575

◆ 캐논 EOS R5 해상도 별 녹화 용량

Ⓐ4K와 Ⓑ Full HD는 저장 용량에도 차이가 있기 때문에 촬영 전에 컴퓨터에 충분한 저장 공간이 있는지 확인해야 합니다. Ⓐ4K는 고해상도인 만큼 ⒷFull HD에 비해 용량을 많이 차지합니다. 이 때문에 편집을 할 컴퓨터의 사양이 좋아야 수월하게 작업이 가능합니다.

컴퓨터 사양이 좋지 않은 경우, Ⓐ프록시(proxy) 녹화 기능을 이용하면 됩니다. 프록시는 원본을 촬영할 때 동시에 작은 사이즈의 파일 하나를 더 기록합니다. 이를 편집 프로그램에서 연결해서 작업하면 컴퓨터 사양이 조금 떨어지더라도 작업을 할 수 있기 때문에 너무 걱정하지 않아도 됩니다.

11 _ 슬로우 모션의 원리 및 설정 방법

영상을 조금 더 감각적으로 촬영해 보고 싶다면 **슬로우 모션(Slow Motion)**을 사용하는 것도 좋습니다. 슬로우 모션이 중간에 몇 장면 들어가게 되면 영상의 템포가 바뀌게 되면서 연출 효과를 극대화할 수 있습니다.

일반 속도(정속)로 촬영된 영상을 편집 작업에서 슬로우 모션으로 만들어줄 수 있지만, 이렇게 작업하는 경우 영상을 억지로 늘리는 것이기 때문에 영상이 끊겨져 보이는 현상이 발생하게 됩니다. 따라서 슬로우 모션이 필요하다면 촬영 전에 적합하게 세팅해 주어야 끊기지 않고 부드럽게 연결되는 결과물을 촬영할 수 있습니다.

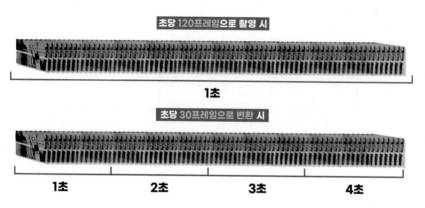

◆ 슬로우 모션의 원리

슬로우 모션은 프레임 레이트를 높여서 촬영한 다음 정상적인 프레임 레이트로 바꿔주는 원리입니다. 정상적인 프레임 레이트가 초당 24 또는 30이라면, 슬로우 모션은 초당 120, 240, 1000 등으로 높여서 촬영하기 때문에 '고속 촬영'이라고 부르기도 합니다.

프레임 레이트가 30인 경우, 1초에 30장의 사진을 촬영해서 영상으로 만듭니다. 마찬가지로 슬로우 모션은 1초에 60장~240장, 많게는 1000장 넘게까지 촬영을 한 후, 이를 30프레임 또는 24프레임으로 바꿔주는 것입니다. 만약 1초에 120장을 촬영했고, 이를 30프레임/1초로 변환하게 되면 1초에 30장이 들어가고도 90장이 남습니다. 이 90장을 1초 뒤에 이어 붙이게 되면 총 4초의 길이로 영상이 바뀌게 될 것입니다. 이를 통해 자연스러운 슬로우 모션이 적용되게 됩니다.

12 _ 타임랩스의 원리 및 설정 방법

시간이 변하는 모습을 보여주고 싶다면 타임랩스(Time-lapse) 촬영을 하면 됩니다. 다큐멘터리나 여행 영상에서 흔히 볼 수 있는 촬영 기법으로, 사람들이 움직이는 모습이나, 구름이 움직이는 모습을 빠르게 보여주어, 시간의 변화를 보여줄 수 있습니다.

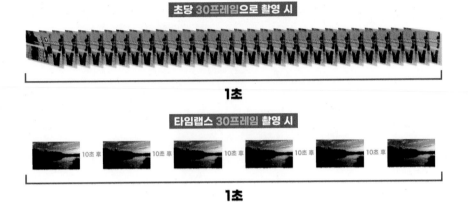

타임랩스는 슬로우 모션과는 반대되는 촬영 방법입니다. 슬로우 모션이 1초에 더 많은 수의 사진을 촬영해서 기존 프레임으로 바꿔주었다면, 타임랩스는 일정한 시간 간격을 두고 한 장씩 사진을 찍어서 하나로 합쳐주는 것입니다.

30프레임을 기준으로, 1분 당 1장씩 찍는다면, 총 30분이 지나야 30장이 되고, 영상 길이는 1초가 됩니다. 사용자는 원하는 영상 분량에 필요한 프레임 수를 계산해서 촬영하면 됩니다. 예를 들어 3초 분량의 타임랩스가 필요하다면 30프레임 x 3초를 해서 총 90장이 필요할 것입니다. 이에 맞게 녹화 설정을 해서 촬영을 하면 됩니다.

타임랩스 기능이 탑재가 되어 있지 않다면 30프레임으로 동영상 촬영을 한 후, 편집 프로그램에서 속도를 빠르게 잡아주어도 비슷한 효과를 만들 수 있습니다.

그러나 가능하다면 타임랩스 기능 또는 간격 촬영 기능(인터벌 촬영)을 통해 촬영하는 것이 더 좋습니다. 그 이유는 셔터 스피드에 있습니다. 영상으로 촬영을 하면 셔터 스피드를 아무리 느리게 하더라도 1초보다 아래로 내려갈 수 없습니다. 이 때문에 차량의 궤적이나 별의 움직임을 보여주기에는 어려움이 있습니다. 그러나 타임랩스 기능을 이용하게 되면 사진을 기록하여 영상으로 바꿔주는 것이기 때문에 셔터 스피드를 1초보다 느린 속도로 만들 수 있습니다. 그래서 더 긴 시간 동안 셔터가 열려있어야 하는 장면을 담기가 수월하다는 장점이 있습니다.

슬로우 모션과 타임랩스의 촬영 방법은 Lesson 03 촬영 실습에서 배워보도록 하겠습니다.

같은 생선을 가지고 어떤 요리사는 맛없는 요리를 만들고, 어떤 요리사는 인생 최고의 요리를 만듭니다.

마찬가지로 좋은 기획안을 가지고 값비싼 카메라로 촬영을 해도, 편집에서 망치면 수포로 돌아가게 됩니다. 편집을 잘 해보려고 프리미어 프로를 켰지만 어두컴컴한 색상에 너무 복잡해 보이는 패널들 때문에 쉽게 접근하기 어려우셨다면, 이번 챕터에 집중해 주세요. 이번 챕터에서는 여러분들이 프리미어 프로와 친해질 수 있도록 인터페이스 소개와, 편집 작업에서 바로 쓸 수 있는 꿀팁만을 모았습니다.

CHAPTER 03

프리미어 프로 기초

영상 편집, 자막 제작, 모션 효과 만들기

01 "친해지길 바라" 프리미어 프로 첫 걸음

프리미어 프로에는 400개 이상의 효과가 설치되어 있고, After Effects, Audition, Photoshop 등의 다른 Adobe 프로그램들과 연계되도록 설정되어 있습니다. 이 기능들을 다 배워야 좋은 영상을 만들 수 있을까요? 아닙니다. 일반적인 편집에서 쓰는 기능들은 한정되어 있습니다. 실제 작업에서 쓰게 되는 기본 기능을 잘 다루게 되면 자연스럽게 다른 효과와 고급 기능을 익히는 것도 쉬워집니다. 이번 레슨에서는 여러분들이 프리미어 프로를 이해할 수 있도록 기본 인터페이스와 세팅 방법을 배워보도록 하겠습니다.

01 _ 프리미어 프로를 선택한 이유?

저는 2004년에 윈도우 무비 메이커로 영상 편집을 처음 시작했습니다. 2008년에 프리미어 프로를 접하기까지 여러 편집 프로그램들을 써왔고, 지금도 상황에 맞게 여러 편집 프로그램을 활용하고 있습니다. 소니 베가스, 아비드 미디어컴포저, 파이널 컷 프로까지 여러 프로그램들을 다루면서 느낀 점은 각각 장단점이 다르다는 것입니다.

	프리미어 프로	아비드	파이널컷 프로 7	파이널 컷 프로 X	에디우스	베가스
제조사	Adobe	Avid Technology	Apple	Apple	Grass Valley	Sony
운영체제	윈도우/MAC	윈도우/MAC	MAC	MAC	윈도우	윈도우
방식	GOP	매개 코덱	매개 코덱	매개 코덱	매개 코덱	GOP
주요 사용업계	광고 · 뮤직비디오 프로덕션	영화	영화 · 방송국	광고 · 뮤직비디오 · 방송국	방송국 · 공연 영상	
가격	월 결제 시스템 25,000원	월 결제 시스템 $49.99	판매 종료	1회 결제 $299	1회 결제 $499	1회 결제 $599
장점	• 어도비 제품들과의 연동 • 구하기 쉬운 플러그인 / 템플릿	• 개별 프로필 설정 기능 • 높은 안정성	매개코덱으로 인한 안정성	• 간단한 인터페이스 • 강력한 매개코덱	실시간 송출에 용이	• 가벼운 프로그램 • 소니 프로그램들과의 연동
단점	월 결제 시스템	• 낮은 접근성 • 고사양 컴퓨터 필요	• 단종 • 맥OS에서만 사용 가능	맥OS에서만 사용 가능	• 자막 성능 • 윈도우만 사용 가능	• 윈도우만 사용 가능 • 업계에서 잘 사용하지 않음

실제로 영상 업계 내에서도 분야에 따라 각각 다른 프로그램을 사용하고 있습니다.

영화 업계에서는 Avid Media Composer를 많이 사용하고, Final Cut Pro 7을 사용하기도 합니다.

방송국에서는 Edius와 Final Cut Pro 7을 많이 사용합니다.

뮤직비디오, 광고 쪽에서는 Final Cut Pro 7과 X 그리고 프리미어 프로를 사용합니다.

◆ 출처: Freepik

Avid Media Composer와 Final Cut Pro, Edius 같은 경우에는 매개 코덱을 사용하고 있기 때문에 아무리 큰 용량을 가진 영상이더라도 자동으로 변환을 해준다는 장점이 있습니다. 그래서 여러 대의 카메라를 사용하는 방송국이나, 고화질 촬영으로 소스 용량이 커지는 영화 작업에서 안정성 때문에 많이 사용합니다. 편집 시간이 절대적으로 부족한 방송국에서는 시간에 쫓겨서 편집하면서 실시간으로 방송을 송출하는 경우가 있습니다. 이럴 때 Edius가 빛을 발합니다. Edius는 영상 재생 중에 렉이 걸리더라도 뒤로 밀리거나 멈추지 않고 앞으로 계속 재생됩니다. 그래서 혹시나 일어날 방송 사고에 대비하기 좋아 방송국에서 많이 사용합니다.

물론 단점도 있습니다.

Avid Media Composer는 프로그램 자체가 무겁기 때문에 설치가 복잡하고, 접근성도 낮다는 단점이 있습니다. 몇 년 전만 하더라도 Avid 프로그램을 구입하면 회사에서 직원이 직접 설치를 도와주러 나올 정도였습니다.

Edius는 윈도우 운영체제에서만 작동하고, 자막 기능이 좋지 않다는 단점이 있습니다.

Final Cut Pro 7은 단종이 되었기 때문에 더 이상 신규 업데이트가 되지 않습니다.

Final Cut Pro X는 사용하기 위해서 반드시 값비싼 애플 제품의 컴퓨터를 사야 한다는 단점이 있습니다.

◆ 출처: Pexels

위의 업계 이야기를 읽으면 '프리미어 프로는 실무자가 쓰기엔 부족한 것이 아닌가요?'하는 생각이 들 수 있습니다. 대학생들을 대상으로 영상 편집 강의를 하다 보면 '방송국 PD를 지원하고 싶은데 프리미어 프로를 배우는 것이 무의미하지 않느냐'라는 이야기를 듣기도 합니다. 하지만 어떤 프로그램이든 능숙하게 다루는 게 중요합니다. 영화 〈데드풀〉은 프리미어 프로를 통해 편집되었고, MBC 〈라디오 스타〉 편집실에서는 프리미어 프로를 사용하는 것으로 알려져 있습니다.

즉, 어떤 프로그램을 배우느냐가 중요한 것이 아니라, 얼마나 익히느냐가 중요합니다. 편집 프로그램들의 기능과 효과는 거의 동일합니다. 인터페이스가 다르고 단축키가 다를 뿐입니다. 따라서 어떤 프로그램이든 하나만 잘 익힌다면 다른 프로그램을 배우고 사용하는 데 오랜 시간이 걸리지 않습니다. 그래서 가장 접근성이 좋고 배우기 쉬운 프리미어 프로를 통해 영상 편집을 처음 접하고 익히는 것을 추천해 드리는 것입니다. 그 이후에는 각자의 필요에 따라 다른 프로그램을 사용하면 됩니다.

제가 13년간 프리미어 프로를 쓰면서 느낀 장점은 총 다섯 가지입니다.

첫째, 인터페이스가 직관적입니다.

Avid나 Final Cut Pro 7에 비해 훨씬 인터페이스가 간단하고 직관적이기 때문에 누구든 쉽게 배울 수 있습니다.

 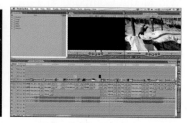

◆ 프리미어 프로　　　　◆ 아비드(출처:아비드 블로그)　　　◆ 파이널컷 프로 7(출처:Creative Cow 포럼)

둘째, 다른 어도비 프로그램들과 연동이 편합니다.

어도비는 세계에서 가장 큰 디자인 프로그램 회사입니다. 포토샵에서 여러 개의 레이어로 만든 이미지 파일을 프리미어로 불러와서 개별적으로 레이어를 움직일 수 있고, 프리미어에서 편집 중에 모션 그래픽이나 CG가 필요하다면 에프터 이펙트로 내보내서 고급 효과를 적용할 수도 있습니다. 오디오를 더 미세하게 조절하거나 복원해야 할 경우에는 오디션을 통해서 작업할 수 있습니다. 마지막에 여러 결과물을 추출해야 한다면 미디어 인코더를 사용하면 됩니다.

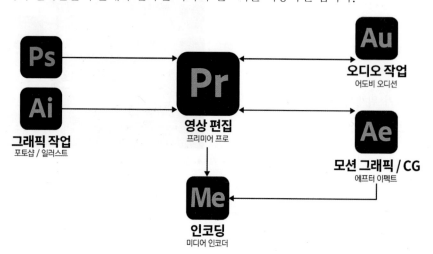

셋째, 플러그인과 템플릿을 구하기가 쉽습니다.

프리미어 프로, 포토샵 등의 Adobe Creative Cloud의 전 세계 가입자 수가 약 3000만 명에 달합니다. 그만큼 많은 사람들이 프리미어 프로를 쓰고 있기 때문에 다른 프로그램에 비해 효과 플러그인이나 무료 템플릿 등을 구하기가 쉽습니다. 유튜브에 '프리미어 프로 자막 템플릿'이라고만 검색해도 수 백 가지의 무료 템플릿을 받을 수 있습니다. 실력이 없어도, 작업에 시간을 많이 쏟지 않아도 높은 퀄리티의 결과물을 만들기 쉽습니다.

넷째, 빠른 업데이트가 지원됩니다.

Adobe가 Creative Cloud 시스템을 도입하면서 분기별로 업데이트를 진행해주고 있고, 오류가 발견되거나 새로운 기능이 추가되면 바로 업데이트를 받을 수 있어서 계속해서 신규 기능을 사용할 수 있습니다.

다섯째, 부담 없이 사용할 수 있는 가격입니다.

한 번에 많은 비용을 부담해야 하는 것이 아닌 월 결제 시스템으로 운영되기 때문에 가격적인 부담이 줄어들었습니다. 프리미어 프로만 사용할 경우 한 달에 24,000원으로 사용 가능하고, 어도비 전체 프로그램을 사용할 경우 월 62,000원으로 사용 가능합니다. 학생 할인을 받게 되면 어도비 전체 프로그램을 매달 약 23,000원에 사용할 수 있습니다. 학생 할인은 중고등학생뿐만 아니라 대학생과 대학원생에게도 적용됩니다.

앞의 장점들뿐만 아니라 최근에 어도비에서 AI를 도입하면서 기능들이 더 빠른 속도로 발전하고 있습니다. 포토샵에서는 클릭 한 번만으로도 마스크 작업을 할 수 있게 되었고, 애프터 이펙트에서는 AI가 분석해서 영상에서 지우고 싶은 부분만 찾아서 제거하는 기능이 추가되었습니다. 이외에도 다른 작업자들과 Creative Cloud를 활용해서 함께 작업할 수 있는 Production 기능이 추가되었습니다.

프리미어 프로를 실무에서 사용한다는 것은 사실상 위의 다른 프로그램들도 모두 사용하게 되는 것이기 때문에 앞으로 영상 업계 내에서 프리미어 프로의 입지도 넓어지게 될 것으로 예측됩니다.

02 _ 프리미어 프로 사양 안내

프리미어 프로를 포함한 모든 편집 프로그램은 인코딩과 디코딩 작업이 동시에 진행이 되기 때문에 컴퓨터 사양에 많은 영향을 받습니다. 어도비에서 발표한 프리미어 프로 최소 컴퓨터 사양과 권장 사양은 아래의 표와 같습니다. 작업 속도를 빠르게 하기 위해서는 권장 사양 또는 권장 사양 이상의 작업 환경을 갖추시는 것을 추천해 드립니다.

어도비 공식 프리미어 프로 최소 사양 및 권장 사양(프리미어 프로 2023 버전 기준)

	최소 사양	권장 사양
프로세서	Intel® 6세대 이상 CPU 또는 AMD Ryzen™ 1000 시리즈 이상 CPU	Quick Sync를 탑재한 Intel® 7세대 이상 CPU 또는 AMD Ryzen™ 3000 시리즈 / Threadripper 2000 시리즈 이상 CPU
운영체제	Windows 10(64비트) V20H2 이상	
메모리	8GB RAM	듀얼채널 메모리 • 16GB RAM(HD 미디어용) • 32GB 이상(4K 이상)
GPU	GPU 메모리 2GB	GPU 메모리 4GB(HD 및 일부 4K 미디어) • 6GB 이상(4K 이상)
하드 디스크 공간	설치를 위한 8GB의 하드 디스크 여유 공간, 설치 중 추가 공간 필요(이동식 플래시 스토리지에는 설치되지 않음)	• 앱 설치 및 캐시용 고속 내장 SSD • 미디어용 추가 고속 드라이브
모니터 해상도	1920 × 1080	• 1920 × 1080 이상 • DisplayHDR 400(HDR 워크플로우용)
사운드 카드	ASIO 호환 또는 Microsoft Windows 드라이버 모델	ASIO 호환 또는 Microsoft Windows 드라이버 모델
네트워크 스토리지 연결	1기가비트 이더넷(HD만 해당)	10기가비트 이더넷(4K 공유 네트워크 워크플로우)

권장 그래픽 카드 목록

WINDOWS CUDA		WINDOWS OPENCL
NVIDIA RTX A6000	NVIDIA GeForce RTX 3050	Intel® Iris® Plus Graphics
NVIDIA RTX A5500	NVIDIA GeForce RTX 2080 Ti	Intel® Iris® Xe Graphics
NVIDIA RTX A5000	NVIDIA GeForce RTX 2080 SUPER	Intel® Iris® Xe MAX Graphics
NVIDIA RTX A4500	NVIDIA GeForce RTX 2080	AMD Radeon™ PRO W6600
NVIDIA RTX A4000	NVIDIA GeForce RTX 2070 SUPER	AMD Radeon™ PRO W6800
NVIDIA RTX A3000	NVIDIA GeForce RTX 2070	AMD Radeon™ PRO W6400
NVIDIA RTX A2000	NVIDIA GeForce RTX 2060 SUPER	AMD Radeon Pro W5500
NVIDIA Quadro RTX 8000	NVIDIA GeForce RTX 2060	AMD Radeon™ Pro W5700
NVIDIA Quadro RTX 6000	NVIDIA GeForce GTX 1660 Ti	AMD Radeon™ Pro VII
NVIDIA Quadro RTX 5000	NVIDIA GeForce GTX 1660 SUPER	AMD Radeon™ Pro WX 8200
NVIDIA Quadro RTX 4000i	NVIDIA GeForce GTX 1660	AMD Radeon™ Pro WX 9100
NVIDIA Quadro RTX 3000	NVIDIA GeForce GTX 1650 SUPER	AMD Radeon™ Pro SSG
NVIDIA Quadro GV100	NVIDIA GeForce GTX 1650	AMD Radeon™ Pro WX 3100
NVIDIA Quadro GP100	NVIDIA GeForce GTX 1080 Ti	AMD Radeon™ Pro WX 3200
NVIDIA Quadro P6000	NVIDIA GeForce GTX 1080	AMD Radeon™ Pro WX 4100
NVIDIA Quadro P5200	NVIDIA GeForce GTX 1070 Ti	AMD Radeon™ Pro WX 5100
NVIDIA Quadro P5000	NVIDIA GeForce GTX 1070	AMD Radeon™ Pro WX 7100
NVIDIA Quadro P4000		AMD Radeon™ PRO W6600M
NVIDIA Quadro P2000		AMD Radeon™ Pro W5500M
NVIDIA Quadro P2200		AMD Radeon™ Pro WX 7130
NVIDIA Quadro P1000		AMD Radeon™ Pro WX 7100
NVIDIA Quadro M6000		AMD Radeon™ Pro WX 4150
NVIDIA Quadro M5000		AMD Radeon™ Pro WX 4170
NVIDIA Quadro M4000		AMD Radeon™ Pro WX 4130
NVIDIA Quadro M2000		AMD Radeon™ Pro WX 3100
NVIDIA TITAN RTX		AMD Radeon™ Pro WX 3200
NVIDIA TITAN V		AMD Radeon™ Pro WX 2100
NVIDIA TITAN XP		AMD Radeon™ RX 6600 XT
NVIDIA TITAN X (Pascal)		AMD Radeon™ RX 6500 XT
NVIDIA GeForce GTX TITAN X (Maxwell)		AMD Radeon™ RX 6400
NVIDIA GeForce GTX TITAN Z		AMD Radeon™ RX 6800 XT
NVIDIA GeForce GTX TITAN Black		AMD Radeon™ RX 6800
NVIDIA GeForce GTX TITAN		AMD Radeon™ RX 6700 XT
NVIDIA GeForce RTX 3090		AMD Radeon™ RX 6900 XT
NVIDIA GeForce RTX 3080		AMD Radeon™ RX 5500 XT
NVIDIA GeForce RTX 3070		AMD Radeon™ RX 5600
NVIDIA GeForce RTX 3060 Ti		AMD Radeon™ RX 5600 XT
NVIDIA GeForce RTX 3060		AMD Radeon™ RX 5700
NVIDIA GeForce RTX 3050 Ti		AMD Radeon™ RX 5700 XT
NVIDIA GeForce RTX 3050		AMD Radeon™ VII

03 _ 프리미어 프로 작업용 컴퓨터 추천

CPU

어도비 제품들이 GPU 기반으로 넘어가고 있지만 아직까지는 CPU가 중요합니다. CPU에서는 코어 수
가 가장 중요합니다. 코어의 개수가 많을수록 처리 속도를 높일 수 있어서 영상 파일 추출 시간을 단축

시킬 수 있습니다. 어도비 제품들이 인텔의 제품과 잘 맞는 편이라 인텔 프로세서를 많이 추천하지만, 최근에 AMD에서 가성비가 좋은 제품들을 많이 출시해서 AMD 제품을 쓰고 계신 분들도 많습니다.

AMD 라이젠9–5세대 7900	AMD 라이젠7–5세대 7700
가격: 약 60만원	가격: 약 47만원

프로세서/CPU

CPU의 경우 시계 속도가 Atter Effects에 더 중요합니다. 다중 코어는 Premiere Pro에 더 많은 영향을 줍니다. 두 애플리케이션을 실행하기 위한 스윗 스팟은 8코어를 사용하는 빠른 CPIU입니다.
- Core i7 또는 Core i9 Intel 프로세서 또는 AMD와 동일한 프로세서를 사용하는 것이 좋습니다.
- 빠른 시계의 최소 속도는 3.2GHz입니다.
- 8코어는 Premiere Pro에 적합합니다. 애플리케이션에서 더 많은 코어를 사용할 수 있지만 중요한 추가 이점이 업습니다. 작업에 따라 Premiers Pro는 8코어에서 93~98% 효율적으로 실행됩니다.

◆ 출처: 어도비 공식 홈페이지

저장매체

원활한 작업을 위해서는 저장 매체를 HDD가 아닌 SSD를 사용하는 것이 좋습니다. SSD의 처리 속도가 HDD에 비해 5~10배 정도 빠르기 때문에 프리미어 프로를 설치할 공간은 SSD로 준비하는 것이 좋습니다. 포토샵, 프리미어, 에프터 이펙트까지 설치하게 되면 용량을 많이 차지하기 때문에 SSD는 최소 500GB를 추천해 드리며, 가능하다면 1TB 이상의 여유 공간을 갖는 것을 추천해 드립니다. 만약 동시에 여러 작업을 할 계획이 있다면 HDD도 함께 갖추는 것이 좋습니다. 영상은 원본 용량이 크기 때문에 저장 공간을 많이 필요로 합니다. HDD가 가격은 SSD보다 더 저렴하기 때문에 파일 보관용으로 쓰기에는 HDD가 더 효율적인 선택입니다.

삼성전자 990 PRO M.2 NVMe	Western Digital WD BLUE 5400/256M
가격: 약 21만원/용량: 1TB	가격: 약 11만원/용량: 4TB

그래픽 카드

NVIDIA에서 출시된 그래픽 카드들이 어도비 프로그램들과 잘 맞다고 알려져 있습니다. NVIDIA는 Video Ready라는 소프트웨어를 통해 영상 작업 시 고효율을 끌어낼 수 있는 환경을 제공하고 있습니다. AMD Radeon 그래픽 카드들도 충분히 좋은 성능을 발휘하지만, NVIDIA에 비해 가격 대비

성능비가 조금 떨어진다는 평이 있습니다. 어떤 회사의 그래픽카드를 갖추든 간에 어도비 제품군들이 향후 GPU 기반으로 변화할 것으로 예측되고 있기 때문에 그래픽 카드 램이 충분한 제품을 고르는 것이 좋습니다.

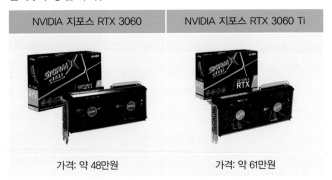

NVIDIA 지포스 RTX 3060	NVIDIA 지포스 RTX 3060 Ti
가격: 약 48만원	가격: 약 61만원

같은 제품이어도 제조사별로 조금씩 가격 차이가 있습니다. 성능에는 큰 차이가 없고, A/S 정책에 차이가 있기 때문에 잘 맞는 제조사의 제품을 구입하시면 됩니다. 위의 두 제품이 가성비가 좋아서 추천해 드릴만 한 제품입니다. 매년 신제품들이 출시되고, 가격은 이슈에 영향을 받습니다. 예를 들어 가상화폐가 이슈가 되면 채굴 때문에 그래픽 카드 값이 오르고, 반도체가 부족해지면 그래픽 카드 값이 오릅니다. 따라서 구입하시기 전에 그래픽 카드 비교 사이트에서 어떤 제품의 성능이 좋은지 확인해 보고, 가격 비교 사이트에서 가격을 확인해 본 후 구입하는 것이 좋습니다.

• 그래픽 카드 비교 사이트: https://www.videocardbenchmark.net/gpu_value.html

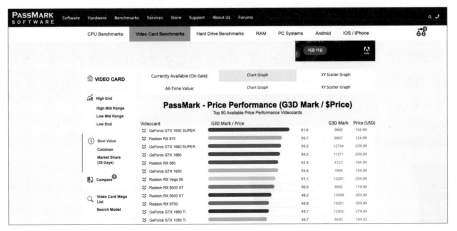

RAM

램은 다다익램이라고 할 정도로 많으면 많을수록 좋습니다. 높은 해상도의 영상을 편집할 때 도움이 되며, 영상 편집 특성상 포토샵, 애프터 이펙트 등의 프로그램을 동시에 켜놓고 사용하는 경우가 많아 매우 중요합니다. 최소 16GB의 램을 추천해 드리며, 가능하다면 32GB~64GB까지 늘리는 편이 좋습니다.

시스템 업그레이드

메모리 추가는 Premiere Pro와 After Effects의 성능을 향상시키기 위해 시스템을 업그레이드하려는 경우 일반적으로 시작할 수 있는 가장 효과적인 방법입니다.

다음 순서로 Premiere Pro 시스템을 업그레이드합니다.

1. 마더 보드가 지원하는 경우 최대 128GB의 추가 RAM
2. 빠른 렌더링 및 내보내기를 위한 빠른 GPU(또는 추가 GPU)
3. 빠른(또는 추가) NVMe 또는 SSD 드라이브
4. 빠른 CPU

다음 순서로 After Effects 시스템을 업그레이드합니다.

1. 추가 RAM - 최상급 시스템을 대상으로 한 128GB
2. 빠른(또는 추가) SSD 또는 NVMe 드라이브
3. 빠른 렌더링 및 내보내기를 위한 빠른 GPU(또는 추가 GPU)
4. 빠른 CPU

◆ 어도비에서 추천하는 시스템 업그레이드 효율성 _ 출처: 어도비 공식 홈페이지

04 _ 노트북에서는 작업하기 어렵나요?

결론부터 말씀드리자면 노트북보다는 데스크탑을 쓰는 편이 좋습니다. 가격도 그렇지만 내구성과 안정성 측면에서 노트북이 데스크탑을 따라가기가 어렵습니다. 다만 출장이 많거나, 현장에서 데이터 백업을 필요로 하는 영상 제작이라면 노트북을 써야 합니다.

이럴 때는 게이밍 노트북으로 구입하는 편이 좋습니다. 외국계 기업과 중소기업에서 게이밍 노트북을 많이 출시합니다. 대표적으로 한성컴퓨터, ASUS, 레노버 등이 있습니다. 단점은 고사양으로 출시되기 때문에 부피가 크고 무겁다는 점이 있습니다.

ASUS TUF	레노버 LEGION
가격: 약 140만원	가격: 약 160만원

05 _ 꼭 애플 제품을 구입해야 하나요?

그렇지 않습니다. 애플 제품을 구입한다고 해서 영상 편집이 수월해지는 것은 아닙니다. 이전에는 디스플레이 차이 때문에도 맥북 제품을 권장했지만 지금은 크게 차이를 느끼기 어렵기도 하고, 영상 편집을 하는 경우에는 별도의 모니터를 사용하기 때문에 차이를 느끼기가 더 어렵습니다.

하지만 윈도우 운영체제에 비해 안정적인 것은 사실입니다. 같은 컴퓨터 사양이더라도 윈도우보다 맥 OS에서 더 안정적으로 작업이 가능합니다. 4K 편집이나 여러 대의 카메라를 동시에 편집하는 작업에서도 윈도우 운영체제보다 맥 OS에서 멈추는 현상이 현저히 적습니다.

◆ 출처: 애플 공식홈페이지

그러나 가성비가 많이 떨어집니다. 16인치 맥북 프로는 기본 사양이 약 270만 원이며, 업그레이드를 하면 400만 원이 넘어가게 됩니다. 이 금액이면 윈도우 데스크탑과 노트북을 동시에 살 수 있는 금액입니다. 그렇기 때문에 외부에서 작업할 일이 많지 않다면 굳이 맥북 프로를 구입할 필요가 없습니다. 다만 반드시 노트북으로 작업을 해야 하거나 데이터 백업을 해야 하는 일이 많은 작업이라면 윈도우 노트북보다는 맥북 프로를 추천해 드립니다.

06 _ 프리미어 프로 첫 화면 구성 살펴보기

컴퓨터와 프로그램까지 모두 준비가 되셨으면 본격적으로 프리미어 프로를 배워보도록 하겠습니다. 프리미어 프로는 버전이 바뀔 때마다 타이틀 화면의 이미지가 달라집니다. 이미지만 봐도 어떤 버전을 쓰고 있는지 알 수 있어서, 본인의 버전을 확인하기가 좋습니다. 버전마다 기능들의 차이가 있고, 이전 버전에는 없던 기능들이 추가되기도 하지만, 큰 차이가 있진 않습니다. 저희는 프리미어 프로 2023 버전으로 프로그램을 설명해 드리도록 하겠습니다.

◆ 프리미어 프로 2021

◆ 프리미어 프로 2022

◆ 프리미어 프로 2023

타이틀 화면이 나오는 동안 프로그램이 로딩됩니다. 로딩이 끝나면 **Home 패널**이 나타납니다. Home 패널에서 작업 중인 프로젝트를 불러오거나 새로운 프로젝트를 만들 수 있습니다.

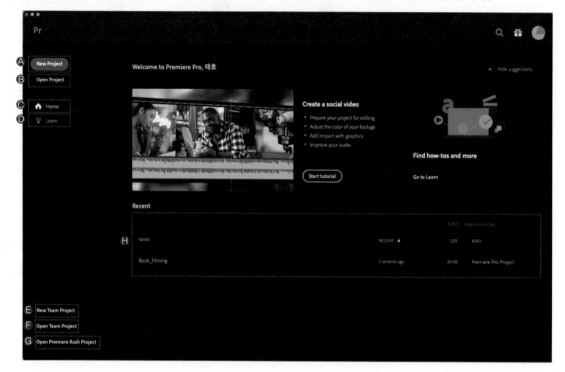

Ⓐ New Project: 새로운 작업을 시작할 프로젝트를 생성합니다.

Ⓑ Open Project: 기존에 작업하고 있던 프로젝트를 불러옵니다.

Ⓒ Home: 기본 화면으로 돌아옵니다.

Ⓓ Learn: 간단한 프리미어 프로 튜토리얼 영상을 시청할 수 있습니다.

Ⓔ New Team Project: 팀 프로젝트를 생성하여 다른 사용자들과 함께 작업할 수 있습니다.

Ⓕ Open Team Project: 팀 프로젝트를 불러옵니다.

Ⓖ Open Premiere Rush Project: 모바일이나 태블릿에서 사용할 수 있는 프리미어 러쉬로 편집한 프로젝트를 불러옵니다.

Ⓗ Recent: 최근에 작업했던 프로젝트 목록들이 정렬되어 있습니다.

07 _ 영문 버전을 추천하는 이유 그리고 변경 방법

◆ 한글 버전

◆ 영문 버전

프리미어 프로는 쉽게 언어를 확인할 수 있습니다. 타이틀 화면에서 표시가 각각 한글, 영문으로 나오기 때문입니다.

Adobe Creative Cloud 한국 계정으로 프리미어 프로를 설치하면 자동으로 한글 버전이 설치됩니다. 영문 버전과 한글 버전의 기능 차이는 전혀 없지만, 효과와 기능들에 대한 표기 방법이 다르기 때문에 헷갈릴 수 있습니다. 업계에서 영문 버전을 선호하다 보니 다른 작업자와 소통하기에도 영문 버전이 좋고, 인터넷의 튜토리얼들도 거의 영문 버전으로 만들어져 있습니다. 따라서 영문 버전으로 연습하시는 것을 추천해 드립니다. 이 책에서도 영문 버전을 사용해서 실습을 진행합니다.

07-1 설치 단계에서의 변경 방법

프리미어 프로를 아직 설치하지 않으셨다면, 설치하는 단계에서 영문 버전으로 설치할 수 있습니다. 이미 설치하신 분들은 [6-2. 따라하기]를 보고 영문 버전으로 변경하시면 됩니다.

01 Creative Cloud 프로그램을 실행하고, ❶ 오른쪽 상단의 이미지를 클릭합니다. ❷ 드롭다운 메뉴가 나타나면 Adobe 계정을 클릭합니다.

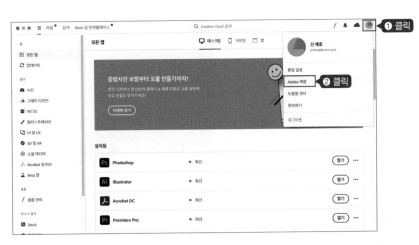

02 인터넷 창이 실행됩니다. 우측의 [프로필 편집] 버튼을 클릭합니다.

03 계정 탭으로 연결됩니다. 스크롤 바를 내려서 기본 언어의 첫 번째 언어 옆 [변경] 버튼을 눌러 영어로 변경해주면 됩니다.

이제 Creative Cloud 프로그램을 다시 실행시킨 후 설치하면 됩니다.

07-2 프리미어 프로가 설치된 상태에서 영문 버전으로 변경하기

프리미어 프로를 이미 설치한 상태라면 프로그램을 제거하고 다시 설치하기가 번거롭습니다. 이럴 때는 Console 패널을 열어서 영문 버전으로 바로 변경할 수 있습니다.

▶ 동영상 강의 시청하기

https://youtu.be/otvQW0GfLls
CC 2023 이하 버전

https://youtu.be/CFCScEj2k0Y
CC 2023 버전

01 프리미어 프로를 실행시켜줍니다. 홈 Panel이 나타나게 됩니다. 새 프로젝트를 누릅니다.

02 가져오기로 화면이 바뀝니다. 프로젝트 위치가 프로젝트 파일이 저장되는 위치를 의미합니다. 화살표 버튼( )을 눌러줍니다.

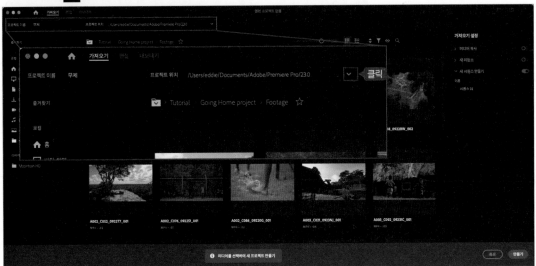

03 드롭다운 메뉴가 나타 납니다. 위치 선택을 클 릭합니다.

04 폴더 선택 화면이 나타나면 바탕화면에 새 폴더 를 만들고, 이름을 '영문버전'으로 입력한 후 생성 버튼을 클릭합니다.

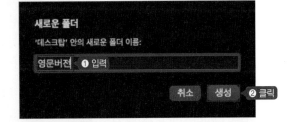

05 프로젝트 위치가 변경 된 것을 확인할 수 있습 니다. 우측 하단의 만들기 버튼 을 클릭합니다.

06 프로젝트가 생성되었습니다. 키보드의 Ctrl 키와 F12 키를 동시에 눌러줍니다. 맥북에서는 fn 키와 Command 키 그리고 F12 키를 동시에 눌러줍니다.

07 콘솔 패널이 나타납니다. 콘솔 옆 세줄 아이콘을 누르면 드롭다운 메뉴가 나타납니다. Debug Database View를 클릭합니다.

08 Debug Database View가 보입니다. 스크롤을 움직여 Application Language를 찾아줍니다. 잘 보이지 않는 경우 상단의 검색창에 입력하여 찾을 수 있습니다. Application Language가 ko_KR로 되어있습니다. en_US로 바꿔줍니다.

09 설정을 완료한 후 패널을 닫아줍니다. 프리미어 프로를 종료하고 다시 켜주면 영문 버전으로 나타나는 것을 확인할 수 있습니다.

08 _ 프리미어 프로 프로젝트 개념 이해하기

본격적으로 프리미어 프로로 영상 편집을 하기에 앞서, 프로젝트 개념을 설명해 드리고자 합니다. 마이크로소프트 오피스 엑셀과 비교하면 가장 쉽게 이해할 수 있습니다.

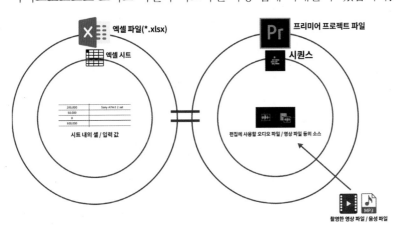

엑셀에 가계부를 작성한다고 생각해 봅시다. 가계부를 작성하려면 우선은 엑셀 파일을 만들어야 합니다. 엑셀 파일을 만들어야 시트 안에 있는 셀에 내용을 입력할 수 있는 것처럼, 프리미어에서도 프로젝트 파일이 가장 큰 단위입니다. 프로젝트를 만들어야 편집할 파일을 불러올 수 있고, 이를 엑셀 시트처럼 시퀀스 안에서 편집할 수 있게 됩니다.

만약 하나의 엑셀 파일에서 7월, 8월 가계부를 별도로 작성하고 싶다면, 시트를 추가해서 작성하면 됩니다. 마찬가지로 프리미어 프로에서도 하나의 프로젝트 파일 안에서 두 가지 영상을 동시에 작업할 수 있습니다. 엑셀 시트와 동일한 개념인 시퀀스만 추가하면 됩니다.

정리하면 프로젝트 파일 – 시퀀스 – 클립(동영상, 오디오 소스) 순으로 높은 범위에서 낮은 범위로 정렬할 수 있습니다.

시퀀스 개념 더 알아보기

Chapter 1에서 영상의 단위에 대해 알려드릴 때 시퀀스(Sequence)가 씬(Scene)들의 조합이라고 설명해 드렸습니다. 프리미어 프로에서 시퀀스도 이와 동일한 개념입니다. 만약 하나의 시퀀스에서 두 시간짜리 영화를 편집한다면 어떻게 될까요? 컷들을 정리할 때도 복잡해지고, 너무 양이 많아서 한 눈에 보기도 어렵겠죠?
이처럼 편하게 보면서 작업할 수 있도록 편집 프로그램에 시퀀스가 있는 것입니다. 시퀀스별로 나누어서 편집을 하더라도, 마지막에 모든 시퀀스를 하나의 시퀀스로 불러와 합쳐줄 수 있습니다.

수정이 필요할 땐 복제해서 사용하세요

엑셀에서 양식을 잘 만들어 놓은 시트가 있다면 사용자는 동일한 양식이 필요할 때 굳이 새로 만들지 않고 그 시트를 복제해서 사용할 것입니다. 이와 마찬가지로 프리미어 프로 또한 시퀀스를 복제해서 사용하기도 합니다.
예를 들어 변덕이 심한 광고주가 영상 편집을 의뢰했습니다. 영상 초안을 본 광고주가 수정을 요청합니다. 편집자는 그대로 수정하고 프로젝트를 저장합니다. 그런데 영상 수정본을 본 광고주가 다시 생각해 보니 기존 영상이 더 나은 것 같다고 합니다. 이런 경우 되돌리고 싶어도 되돌릴 수가 없습니다. 프로젝트 저장을 누르고 프로그램을 종료했기 때문입니다.
만약 작업 과정에서 시퀀스를 복제해서 수정한다면 이런 문제를 방지할 수 있습니다. 수정 요청이 들어오면 영상 초안을 편집한 시퀀스는 그대로 두고, 초안 시퀀스를 복제해서 수정 작업을 하면 기존 시퀀스는 그대로 남아있기 때문입니다. 따라서 영상을 수정할 때는 꼭 시퀀스를 복제하는 습관을 들이시는 게 좋습니다.

09 _ 프로젝트 생성 전에는 폴더부터 정리하기

프리미어 프로를 잘 쓰기 위해서는 폴더 정리를 잘해야 합니다. 프로젝트에서 사용했던 소스를 다른 폴더로 옮기게 되면 프리미어 프로가 그 위치를 찾지 못해서 파일이 열리지 않습니다. 프리미어 프로 작업 중에 Ⓐ빨간색 Media offline 화면이 나타나는 이유가 이것 때문입니다.

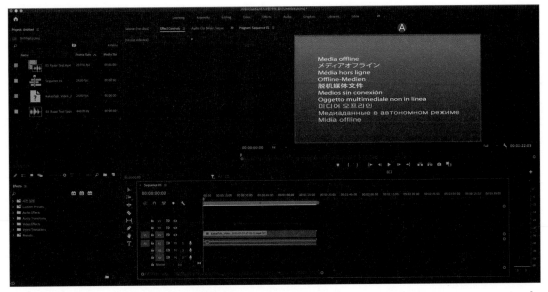

◆ 프리미어에서 Media offline 화면이 나타났을 때

컴퓨터 하드에는 용량의 한계가 있습니다. 그래서 편집 작업이 끝나면 외장 하드로 옮겨놓는 것이 일반적입니다. 만약 시간이 지난 후에 다시 작업을 하고 싶어서 외장 하드에서 옮겨서 작업을 하려고 하는데, 편집 작업에서 사용했던 파일이 같은 폴더 안에 없다면 파일을 일일이 찾아줘야 합니다. 만약 그 사이에 사용했던 소스를 지웠다면 해당 소스는 연결이 되지 않아 재생이 되지 않습니다.

◆ 폴더 정리 화면. 한 폴더 안에 프리미어 프로젝트 폴더, 사용한 소스들 폴더가 다 정리되어 있습니다.

따라서 편집 작업에서 사용하고 싶은 영상 파일, 효과음 파일 등이 있다면 프리미어 프로젝트를 저장할 폴더와 같은 폴더 안에 넣어주는 것이 좋습니다.

<홍대 맛집 브이로그>

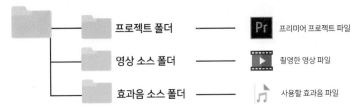

정리는 폴더 별로 해주는 것이 좋습니다. 제가 〈홍대 맛집 브이로그〉 영상을 제작한다고 하면, '홍대 맛집 브이로그' 폴더를 만들 것입니다. 그 안에 '프리미어 프로젝트' 폴더를 만들고, 프로젝트를 저장합니다. 다시 상위 폴더인 '홍대 맛집 브이로그' 폴더 안에 '촬영 소스' 폴더를 만들고, '효과음' 폴더도 만들어 줍니다. 직접 촬영한 소스는 '촬영 소스' 폴더에 넣고, 사용할 효과음들은 '효과음' 폴더에 넣어줍니다. 예를 들어, 작업 중에 원하는 효과음을 인터넷에서 다운로드했습니다. mp3 파일이 내 컴퓨터의 '다운로드' 폴더에 저장이 될 것입니다. 해당 mp3 파일을 '홍대 맛집 브이로그' 폴더 안의 '효과음 소스' 폴더로 옮긴 후에 프리미어로 불러와서 사용하면 됩니다.

이렇게 파일을 정리해두면 나중에 외장 하드로 옮겼을 때 외장하드 안에서 프리미어 프로 프로젝트 파일을 열어도 파일 연결에 문제가 없습니다.

정리하자면 편집할 때 사용하실 파일들은 모두 한 폴더 안에 정리해 주시는 습관을 갖는 게 좋습니다. 작업을 마무리하고 프로젝트에서 사용한 파일을 모아주는 기능이 있긴 하지만, 습관이 되어 있지 않으면 잘 잊어버리게 됩니다. 따라서 미리 폴더를 정리하면서 작업하시는 편이 좋습니다.

10 _ 프로젝트 생성하기

이제 컷 편집을 시작할 수 있도록 프로젝트를 생성해봅시다. 프리미어 프로의 프로젝트 생성 화면이 2022년 4월 업데이트부터 많이 바뀌었습니다. 업데이트를 통해 이전보다 간단하게 만들게 되었지만, 기능은 그전과 다르지 않으니 이전 버전을 쓰시더라도 비슷하게 따라하시면 됩니다.

01 홈 패널에서 New Project 버튼을 누르거나, 상단 메뉴에서 File – New – Project를 클릭합니다.

02 홈 화면이 Import로 바뀐 것이 보입니다. Project name을 클릭하여 Untitled라고 써있는 프로젝트명을 '테스트'로 바꿔줍니다. 이어서 프로젝트 파일이 저장될 위치를 지정합니다. Project Location 옆의 아래 화살표( )를 클릭합니다.

03 드롭다운 메뉴가 나타납니다. Choose Location 을 클릭합니다.

04 바탕화면에 '테스트'라는 폴더를 만들어 줍니다. 해당 폴더로 저장이 되도록 지정하고 [생성] 버튼 클릭합니다.

05 이제 프로젝트 생성을 위한 세팅은 완료되었습니다. 필요하다면 부가적인 기능도 함께 사용할 수 있습니다. 굳이 여기서 이 기능을 사용할 필요가 없다고 생각하지만, 독자 여러분께서 알고 있기는 해야 하기 때문에 잠깐 설명하도록 하겠습니다.

화면 아래쪽에서는 프로젝트 작업 시에 필요한 파일을 불러올 수 있습니다. 좌측에서 영상이 저장되어 있는 위치를 지정하고, 가운데에서 클릭을 통해 작업에 필요한 파일들만 선택할 수 있습니다.

우측의 Import settings에서는 불러올 파일에 대한 설정을 조작할 수 있습니다. Copy media를 활성화하면 원본 소스는 기존 폴더에 둔 채로, 소스의 사본을 복사해서 사용합니다. New bin을 활성화하면 해당 소스들을 프리미어 프로 프로젝트 안에 새로운 폴더를 만들고 그 안으로 정리해줍니다. 마지막으로 Create new sequence를 활성화하면 프로젝트 생성 시 새로운 시퀀스를 만들고, 선택한 영상 소스들을 그 위에 옮겨줍니다.

클릭

06 설정이 끝났다면 [Create] 버튼을 클릭합니다. 프리미어 프로의 프로젝트로 들어온 것을 확인할 수 있습니다.

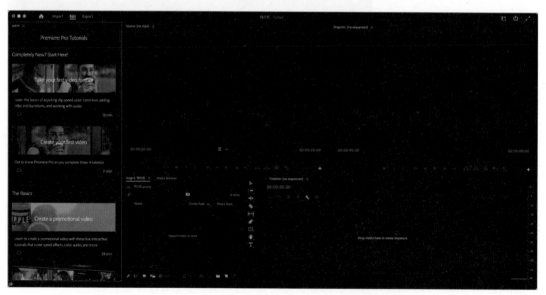

11 _ Workspace 이해하기

 동영상 강의 시청하기

https://youtu.be/4FM3Z5-xuEc
CC 2023 이하 버전

https://youtu.be/9FcyLdvHHol
CC 2023 버전

프로젝트 생성까지 완료했다면 정말 프리미어 프로로 편집 할 준비가 되었습니다. 그러나 하나씩 만져보려고 하면 아직은 뭐가 뭔지 헷갈리실 겁니다. 숲을 볼 수 있으면 작은 나무들도 잘 볼 수 있는 것처럼 Workspaces와 인터페이스를 깨우치면 더 쉽게 프리미어 프로를 이해할 수 있습니다. 이번에는 작업 환경의 인터페이스를 바꿀 수 있는 Workspaces부터 먼저 알아보도록 하겠습니다.

◆ Color Workspace

◆ Editing Workspace

Workspace란 여러분들이 프리미어 프로에서 보고 있는 화면, 즉, 인터페이스를 뜻합니다. 어떤 Workspace를 선택하느냐에 따라 화면에 나타나는 패널들이 달라집니다. 물론 영상을 편집하고 있는 내용에 대해서 영향을 주지는 않습니다. 그저 편리하게 사용하기 위해 있는 기능입니다. 모니터 3~4대를 이용하여 작업한다면 모든 패널을 다 켜두어도 화면 크기에 문제가 없습니다. 하지만 보통 1~2대의 모니터만을 가지고 작업하다 보니 모든 패널을 켜놓기에는 화면이 너무 작습니다.

그래서 Workspaces라는 기능이 생기게 된 것입니다. 사용자가 하고자 하는 작업에 맞는 패널들이 불러와지기 때문에 더 효율적으로 화면을 사용할 수 있습니다. 예를 들어, Color를 선택하면 색보정을 할 때 필요한 Lumetri Color 패널이 나타나고, Captions and Graphics를 선택하면 자막을 쉽게 변경할 수 있는 Essential Graphics 패널이 나타나게 됩니다. 즉 Workspaces는 화면이 작은 노트북에서도 필요한 작업들을 다 할 수 있게 인터페이스를 깔끔하게 정리해준다고 이해하시면 됩니다.

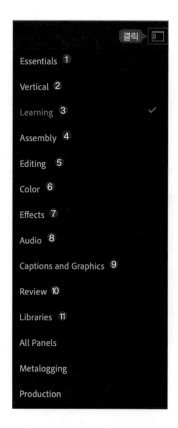

Workspace를 바꾸기 위해서는 프리미어 프로 우측 상단에 있는 Workspaces 아이콘( )을 클릭하면 됩니다.

Workspaces는 ❶Essentials, ❷Vertical, ❸Learning, ❹ Assembly, ❺Editing, ❻Color, ❼Effects, ❽Audio, ❾Captions and Graphics, ❿Review, ⓫Libraries순으로 나타납니다.

이는 실제 편집 작업에서의 작업 순서(Work-flow)대로 만들어둔 것이기도 합니다. 이름을 누를 때마다 인터페이스가 변경되는 것을 확인할 수 있습니다. 아직은 어떤 패널이 무슨 기능을 하는지 잘 모르시기 때문에 이해하기 힘들겠지만, 걱정하지 마세요. 다음 레슨들에서 차근차근히 설명해드릴 예정입니다. '아~ 이렇게 변하는구나~'라는 마음으로 하나씩 차례대로 눌러보기만 하겠습니다.

❶ **Essentials:** 신규 업데이트를 통해 추가된 인터페이스로, 편집에 필요한 기본적인 패널들만 깔끔하게 정렬됩니다. 노트북에서 간단한 작업을 하기 편리한 인터페이스입니다.

❷ **Vertical:** 오른쪽으로 모니터가 크게 나타납니다. 세로형 영상 편집 시에 편리한 인터페이스입니다.

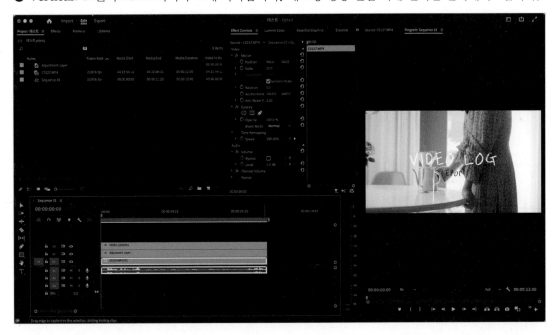

❸ **Learning:** 프리미어 프로를 학습할 수 있는 workspace입니다. 좌측에 Learn 패널이 나타나고, 어도비에서 제작한 프리미어 프로 학습 영상을 볼 수 있습니다.

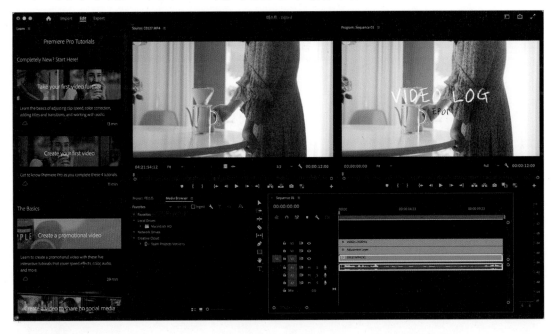

❹ Assembly: Project 패널이 좌측에 크게 나타납니다. 프로젝트를 처음 열었을 때 촬영해 온 소스를 정리하기 좋은 인터페이스입니다.

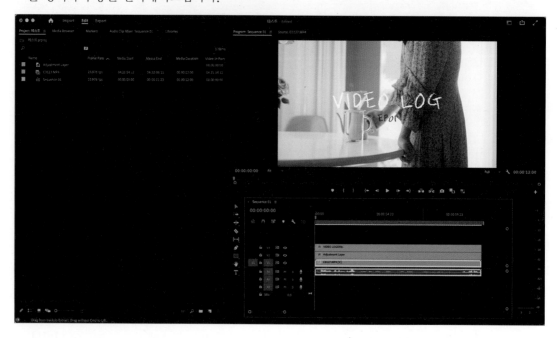

❺ Editing: 양쪽으로 모니터 두 개가 나타납니다. 미세하게 컷을 자르고 붙이기에 좋고, 가장 많은 편집자들이 사용하는 인터페이스입니다.

❻ Color: 색보정 작업을 위한 인터페이스로 변경됩니다. 영상의 밝기와 색상을 확인할 수 있는 Lumetri scopes 패널과 색상 조절을 할 수 있는 Lumetri Color 패널이 나타납니다.

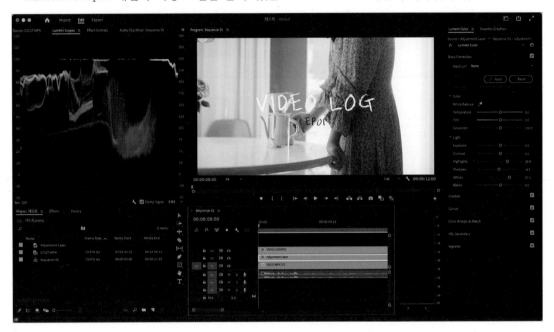

❼ Effects: 효과를 적용할 수 있는 Effects 패널이 우측에 나타납니다. 꼭 사용할 필요는 없는 패널입니다.

❽ Audio: 기본 오디오 프리셋이 포함되어 있는 Essential Sound 패널이 우측에 나타납니다. 프리셋을 이용해 손쉽게 사운드를 보정할 수 있고, 미세한 잡음이나 울림도 제거할 수 있습니다.

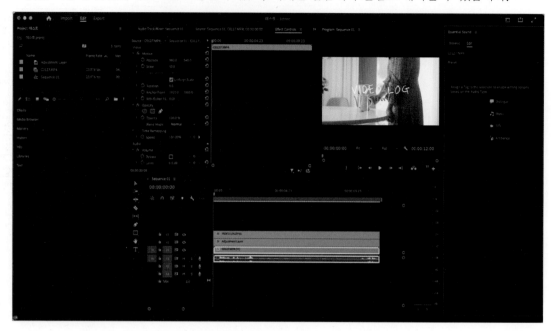

❾ Captions and Graphics: 영상의 소리를 분석해 자막으로 만들어주는 Captions 기능과, 텍스트를 꾸밀 수 있는 Essential Graphics 패널이 나타납니다. 자막 작업을 할 때 꼭 사용하는 패널입니다.

❿ Review: 촬영한 영상 또는 작업 중인 시퀀스를 공유하고, 타인이 검토하고 코멘트를 남길 수 있습니다. 최대 2명까지 무료이며, 더 많은 사람들의 검토가 필요한 경우 Frame.io라는 별도 사이트를 통해 결제해야 합니다.

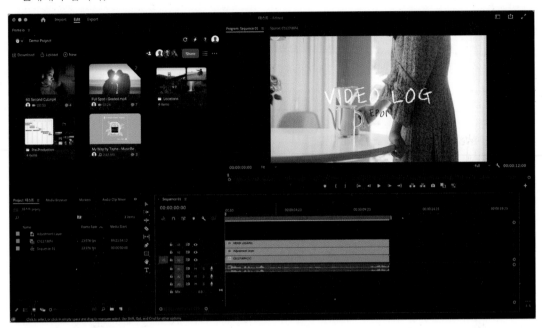

⓫ Libraries: 다른 어도비 프로그램들과 소스를 공유할 수 있는 Libraries 패널이 우측에 나타납니다. 포토샵과 일러스트를 자주 쓰시는 분들이 많이 사용합니다.

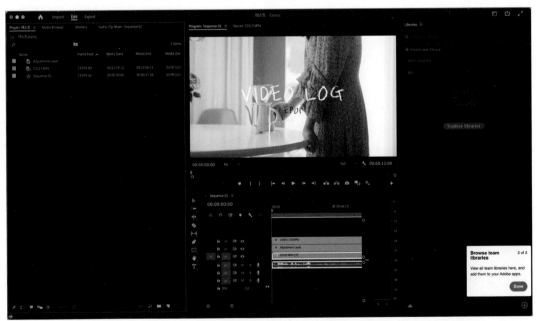

이외에도 All Panels를 선택하면 작업에 사용하는 모든 패널이 나타나고, Metalogging을 선택하면 메타로그를 확인하거나 입력할 수 있습니다. Production을 선택하면 크리에이티브 클라우드를 통해 다른 사람과 함께 작업할 수 있습니다.

하나씩 눌러보니 어떤가요? 어떤 패널은 계속 고정되어 있고, 어떤 패널은 Workspace를 변경할 때마다 없어지거나 생기는 것을 보셨을 겁니다. 이처럼 Workspaces는 작은 화면으로 작업해야 할 때도 모든 작업을 진행할 수 있도록 간편하게 인터페이스를 정리해주는 기능입니다. 모든 Workspace를 다 외울 필요는 없습니다. 작업을 진행하다 보면 자신에게 필요한 인터페이스가 뭔지 알게 되니, 일단 '이렇게 인터페이스를 바꿀 수 있구나' 정도만 기억해주시면 됩니다.

12 _ 이건 뭐에 쓰는 물건인고?: 필수 패널 이해하기

▶ 동영상 강의 시청하기

https://youtu.be/zf_5eInGMGE
CC 2023 이하 버전

https://youtu.be/NINxkuP-W1s
CC 2023 버전

Workspaces에 대해 이해했으니, 이번에는 어떤 패널이 어느 곳에 배치되어 있는지 알아보도록 하겠습니다. 각 Workspace마다 패널들의 배치가 다르므로, 여러분들이 가장 많이 사용하게 되는 Editing을 기준으로 설명해 드리도록 하겠습니다.

01 상단 패널에서 우측의 Workspaces 아이콘(▣)을 클릭합니다. 드롭다운 메뉴가 나타나면 Editing을 클릭합니다.

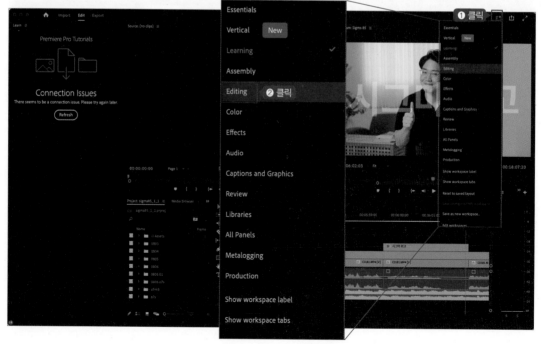

02 인터페이스가 변경됩니다. 저는 독자분들의 이해를 돕기 위해 기존에 작업했던 프로젝트로 보여드리겠습니다. 직접 보고 계신 화면과 다르다고 해서 너무 걱정하지 마세요. 이번 강의에서는 전체적인 배치에 대해 설명해 드리고, 다음 강의부터 각 패널들에 대해 하나씩 설명해 드릴 예정입니다.

❶ Project 패널: 프로젝트에서 사용할 소스를 가져다 놓는 저장소입니다. 항상 사용하는 창입니다.

❷ Source Monitor 패널: 내가 뭐 찍었더라?" 촬영해왔거나 다운로드 받은 영상의 소스를 확인하고 싶을 때 사용하는 모니터입니다.

❸ Program Monitor 패널: 아래의 ❻Sequence에서 작업 중인 영상을 확인할 수 있는 모니터입니다.

❹ Tools 패널: 편집 작업에서 자주 사용하게 되는 도구가 모여 있습니다.

❺ Timeline 패널: ❻Sequence들을 볼 수 있고, 실제로 편집 작업이 이뤄지는 공간입니다.

❻ Sequence: 8강에서 엑셀의 시트와 같은 개념으로 설명드렸던 단위입니다. ❺Timeline 패널 위에 열리게 됩니다.

❼ Audio Meter: 오디오가 어느 정도 크기로 나오고 있는지 시각적으로 체크할 수 있는 패널입니다.

가장 기본적이고, 보편적으로 사용하고 있는 인터페이스에 대해 정리해 드렸습니다. 앞서 설명했듯이 Workspace를 바꾸게 되면 배치가 달라질 수 있고, 사용자가 원하는 대로 위치를 바꿔서 사용할 수도 있습니다. 하지만 위에서 설명해 드린 인터페이스를 가장 많이 사용하기 때문에 처음에 편집을 배우실 때는 이 배치 그대로 사용하시는 것을 추천해 드립니다.

13 _ "재료가 있어야 요리를 하지" Project 패널 이해하기

위에서 숲을 봤으니 이제 작은 나무를 하나씩 관찰할 차례입니다. 본격적으로 어떤 패널이 어떤 기능을 하는지 배워보겠습니다. 그중 가장 중요한 ⒶProject 패널에 대해 설명해드리겠습니다.

ⒶProject 패널은 말 그대로 Project에 대한 패널입니다. 저희가 작업을 시작하기 위해 프리미어 Project 파일을 생성하고 들어왔습니다. 생성한 프로젝트 안에서 편집 작업을 하기 위해서는 작업에 사용할 재료가 필요합니다. 즉, 영상 소스와 효과음들을 불러와줘야 합니다. 컴퓨터 안에 있는 소스들을 프리미어 프로젝트로 불러온다면, 프리미어 내에서도 어딘가 보관을 하거나 기록을 해둬야겠죠? 이때 보관함역할을 하는 곳이 Project 패널입니다. 다시 말해 컴퓨터 안에 저장되어 있는 소스 파일(재료)을 프리미어 프로젝트로 연결해주고 위치를 기록해두는 저장소 역할을 담당하는 곳이 Project 패널입니다.

14 _ 파일 불러오기(Import)

▶ 동영상 강의 시청하기
https://youtu.be/eeqk1g3FdqM

14-1 파일 불러오기

■ 소스 파일 : Chapter03 / Lesson 01 / 01. Import_Video.mp4, 01. Import_Video02.mp4

그럼 이제 프리미어 프로젝트 안으로 파일을 불러오는 방법에 대해 배워보도록 하겠습니다. 만약 아직 까지 프로젝트를 생성하지 못하셨다면 "10_프로젝트 생성하기"를 보고 먼저 프로젝트부터 생성합니다. 준비가 되셨다면 다음 실습 순서에 따라 파일을 불러와보겠습니다.

파일을 불러오는 방법은 여러 가지입니다. 그중에 가장 편리한 방법부터 따라해보겠습니다.

01 Project 패널의 빈 부분을 더블클릭합니다.

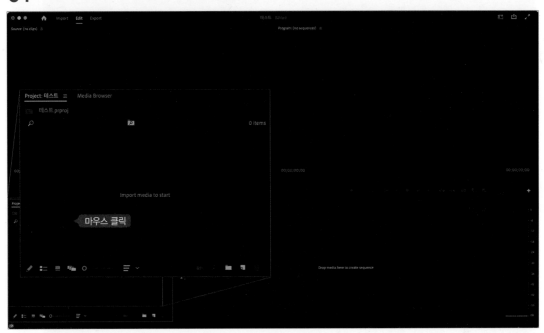

02 Import 패널이 나타납니다. 불러올 파일을 선택해합니다. JPG, PNG, PSD 등의 이미지 파일 또는 MP4, MOV 등의 영상 파일, MP3, WAV 등의 오디오 파일을 불러올 수 있습니다. ❶소스 파일로 제공되는 Import_Video.mp4 파일을 선택하고 ❷[Import] 버튼을 누릅니다.

03 Project 패널에 방금 불러온 01. Import_Video.mp4 파일이 들어온 것을 확인할 수 있습니다.

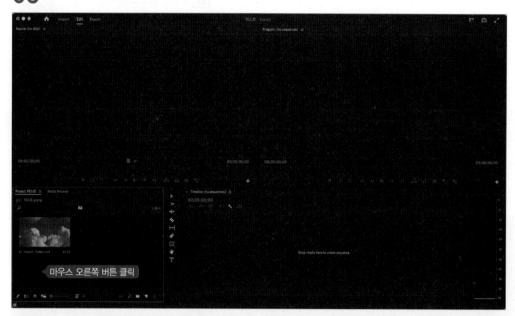

04 이어서 다른 방법으로 파일을 불러와보겠습니다. Project 패널의 공백에 마우스 오른쪽 버튼을 누릅니다.

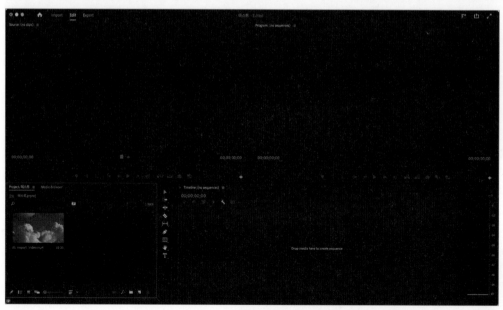

05 메뉴가 나타나면 Import를 클릭합니다.

06 mport 패널이 나타납니다. ❶01. Import_Video02.mp4 파일을 선택하고 ❷[Import] 버튼을 누릅니다.

07 Project 패널에 방금 불러온 01. Import_Video02.mp4 파일이 들어온 것을 확인할 수 있습니다.

이외에도 Ctrl + I 키를 눌러 불러오거나 탐색기에서 프로젝트 패널로 끌어당겨 놓는 방법으로 불러올 수도 있습니다.

14-2 jpg 이미지 파일 불러오기

- 소스 파일 : Chapter03 / Lesson 01 / 02. image01.jpg

동영상 강의 시청하기
https://youtu.be/wzfv9YGRNJc

이번에는 포토샵에서 제작한 이미지 파일을 불러오겠습니다. jpg나 png 파일과는 다르게 PSD 파일로 저장을 할 경우, 프리미어에서 Import 할 때 다양한 방법을 선택할 수 있습니다. 레이어를 병합해서 일반적인 이미지 파일처럼 가져오는 방법이 있고, 자유롭게 레이어를 조절할 수 있도록 개별 레이어 형태로 가져오는 방법이 있습니다. 이번 실습에서는 먼저 jpg 이미지 파일을 불러오는 실습을 해보도록 하겠습니다.

01 Project 패널에서 공백을 더블 클릭합니다.

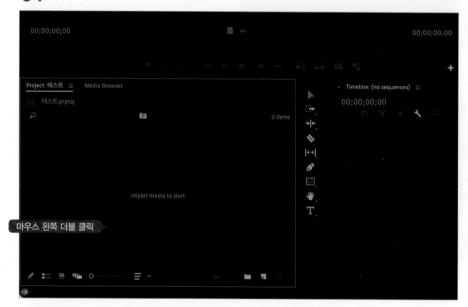

02 Import 패널이 나타납니다. ❶02. image01.jpg 파일을 선택하고 ❷[Import] 버튼을 클릭합니다.

03 영상을 불러올 때와 똑같이 이미지 파일이 들어온 것을 확인할 수 있습니다. jpg와 png, gif 파일들은 모두 영상과 같은 방식으로 Project 패널에 들어오게 됩니다.

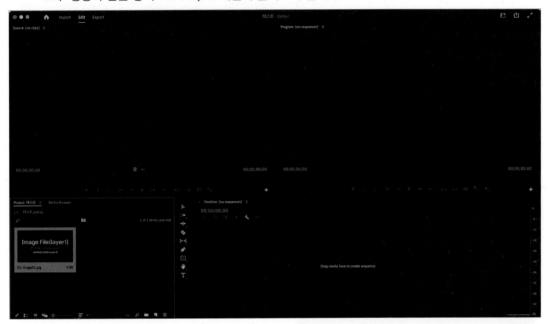

14-3 PSD 이미지 파일 불러오기 01

▶️ 동영상 강의 시청하기
https://youtu.be/pzykTbdSNVc

■ 소스 파일 : Chapter03 / Lesson 01 / 02. image01.psd

01 이번에는 PSD 파일을 Import해보도록 합시다. ❶02. image01.PSD을 선택하고 ❷[Import] 버튼을 클릭합니다.

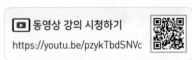

02 PSD 파일을 불러오니 JPG 파일과는 다르게 Import Layered File 패널이 나타납니다. Import As 옆의
Merge All layers를 클릭합니다.

03 아래로 ❶ 드롭다운 메뉴가 나타납니다.

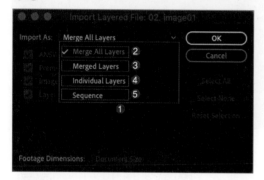

❷ Merge All Layers: 모든 레이어를 합쳐서 하나의 이미지 파일로 만들어줍니다.

❸ Merged Layers: 필요한 레이어만 선택해서 하나의 이미지 파일로 만들어줍니다.

❹ Individual Layers: 레이어들을 개별적으로 가져옵니다. 폴더 안으로 들어오게 됩니다.

❺ Sequence: 레이어들을 개별적으로 가져오면서 시퀀스를 만들어 안에 정리합니다.

이번에는 Merge All Layers를 선택하고 [OK] 버튼을 클릭합니다.

04 하나의 이미지 파일이 만들어진 것을 확인할 수 있습니다.

14-4 PSD 이미지 파일 불러오기 02

■ 소스 파일 : Chapter03 / Lesson 01 / 02. image01.psd

▶️ 동영상 강의 시청하기
https://youtu.be/dPBk009pfLs

이번에도 PSD 파일을 불러오되, 방금 전처럼 하나의 이미지를 불러오는 것이 아닌 개별 레이어로 작업이 가능하게 불러와보도록 하겠습니다.

01 Project 패널에서 02. image01.psd를 Import 합니다.

02 Import Layered File 패널의 Merged Layers를 클릭합니다. ❶Sequence를 클릭하고 ❷[OK] 버튼을 클릭합니다.

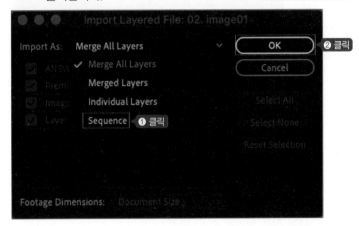

03 바로 이전과는 다르게 Project 패널에 폴더가 생긴 것을 확인할 수 있습니다. 폴더를 더블 클릭합니다.

04 폴더 안으로 들어오면 레이어가 개별적으로 있는 것을 확인할 수 있습니다.

05 모든 레이어가 다 들어 있는 파일이 보입니다. 파일 아래쪽의 아이콘( )이 시퀀스라고 표시해주고 있습니다. 더블 클릭합니다.

06 타임라인에 레이어들이 정렬되어서 나타나는 것을 확인할 수 있습니다.

PSD 파일을 불러오는 기능을 사용하면 포토샵에서 자막을 레이어로 만들고, 프리미어 프로에서 개별 레이어에 별도의 효과를 적용할 수 있습니다. PSD 파일을 불러올 때 Sequence를 활용하는 방법은 꼭 기억해 주세요. 효과 Chapter에서 개별 레이어에 효과를 적용하는 방법도 알아보겠습니다.

15 _ Project 패널 100% 활용하기

동영상 강의 시청하기
https://youtu.be/sJJJSK5eVsU

파일을 불러오는 방법에 대해 배웠으니 이제 Project 패널에서 아이콘을 구별하고, 어떻게 하면 Project 패널을 효과적으로 정리하고 사용할 수 있을지 배워보도록 하겠습니다. 항상 말씀드리지만 기능은 무궁무진합니다. 그러나 다 외우려고 하면 오히려 중요한 기능도 잊어버리기 마련입니다. 사용하면 유용한 기능들은 파란색으로 표시해두었으니, 파란색 기능만 외우고 활용하셔도 충분합니다.

❶ Project Writable: 프로젝트를 더 이상 작업할 수 없도록 잠급니다.

❷ List View: Project 패널에 있는 소스들을 목록 형태로 변경합니다.

❸ Icon View: Project 패널에 있는 소스들을 썸네일 형태로 변경합니다.

❹ Freeform View: Project 패널에 있는 소스들을 자유롭게 배치할 수 있게 변경합니다.

❺ 사이즈 토글: 아이콘들의 크기를 조절합니다.

❻ Sort Icon: Icon View로 볼 때 어떤 순서로 나열될지 분류합니다.

❼ Automate Sequence: 클립들을 사용자가 지정하는 시퀀스와 방식에 맞게 자동으로 올리는 기능입니다.

❽ Find: Project 패널에서 원하는 파일을 찾는데 사용합니다.

❾ New Bin: Project에 폴더를 생성합니다.

❿ New Item: 새로운 레이어를 생성합니다. 시퀀스, 조정 레이어, 컬러바 등을 생성할 수 있습니다.

⓫ Clear: Project 패널에 있는 소스를 지우고 싶을 때 사용합니다.

Project 패널의 소스, 아이콘으로 구별하자

Project 패널에 소스를 올려놓으면 영상, 음성, 이미지 등 파일 분류에 따라 각기 다른 아이콘으로 구분됩니다. 아이콘만 보고도 어떤 형식의 파일인지 알 수 있어서 편리합니다. 아이콘만 크게 보기 위해서는 Project 패널에서 List View를 선택해야 하니, 잊지 말고 눌러주세요. 여러 아이콘 중 가장 많이 사용하게 되는 아이콘들만 정리해 보겠습니다.

❶ 레이어 파일: 외부에서 불러온 이미지 파일 또는 프리미어 프로에서 만들어진 레이어들이 ❶처럼 표시됩니다. 여기서 레이어란 조정 레이어, 색상 매트 등이 포함됩니다.

❷ 오디오 파일: 음악, 음성 등 소리 파일들은 ❷처럼 파장 모양으로 표시됩니다.

❸ 소리가 없는 비디오 파일: 필름 모양만 있는 경우 오디오 트랙이 없는 비디오 파일을 의미합니다.

❹ 소리가 있는 비디오 파일: 파장과 필름 아이콘이 같이 나타나는 경우 오디오 트랙이 있는 비디오 파일입니다.

❺ 시퀀스: 편집 작업을 위해 필수적인 시퀀스, 엑셀의 시트와 같은 개념이라고 말씀해 드렸던 시퀀스를 구별하는 아이콘입니다.

필름 아이콘과 파장 아이콘이 같이 붙어있는 비디오 클립이라고 해서 반드시 오디오가 포함된 영상인 것은 아닙니다. 소리가 없는 영상이더라도 오디오 트랙을 포함한 채로 추출을 하게 되면 ❹와 같은 모양을 띄고 있습니다.

List Vew와 Icon View 그리고 Freefrom View, 뭐가 제일 나을까?

◆ List View ◆ Icon View

◆ Freeform View

List view가 가장 오래전부터 있었던 Project 패널의 표시 방식이고, Freeform View가 가장 최근에 만들어진 표시 방식입니다. Freeform View는 2019년 4월 업데이트에서 추가되었습니다. Icon View와 Freefrom View의 경우에는 영상을 타임라인으로 가져오기 전에 썸네일에 마우스를 대면 미리 보기가 가능하다는 장점이 있습니다. Icon View와 Freeform View의 차이는 Icon View는 정렬이 되어있는 방식이고, Freeform View는 사용자가 원하는 대로 자유롭게 클립을 배치하는 방식이라는 것입니다.

이 둘의 경우 썸네일 크기가 크기 때문에 한 번에 여러 개의 파일을 보기에는 불편하고, Bin을 만들어 폴더 안으로 정리를 해야 하는 경우에도 보기 불편하다는 단점이 있습니다.

사람마다 편하게 사용하는 View가 있겠지만, 저의 경우에는 List View만을 사용하고 있습니다. 한 번에 여러 소스들을 확인하기 좋기 때문입니다. 수업은 List View로 진행할 예정이지만, Icon VIew가 더 본인에게 편하다면 Icon View로 변경하여 작업하셔도 무방합니다.

New Item에서는 무엇을 만들 수 있을까?

Project 패널에서 ❶New Item을 누르게 되면 여러 종류의 레이어를 생성할 수 있습니다. 자주 사용하게 되는 레이어들은 파란색으로 표시해두었습니다.

❷ Sequence: 시퀀스를 새로 만듭니다.

❸ Project Shortcut: 새 프로젝트를 만들고 바로 가기 아이콘을 생성합니다.

❹ Offline File: 오프라인 파일을 만듭니다. 나중에 다른 파일로 연결할 수 있습니다.

❺ Adjustment Layer: 조정 레이어를 만듭니다. 조정 레이어는 아래에 위치한 모든 레이어에 영향을 줄 수 있는 레이어입니다. 주로 색보정을 하거나 효과를 적용할 때 사용합니다.

❻ Universal Counting Leader: 영상 재생 전에 시간을 카운팅 하는 초시계 화면을 생성합니다.

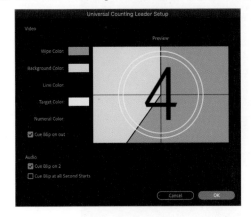

❼ Bars and Tone: 정확한 컬러 표현을 위해 측정하는 컬러 바를 생성합니다.

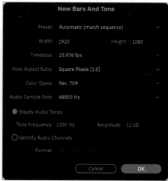

❽ Black Video: 검은색 화면을 생성합니다.

❾ Color Matte: 색상이 들어간 배경을 만듭니다. 포토샵을 사용하지 않고도 배경을 만들 수 있어서 자주 사용합니다.

❿ Transparent Video: 투명한 레이어를 만듭니다.

여러 기능이 있지만 가장 많이 생성하게 되는 레이어는 ❷Sequence, ❺Adjustment Layer, ❾Color Matte입니다.

16 _ "편집 프로그램에 있는 막대기 어디 갔지?" 시퀀스와 타임라인

'요리할 재료를 가져오긴 했는데... 요리할 식탁이 없네?'

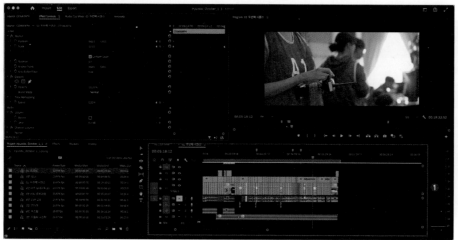

Project 패널로 영상 소스를 가져오시는데 성공하셨다면 이제 **❶Timeline** 패널에서 편집 작업을 시작할 때입니다. 그런데 위의 사진을 보면 **❶Timeline** 패널에 무언가가 많은데, 여러분들의 화면을 보면 이런 긴 막대기들이 안 보이실 겁니다. 긴 막대기들이 있어야 편집이 될 텐데 말이죠. 이런 긴 막대기들이 보이려면 타임라인에 클립을 올려야 합니다. 그리고 타임라인에 클립을 올리기 위해선 반드시 시퀀스를 생성해야 합니다. 이번 단원에서는 어떻게 타임라인에서 편집을 할 수 있는지, 시퀀스를 만드는 방법에 대해 배워보도록 하겠습니다.

16-1 시퀀스를 만드는 가장 쉬운 방법 그리고 문제점 이해하기

▶ 동영상 강의 시청하기
https://youtu.be/sLj5lrYgcfU

■ 소스 파일 :
  Chapter03 / Lesson 01 / 04. Video01.mp4, 04. Video02.mp4, 04. Image01.jpg

유튜브에서 프리미어 프로에 대한 강의 영상을 보신 적이 있으시다면 다들 이 방법을 통해서 시퀀스를 만들고 계실 겁니다. 가장 쉬운 방법이지만, 문제점도 있습니다. 우선 따라해 보면서 하나씩 설명해 드리도록 하겠습니다. "10_프로젝트 생성하기" 실습을 통해 프로젝트를 먼저 생성해 주세요.

01 Project 패널에 04.Video01.mp4, 04.Video02. mp4, 04.Image01.jpg 파일을 불러와줍니다.

02 Project 패널에서 04.Video01.mp4를 마우스 왼쪽으로 선택한 후 Timeline 패널로 당겨서 가져다 놓습니다.

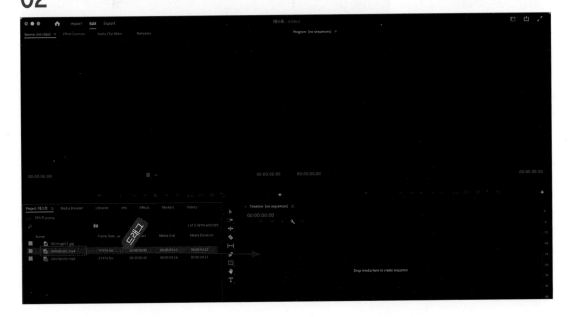

03 Timeline 패널에 04.Video01.mp4 시퀀스가 생성된 것을 확인할 수 있습니다. Project 패널에도 04.Video01 시퀀스가 추가된 것을 확인할 수 있습니다.

여기까지만 보면 전혀 문제가 없는 것 같습니다. 하지만 다음 단계를 해보면 문제가 발생하는 것을 확인할 수 있습니다.

04 ❶Video02.mp4 파일을 선택하고 ❷드래그해서 04.Video01 시퀀스 위에 올려놓아보도록 하겠습니다.

05 재생 막대를 드래그해서 방금 올려놓은 04.Video02.mp4 방향으로 이동합니다.

06 04.Video01.mp4 파일을 보고 있을 때와는 다르게 Program Monitor 패널에 검은색 공백이 생긴 것을
확인할 수 있습니다.

◆ 04.video01.mp4 화면

◆ 04.video02.mp4 화면

왜 이런 현상이 생기는 것일까요? 그 이유는 영상의 해상도가 다르기 때문입니다.

처음 불러왔던 04.Video01.mp4는 4K(3840x2160) 사이즈로 촬영된 영상이고, 두 번째로 불러왔던
04.Video02.mp4는 FHD(1920x1080) 사이즈로 촬영된 영상입니다.

Project 패널에서 소스를 드래그해서 Timeline 패널로 가져다 놓게 되면 첫 번째 소스의 속성을 그
대로 따라가는 시퀀스가 만들어지게 됩니다. 즉, 4K 24프레임으로 촬영된 소스라면 시퀀스도 4K
24프레임으로 만들어지게 되는 것이죠. 그래서 일반적으로 슬로우 모션을 촬영할 때 사용되는 FHD
사이즈의 클립이 있다면 해당 시퀀스에서는 작게 보이게 되는 것입니다.

이해가 어려우시다고요? 바로 이어서 이미지 파일로 실습을 해보겠습니다.

07 Timeline 패널 위에 있는 04.Video01 시퀀스 옆의 x표시(▇▇)를 눌러서 꺼줍니다.

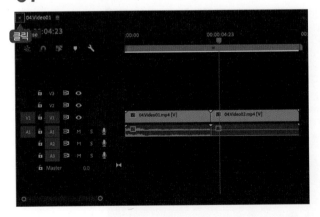

08 Project 패널에서 04.Image01.jpg의 아 이콘(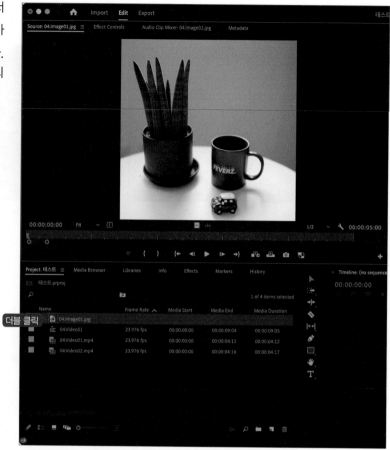)을 더블 클릭합니다. Source Monitor 패널에 열리 는 것을 확인할 수 있습니다.

09 이번에는 04.Image01.jpg를 Timeline 패널로 드래그해서 올려놓습니다.

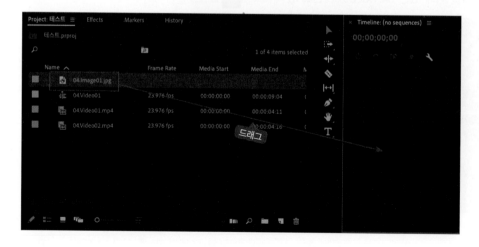

10 Program Monitor 패널에도 Source Monitor 패널에 보이는 04.image01.jpg와 똑같은 사이즈의 크기로 화면이 보이는 것을 확인할 수 있습니다.

11 Project 패널에서 다시 04.Video02.mp4 파일을 당겨서 Timeline 패널의 04.image01.jpg의 뒷부분에 올려놓습니다.

12 재생 막대를 방금 올려놓은 04.Video02.mp4 파일 위치로 가져다 놓습니다.

13 Program Monitor 패널에 나오는 영상 사이즈가 16:9가 아닌 1:1 사이즈로 보이는 것을 확인할 수 있습니다.

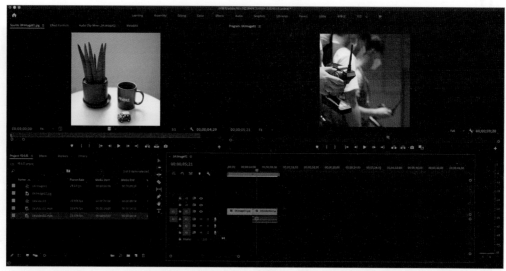

위에서 설명한 것처럼, Project 패널에서 소스를 드래그해서 Timeline 패널로 가져다 놓게 되면 시퀀스는 해당 소스의 속성을 따라가게 됩니다. 그래서 1:1 비율의 이미지에 맞게 시퀀스가 생성이 되어버린 것입니다.

즉, 여러분들이 촬영해 온 소스에 대한 이해가 없는 상태에서 클립을 당겨서 시퀀스를 만들게 되면 문제가 발생할 수 있습니다. 예를 들면 4K로 촬영해서 FHD로 편집을 해야 줌 효과를 화질이 깨지지 않게 적용할 수 있습니다. 그러나 4K 영상을 드래그해서 Timeline 패널에 가져다 놓는다면, 그 시퀀스는 4K에 맞춰져서 생성이 되기 때문에 줌 효과를 적용했을 때 화질이 깨지는 현상(픽셀화 현상)이 나타나게 될 것입니다. 물론 Sequence Setting이라는 기능을 통해서 이미 만들어진 시퀀스의 해상도를 다시 수정할 수 있지만, 초보자 입장에서는 잘 잊어버리기 마련입니다. 따라서 이 방법으로 시퀀스를 만드는 것은 추천해 드리지 않습니다. 그렇다면 어떻게 해야 할까요? 바로 다음 따라하기에서 더욱 올바른 방법으로 시퀀스를 만드는 것을 배워보도록 하겠습니다.

16-2 정확하게 시퀀스를 만드는 방법

■ 소스 파일 : Chapter03 / Lesson 01 / 04. Video01.mp4

16-1에서 생기는 문제점을 없애기 위해서는 이번 따라하기처럼 시퀀스를 직접 지정해서 만들어주면 됩니다. 특히 4K로 촬영해서 FHD로 편집을 해야 하는 경우에는 반드시 이번 따라하기와 똑같이 만들어주시는 것을 추천해 드립니다. 어렵지 않으니 같이 따라해보도록 하겠습니다.

▶ 동영상 강의 시청하기

https://youtu.be/zf_5eInGMGE
CC 2023 이하 버전

https://youtu.be/ns_bnsr83mQ
CC 2023 버전

01 상단 메뉴에서 File을 선택하고 New를 선택한 후 Sequence를 클릭합니다.

02 New Sequence 패널이 나타난 것을 확인할 수 있습니다. ❶Digital SLR – 1080p – DSLR 1080p24를 선택한 후 ❷Sequence Name을 Test로 입력하고 ❸ [OK] 버튼을 클릭합니다.

03 Timeline 패널에 Test 시퀀스가 만들어진 것을 확인할 수 있습니다. 이제 Project 패널에서 04.Video01. mp4 파일을 당겨서 Test 시퀀스의 V1 채널에 올려놓도록 합니다.

04 Clip Mismatch Warning이라는 경고가 나타납니다. 이는 방금 만든 시퀀스와 파일의 속성이 다르다고 하는 것입니다. Keep existing settings를 눌러서 시퀀스 설정을 유지해 주도록 합니다.

05 Program Monitor 패널에서 영상을 확인해 보면 16-1 따라하기에서 했을 때와는 다르게 동영상이 더 확대되어 있는 것처럼 보입니다. 방금 올려놓은 ❶04.Video01.mp4 클립을 선택하고 마우스 오른쪽 버튼을 누릅니다. 확장 메뉴가 나타나면 ❷Set to Frame Size를 클릭합니다.

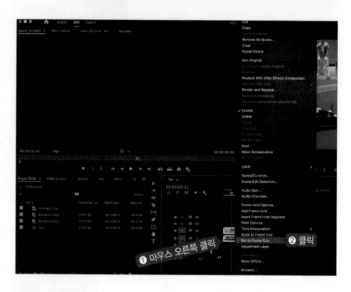

06 다시 원래의 사이즈로 돌아온 것을 확인할 수 있습니다.

> **꼭 1080p24를 선택해야 하나요?**
>
> 절대 아닙니다. 위의 따라하기에서 사용한 소스의 프레임 레이트가 24프레임이었기 때문에 24프레임을 선택한 것입니다. 만약 여러분들이 30프레임으로 촬영한 영상을 가지고 편집한다면 반드시 30프레임을 선택해 주셔야 합니다.

> **왜 불편하게 이렇게 만들어야 하나요?**
>
> 파일을 드래그해서 시퀀스를 만드는 첫 번째 방법이 더 편하시죠? 하지만 파일을 드래그해서 시퀀스를 만들게 되면 시퀀스가 파일의 속성을 따라가게 됩니다. 그래서 제가 원하는 결과물의 해상도를 미리 맞춰놓고 작업을 하는 것을 추천해 드리는 것입니다. 앞서 촬영 이론에서도 말씀드렸던 것처럼 아직 4K 모니터나 TV가 비싼 관계로 보급이 많이 된 상황이 아닙니다. 대한민국 시장은 Full HD가 주를 이루고 있기 때문에 굳이 4K로 편집할 필요 없이 Full HD로 추출을 해도 됩니다. 즉, 많은 분들이 4K로 영상을 촬영하는 이유는 4K 결과물을 만들기 위해서가 아니라, 큰 사이즈로 촬영을 해서 작은 사이즈인 Full HD로 편집할 때 사이즈를 자유자재로 활용하기 위함입니다. 포토샵에서 작은 이미지를 원본 사이즈 보다 크게 늘린다고 생각해 봅시다. 픽셀이 보이는 현상이 나타나죠? 영상도 마찬가지입니다. Full HD로 찍어온 영상을 Full HD 시퀀스에서 억지로 늘리게 되면 화질이 나빠지게 됩니다. 그래서 4K로 촬영해 와서 더 작은 사이즈인 Full HD로 편집하면서 줌 효과를 넣고, 움직이게 만들기도 하는 것입니다.

17 _ "타임라인에는 왜 이렇게 많은 줄이 있나요?" 타임라인 이해하기

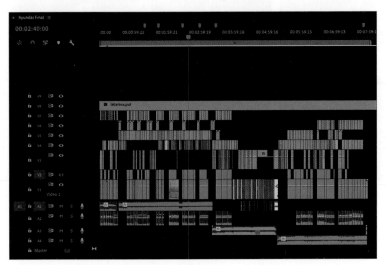

◆ 8분짜리 영상을 만드는데 들어가는 클립들

예능 프로그램이나 유튜브를 보다 보면 가끔 편집실에서 편집 감독들이 작업하고 있는 모습이 나올 때가 있습니다. 그럴 때 모니터 화면을 보면 꼭 위아래에 많은 줄들이 있고, 줄마다 각기 다른 모양의 클립들이 가득 차 있는 것을 볼 수 있습니다.

왜 이렇게 줄이 많을까요? 그 이유는 각 줄마다 같은 종류의 소스를 올려서 정리하기 쉽게 만든 것입니다. 예를 들어 촬영해온 영상은 전부 V1에 올려놓고, 자막 파일은 전부 V2에 올려놓습니다. 이러면 편집 중에 문제가 발생했을 때도 쉽게 찾아갈 수 있고, 다른 사람이 만들어놓은 프로젝트를 가지고 작업을 할 때도 더 쉽고 빠르게 이해할 수 있습니다.

이런 줄을 '트랙'이라고 부릅니다. ❶가운데 구분선이 그어져있고, 위로는 ❷Video를 뜻하는 V1, V2, V3 트랙이 있고, 아래로는 ❸Audio를 뜻하는 A1, A2, A3 트랙이 있습니다. 오디오 파일은 ❷Video로 갈 수 없고, 비디오 파일은 ❸Audio에 올려놓을 수 없습니다.

◆ ❶빨간색 클립이 자막 파일, ❷파란색 클립이 영상입니다. ◆ ❶자막(빨간색)이 영상 보다 위에 있어야 자막이 보입니다.

비디오는 트랙의 숫자가 높을수록 우선적으로 노출됩니다. 즉, V1에 영상 1이 있고, V2에 영상 2가 있으면 최종적으로 영상 2가 보이게 됩니다. 만약 V1에 영상 2가 있고, V2에 영상 1이 있으면 최종적으로 영상1이 보입니다.

17-1 타임라인의 기능 알아보기

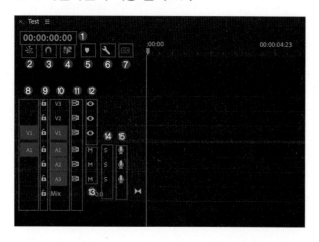

동영상 강의 시청하기

https://youtu.be/zf_5eInGMGE
CC 2023 이하 버전

https://youtu.be/6hBkpgYTf5g
CC 2023 버전

타임라인에 너무 여러 아이콘들이 있어서 뭐가 뭔지 헷갈리셨죠? 각 기능이 무슨 역할을 하는지 하나씩 설명해 드리겠습니다. 글만으로 이해가 어려우시다면 함께 포함된 영상을 같이 봐주세요. 전문적으로 영상을 하실 분이라면 꼼꼼히 봐주시면 좋고, 단순히 취미로만 영상 편집을 하실 분들은 파란색으로 표시해놓은 부분만 기억해주셔도 좋습니다.

❶ Playhead Position: 재생 막대를 정확한 시간으로 옮기고 싶을 때 사용합니다. 00:00:00:00은 시간, 분, 초, 프레임 순입니다. 예를 들어 클라이언트가 '3분 23초에 들어가는 자막 수정해주세요!'라고 이야기를 했다면, 재생 막대를 일일이 옮길 필요 없이 ⒶPlayhead Position을 클릭하고 00:03:23:00을 입력해주면 재생 막대가 자동으로 옮겨지게 됩니다.

❷ Insert and overwrite sequence as nests or individual clips: 다른 시퀀스를 지금 작업 중인 시퀀스에 가져올 때 개별 파일로 가져올지 아니면 하나의 파일로 합쳐진 채로 가져올지 물어보는 것입니다. 초보자분들은 잘 사용할 일이 없는 기능입니다.

❸ Snap in Timeline: 클립을 움직여서 다른 클립의 앞뒤에 붙일 때 자석처럼 달라붙게 해줍니다. 평소에 켜놓고 사용하시는 게 편리합니다.

❹ Linked Selection: 비디오와 오디오가 함께 들어있는 영상 클립을 타임라인에서 선택했을 때 같이 선택되게 할지 아니면 비디오와 오디오가 따로 선택이 되게 할지 설정해주는 기능입니다.

❺ Add Marker: 재생 막대가 위치한 곳에 마커를 만들어줍니다.

❻ Timeline Display Settings: 타임라인에 올려져있는 클립들의 표시 방법을 변경할 수 있는 설정창입니다.

❼ Caption track options: 캡션 기능을 사용했을 때 캡션 트랙의 노출 여부를 설정할 수 있습니다.

❽ Source patching for inserts and overwrites: 소스모니터에서 Insert와 Overwrite를 사용할 때 어느 트랙으로 올라가게 할지 지정해줍니다.

❾ Toggle Track Lock: 선택한 트랙을 변경할 수 없게 잠급니다.

❿ Toggle the track targeting for this track: 복사 붙여넣기를 할 때 어느 트랙으로 들어가게 할지 지정해줍니다.

⓫ Toggle Sync Lock: 소스모니터에서 Insert 기능을 사용할 때 영향을 받지 않게 만들어줍니다.

⓬ Toggle Track Output: 해당 비디오 트랙이 최종본에 보이지 않게 만들어줍니다. 포토샵에서 레이어를 안 보이게 하는 것과 같은 기능입니다.

⓭ Mute Track: 해당 오디오 트랙의 소리를 음소거해줍니다.

⓮ Solo Track: 해당 오디오 트랙의 소리만 들리게 해줍니다.

⓯ Voice-over record: 해당 트랙에 녹음을 시작합니다

이처럼 프리미어 프로의 Timeline 패널에는 작업자가 편하게 작업할 수 있는 많은 기능들이 있습니다. 그러나 하나하나 다 외우려면 작업을 시작할 수가 없습니다. 그러니, '이런 기능이 있구나'라고 알아만 두세요. 작업하면서 자연스럽게 익혀지실 겁니다.

▶ 동영상 강의 시청하기
https://youtu.be/rHVx1ASBpWo

17-2 타임라인 확대하고 축소하기

◆ 타임라인을 넓게 볼 때　　　　　　　　　◆ 타임라인을 좁게 볼 때

긴 분량의 영상 작업을 하다 보면 타임라인에 클립을 많이 올리게 됩니다. 전체적인 영상 길이를 봐야 하거나 재생 막대를 이동할 때는 넓게 보는 것이 편리하고, 미세하게 컷 편집을 해야 할 때는 좁게 보는 것이 좋습니다. 어떻게 타임라인의 크기를 자유롭게 조절할 수 있는지 이번 단원에서 배워보도록 하겠습니다.

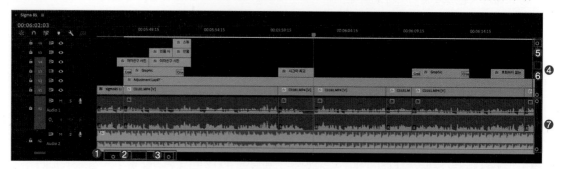

❶은 타임라인의 가로축을 조절할 수 있는 막대입니다. ❷가운데를 잡고 움직이게 되면 보이는 시간대를 이동할 수 있고, ❸끝 부분을 잡고 움직이면 확대/축소를 조절할 수 있습니다.

❹는 Video Track의 세로축을 조절할 수 있는 막대입니다. 마찬가지로 ❺가운데를 잡고 움직이면 보고자 하는 세로축의 위치를 이동할 수 있고 ❻끝 부분을 잡고 움직이면 확대/축소를 할 수 있습니다.

❼는 Audio Track을 조절할 수 있는 막대이며, Video Track과 동일한 기능을 가지고 있습니다.

이외에도 ❶Hand Tool(✋)을 마우스 왼쪽으로 꾹 클릭하게 되면 돋보기 모양의 ❷Zoom Tool(🔍)이 등장하게 됩니다. Zoom Tool이 선택된 상태에서 타임라인 클릭하게 되면 확대와 축소를 할 수 있습니다. Tool을 변경하지 않고 마우스를 이용하여 이동하거나 확대/축소하고 싶은 경우에는 Alt 키나 Ctrl 키, 또는 Shift 키를 이용하면 됩니다.

01 마우스 휠을 돌리게 되면 세로로 이동합니다.

02 Ctrl 키를 누르면서 마우스 휠을 돌리면 가로로 이동할 수 있습니다.

03 Alt 키를 누르면서 마우스 휠을 돌리면 확대/축소가 됩니다.

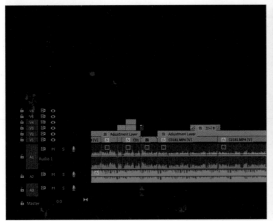 

이외에도 트랙의 상하 크기를 작게 하거나 크게 고정할 수도 있습니다. 클립이 많아서 편집 시에 헷갈리거나, 특정한 트랙의 크기를 크게 해놓고 보고 싶을 때 사용합니다. 자막 작업을 할 때 사용하면 편리합니다.

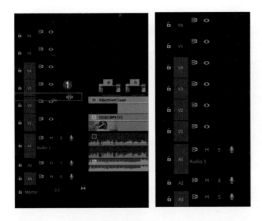

❶트랙의 구분선에 마우스를 올려놓으면 커서 모양( )이 변경되면서 각 트랙의 보이는 높이를 조절할 수 있습니다. 만약 전체적으로 조절하고 싶다면 트랙 부분에 Shift 키를 누르면서 마우스 휠을 위아래로 돌려도 되고, 한 트랙만 조절하고 싶다면 Alt 키를 누르면서 마우스 휠을 돌리면 됩니다. 조금 더 미세한 조절이 필요하다면 Alt 키와 Ctrl 키를 누르면서 마우스 휠을 돌리면 미세한 조절이 가능합니다.

타임라인의 크기를 조절하는 기능은 장시간 분량의 영상 편집을 할 때 많이 쓰게 됩니다. 전체적으로 봐야 할 때도 있고, 세세한 조절이 필요할 때도 있기 때문입니다. 그래서 이 기능은 알아두시는 것이 좋습니다. 위의 내용을 읽으면서 프리미어 프로에서 몇 번만 해보시면 익히실 수 있으니, 외우기보다는 직접 해보시는 것을 추천해 드립니다.

18 _ "왜 모니터가 두 개죠?" 소스 모니터와 프로그램 모니터

❶Workspace를 ❷Editing으로 놓고 작업을 하게 되면 모니터가 좌우에 하나씩 있어서 두 개의 차이가 궁금하셨을 겁니다. 이 두 개의 모니터는 어디에 사용하는 것일까요? 인터페이스 소개에서 이미 다루긴 했지만, 조금 더 상세히 이야기해보도록 하겠습니다.

모든 편집 프로그램이 기본적으로 ❶Source Monitor 패널을 좌측에 위치하고, ❷Program Monitor 패널을 우측에 배치해둡니다.

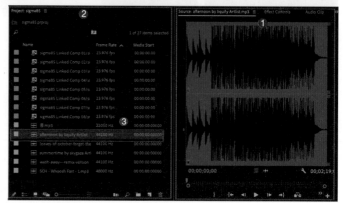

❶Source Monitor 패널은 'Source'라는 이름에서 알 수 있듯이, 원본을 확인할 수 있는 모니터입니다. 그림처럼 ❷Project 패널에서 ❸mp3 파일 아이콘을 더블 클릭하면 ❶Source Monitor 패널에 소리 파장이 보입니다. 마찬가지로 비디오 아이콘을 클릭하면 영상 클립을 확인할 수 있고, 이미지 파일을 클릭하면 이미지 파일을 확인할 수 있습니다. ❶Source Monitor 패널에서 영상 소스를 확인한 후에 원하는 부분만 설정하여 타임라인으로 가져올 수도 있습니다. 자세한 내용은 Lesson2에서 배워보도록 하겠습니다.

❶Program Monitor 패널은 ❷Timeline 패널에서 작업한 영상의 결과물을 확인할 수 있는 패널입니다. 이전 내용에서 상세히 설명해 드렸던 것처럼 ❸Video Track 위에 올려놓는 모든 것을 합성해서 보여줍니다. 위의 사진을 보시면 ❶Program Monitor 패널에 ❹ART라는 자막과, 아래에 ❺설명 자막이 같이 보이는 것을 확인할 수 있습니다. 그 이유는 ❷Timeline 패널에 ❻자막 레이어가 올려져 있기 때문입니다.

정리해 드리자면, Source Monitor 패널에서는 소스의 원본을 확인할 수 있고, Program Monitor 패널에서는 Timeline 패널에서 작업 중인 내용만을 확인할 수 있습니다.

19 _ "음악 소리가 너무 작진 않겠죠?" Audio Meters

유튜브 라이브나 아프리카TV를 보다 보면 BJ가 갑자기 소리를 지를 때 음성이 이상하게 들리는 것을 본 적 있으실 겁니다. 갑자기 소리를 지르면 평소처럼 깔끔하게 들리는 것이 아니라 먹먹한 느낌이 들었을 겁니다. 이는 오디오가 받아들일 수 있는 한계치를 넘어갔기 때문에 나타나는 현상입니다.

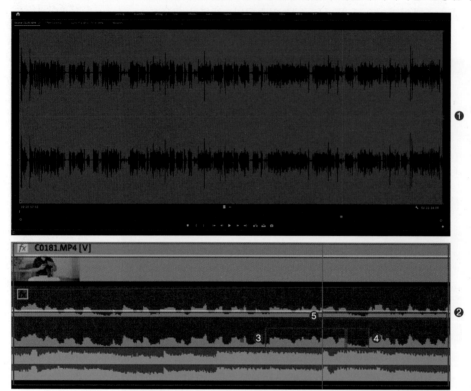

오디오가 허용할 수 있는 범위인지 아닌지는 파장을 보거나, Audio Meter를 보면서 알 수 있습니다. 파장은 ❶Source Monitor 패널로 불러와서 확인하거나, ❷Timeline 패널에서 볼 수 있습니다. 위의 이미지를 보면, ❸부분은 파장이 높고, ❹부분은 파장이 낮습니다. 소리가 크고 작은 것을 확인할 수 있습니다. 녹음을 조심해서 했기 때문에 아무리 높은 부분도 ❺끝 벽에 닿지 않았습니다. 만약 ❸부분이 ❺끝 벽까지 닿아서 뭉개져버렸다면 이 부분은 소리가 평소와는 다르게 답답한 느낌이 들게 될 것입니다.

◆ 촬영 현장의 오디오 감독이 있는 이유 (출처: Videoblocks)

녹음을 잘못한 오디오는 복구가 거의 불가능하기 때문에 현장에서 녹음을 할 때부터 잘해오는 것이 중요합니다. 그래서 오디오 감독이 있는 것이고, 오디오 감독이 없는 현장에서는 카메라 VJ들이 이어폰을 착용한 채로 촬영하고 있는 것입니다.

물론 녹음을 잘해왔더라도 편집 작업에서 오디오 볼륨을 잘못 조절하면 똑같은 문제가 발생할 수 있습니다. 하지만 오디오의 파장을 일일이 확인하기엔 시간이 많이 들고, 편집에서 음악과 내레이션이 들어가면 하나의 파장만으로는 확인이 불가능해집니다. 전체 소리가 믹싱이 된 오디오의 높낮이를 확인하는 것이 더 중요해집니다. 이를 한눈에 확인할 수 있는 기능이 바로 Audio Meters 패널입니다.

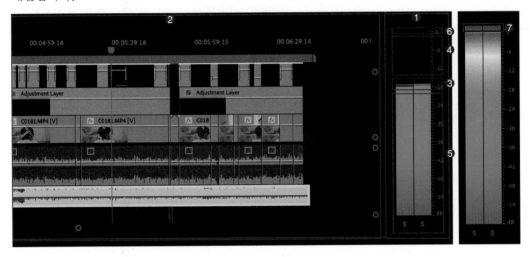

❶Audio Meters는 보통 ❷Timeline 패널 옆에 붙어있습니다. ❸은 현재의 소리 크기를 나타내기 때문에 영상을 재생하면 위아래로 계속 움직이는 것을 확인할 수 있습니다. ❸이 ❹로 갈수록 소리가 커지고, ❺로 갈수록 소리가 작아집니다. 만약 ❸이 ❻에 닿게 되면 ❼처럼 빨간색으로 바뀌면서 소리가 깨지는 현상이 나타납니다.

Audio Meters 패널의 높낮이가 일정한 값으로 유지되어야, 시청자들이 유튜브나 TV로 영상을 볼때 편하게 볼 수 있습니다. 소리가 일정하지 않다면 시청자들이 계속해서 직접 리모컨으로 볼륨을 조절할 것입니다. 그래서 영상 작업이 마무리될 때 꼭 Audio Meters 패널을 확인하면서 일정한 오디오 레벨을 유지하고 있는지 확인하는 것이 중요합니다. 볼륨을 조절하는 방법은 뒤에서 배울 예정이니, 바로 볼륨 조절이 필요하신 분이라면 해당 부분부터 확인해 보시면 되겠습니다.

LESSON
02 "뜯고 자르고 맛보고 붙이고" 컷 편집 실습

편집에서 가장 중요한 작업은 '컷 편집'입니다. 컷 편집은 말 그대로 촬영해온 컷들을 자르고 이어 붙이면서 스토리를 만들어 나가는 작업입니다. 얼핏 보면 누구나 할 수 있는 기초적인 작업처럼 보이지만, 이 작업이 영상 결과물의 호흡(템포)을 좌우하게 됩니다. 따라서 이 과정에서 어떻게 하느냐가 영상의 분위기와 속도에 가장 큰 영향을 미치게 됩니다. 영상 업계에서는 컷 편집을 'CPR'(심폐소생술)이라고 부르기도 합니다. 그만큼 별로였던 촬영물을 잘 살려낼 수도 있고, 잘 촬영된 결과물을 순식간에 엉망으로 만들 수도 있는 작업입니다. 섬세하게 프레임 단위로 보면서 편집하는 것이 굉장히 중요하겠죠? 이번 레슨에서는 실무자들이 작업에서 사용하는 컷 편집 방법을 하나씩 설명해 드리도록 하겠습니다.

01 _ 컷 편집 기본 툴 사용하기

Lesson 01에서 배웠던 시퀀스를 생각해 주세요. 우선 시퀀스를 만들고 편집 작업을 시작하면 되겠죠? 영상을 불러와서

■ 동영상 강의 시청하기
https://youtu.be/CJsP-qecedw

어떻게 하면 앞뒤를 자르거나, 중간에 불필요한 부분을 자를 수 있는지 배워보도록 하겠습니다.

■ 소스 파일 : Chapter03 / Lesson 02 / 0.cut_editing.mp4 & 0.cut_editing1.mp4

01-1 자르고 붙여볼 예제 파일 불러오기
프로젝트를 생성하고 프리미어 안으로 들어왔으면, 작업할 파일을 불러오도록 합니다.

01 Project 패널의 안쪽을 마우스로 더블 클릭합니다.

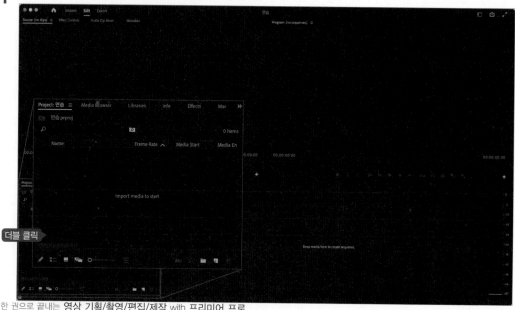

02 Import File 패널이 나타났으면 불러올 파일을 선택합니다. 실습 파일을 클릭하고 [Import] 버튼을 클릭합니다.

01-2 시퀀스 만들기

타임라인을 활성화해야 편집 작업을 시작할 수 있으니, 시퀀스를를 만들어 보겠습니다.

01 상단 메뉴에 있는 File을 클릭합니다. New - Sequence를 클릭합니다.

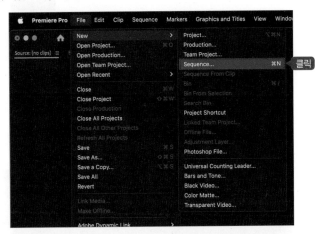

02 시퀀스는 예제 파일의 크기에 맞게 ❶Digital SLR - 1080p - DSLR 1080p30을 선택합니다. ❷[OK] 버튼을 클릭합니다.

01-3 시퀀스 아이콘 확인하기

시퀀스가 만들어지면 Project 패널에 시
퀀스가 생기게 됩니다. Project 패널
100% 활용하기에서 배웠던 아이콘 기억
나시죠? 시퀀스 아이콘()이 생겼는지
확인해 주세요.

- 소리가 있는 영상 파일(　)
- 소리가 없는 영상 파일(　)
- 시퀀스(　)

01-4 시퀀스에 편집할 영상 파일 올려놓기

컷 편집을 해볼 영상을 시퀀스에 올려보도록 합니다. Project 패널에서 타임라인으로 당겨오면 됩니다.
Project 패널에서 ❶0.cut_editing.mp4 클립의 이름 옆에 있는 아이콘(　)을 눌러서 ❷타임 라인
에 당겨놓도록 합니다.

01-5 타임라인 위에서 영상 재생해 보기

편집 전에 영상을 재생하면서 클립을 확인해보도록 합니다. 타임라인 위에 파란색 선으로 보이는 막
대가 재생 막대입니다. 저희가 유튜브에서 영상을 볼 때 빨간색 막대가 왼쪽에서부터 오른쪽으로 가
죠? 프리미어에서도 마찬가지입니다. 재생 막대가 타임라인 위에 올려져 있는 영상 파일보다 왼쪽에

있어야 오른쪽으로 재생 막대가 이동하면서 영상이 재생됩니다. ❶재생 막대의 헤드()를 누르면서 ❷클립보다 왼쪽으로 끌어다 놓습니다. ❸스페이스 바를 눌러서 재생합니다.

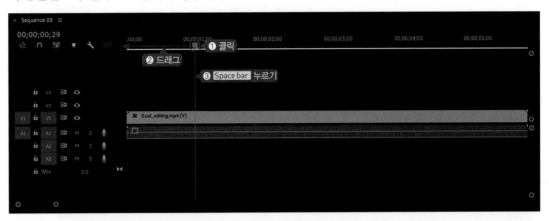

이제 컷 편집을 할 준비가 되었습니다. 자르고 붙일 때 어떤 툴을 써야 편하게 작업할 수 있는지 궁금하셨죠? 지금부터 하나씩 설명해 드리겠습니다. 다만 익숙하지 않은 상태에서 너무 많은 툴을 한 번에 사용하려고 하면 헷갈리게 되고, 오히려 '이 툴이 뭐더라?' '이 툴 쓰면 되던가?'라는 생각을 하며 툴을 바꾸느라 작업 시간이 늘어나게 됩니다. 다 외우기 어려우시다면 빨간색으로 표시된 두 가지 툴인 선택 도구(▶), 자르기 도구(◈)만 사용해서 편집하시는 것을 추천해 드리고 싶습니다.

Ⓐ Selection Tool(▶ 기본 선택 도구, 단축키 V): 가장 많이 사용하게 되는 툴입니다. 타임라인 위에 있는 영상들을 드래그해서 전체 선택하거나, 위치를 옮길 수 있습니다. 클립의 앞부분과 뒷부분을 자를 수 있는 툴입니다.

Ⓑ Track Select Forward Tool(➡ 트랙 선택 도구, 단축키 A): 트랙에 있는 여러 파일을 한 번에 선택해서 옮겨야 하는 경우에 사용합니다.

Ⓒ Ripple Edit Tool(⇹ 잔물결 편집 도구, 단축키 B): 앞 클립과 뒷 클립이 딱 달라붙어 있는 경우, Selection Tool(선택 도구)을 이용해서 앞 클립의 길이를 늘려주고 싶어도 늘릴 수가 없습니다. 뒷 클립이 바로 붙어 있어서 클립의 길이를 늘릴 공간이 없기 때문입니다. 이런 상황에서 Ripple Edit Tool을 이용하게 되면, 뒷 클립의 위치를 뒤 쪽으로 밀어주면서 앞 클립의 길이를 늘릴 수 있습니다. 유튜브 설명 영상, 인터뷰 영상 등에서 말하는 클립의 길이를 늘리고 줄일 때 많이 사용하게 됩니다.

Ⓓ Razor Tool(◈ 자르기 도구, 단축키 C): 면도날 모양, 보기만 해도 뭔지 아시겠죠? 클립을 잘라주는 도구입니다. 클립의 중간 부분만 잘라내고 싶을 때 사용하면 됩니다.

Ⓔ Slip Tool(⬌ 슬립 툴, 단축키 Y): 이미 잘라놓은 클립에서 클립 길이는 그대로 두고, 영상의 시간대만 앞 뒤로 변경하고 싶은 경우 사용합니다. 초보자 분들이라면 굳이 사용하지 않아도 되는 도구입니다.

Slip Tool 아래의 세 개 툴은 차례대로, 도형을 그리는데 사용하는 도구, 손바닥 모양은 보고 싶은 곳을 보게끔 움직여주는 도구, 자막을 입력하는 도구입니다.

01-6 선택 도구로 영상을 옮기고 앞뒤 잘라보기

01 Tool 패널에서 선택 도구(▶)를 클릭합니다. 클립의 중간을 잡고 왼쪽이나 오른쪽으로 이동시켜 봅니다. 클립이 위치한 시간대가 변경된 것을 확인할 수 있습니다.

02 클립의 앞부분에 마우스를 올려놓아 봅니다. 마우스 커서 모양이 바뀐 것을 확인할 수 있습니다.

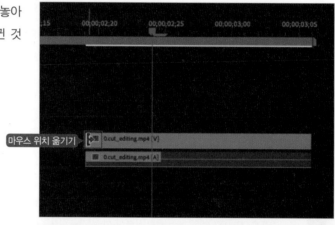

03 그 상태로 오른쪽으로 잡고 당겨줍니다. 앞부분이 잘리게 됩니다.

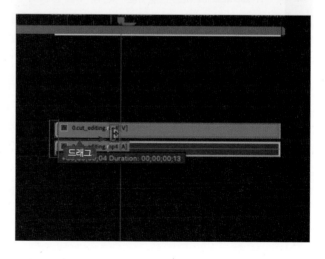

04 이번에는 다시 잡고 왼쪽으로 당겨줍니다. 잘린 파일이 살아나게 됩니다.

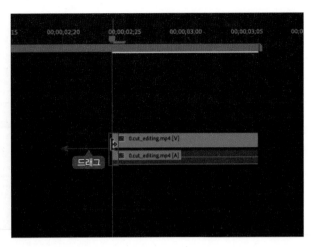

TIP 왜 클립이 더 안 늘어나죠?

클립 끝에 삼각형이 있는 경우, 실제 영상의 시작과 끝을 보여줍니다. 즉, 촬영 시에 녹화 버튼을 눌러서 촬영을 시작한 지점, 눌러서 끈 지점을 의미합니다. 따라서 삼각형이 있는 경우에는 더 이상 클립이 늘어나지 않습니다.

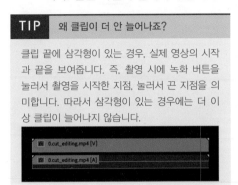

02 _ Razor 툴 하나면 나도 말 잘하는 유튜버!

유튜버들 보면 끊임없이 말을 참 잘하죠? 실제로 언변이 뛰어난 분들도 있지만, 보통은 말하는 중간에 필요 없는 말을 했거나 공백이 생긴 것이 보이면 잘라내어서 말을 잘하는 것처럼 보이게 만들곤 합니다. 따라하기의 예제를 통해 같이 전후를 비교해보도록 하겠습니다.

02-1 자르기 툴 실습을 위한 기본 세팅

▶ 동영상 강의 시청하기
https://youtu.be/A58eXTWXME

■ 소스 파일 : Chapter03 / Lesson 02 / 01.Razor_Tool.mp4

01 Project 패널에 01.Razor_Tool.mp4 파일을 가져와줍니다.

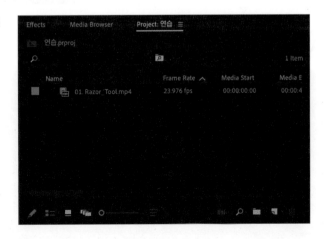

02 상단 메뉴의 File을 클릭, New – Sequence를 누릅니다.

03 ❶DSLR 1080p24로 선택해주고, Sequence Name은 ❷'자르기 연습'으로 만들어줍니다.

04 프로젝트 창에 있는 파일을 당겨서 Timeline 패널의 V1 트랙에 가져다 놓습니다.

05 영상이 너무 작아서 잘 안 보일 수 있습니다. 이런 경우 키보드의 백스페이스(Backspace, 지우기 버튼) 옆에 있는 + 버튼을 눌러서 줌을 합니다. 너무 크게 보이는 경우 – 버튼을 눌러서 작게 합니다.

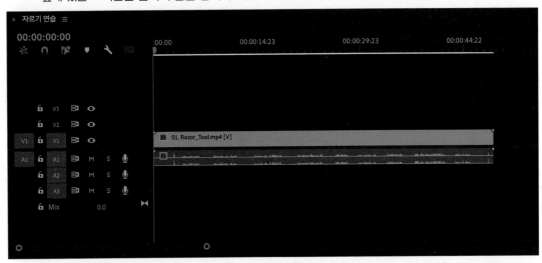

  ❝ 키보드 +를 눌렀는데 줌이 안돼요.

키보드 +/−를 통해 줌을 할 때는 Timeline 패널을 선택해야 합니다. 마우스로 Timeline 패널을 클릭하면 파란색으로 표시되면서 선택이 된 것을 확인할 수 있습니다.

02-2 공백 부분 잘라내고 붙여보기

편집 세팅이 다 되었으면 이제 잘라내 줄 부분을 선택해 줘야 합니다. 음원의 파장을 참고해서 컷을 자르면 훨씬 편하게 작업할 수 있습니다. **파장**이 위로 치솟고 있으면 말을 하고 있는 것이고, **파장**이 작거나 일자로 그어져있으면 아무런 소리가 녹음이 되지 않았다는 것을 의미합니다. 따라서 파장이 없는 부분들만 잘라내주면 공백이 사라지기 때문에 말을 이어서 계속하는 것처럼 보이게 됩니다.

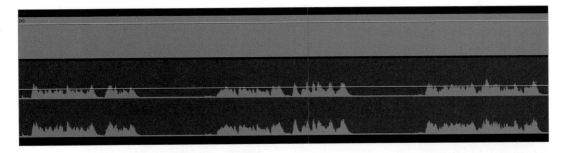

01 영상 속 인물이 말을 하고 있지 않은 부분은 파장이 없이 **❶직선**으로 가고 있는 것이 보입니다.

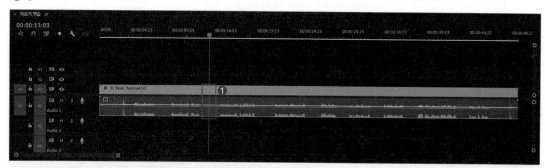

02 툴에서 자르기 도구(　)를 선택한 후, 파장이 없는 부분의 **❶시작점**과 **❷끝점**을 클릭합니다.

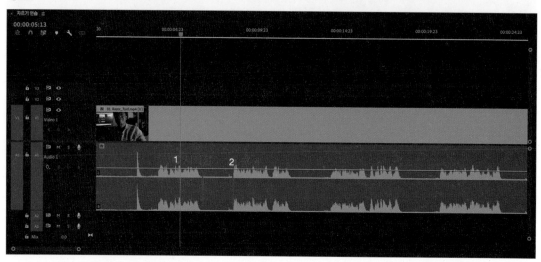

03 선택 도구(　)로 변경해서 공백이 있는 부분을 클릭합니다.

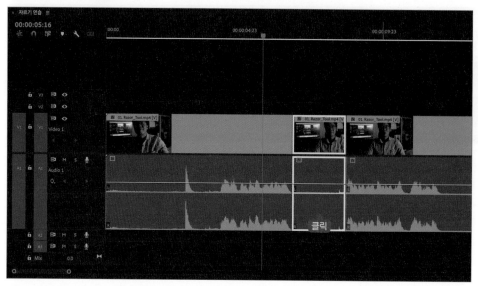

04 delete 키를 눌러 지워줍니다.

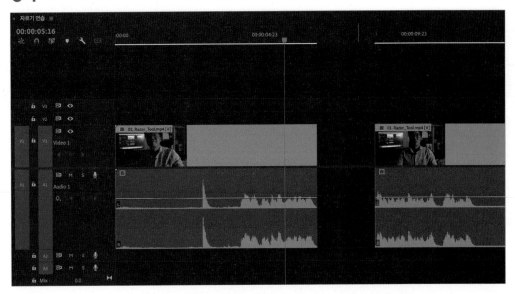

05 앞부분과 뒷부분 사이에 생긴 공백은 ❶마우스 오른쪽을 클릭해서 ❷Ripple Delete를 클릭해서 지워줍니다.

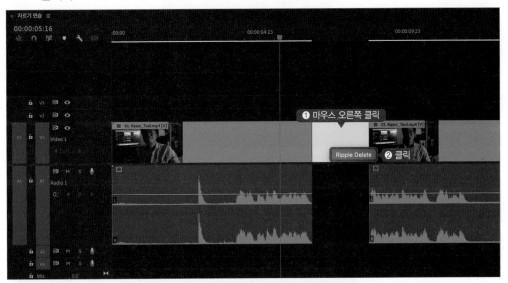

06 파장이 일자로 가는 부분이 사라지고 높낮이가 있는 파장끼리 붙어있는 것을 확인할 수 있습니다.

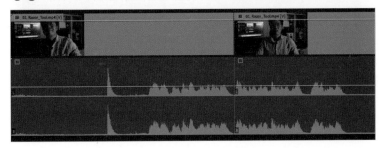

07 뒷부분에도 일자로 가고 있는 파장들은 바로 이전처럼 전부 자르고, 지워주도록 합시다.

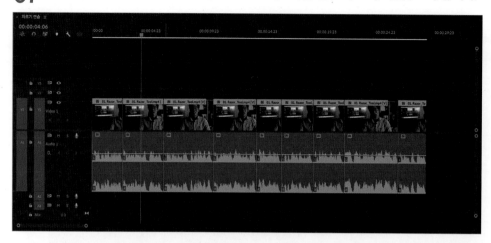

공백을 다 지우고 붙여줬다면 영상을 재생해 봅니다. 이 전과는 달리 말을 잘하는 것처럼 보이게 됩니다.

TIP 꼭 마우스 오른쪽을 눌러서 Ripple Delete를 해줘야 하나요?

여백을 마우스 왼쪽으로 클릭하고 [Delete] 키를 눌러줘도 동일한 효과가 적용됩니다.

■ 완성 파일 : Chapter 03 / Lesson 02 / 01.Razor_Tool_Final.mp4

TIP '자르기 도구로 편집을 마무리했는데 재생해 보니 말이 끝나기 전에 잘못 자른 부분이 있어요. 어떻게 되돌리죠?

편집을 하다 보면 실수로 잘못 자른 부분이 생기게 됩니다. 화면 속 인물이 대사를 다 끝내기 전에 다음 대사로 넘어가버리는 경우가 가장 많습니다. 하지만 걱정할 필요 없습니다. 이런 경우에는 ❶Ripple Edit Tool(＋)을 이용해서 ❷끝 부분을 잡고 늘려주면 다시 살아나게 됩니다.

03 _ "필요한 부분만 가져와볼까요?" 소스 모니터 In point / Out point

방금 해봤던 자르기 도구 실습처럼 인물이 나와서 설명하는 영상의 경우에는 타임라인으로 영상을 가져와서 자르면서 작업을 하는 게 편리합니다. 하지만 여행 영상이나 슬라이드 쇼 영상처럼 길이가 짧은 영상들을 붙여서 하나의 영상을 만드는 경우에는 굳이 타임라인으로 가져와서 작업할 필요가 없습니다. 처음부터 필요한 부분만 선택을 해서 가져오면 더 편하기 때문입니다. 소스 모니터에서 필요한 부분만 가져오는 방법을 배워보도록 하겠습니다.

03-1 소스 모니터 In point / Out point 선택하기

■ 소스 파일 : Chapter03 / Lesson 02 / 02.Mark in&out.mp4

Project 패널에 02.Mark in&out.mp4 파일을 불러오고, 시퀀스를 새로 만들어줍니다.

01 이번에는 Timeline 패널로 바로 당겨오지 않고, 불러온 영상의 아이콘을 더블 클릭합니다.

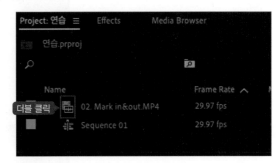

02 Source Monitor 패널에 영상 파일이 열리게 됩니다.

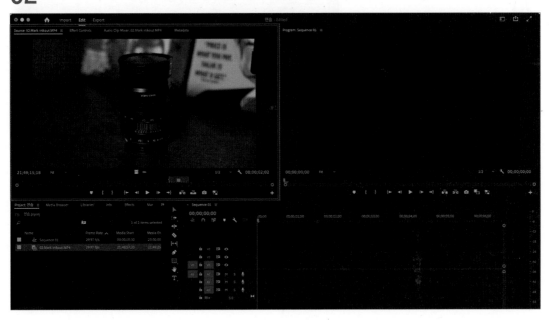

03 Space Bar 키를 눌러서 재생을 해봅니다. 손이 나와서 렌즈의 위치를 옮기고 불을 끄고 검은색 화면이 나오게 됩니다. 이 부분들은 전혀 필요하지 않은 부분입니다.

04 재생 막대를 옮겨서 화면에 불이 들어오기 직전으로 이동합니다.

05 불이 들어오기 직전에 재생 막대가 위치했으면 열림 괄호 아이콘(Mark In, 단축키 I)을 클릭합니다.

06 다시 영상을 재생해 보면 불이 들어와서 사라지게 됩니다. 사라지는 위치에서 닫힘 괄호 아이콘 (Mark Out, 단축키 O)을 클릭합니다.

07 화면을 눌러서 Timeline 패널로 당겨줍니다. 클립 전체가 아닌 괄호로 선택한 부분이 내려온 것을 확인할 수 있습니다.

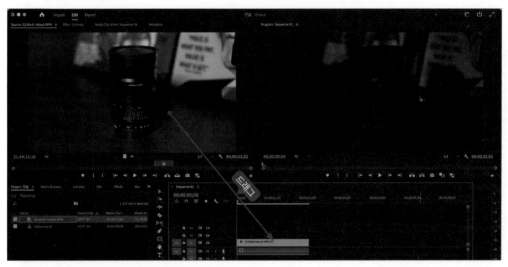

> **❝ 소스 모니터에서 소리 없이 영상만 따로 가져올 순 없을까요?**
>
> 소스 모니터에 있는 **필름 아이콘(■)**을 눌러서 타임라인으로 당기면 소리 없이 영상만 가져올 수 있습니다. **파장 아이콘(▪▪)**을 눌러서 가져오면 영상 없이 소리만 가져올 수 있습니다.

04 _ 단축키로 빠르게 컷 편집하는 방법

> ▶ 동영상 강의 시청하기
>
>  https://youtu.be/ee9SVWRj4rw

전문 영상 제작자에게 '영상 납기'는 목숨과도 같습니다. 그래서 작업 시간을 단축하는 것이 굉장히 중요합니다. 물론 다른 직업을 갖고 있으면서 편집을 배우시는 분들도 편집을 빨리 끝내야 휴식할 시간을 확보하실 수 있을 겁니다. 컷 편집에 들어가는 시간을 줄이기 위해서는 단축키를 잘 쓰는 것이 중요합니다. 그래서 이번 레슨에서는 누구나 유용하게 쓸 수 있는 단축키들을 설명해 드리겠습니다. 이해가 잘 안되시는 분들이라면 위의 QR코드를 통해 동영상 설명을 참고해 주세요.

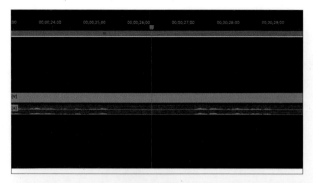

Ⓐ Ctrl + K : 재생 막대가 위치한 곳을 잘라주는 단축키

Ⓑ Q : 재생 막대로부터 앞부분(왼쪽)을 지워주는 단축키

Ⓒ W : 재생 막대로부터 뒷부분(오른쪽)을 지워주는 단축키

Ⓓ Alt + Backspace : 선택된 클립을 지우면서 공백도 바로 지워주는 단축키

" 시간을 더 줄이는 방법이 있나요?

Ctrl + K 를 누르면 마우스에서 손을 떼게 됩니다. 그 시간을 줄이기 위해서는 단축키를 E 로 설정해 놓으면 편리합니다.

TIP 단축키 설정 방법

01 MAC OS는 상단 메뉴 – Premiere Pro – Keyboard Shortcut 창을 누르면 되고, 윈도우에서는 상단 메뉴 – Edit- Keyboard Shortcut을 클릭하면 됩니다.

02 Keyboard Shortcut 패널이 나타나면 검색창에서 Add Edit 검색 – Add Edit 클릭

03 E 누르고 OK를 클릭합니다.

E 로 자르는 단축키를 설정해놓으면 E 와 Q . W 만을 써도 되기 때문에 컷 편집에 들어가는 시간을 더 줄일 수 있습니다.

05 _ "외장 녹음기를 따로 사용했다면?" Synchronize

동영상 강의 시청하기
https://youtu.be/jOMytGlZwyU

예능 프로그램을 보다 보면 PD가 나와서 카메라를 향해 손뼉을 치는 장면을 간혹 보게 됩니다. 마찬가지로 영화 메이킹 장면을 보면 꼭 검은색 직사각형에 흰색 줄이 그려져 있는 슬레이트를 보게 됩니다. 이는 여러 카메라로 다양한 각도에서 동시에 촬영을 진행하거나, 오디오 장비가 따로 있는 경우 싱크를 맞추기 위해서 사용하는 도구입니다.

◆ 슬레이트　　　　　　　◆ 박수를 이용한 싱크 맞추기

디지털 시대 이전에는 필름을 이용해서 촬영했습니다. 필름은 오디오 신호를 기록할 수 없기 때문에 촬영은 필름 카메라로 하고, 오디오는 다른 녹음 장비를 통해서 녹음해야 했습니다. 이를 편집실에 가져오면 편집자가 필름과 오디오의 싱크를 맞춰야 했습니다. 입모양과 소리를 하나하나 들으면서 맞추기에는 너무나 오랜 시간이 걸리고 번거롭기 때문에 슬레이트를 사용하게 된 것입니다.

◆ 싱크는 박수치는 화면과 오디오 파장으로 맞출 수 있습니다.

슬레이트의 윗 부분이 아랫부분을 딱하고 치는 순간 굉장히 큰 소리로 녹음이 되기 때문에 오디오 파장을 살펴보면 위에서 아래로 내려오는 특이한 형태가 생기게 됩니다. 이를 가지고 싱크를 맞추는 게 기존의 작업 방식입니다.

카메라 여러 대로 촬영할 때도 마찬가지입니다. 각 카메라의 오디오 파장을 똑같은 시간대로 맞추거나, 각 카메라에 담긴 손뼉 치는 장면을 정확한 시간대로 서로 일치시키면 싱크가 맞춰지게 됩니다.

◆ 요즘 현장에서도 여전히 사운드 녹음은 따로 진행하고 있습니다 _ 출처 : Pixabay

◆ 필자가 연출했던 광고 현장에서 2대의 모니터로 확인하고 있는 카메라 결과물

카메라 기술이 많이 발전했지만 여전히 카메라 자체의 녹음 기능은 전문 오디오 레코더를 따라올 수 없습니다. 그래서 아직도 현장에서는 외부 마이크와 별도 레코더를 사용하고 있습니다. 뮤직비디오 같은 경우에는 별도의 녹음기 없이 진행을 하지만, 현장음이 필요하거나 두 명 이상이 대사를 주고 받는 촬영에서는 외부 녹음기가 필수입니다. 작업을 하다 보면 외부 레코더를 사용해서 녹음하거나 여러 카메라로 촬영한 작업물을 편집할 일이 다수 있습니다. 요즘에는 편집 프로그램이 많이 발전해서 자동으로 싱크를 맞춰주는 Synchronize(동기화)라는 기능이 생겼습니다. 그래서 일일이 맞춰 줄 필요 없이 오디오와 비디오를 선택해서 해당 기능으로 싱크를 맞춰 주면 됩니다.

05-1 오디오 싱크 맞추기

■ 소스 파일 : Chapter03 / Lesson 02 / 01.Razor_Tool.mp4, 01.Razor_Tool_Sound.mp3

01 Razor_Tool.mp4와 01.Razor_Tool_Sound.mp3 파일을 불러옵니다. 시퀀스 설정값은 DSLR 1080p24 입니다.

02 시퀀스에 파일을 올려
줍니다. 01.Razor_Tool.
mp4는 V1 트랙과 A1 트랙에
올리고, 01.Razor_Tool_Sound.
mp3는 A2 트랙에 올려줍니다.

03 세 클립 전체를 드래그합니다.

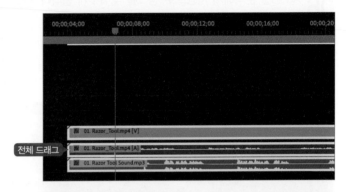

04 전체 선택이 되었다면 ❶마우스 오른
쪽을 누르고, 팝업 메뉴에서 ❷Synchr
onize를 클릭합니다.

05 Clip Start를 선택하면 클립 시작점끼리 맞춰지는 것이고, Clip End는 마찬가지로 끝 점끼리 맞춰집니다. 저희는 오디오 파장을 분석해서 싱크가 맞게 하기 위해서 Audio를 선택합니다.

06 Audio를 분석해서 자동으로 싱크를 맞춰주게 됩니다. 파장 모양이 같은 위치에 있는 것을 확인할 수 있습니다. 싱크가 맞춰졌다면 어떤 사운드를 쓸 것인지 고르면 됩니다. 이럴 때는 어떤 트랙에 있는 소리가 더 깔끔한지 들어보는 것이 좋습니다. 트랙에 표시되어 있는 S 버튼과 M 버튼을 활용해서 확인할 수 있습니다. S는 Solo의 약자로, 선택 트랙의 소리만 듣고 싶을 때 사용합니다. M은 Mute의 약자로, 해당 트랙의 소리만 듣고 싶지 않을 때 사용합니다.

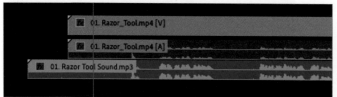

07 먼저 카메라의 사운드인 A1 트랙을 들어보도록 합니다. ❶A1 트랙 옆에 있는 S 버튼을 눌러서 활성화시킵니다. 들어보시면 소리가 작고 울립니다.

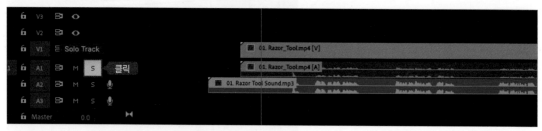

08 이번에는 외부 녹음기로 녹음된 사운드인 A2 트랙을 들어보도록 합니다. ❶A1 트랙의 S 버튼을 눌러서 꺼주고, ❷A2의 S 버튼을 클릭합니다.

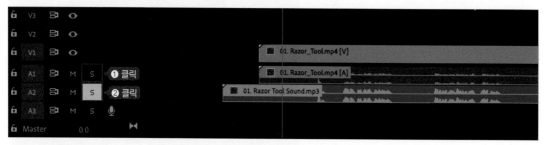

두 트랙의 사운드 녹음 상태가 어떤지 확인해볼 수 있습니다.

05-2 카메라 소리를 완전히 제거하기

위의 따라하기를 마쳤다면 카메라에 녹음된 사운드보다 외장 녹음기를 통해 녹음한 사운드가 훨씬 깔끔하게 녹음이 된 것을 알 수 있습니다. 이럴 때는 카메라 녹음 사운드를 굳이 사용할 필요가 없습니다. 이번에는 카메라 사운드를 제거해보도록 합니다.

◆ 카메라 사운드를 제거하기 전

◆ 카메라 사운드를 제거한 후

물론 카메라 소리가 위치한 트랙의 M 버튼을 눌러서 들리지 않게 만들어놓고 편집을 할 수도 있습니다. 이 경우 컷 편집을 할 때 한 트랙씩 잘라주고 붙여주고를 반복해야 해서 더 손이 많이 가게 됩니다. 따라서 처음 싱크를 맞추고 나면 쓰지 않을 소리는 제거해버리는 편이 좋습니다. 다만 여러 대의 카메라로 촬영한 소스를 편집할 때는 나중에 싱크를 확인하는 용도로 사용하기도 하므로 상황에 따라 남겨 놓아야 할 수도 있습니다.

시작하기 전에 어떤 트랙이든 S나 M이 켜져 있다면 꼭 꺼주세요. S가 켜져 있으면 해당 트랙만 들리게 되고, M이 켜져 있으면 안 들리게 되어있으니 소리를 확인했으면 모든 트랙의 S와 M이 꺼져있게 변경해두어야 합니다.

01 트랙 1번의 영상을 클릭하면 자동으로 사운드도 같이 선택됩니다.

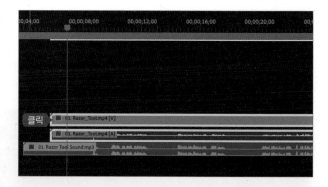

02 ❶마우스 오른쪽을 눌러 ❷Unlink를 누릅니다.

03 Unlink를 누르고 나면 영상과 오디오가 따로 분리가 되어있는 것을 확인할 수 있습니다.

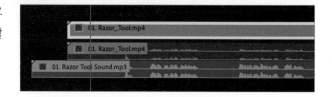

04 오디오 트랙을 클릭하고 Delete 키를 눌러 지워줍니다.

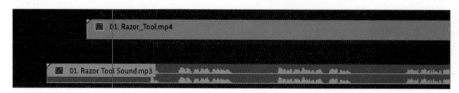

마지막으로 컷 편집을 쉽게 하기 위해 비디오와 아래의 오디오 클립을 연결해줍니다.

05 V1에 있는 비디오와 A2의 오디오를 동시에 드래그합니다.

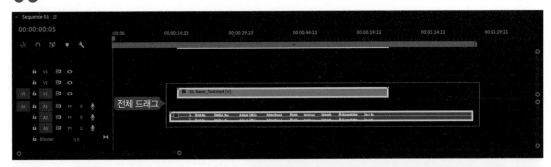

06 마우스 오른쪽을 눌러 Link를 누릅니다.

07 V1의 비디오를 클릭해 보면 A2의 오디오가 동시에 선택되는 것이 보입니다

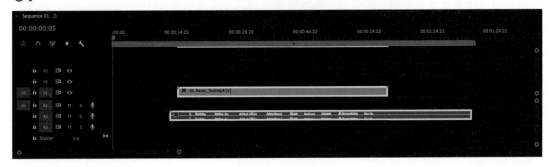

08 깔끔하게 타임라인이 정리될 수 있도록 A2의 오디오를 위로 당겨 A1에 놓아줍니다.

이렇게 준비가 되었다면 컷 편집을 하기 시작하면 됩니다. 따라하기를 보면서 따라 하셨다면 어렵지 않으셨을 것입니다. 여러 카메라를 사용해서 촬영할 때도 마찬가지이니, 모든 카메라가 녹음이 되고 있는지 확인하고 박수만 잘 쳐주면 쉽게 맞추실 수 있겠죠?

> **66 사운드 녹음이 안 되는 환경이면 어떻게 하죠?**
>
> 사운드 녹음이 어려운 환경에서 촬영할 때는 모든 카메라가 박수나 슬레이트를 치는 모습을 찍게 해주세요. 그리고 모든 영상을 타임라인으로 가져올 때 소스 모니터에서 양쪽 손바닥이 '딱'하고 맞는 순간에 In point를 잡고 가져옵니다. 이후에 Synchronize에서 Clip Start로 맞춰주면 됩니다.

06 _ 영상의 저작권을 알리고 싶을 때, 워터마크 삽입 방법

요즘 저작권 침해 문제가 많습니다. SNS, 유튜브 등에 영상을 올리더라도 다른 사람들이 함부로 쓰지 못하게 만들고 싶다면 워터마크를 삽입하면 됩니다. 워터마크는 포토샵에서 이미지 파일로 만들기도 하고, 프리미어 프로 내에서 자막으로 대신하기도 합니다. 프리미어 내에서 자막으로 만드는 것은 이어지는 내용에서 배울 예정입니다. 이번에는 이미 포토샵 등의 그래픽 프로그램으로 만들어 놓은 이미지를 활용해서 워터마크를 삽입하는 방법을 배워보도록 하겠습니다.

06-1 파일 불러오기

- 소스 파일 :

    Chapter03 / Lesson 02 / 06.Watermark.mp4, 06.Watermark.psd

▶ 동영상 강의 시청하기

https://youtu.be/TBAKRnaxlks

01 실습에 사용할 06.Watermark.mp4와 06.Watermark.psd 파일을 Project 패널로 불러옵니다.

02 PSD 파일을 불러올 때 Import Layered File 패널이 나타나면 Merge All Layers를 선택하고 [OK] 버튼을 클릭합니다.

03 DSLR 1080p30을 설정으로 시퀀스를 만들어주고 불러온 파일을 Sequence로 당겨놓습니다.

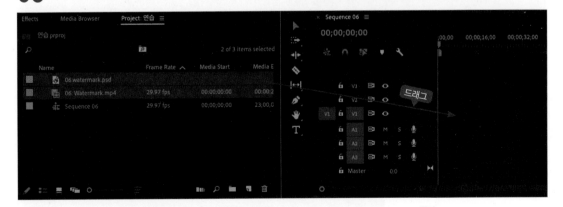

04 불러온 파일 중 빨간색으로 표시된 이미지 파일을 V2에 올려놓되, 영상과 겹쳐서 놓여지게 합니다.

05 재생 막대를 옮겨서 영상을 확인해 보면 이미지가 영상과 겹쳐지는 것이 보입니다.

06 워터마크가 영상이 끝날 때까지 표시가 될수 있게끔 선택 도구(▶)인 상태에서 이미지의 끝을 잡고 늘려주도록 합니다.

■ 완성 파일 : Chapter03 / Lesson 02 / 06.Watermark_Inserted.mp4

06-2 워터마크 투명하게 만들기

위의 따라하기를 마쳤더니 워터마크가 보이긴 하는데 너무 진하게 보이진 않으신가요? 워터마크가 너무 진하면 영상을 시청하는 데 방해가 될 수 있습니다. 이럴 때 워터마크를 투명하게 만들어주면 콘텐츠를 보호하면서도 부담스럽지 않게 만들 수 있습니다.

동영상 강의 시청하기

https://youtu.be/Q58VyfY12_0

01 타임라인의 V2와 V3의 구분선에 마우스를 가져다 놓습니다. 마우스 커서 모양이 바뀌게 됩니다.

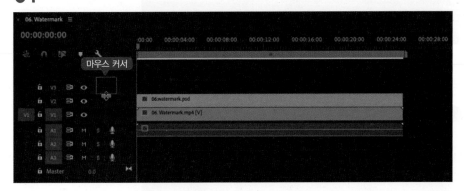

02 커서 모양이 바뀌었으면 위로 당겨 올려줍니다.

03 위로 공간이 늘어나게 되면서 V2 트랙이 크게 보이게 됩니다. 작게 보일 때는 안 보였던 흰색 줄이 보입니다.

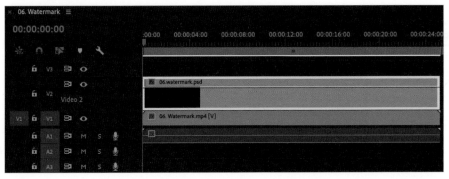

04 클립에 보이는 흰색 줄을 잡고 아래로 내려줍니다. 40 정도로 낮춰주면 됩니다.

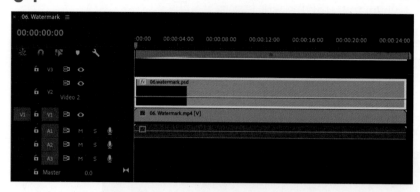

05 프로그램 모니터로 확인해보면 이전과는 다르게 투명하게 워터마크가 보이는 것을 확인할 수 있습니다.

- 완성 파일 : Chapter03 / Lesson 02 / 06.Watermark_Final.mp4

> **66 방금 내렸던 가운뎃줄은 무슨 역할을 하나요?**
>
> 영상 클립에 있는 가운뎃줄은 불투명도를 조절하는 선입니다. 위로 올리면 100%가 최대치로 조절되는데, 100%가 되면 완전히 또렷하게 보이게 되고, 숫자가 적어질수록 투명하게 보이게 됩니다. 0%가 되면 아예 보이지 않게 됩니다.

07 _ 기본 트랜지션 적용하기

영상 편집은 기본적으로 '비가시 편집'(Invisible editing)을 추구합니다.

비가시 편집이란 완성된 결과물을 볼 때 편집자가 어느 부분에서 컷을 자르고 붙였는지 보이지 않게 만드는 것을 의미합니다. 즉, 시청자들이 스토리에 집중하고, 극 중 인물에게 감정 이입을 할 수 있도록 영상이 편집되지 않은 것처럼 자연스럽게 만드는 것입니다.

위의 그림은 직접 연출했던 광고 영상입니다. 안전고리를 난간에 거는 장면을 지루하지 않게 만들기 위해서 세 컷으로 나눠서 촬영을 했습니다. 첫 컷은 배우가 팔을 뻗어서 안전고리를 드는 장면을 찍었습니다. 두 번째 컷을 찍을 때는 카메라 각도와 샷 사이즈는 달라졌지만 첫 번째 컷처럼 손으로 안전 고리를 드는 장면부터 시작해서 난간에 거는 장면까지 찍었습니다. 세 번째 컷에서는 두 번째 컷과 마찬가지로 안전고리를 거는 장면부터 시작해서 손을 내리는 장면까지 찍어서 자연스럽게 이어 붙였습니다. 이처럼 같은 동작을 반복해서 촬영하는 것을 더블 액션(Double Action)이라고 합니다. 이처럼 어디서 편집을 했는지 눈에 띄지 않게 자연스럽게 컷 편집을 해야 합니다.

우리가 영상을 보면서 '어? 뭔가 편집이 이상한데?', '아~ 여기서 편집했구나'라는 생각을 하고 있다면 그것은 실패한 편집입니다. 그래서 컷 편집을 잘 한다는 것은 아무런 장면 전환 효과(트랜지션, Transition)를 추가하지 않고도 부드럽게 컷이 전환되는 것을 의미합니다. 요즘 드라마나 영화를 보면 장면 전환 효과가 거의 사용되지 않고, 오로지 컷 편집만으로 1~2시간의 분량을 작업합니다.

◆ 디졸브 없이 컷 전환을 했을 때

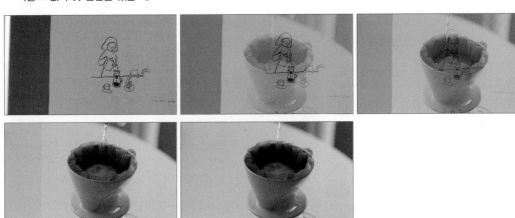

◆ 디졸브로 컷 전환을 했을 때

하지만 가끔은 도저히 자연스럽게 이어붙일 수 없는 부분이 있습니다. 갑작스러운 장소 이동이라던가 시간의 흐름을 보여줄 때 일반적인 방법으로는 표현이 어렵기 때문입니다. 이런 순간에는 표현을 극대화하기 위해 장면 전환 효과(트랜지션)를 사용하기도 합니다. 그래서 트랜지션에 대한 이해를 갖추게 되면 기획을 하거나 영상을 촬영할 때 많은 도움이 되기도 합니다.

이번 수업에서는 프리미어 프로를 설치하면 함께 설치되는 기본 트랜지션을 사용해서 장면을 전환하는 방법을 배워보도록 하겠습니다.

07-1 프리미어 프로의 트랜지션 찾기

01 좌측 하단에 위치해있는 Project 패널 옆의 Effects 패널을 클릭합니다.

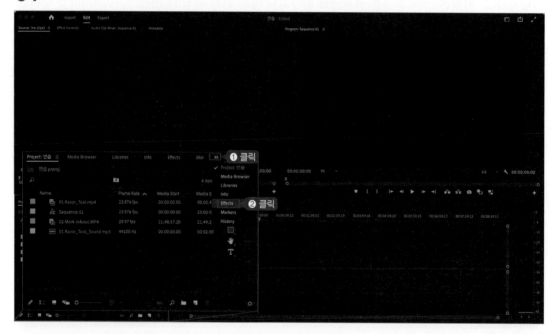

만약 Effects가 안 보이는 경우, 해상도의 문제일 수 있습니다. 13인치 노트북 등 작은 해상도만 지원하는 컴퓨터에서는 모든 패널이 보이지 않을 수 있습니다. 이럴 때는 프로젝트 창 우측의 [화살표] 버튼(≫)을 클릭해서 Effects를 클릭하면 됩니다.

02 Effects 패널에 Video Transitions 라고 되어 있는 폴더가 보입니다. 폴더 옆의 [화살표] 버튼을 클릭합니다.

03 Video Transitions 폴더 밑으로 여러 하위 폴더들이 등장하는 것을 확인할 수 있습니다.

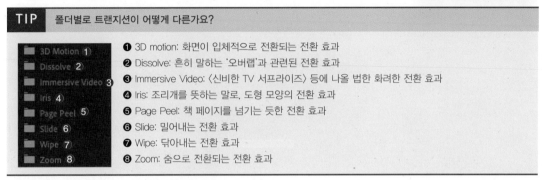

TIP 폴더별로 트랜지션이 어떻게 다른가요?

❶ 3D motion: 화면이 입체적으로 전환되는 전환 효과
❷ Dissolve: 흔히 말하는 '오버랩'과 관련된 전환 효과
❸ Immersive Video: 〈신비한 TV 서프라이즈〉 등에 나올 법한 화려한 전환 효과
❹ Iris: 조리개를 뜻하는 말로, 도형 모양의 전환 효과
❺ Page Peel: 책 페이지를 넘기는 듯한 전환 효과
❻ Slide: 밀어내는 전환 효과
❼ Wipe: 닦아내는 전환 효과
❽ Zoom: 숨으로 전환되는 전환 효과

기본적으로 제공되는 전환 효과는 종류가 많지 않으니, 하나씩 직접 넣어보면서 어떤 것이 본인에게 잘 맞는 효과인지 파악해두면 좋습니다.

07-2 트랜지션 효과 적용을 위한 컷 편집

■ 소스 파일 : Chapter03 / Lesson 02 / 07.Train01.mp4 & 07.Train02.mp4

01 새 시퀀스를 Digital SLR 1080p24로 만들고 07. Train01.mp4와 07.Train02.mp4 파일을 올려줍니다.

02 07.Train01.mp4 영상의 앞 부분을 확인해 보면 너무 멀어서 기차가 잘 보이지 않고, 너무 영상이 긴
감이 있습니다.

03 기차가 잘 보이는 부분부터 영
상이 시작될 수 있도록 선택
도구(▶)로 07.Train01.mp4의 앞 부
분을 줄여줍니다.

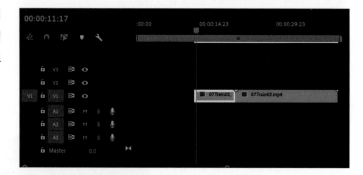

04 07.Train01.mp4의 뒷부분도 선택 도구(▶)로 잘줄여줍니다.

05 이번에는 07.Train02.mp4의 앞 부분을 선택 도구(▶)로 줄여줍니다.

06 클립과 클립 사이에 여백이 있으면 전환 효과를 줄 수 없습니다. 여백을 선택하고 `Delete` 키를 눌러 여백을 지워줍니다.

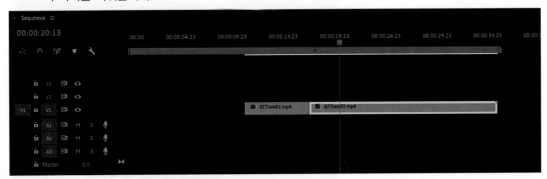

■ 완성 파일 : Chapter03 / Lesson 02 / 07.Train_Cut_editing.mp4

07-3 Cross Dissolve 효과 삽입하기

07-2에서 편집이 완료되었다면 이제 Cross Dissolve 효과를 삽입해보도록 합시다.

01 Effects 패널에서 Video Transition 폴더를 클릭합니다.

02 Dissolve 폴더 옆의 화살표를 클릭합니다.

03 Dissolve 폴더 아래로 여러 효과가 내려옵니다. Cross Dissolve를 선택합니다.

04 Cross Dissolve를 당겨서 클립 사이로 드래그합니다.

05 효과가 들어온 것을 확인할 수 있습니다. 재생을 해서 영상을 확인해보도록 합니다.

07-4 Cross Dissolve 효과 길이 조절하기: 선택 도구로 조절

07-3에서 넣은 Cross Dissolve가 너무 길거나 짧다면 효과가 지속되는 길이를 조절하면 됩니다.

선택 도구(▶)로 조절하거나 Effect Controls 패널에서 미세하게 조절이 조절할 수 있습니다. 우선 선택 도구(▶)로 조절하는 방법을 배워보도록 하겠습니다.

01 선택 도구()로 변경합니다.

02 클립의 중간에 설정되어 있는 Cross Dissolve를 선택합니다.

03 마우스 커서를 Cross Dissolve 끝 쪽에 가져다 놓습니다. 모양이 바뀌게 됩니다.

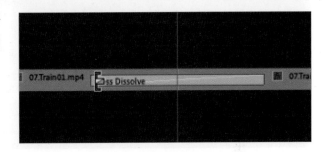

04 모양이 바뀐 상태에서 잡고 당겨줍니다.

05 Cross Dissolve의 지속 시간이 늘어난 것을 확인할 수 있습니다.

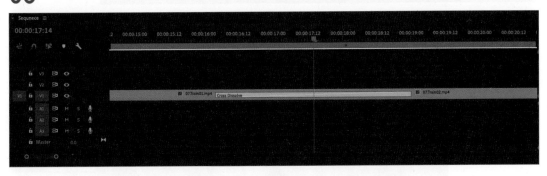

■ 완성 파일 : Chapter03 / Lesson 02 / 07.Transition_final.mp4

07-5 Cross Dissolve 효과 길이 조절하기: Effect Controls에서 조절

07-4처럼 선택 도구로 당겨서 지속 시간을 조절하게 되면 정확한 시간으로 조절하기가 어렵습니다. 정확하게 몇 초 또는 몇 프레임으로 조절을 하고 싶다면 Effect Controls에서 숫자를 조절하면 됩니다.

01 클립의 중간에 설정되어 있는 Cross Dissolve를 더블 클릭하면, Effect Controls 패널이 열립니다.

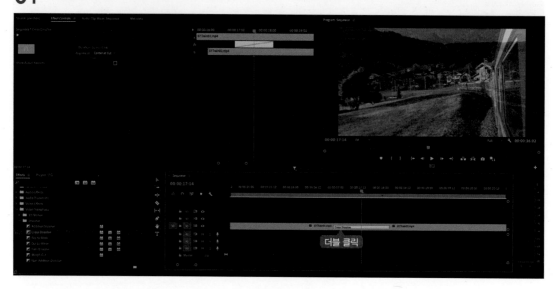

소스 모니터가 활성화 되어 있을 경우에는 자동으로 열리지 않을 수 있습니다. 자동으로 열리지 않는다면 Source Monitor 패널 옆에 있는 Effect Controls 패널을 클릭합니다.

02 Duration 옆에 파란색으로 숫자가 표시되어 있습니다. 숫자를 클릭하면 지속 시간을 변경할 수 있습니다. 숫자 00:00:00:00은 왼쪽에서부터 시간:분:초:프레임입니다. 즉 24프레임 시퀀스 일 때 00:00:00:24로 놓게 되면 자동으로 00:00:01:00으로 변경됩니다. 2.5초로 지속 시간을 두고 싶다면 00:00:02:12를 입력하면 됩니다.

08 _ 유튜브 영상 컷 편집 실습

유튜브 리뷰 영상을 한 편 봐볼까요? 크리에이터가 제품에 대해 설명하고 있는 중에 목소리는 계속 들리면서 갑자기 제품 영상이 보일 겁니다. 그러고는 제품 영상이 사라지면서 다시 어색하지 않게 크리에이터가 말하는 영상으로 돌아옵니다. 분명 사운드는 끊이지 않았는데 그 위로 영상이 잠깐 나타났다가 사라졌습니다. 덕분에 지루하지 않게 제품 소개 영상을 볼 수 있습니다.

이처럼 출연진이 무언가를 설명하는 중에 잠깐 보이는 영상을 **인서트 컷**(Insert Cut)이라고 합니다. 영화, 예능, 홈쇼핑, 다큐멘터리, 유튜브 등 영상의 장르를 불문하고 인서트 컷은 일단 찍어두면 활용도가 높습니다. 장소가 전환될 때 사용할 수 있고, 컷 편집 연결이 자연스럽지 않을 때 사용하기도 합니다. 물론 출연진이 무언가를 설명할 때 시청자들에게 어떤 내용을 설명하고 있는지 직관적으로 보여주기에도 좋은 방법입니다.

따라서 영상을 촬영할 때는 인서트 컷을 촬영할 시간을 따로 **빼두는** 것이 좋습니다. 만약 제품을 설명하는 영상이라면 출연진이 설명하는 내용을 잘 기억해두었다가 해당 내용에 해당하는 제품 디테일을 촬영해놓는 것을 추천드립니다.

이번 시간에는 인서트 컷들을 활용해서 유튜브 영상 컷 편집을 실습해보도록 하겠습니다.

08-1 영상 파일 편집하기

■ 소스 파일 :

　Chapter03 / Lesson 02 / 08. Youtube_Editing / About_Crossfit.mp4

▶ 동영상 강의 시청하기

https://youtu.be/S6mjq9BEd_o

01 About_Crossfit.mp4 파일을 Project 패널에서 당겨서 시퀀스 위에 올려놓습니다.

02 편집을 시작하기에 앞서 음성 파장이 잘 보이게끔 트랙 높이를 높여줍니다. 트랙 구분선을 잡고 늘려주면 됩니다.

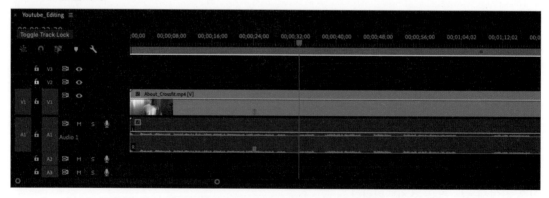

03 영상을 재생해 봅니다. 영상의 앞부분에는 출연자가 해당 영상 편집 방법에 대해 설명하고 있습니다. 이 부분은 실제 편집된 영상에는 들어갈 필요가 없는 부분이므로 삭제해줘야 합니다. 파장에 맞춰서 재생 막대를 옮겨놓습니다.

04 Ctrl 키와 K 키를 동시에 눌러서 잘라줍니다.

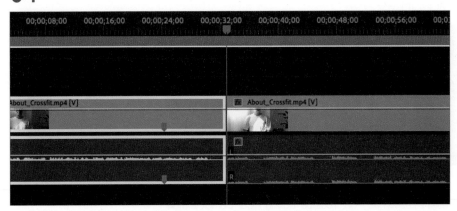

05 앞부분이 필요 없는 부분이므로 앞부분을 선택하고 Delete 키를 눌러서 삭제합니다.

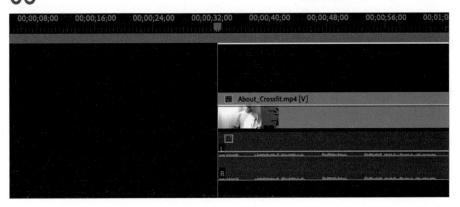

06 이전에 실습했던 것처럼 중간에 필요 없는 부분들이 있으면 제거해야 합니다. 영상을 보면서 출연자가 말을 하지 않는 여백이 있거나 말을 틀리게 한 부분이 있으면 모두 삭제합니다.

07 편집된 클립들 앞부분에 있는 여백을 클릭하고 Delete 키를 누릅니다. 모든 클립이 여백 없이 앞쪽으로 붙어있게 됩니다.

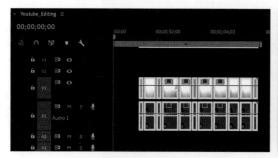 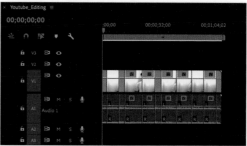

■ 완성 파일 : Chapter03 / Lesson 02 / 08. Youtube_Editing / Cut_Complete.mp4

08-2 인서트 컷 올리기

■ 소스 파일 : Chapter03 / Lesson 02 / 08. Youtube_Editing

동영상 강의 시청하기

https://youtu.be/jMk29wtzh1Y

따라하기 08-1을 마무리하셨다면 영상이 어느 정도 완성된 셈입니다. 그러나 영상 속 출연자가 말하는 내용만으로는 대체 어떤 동작에 대해 설명하고 있는지 이해하기가 어렵습니다. 이럴 때는 출연자가 말하고 있는 내용에 맞는 인서트 컷을 적절히 넣어주면 시청자들이 더 쉽게 이해할 수 있습니다. 이번에는 함께 인서트 컷을 삽입해보도록 합니다.

01 따라하기 08-1을 그대로 따라 하셨다면 약 5초쯤에 '크로스핏 하면 가장 많이 생각하는 게 로잉머신인데요.'라는 대사가 나오는 것을 확인할 수 있습니다.

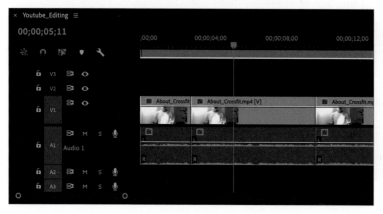

02 해당 대사가 나올 때 로잉 머신의 영상이 나올 수 있도록 해주면 됩니다. w_rowing_30f.mp4 파일을 Project 패널로 불러옵니다.

03 w_rowing_30f.mp4 파일의 아 이콘을 더블 클릭해서 Source Monitor 패널에 띄워줍니다.

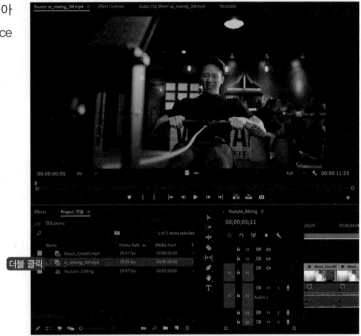

04 재생 버튼(▶)을 클릭해서 영상을 보면서 마음에 드는 부 분을 찾아 Mark In과 Mark Out을 찍 어줍니다.

05 영상에 있는 소리는 사용할 필요가 없으니 [Video Drag Only] 버튼(▣)을 누르면서 타임라인의 위치로 당겨줍니다.

06 다른 인서트 컷들도 위의 절차와 똑같이 위치에 맞게 넣어주시면 됩니다.

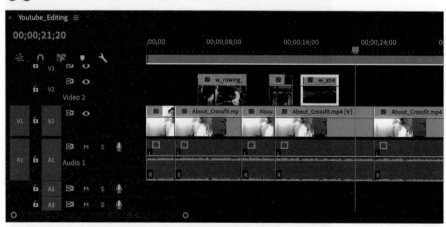

■ 완성 파일 : Chapter03 / Lesson 02 / 08. Youtube_Editing / 08_Crossfit_Final.mp4

09 _ 슬로우 모션 / 빠른 배속 만들기

예능 유튜브를 보면 긴 시간을 압축하기 위해 빠른 배속을 넣기도 하고, 개그 요소를 만들기 위해 일부러 슬로우 모션을 적용하기도 합니다. 물론 끊어지지 않는 슬로우 모션을 만들려면 촬영 파트에서 설명해 드렸던 슬로우 모션의 원리처럼 촬영 세팅이 중요합니다. 높은 프레임 레이트로 녹화해야 변환하더라도 끊어지는 현상이 없기 때문입니다.

만약 그렇게 설정하지 못한 경우, 프리미어에서 속도 조절 작업을 통해 슬로우 모션으로 만들어야 합니다. 이번 단원에서는 프리미어 프로에서 속도 조절을 하는 방법을 배워보도록 하겠습니다.

09-1 속도 조절하기 01: Rate Stretch Tool 사용하기

■ 소스 파일 : Chapter03 / Lesson 02 / 09. Slow.mp4

▶ 동영상 강의 시청하기
https://youtu.be/JIh6y9wP_X4

01 09. Slow.mp4 파일을 시퀀스로 가져옵니다.

02 영상을 재생해 봅니다. 일반 속도로 나오는 것을 확인할 수 있습니다.

03 속도 조절을 위해 Tools 패널의 세 번째에 위치하고 있는 Ripple Edit Tool( )을 꾹 누릅니다. 팝업 메뉴가 나타납니다.

04 Rate Stretch Tool( )을 클릭합니다.

05 Rate Stretch Tool이 선택된 상태로 클립의 끝으로 마우스 커서를 이동
해 봅니다. 커서 모양이 바뀌는 것을 확인할 수 있습니다.

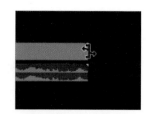

06 끝부분을 잡고 늘려줍니다.

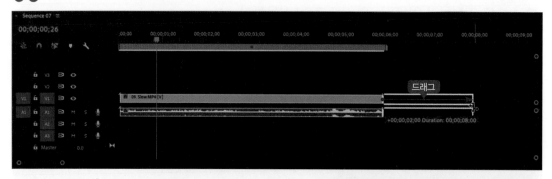

07 영상 클립 이름 옆에 속도를 나타내는 퍼센트가 생긴
것을 확인할 수 있습니다.

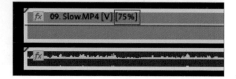

08 영상을 재생하면 슬로우 모션이 적용된 것이 보입니다. 이번에는 다시 끝부분을 잡고 줄여줍니다.

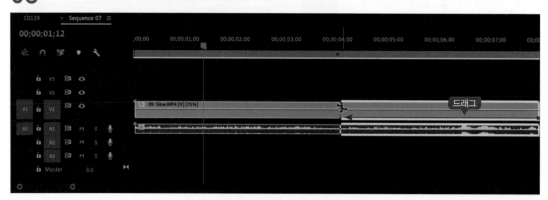

09 영상 클립의 속도 퍼센트가 아까
보다 높아진 것을 확인할 수 있
습니다. 재생을 해보면 빠른 배속이 적용
된 것을 확인할 수 있습니다.

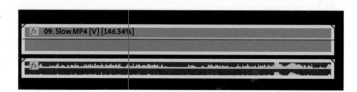

■ 완성 파일 : Chapter03 / Lesson 02 / 09. Slow_Complete.mp4

09–2 속도 조절하기 02: Speed/Duration 사용하기

■ 소스 파일 : Chapter03 / Lesson 02 / 09. Slow02.mp4

위의 방법으로 하면 원하는 길이만큼 늘리고 줄이면서 속도 조절을 적용할 수 있다는 장점이 있습니다. 하지만 정확한 배수로 속도 조절을 할 수 없다는 단점이 있습니다. 정확하게 1/2 속도로 조절하거나, 정확하게 2배 빠른 속도로 속도 조절을 하고 싶다면 Speed/Duration 기능을 사용하면 됩니다.

01 09.Slow02.mp4 파일을 시퀀스에 가져다 놓습니다.

02 09.Slow02.mp4 파일에 마우스 커서를 대고 마우스 오른쪽 버튼을 클릭합니다.

03 팝업 메뉴가 나타납니다. Speed/Duration을 클릭합니다.

04 Clip Speed / Duration 패널이 나타나게 됩니다. Speed에 있는 숫자를 변경해주면 됩니다. ❶50을 써주고 ❷[OK] 버튼을 클릭합니다.

05 슬로우 모션이 적용된 것을 확인할 수 있습니다. 만약 빠른 배속을 만들고 싶다면 방금 전 Speed/Duration에서 퍼센트를 100보다 높은 숫자를 입력하면 됩니다.

> **❝ 퍼센트가 무엇을 의미하나요?**
>
> 100%가 실제로 촬영 시 저장된 속도입니다. 슬로우 모션은 100%보다 느린 속도로 재생되어야 하기 때문에 퍼센트가 줄어들게 됩니다. 마찬가지로 빨리 감기를 적용하려면 100%보다 빠른 속도인 ≥101%의 값으로 지정하면 됩니다.

09-3 영상 거꾸로 재생되게 만들기: Reverse Speed

▶ **동영상 강의 시청하기**

https://youtu.be/FD-MW3at0B4

- 소스 파일 : Chapter03 / Lesson 02 / 09. Slow02.mp4
- 완성 파일 : Chapter03 / Lesson 02 / 09. Reverese_Coffee.mp4

이번에는 Speed/Duration에서 Reverse Speed를 적용하여 영상이 거꾸로 재생되게 만들어 보겠습니다.

01 09.Slow02.mp4 파일을 시퀀스에 가져다 놓습니다.

02 Slow02.mp4 파일에 마우스 커서를 대고 마우스 오른쪽 버튼을 클릭합니다. 팝업 메뉴에서 Speed/Duration을 클릭합니다.

03 ❶Reverse Speed를 체크합니다. ❷[OK] 버튼을 클릭합니다.

04 영상 클립의 속도 퍼센트가 −100%로 설정된 것을 확인할 수 있습니다. 재생을 해보면 거꾸로 재생이 되는 것을 확인할 수 있습니다.

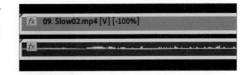

09-4 앞으로 가다가 거꾸로 가게 만들기

■ 실습 파일 : Chapter03 / Lesson 02 / 09. Reverse.mp4

영상이 정상으로 재생되다가 다시 되감아지는 효과를 직접 만들어보도록 하겠습니다.

01 09.Reverse.mp4 파일을 시퀀스에 올려놓습니다.

02 앞으로 가다가 거꾸로 가는 효과를 주고 싶은 부분의 앞부분과 뒷부분을 분할합니다. 저는 1초 19프레임에서 시작돼서 2초 10프레임에서 끝나게 잘라주었습니다.

03 뒤에 있는 부분은 이제 필요가 없기 때문에 Delete 키를 눌러 지워줍니다.

04 방금 전에 따로 분할을 한 클립을 Alt 키를 누르면서 뒤쪽으로 당겨서 사본을 만들어줍니다.

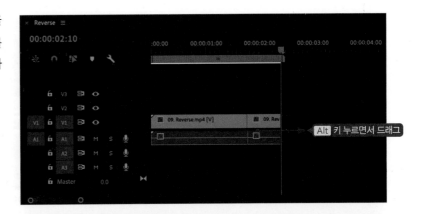

05 똑같은 클립 하나가 더 생긴 것을 확인할 수 있습니다. 뒤의 사본에 마우스 오른쪽을 클릭합니다.

06 Speed/Duration을 클릭합니다.

07 Reverse Speed를 체크합니다.

08 마지막으로 앞의 클립을 Alt 키를 누르면서 뒤 클립의 끝부분에 붙도록 드래그합니다.

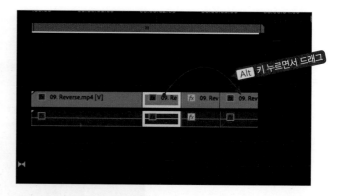

09 선택 도구(▶)인 상태에서 마지막 클립의 끝부분을 잡고 길게 늘려줍니다.

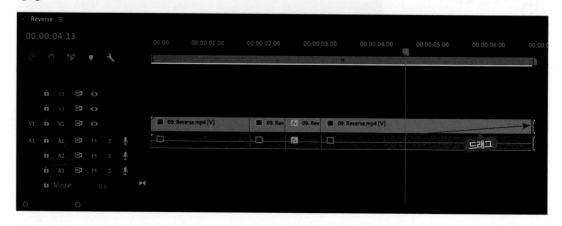

10 영상을 재생하면 세 번째 클립에서 거꾸로 재생이 되었다가 네 번째 클립에서 다시 순방향 재생이 되는 것을 확인할 수 있습니다.

■ 완성 파일 : Chapter03 / Lesson 02 / 09. Reverse_Final.mp4

> **❝ Reverse Speed가 티가 잘 안 나요!**
>
> 거꾸로 재생되는 영상을 만들 때는 '움직이는 방향이 잘 보이는지'를 신경 써야 합니다. 움직이는 방향이 잘 보이지 않으면 거꾸로 재생해도 차이를 느끼기 어렵습니다. 예를 들면 말하고 있는 사람의 입모양 영상을 거꾸로 돌리게 되면 입 모양만으로는 방향을 느낄 수가 없으므로 Reverse Speed의 효과가 느껴지지 않습니다.
>
> 마찬가지로 주전자에서 물이 흘러나왔다가 다시 주전자로 물이 들어가는 영상을 만들려면 멈춰있던 주전자에서 물이 나오기 시작하는 장면이 반드시 포함되어야 합니다. 만약 이런 장면 없이 처음부터 끝까지 일정하게 물이 나오는 영상이라면, 거꾸로 돌리더라도 효과를 확인할 수 없습니다.
>
> 즉, Reverse Speed 효과를 극대화하기 위해서는 진행 방향이 분명해야 하고, 시작점과 끝점이 확연히 차이가 있어야 합니다.

10 _ 저작권 무료 음원 다운로드 받아서 넣어보기

유튜브에서 저작권 단속이 강화되고 있습니다. 5초 이상 음원을 사용하게 되면 유튜브에서 자동으로 분석하여 저작권에 대해 확인하고 있습니다. 만약 저작권자가 음원 사용을 금지해놓은 경우에는 유튜브에서 공개 업로드가 불가능합니다. 저작권자가 사용을 허가해두었더라도 저작권 무료 음원이 아닌 경우에는 유튜브 수익을 저작권자와 자동으로 배분하게 되어있습니다. 크리에이터가 수익 창출 조건을 달성하지 못한 경우에도 저작권자가 원하면 자동으로 광고와 카드를 올릴 수 있어서 크리에이터의 의지와 상관없이 광고를 노출하게 되는 불이익이 있습니다.

| 추천한 사용자: | Axwell Λ Ingrosso - More Than You Know (Official Video) |
| UMG | |

이 동영상의 음악	
자세히 알아보기	
YouTube Premium으로 광고 없이 감상	
노래	Dreamer (Matisse & Sadko Remix)
아티스트	Axwell Λ Ingrosso
YouTube 라이선스 제공자	UMG(Virgin EMI 대행); LatinAutor, Kobalt Music Publishing, LatinAutor - UMPG, ASCAP, BMI - Broadcast Music Inc., UMPG Publishing, Create Music Publishing, UNIAO BRASILEIRA DE EDITORAS DE MUSICA - UBEM 및 음악 권리 단체 13개
노래	High On Life
아티스트	Martin Garrix
YouTube 라이선스 제공자	SME(Epic Amsterdam 대행); Muserk Rights Management, UNIAO BRASILEIRA DE EDITORAS DE MUSICA - UBEM, ASCAP, LatinAutor, Kobalt Music Publishing, BMI - Broadcast Music Inc., LatinAutor - UMPG 및 음악 권리 단체 11개

◉ 공개 ▼   저작권 침해 신고   2020. 2. 14.
                              게시 날짜

◆ 자동으로 저작권 침해 신고가 들어가게 됩니다

◆ 저작권 허가 없이 음악을 사용하게 되면 동영상 세부 설명 아래에 음악에 대한 정보가 표시됩니다.

이외에도 저작물들은 저작권협회로부터 보호를 받고 있기 때문에 함부로 남의 저작물을 이용해서는 안 됩니다. 그렇다면 무료로 사용할 수 있는 음원은 어디에서 다운로드할 수 있을까요?

10-1 유튜브 크리에이터 스튜디오

유튜브는 크리에이터를 위해 저작권 무료 음악을 정리해서 제공해주고 있습니다. 쉽고 빠르게 구할 수 있다는 장점이 있지만, 워낙 유명하기 때문에 어디선가 한 번은 들어본 음악이라는 점이 큰 단점입니다.

유튜브 크리에이터 스튜디오에서 무료 음원 다운로드하기

01 유튜브에서 계정에 로그인합니다.

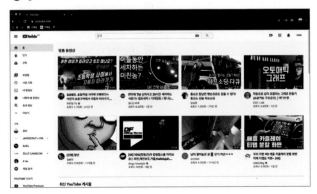

02 우측 상단에 있는 메뉴 중 종 아이콘(알림) 옆의 썸네일 아이콘을 클릭합니다.

03 팝업 메뉴가 나타나면 YouTube 스튜디오를 클릭합니다.

04 YouTube 스튜디오 화면으로 넘어가게 됩니다. 오디오 보관함을 클릭합니다.

05 YouTube 오디오 보관함(오디오 라이브러리)으로 연결됩니다.

06 다운로드 아이콘을 눌러 원하는 음원을 다운로드하면 됩니다. 장르나 분위기로 검색해서 받으면 더 쉽게 원하는 음악을 찾을 수 있습니다.

TIP	저작권 표시는 무엇인가요?

유튜브 오디오 보관함에도 완전 무료로 사용 가능한 음원이 있고, 원작자 표기가 필요한 음원이 있습니다. 그림처럼 설명을 포함해야 한다는 문구가 있는 경우에는 반드시 ❶설명을 복사해서 유튜브에 영상 업로드 시 상세 설명에 붙여 넣어 줘야 합니다.

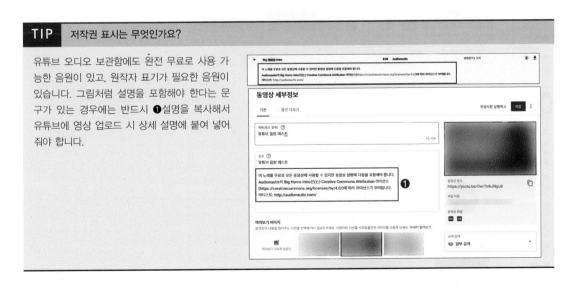

10-2 유튜브 내 음원 채널에서 무료 음원 사용하기

유튜브에는 여러 해외 DJ들이 자신이 작곡한 음원을 무료로 사용할 수 있게 올리는 채널이 있습니다. 대표적으로 NCS(No Copyright Sound), RFM(Royalty Free Music) 등이 있습니다.

이 채널들의 음원은 유튜브 오디오 보관함의 음원들보다 훨씬 세련되었습니다. 다만 전체적으로 너무 댄스 음악에 편중되어 있어서 잔잔한 브이로그나 일반적인 바이럴 광고 영상에는 분위기가 맞지 않다는 단점이 있습니다.

유튜브 NCS 채널에서 무료 음원 다운로드하기

01 유튜브 검색창에 NCS를 검색합니다.

02 NoCopyrightSounds의 채널을 클릭합니다.

03 올라와 있는 동영상 중 원하는 영상을 선택합니다.

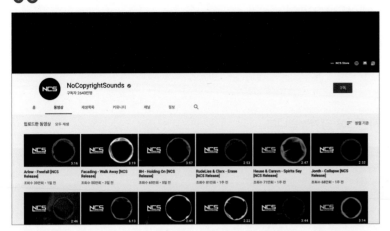

04 음악을 들어보고 마음에 들었다면 상세 설명에 있는 Free Download를 클릭합니다.

05 외부 사이트로 연결됩니다. Free Download 옆의 다운로드 아이콘을 클릭합니다. 클릭하면 자동으로 다운로드가 시작됩니다.

06 NCS, RFM 채널들은 유튜브 오디오 보관함의 저작권 표시 필요 음원들과 마찬가지로 반드시 상세 설명에 원작자를 표시해줘야 합니다. 상세 설명에 있는 원작자 표시 요구 내용을 복사해서 영상 업로드 시 설명란에 붙여 넣어주면 됩니다.

> When you are using this track, we simply ask that you put this in your description:
>
> Track: Arlow - Freefall [NCS Release]
> Music provided by NoCopyrightSounds.
> Watch: https://youtu.be/SxfSpqFWJAg
> Free Download / Stream: http://ncs.io/AFreefall

음원 파일 영상에 삽입하기

■ 소스 파일 : Chapter03 / Lesson 02 / 10.withmusic.mp4

무료 음원들도 사용은 가능하지만 재배포는 할 수 없게 되어 있으므로 직접 유튜브 오디오 보관함 또는 NCS에서 다운로드해서 준비하도록 합니다.

01 10.withmusic.mp4 파일을 시퀀스에 당겨놓습니다.

02 각자 준비한 음원 파일을 A2 트랙에 올려줍니다.

03 소리가 너무 크다면 조절하면 됩니다. A2 트랙의 구분선을 아래로 당겨줍니다.

04 오디오 트랙의 볼륨 선을 잡고 아래로 내리게 되면 볼륨 크기를 조절할 수 있습니다. 적당히 작게 들어가도록 조절해주세요.

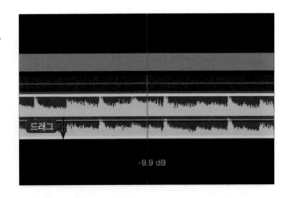

미세하게 볼륨을 조절하거나, 천천히 볼륨이 작아지게 하는 효과는 다음 챕터에서 키프레임과 함께 배워볼 예정입니다.

TIP 퀄리티 높고 가격도 저렴한 음원은 없을까요?

무료 음원을 사용하다 보면 퀄리티에 실망하게 됩니다. 간단한 개인 작업 용도로는 사용할 수 있지만, 상업 영상이나 퀄리티 높은 유튜브 채널에서 사용하기에는 한계가 있습니다. 이럴 경우에는 유료 음원을 사용하는 것이 좋습니다.
오디오 정글(https://audiojungle.net/)이나 사운드 클라우드(https://soundcloud.com/)에서 곡 별로 다운을 받을 수 있지만, 곡당 평균 $20~100 선으로 가격이 비쌉니다.
그래서 최근에는 월 비용을 결제하면 무제한으로 다운로드할 수 있는 정액제 음원 사이트들이 인기를 끌고 있습니다. 뮤직 베드, 에피데믹 사운드, 아트 리스트 등이 유명합니다.

❶ 뮤직 베드(https://www.musicbed.com/)

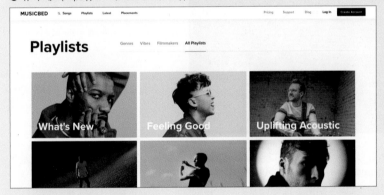

미국의 유명한 유튜브 크리에이터들이 많이 사용하고 있는 음원 사이트로 한 달에 $9로 무제한 사용 가능합니다. 요금제에 가입하기 위해서는 본인의 유튜브 채널 주소를 등록해야 합니다. Musicbed에서 음원을 다운로드해 영상에 삽입한 후 업로드하게 되면 자동으로 Claim이 걸리게 되는데, 바로 Musicbed에서 인증 조치를 해주는 시스템입니다. 즉, Musicbed에 등록되지 않은 채널에 음원을 사용하게 되면 영상을 업로드할 수 없습니다. 여러 유튜브 채널을 운영하거나 구독자가 많은 경우에는 더 비싼 요금제를 사용해야 합니다.

뮤직 베드
최저 요금제: 월 $9
방식: 유튜브 채널 등록 방식 / 곡 별 인증 방식
– 좋은 음악들이 많음
– 필요한 음악을 찾기 쉬운 시스템
– 첫 1개월 무료 체험 가능

❷ 에피데믹 사운드(https://www.epidemicsound.com/)

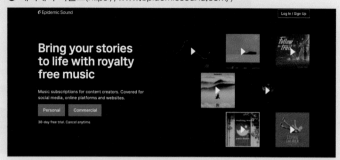

에피데믹 사운드 역시 국내외 유튜브 크리에이터들이 많이 사용하는 음원 사이트입니다. 뮤직 베드와 똑같이 채널 등록 후 인증하는 방식이며 최저 월 $15의 요금제를 제공합니다.

에피데믹 사운드
최저 요금제: 월 $15
방식: 유튜브 채널 등록 방식 / 곡 별 인증 방식
– 좋은 음악들이 많음
– 필요한 음악을 찾기 쉬운 시스템
– 효과음도 제공
– 첫 1개월 무료 체험 가능

❸ 아트 리스트(https://artlist.io/)

최근 영상 업계에서 돌풍을 일으키고 있는 음원 사이트입니다. 뮤직 베드, 에피데믹 사운드와는 다르게 일 년 비용을 한 번에 결제하고 무제한으로 사용 가능한 사이트입니다. 대신 어떤 채널에서든 마음껏 사용할 수 있다는 장점이 있습니다. 일 년 정액제를 결제하는 순간 여러 유튜브 채널에 업로드할 수 있고, 상업 광고를 제작하더라도 사용할 수 있어서 영상 제작자들 사이에서 인기가 좋은 사이트입니다.

아트 리스트
최저 요금제: 연 $200 일시납 결제
방식: 연 정액제 가입 / 무제한 사용
– 좋은 음악들이 많음
– 한 번의 결제로 모든 채널. 플랫폼에서 사용 가능
– 무료 체험 없음
– 검색 시스템이 비교적 불편하다는 단점

뮤직 베드와 에피데믹 사운드 같은 경우에는 무료 체험을 한 달 동안 제공하기 때문에 한 달간 이용하면서 어떤 사이트가 본인에게 더 맞을지 고민해 보시길 추천해 드립니다. 유튜브 콘텐츠 보다 상업 영상 제작의 비율이 더 높으신 영상 제작자라면 아트 리스트를 추천해 드리고 싶습니다.

11 _ 영상 화질과 영상 느낌이 달라지는 파일 추출 방법

편집은 꼼꼼히 했는데 파일 추출을 엉뚱하게 한다면 편집할 때 공들인 시간과 노력이 모두 수포로 돌아가게 됩니다. 추출 설정에 따라 유튜브에 업로드했을 때의 영상 화질이 달라지게 되고, 표현되는 느낌도 달라집니다. 그래서 후반작업에서 DI(Digital Intermediate)를 담당하시는 분들은 편집 전부터 어떤 매개 코덱을 쓰고, 어떻게 추출할지 미리 계획을 세우시곤 합니다. 저희는 그 정도까지는 필요 없지만, 그래도 노력한 만큼 좋은 결과물을 얻을 수 있는 방법을 알려드리도록 하겠습니다.

추출하기 전, 타임라인을 봅시다. 타임코드가 표시되어 있는 부분을 살펴보면 아래에 색상이 들어가 있는 ❶선이 보입니다. 노란색 줄은 GPU 가속을 사용할 때 나오고, 그래픽 카드가 없는 컴퓨터로 작업을 하거나, GPU 가속으로 처리할 수 없는 부분은 빨간색 또는 초록색으로만 표시가 됩니다.

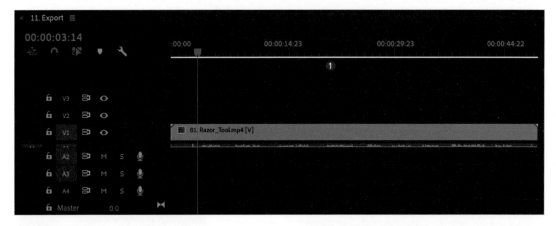

이렇게 선이 표시되어 있는 상태로 추출을 하게 되면 제가 ❶클립만 추출하려고 했더라도 ❷의 여백과 ❸의 클립까지 함께 추출되는 문제가 있습니다.

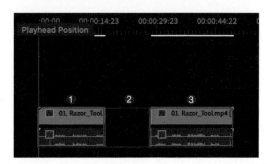

그래서 저는 주로 Work Area Bar를 활성화해서 제가 추출하고자 하는 부분만 선택해서 추출하는 방법을 사용하고 있습니다. 따라하기를 통해 함께 Work Area Bar를 활성화하는 방법을 배워보겠습니다.

동영상 강의 시청하기

https://youtu.be/doeLK9QwpH8

11-1 파일 추출을 위한 Work area Bar 설정

■ 소스 파일 : Chapter03 / Lesson 02 / 01. Razor_Tool.mp4

01 실습할 01. Razor_Tool.mp4 파일을 시퀀스 위로 당겨놓습니다.

02 Timeline 패널에서 시퀀스 이름 옆의 세 줄 아이콘(▤)에 마우스 커서를 대고 [마우스 오른쪽] 버튼을 클릭합니다.

03 팝업 메뉴가 나오게 됩니다. Work Area Bar를 클릭합니다.

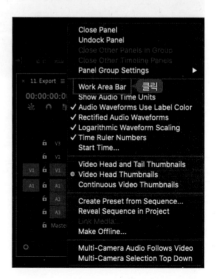

04 In Point를 잡고 옮기면 Work Area의 시작 지점을 늘리거나 줄일 수 있습니다. 바를 잡고 옮기면 전체적인 Work Area를 움직일 수 있습니다. Out Point를 잡고 옮기면 Work Area의 끝 지점을 늘리거나 줄일 수 있습니다.

05 파일로 추출하고 싶은 부분만큼 선택 영역을 조절하면 됩니다.

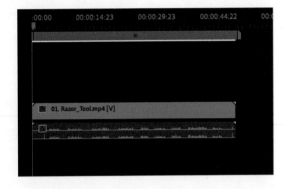

11-2 Export Settings 패널 맛보기

■ 소스 파일 : Chapter03 / Lesson 02 / 01. Razor_Tool.mp4

본 따라하기는 [11-1. 따라하기]를 완료한 후 진행해주세요..

01 Workarea 선택이 완료되었다면 Menu 패널 – Export – Media를 클릭합니다.

02 Export 화면이 나타나게 됩니다.

Export Settings에는 정말 다양한 기능들이 존재합니다. 그러나 모든 기능을 사용하려면 끝이 없고, 외우기도 어렵습니다. 여러분들이 실무에서 실제로 사용할 기능들만 정리해서 알려드리도록 하겠습니다.

❶ Source: 저장할 방법을 선택합니다. Media File이 선택되어 있어야 파일로 추출이 되며, 유튜브, 비메오 등의 소셜미디어로 바로 업로드하는 기능을 사용할 수도 있습니다.

❷ Settings: 기본 설정을 변경할 수 있는 패널입니다.

❸ File Name: 저장할 파일 이름을 지정합니다.

❹ Location: 파일이 저장될 위치를 지정합니다.

❺ Preset: 추출에 대한 사전 설정 모음입니다. 미리 만들어놓은 추출 설정 값을 적용할 수 있습니다.

❻ Format: 인코딩에 사용 될 코덱을 선택합니다. 어떤 코덱을 쓰느냐에 따라 확장자(ex: ***.mov, ***.avi, ***.mp4)도 달라지게 됩니다.

❼ Video: 비디오 인코딩에 대한 설정을 변경합니다.

❽ Audio: 오디오 인코딩에 대한 설정을 변경합니다.

❾ Captions: 캡션으로 만든 자막에 대한 설정을 변경합니다.

❿ Effects: 추출하면서 효과를 추가하여 적용합니다.

⓫ Metadata: 추출하는 영상에 대한 메타데이터 값을 변경합니다.

⓬ General: 추출에 대한 일반적인 설정을 변경합니다.

⓭ Source Range: 파일로 추출할 영역을 설정합니다. 저희가 방금 만든 것처럼 Work Area로 설정할 수도 있고, 시퀀스 전체 또는 In point와 Out point를 잡아 놓은 부분만 선택할 수도 있습니다.

11-3 유튜브를 위한 파일 추출 세팅하기

■ 소스 파일 : Chapter03 / Lesson 02 / 01. Razor_Tool.mp4

동영상 강의 시청하기

https://youtu.be/zf_5eInGMGE
CC 2023 이하 버전

https://youtu.be/Ra1S_0YbOJo
CC 2023 버전

이번 실습은 [11-1. 따라하기]와 [11-2. 따라하기]를 완료한 후 진행해주세요.

이번 실습에서는 여러분들이 실무에서 가장 많이 사용할 세팅에 맞춰서 추출해보도록 하겠습니다. Youtube는 H.264 코덱으로 영상을 업로드할 것을 권장하고 있고, 실제로 가장 호환성이 높은 코덱도 H.264이기 때문에 많은 작업에서 영상을 H.264로 추출을 하게 됩니다. 이번 실습에서는 H.264 코덱으로 영상 편집 결과물을 추출해보도록 하겠습니다.

01 Workarea 선택을 완료했다면 Home 패널에서 Export를 클릭합니다. 이전 버전을 사용하여 상단 메뉴에 Export가 보이지 않는다면 [11-2. 따라하기]처럼 상단 메뉴 – File – Export – Media를 클릭합니다.

02 Export 화면이 나타나게 됩니다. 파일명부터 바꿔주도록 하겠습니다. File Name을 클릭하고, **추출 연습**을 입력합니다. 저장될 위치도 바꿔주겠습니다. Location 옆의 파란색 경로를 클릭합니다. 위치를 바탕화면으로 지정해줍니다.

03 코덱을 변경해주도록 합니다. Format 옆의 아래 화살표(∨)를 클릭합니다. H.264 코덱을 클릭합니다.

04 비디오 설정을 변경해 보겠습니다. VIDEO 옆의 화살표를 클릭해줍니다. 메뉴가 나타나면 More를 클릭합니다.

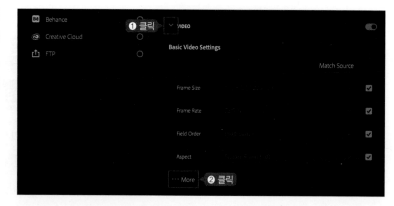

05 추가적인 설정 옵션이 나타납니다. Render at Maximum Depth의 체크 박스를 클릭합니다. Render at Maximum Depth는 높은 색상 수를 가진 카메라(12bit~16bit)로 촬영 된 영상을 8bit로 추출할 때 발생하는 밴딩(색상의 그라데이션이 계단형태로 표현되는 것) 현상을 막아주기 위한 기능입니다. 따라서 일반

적인 작업에서는 사용할 이유가 별로 없습니다. 보통 8bit 카메라를 많이 사용하기 때문입니다. 하지만 포토샵으로 만든 레이어나, 영상 위에 이미지 등의 추가적인 레이어를 많이 올리는 경우에는 색상이 다 표현될 수 있도록 사용하기도 합니다. 다만 추출하는 데 걸리는 시간이 더 들어가기 때문에 영상 위에 레이어가 많지 않다면 체크하지 않아도 좋습니다.

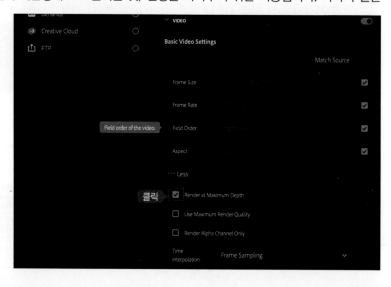

06 마우스 스크롤을 내려봅니다. Encoding Settings가 보이게 됩니다.

❶ Performance는 영상 파일로 추출 시에 컴퓨터 속 필요한 하드웨어들이 도와줄 것인지 묻는 것입니다. Hardware Encoding이 설정되어 있어야 작업 시간을 줄이는 데 좋습니다.

❷ Profile은 일반적으로는 High를 선택합니다. Profile은 영상이 재생되기 위해서는 인코딩 된 것을 다시 해제해주는 디코딩 절차를 거쳐야 하는 데, 그 호환성을 설정해주는 것입니다. Profile이 높을수록 화질이 좋아지게 됩니다.

'호환성이 떨어지면 재생이 안 되는 것 아닌가?' 하는 생각을 하실 겁니다. 하지만 컴퓨터에서 재생을 하는데는 전혀 문제가 없습니다. 다만 셋탑박스나 영상 재생을 위한 전용기기 등에서 충돌을 일으킬 수 있습니다. 15년~20년이 된 영상 재생용 기기들은 SD급 영상만을 처리할 수 있게 만들어져있습니다. 이런 기

기에서는 해상도를 SD(720*480)에 맞추었더라도 Encoding Profile을 High로 추출하게 되면 해당 기기가 처리할 수 있는 한계치를 넘어서기 때문에 정상적으로 재생이 되지 않을 수 있습니다. 하지만 대한민국의 기기들은 거의 HD사양으로 맞춰져있기 때문에 특별한 상황이 아니라면 High로 설정해주면 됩니다. High10은 10Bit를 지원하는 기기를 사용할 것이 아니라면 굳이 선택하지 않아도 됩니다.

❸ Level 역시 숫자가 올라갈수록 더 많은 데이터를 담게 돼서 화질이 좋아지게 됩니다. 다만 FHD로 촬영해온 것을 추출할 때 4.1이나 4.2를 넘어가게 되면 그 이상의 데이터량은 불필요한 것이고, 시간만 더 오래 걸리게 됩니다. 따라서 FHD로 촬영해

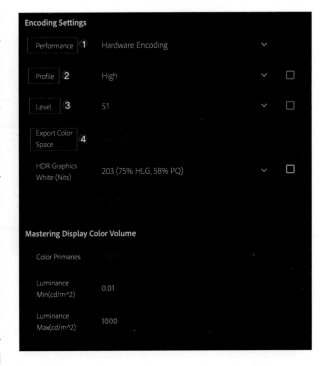

서 편집했다면 4.1~4.2로 설정해주면 됩니다. 4K로 촬영하여 추출하는 경우에는 더 높은 데이터를 전송할 수 있도록 5.1 이상으로 설정하면 됩니다.

❹ Export Color Space는 ❷Profile을 High10으로 설정했을 때만 변경할 수 있는 기능입니다. 10bit로 촬영된 영상의 색역을 어떤 것으로 맞출지 설정할 수 있습니다. ❺HDR Graphics White (Nits)는 HDR 모드로 촬영한 경우 설정에 맞춰서 변경할 수 있습니다.

위와 관련하여 자세한 내용은 아래에 첨부해둔 어도비 공식 홈페이지의 내용과 비트 설정 내용을 참고해보도록 합니다.

기본 포맷을 지정하여 출력할 비디오를 준비할 수 있습니다.
- **성능** - (H.264 및 HEVC에 해당) - **하드웨어 가속**이 기본 선택이며, Media Encoder에게 인코딩 시간을 단축하기 위해 시스템에서 사용 가능한 하드웨어를 사용하도록 지시합니다.
  - 하드웨어 가속은 시스템의 구성에 따라 다릅니다.
  - 시스템 하드웨어에서 특정 내보내기 설정을 지원하지 않는 경우 **성능** 메뉴가 **소프트웨어 전용**으로 자동 전환됩니다.
- **프로필** - 일반적인 h.264 프로필은 다음과 같습니다.
  - **기준선** - 빠른 디코딩 속도가 필요한 비디오 회의 및 유사 장치에서 사용하는 가장 단순한 프로필입니다.
  - **기본** - SD 브로드캐스트에 주로 사용되는 공통 프로필입니다.
  - **높음** - 대부분의 HD 디바이스에서 사용되는 널리 지원되는 프로필입니다.
  - **High10** - 10비트 디코딩을 지원하는 High 프로필의 확장입니다.
- **레벨** - 프레임 크기, 프레임 속도, 필드 비율, 필드 순서, 종횡비, 비트 전송율, 크로마 및 기타 압축 설정에 사용할 수 있는 선택 범위를 제한합니다. 일반적으로 설정 수준이 높으면 더 큰 비디오 해상도를 지원합니다.

Level	VBV maximum bit rate [1000bits/s]	VBV buffer size [1000bits]	Macroblocks/s	Resolution and frame rate
1	64	175	1485	128×96@30 or 176×144@15
1b	128	350	1485	128×96@30 or 176×144@15
1.1	192	500	3000	176×144@30 or 320×240@10
1.2	384	1000	6000	176×144@60 or 320×240@20
1.3	768	2000	11880	352×288@30
2	2000	2000	11880	352×288@30
2.1	4000	4000	19800	352×288@50
2.2	4000	4000	20250	352×288@50 or 640×480@15
3	10000	10000	40500	720×480@30 or 720×576@25
3.1	14000	14000	108000	1280×720@30
3.2	20000	20000	216000	1280×720@60
4	20000	25000	245760	1920×1088@30 or 2Kx1K@30
4.1	50000	62500	245760	1920×1088@30 or 2Kx1K@30
4.2	50000	62500	522240	1920×1088@60 or 2Kx1K@60
5	135000	135000	589824	2560×1920@30
5.1	240000	240000	983040	4Kx2K@30 or 4096×2304@25

◆ 어도비 공식 홈페이지에서 제공한 Encoding Settings의 Profile 내용 _ 출처: Encoding.com

07 바로 아래에 나오는 탭들은 색영역을 설정하게 하는 것인데, Encoding Settings에서 Profile을 High10으로 선택했을 때만 활성화가 됩니다. 일반적으로 사용하실 일이 잘 없기 때문에 건드리지 않고 넘어가도록 합니다.

08 스크롤을 아래로 내리면 ❶Bitrate Settings가 보입니다. ❷Bitrate Encoding을 눌러 원하는 인코딩 방식을 선택합니다. ❸CBR, ❹VBR 1 Pass, ❺VBR 2 pass가 있습니다.

이 부분을 이해하기 위해서는 Bit Rate를 이해하면 됩니다. Bitrate는 비디오와 오디오를 인코딩 할 때 사용되는 데이터 전송량을 의미합니다. 초당 Bitrate가 높아질수록 데이터가 많이 담기게 되어서 화질이 좋아집니다. 대신에 그만큼 용량 또한 커진다는 단점이 있습니다.

화면이 멈춰있는 상황이라던가 흰색 또는 검은색만 표시되어 있는 화면에서는 많은 데이터가 필요하지 않습니다. 하지만 색상이 많거나, 영상에 움직임이 많은 경우에는 당연히 더 많은 데이터 전송량이 있어야 처리할 때 화질이 떨어지지 않습니다.

❸ **CBR** : CBR은 Constant Bit Rate의 약자로 고정 Bitrate를 사용하는 방식입니다. 즉, 화면에 움직임이 많든, 움직임이 적든 계속해서 같은 데이터 전송량을 사용하는 것입니다. 이 때문에 용량이 커진다는 단점이 있습니다. 하지만 따로 분석을 거치지 않고 바로 추출하기 때문에 VBR보다 더 빠르게 추출이 됩니다.

❹ ❺**VBR** : VBR은 Various Bit Rate의 약자로 가변 비트전송률을 의미합니다. 움직임이 적을 때는 데이터 전송량을 낮추고, 움직임이 많거나 처리해야 할 것이 많은 경우에는 데이터 전송량을 높여서 화질이 좋게 표현되게 만듭니다. 즉, Bit Rate가 필요하지 않은 경우에는 전송률을 낮춰서 용량을 줄여준다는 장점이 있습니다. ❹VBR 1pass는 한 번 분석을 통해 압축을 해준다면 ❺VBR 2 pass는 두 번 분석을 거치기 때문에 더 효율적으로 압축이 되게 됩니다.

정리하자면 CBR과 VBR에도 같은 Bitrate를 사용하게 되면 차이를 느낄 수가 없습니다.

차이는 시간과 용량에 있습니다. CBR을 사용할 때는 분석 없이 고정 전송률을 사용하기 때문에 추출하는데 걸리는 시간이 줄어들게 됩니다. 하지만 용량이 커진다는 단점이 있습니다. VBR을 사용한다면 용량을 줄이는 데 도움이 되지만 분석이 필요해서 시간이 더 걸리게 됩니다. VBR을 사용한다면 반드시 두 번 압축이 들어가는 2pass를 사용해야 효율이 높아지게 됩니다.

추출 시간을 아껴야 하는 상황에, 용량 제한이 필요 없다면 CBR을 선택하면 됩니다.

하드 디스크에 여유 공간이 없는 상황이라면 VBR을 선택해서 용량을 줄여주면 됩니다.

저희는 우선 **VBR 2 pass**를 선택해서 작업해보도록 하겠습니다.

09 VBR 2pass를 선택하게 되면 ❶Targe Bitrate[Mbps]와 ❷Maximum Bitrate[Mbps]를 설정할 수 있습니다. 데이터 전송률을 얼마나 높일 것인지 묻는 것입니다. 유튜브에서는 15Mbps로 올릴 것을 권장하지만 막상 15Mbps로 추출해서 업로드하게 되면 유튜브 서버 내에서 인코딩을 한 번 더 거치게 되기 때문에 최종적으로 업로드 된 영상을 확인하면 화질이 떨어져있습니다. 따라서 Bitrate를 높여서 추출해줄 필요가 있습니다.

❶ Targe Bitrate[Mbps]는 목표하는 전송량을 얼마로 설정한 것인지 묻는 것입니다. 보통 30Mbps로 설정합니다. 다만 카메라 내에서 비트 전송률이 30Mbps보다 떨어진다면 30으로 설정해봐야 아무 의미가 없게 됩니다. 촬영된 소스의 화질이 3인데, 추출할 때 10을 놓는다고 화질이 좋아지는 것이 아니기 때문입니다. 하지만 최근에 출시되는 카메라들은 보통 50Mbps 이상을 지원하기 때문에 30Mbps로 놓도록 하겠습니다.

❸ Maximum Bitrate[Mbps]는 앞서 말씀드렸던 것처럼 움직임이 많거나 처리해야 할 부분이 많은 경우에는 어떤 전송량을 사용할 것인지 묻는 것입니다. Target Bitrate보다 5Mbps~10Mbps 정도를 추가해서 설정해주면 됩니다. 실습에서는 35Mbps로 놓도록 하겠습니다.

10 이번에는 Audio로 넘어가보도록 합니다. Audio Format에서 오디오 설정을 변경할 수 있습니다. 이전에는 MPEG코덱이 호환성이 더 좋았으나 최근에는 AAC코덱이 기본적으로 설치되어 있기 때문에 굳이 변경하지 않아도 됩니다. Basic Audio Settings에서 오디오 설정을 변경할 수 있습니다. 다만 굳이 변경할 필요가 없습니다. H.264 코덱으로 추출할 때 오디오는 추출 용량에 크게 영향을 주지 않기 때문에 이미 가장 좋은 것으로 설정이 되어 있습니다. Bitrate 역시 가장 높게 설정이 되어있는 것을 확인할 수 있습니다.

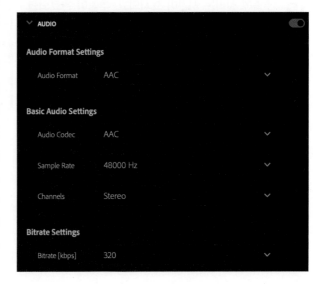

11 일반적인 설정은 완료되었습니다. 만약 캡션 자막을 이용했다면 Captions 기능을 켜줘야 추출 시 입력이 되므로, 꼭 켜주도록 합니다. Export Options는 Burn Captions Into Video를 선택해줘야 자막이 영상에 입력되어 추출됩니다.

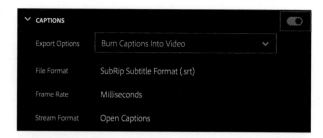

12 설정이 완료되었다면 [Export] 버튼을 클릭하여 추출합니다.

13 추출에 걸리는 시간이 표시되고, 추출이 완료되면 지정해놓은 폴더에 파일이 만들어져있는 것을 확인할 수 있습니다.

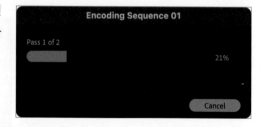

> **왜 이렇게 추출이 오래 걸리죠?**
>
> 첫째, 프리미어 프로는 파일로 추출 시에 CPU와 그래픽카드의 영향을 많이 받습니다. 컴퓨터 사양이 추출 시간에 영향을 많이 주고, 특히 외장 그래픽 카드가 없는 노트북으로 파일 추출을 하게 되면 더욱 오래 걸립니다.
>
> 둘째, 영상 위에 레이어가 많으면 많을수록 추출이 오래 걸립니다. 영상 소스 위에 자막도 있고, 이미지도 있고, 다른 영상도 있다면 일반적인 영상에 비해 시간이 더 오래 걸리게 됩니다.
>
> 만약 영상 길이가 1분 이내로 짧고, 자막이나 추가적인 레이어가 없는데도 추출 시간이 오래 걸린다면 Bitrate Mbps 세팅이 어떻게 되어있는지 확인해봐야 하고, Workarea 설정이 잘 되어있는지도 확인해 봐야 합니다.

11-4 파일 추출 세팅 Preset으로 저장하기

■ 소스 파일 : Chapter03 / Lesson 02 / 01. Razor_Tool.mp4

▶ 동영상 강의 시청하기

https://youtu.be/BkJFthirXtI
CC 2023 이하 버전

https://youtu.be/cZxC8_whUQQ
CC 2023 버전

이번 실습은 [11-3. 따라하기]를 완료한 후 진행해주세요.
작업 후에 영상을 추출할 때마다 설정 값을 변경하려면 시간이
많이 걸리게 됩니다. 자주 사용하는 세팅이 있다면 Preset으로
저장해두면 편리합니다. 이번 실습에서는 추출 설정 값을 Preset으로 저장해보도록 하겠습니다.

01 [11-3. 따라하기]와 동일하게 설정 값을 변경합니다.

02 설정이 다 되었다면 Preset 옆의 More 버튼(⋯)을 클릭합니다. 드롭 다운 메뉴가 나타나면 Save preset을 클릭합니다.

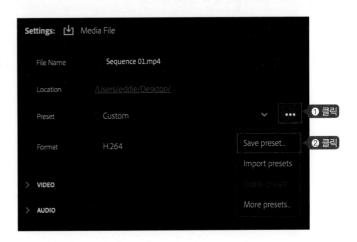

03 Save Preset 패널이 나타납니다. 빈 칸에 프리셋 이름을 입력합니다. 알아보기 쉬운 이름으로 입력해두면 편리합니다. [OK] 버튼을 클릭합니다.

04 Preset을 클릭해보면 방금 만든 프리셋이 저장되어 있는 것을 확인할 수 있습니다. 추후 작업 시에는 Workarea만 설정하고 들어와서 저장 위치와 이름만 변경한 후 Preset만 변경하면 따로 설정 값을 잡을 필요가 없어서 편리합니다.

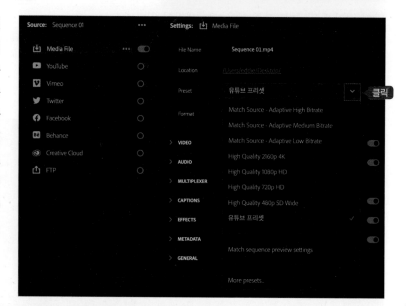

왜 다른 프리셋은 사용하지 않나요?

앞서 말씀드렸던 것처럼 유튜브는 서버에서 한 번 더 인코딩 절차를 거칩니다. 프리미어에 기본적으로 설정되어 있는 Preset들은 VBR 1 pass가 선택이 되어있거나 Bitrate가 너무 낮아서 유튜브에 업로드 했을 때 화질이 좋지 않습니다. 이 때문에 직접 원하는 세팅 값을 만들어놓고 사용하고 있습니다.

왜 Publish 기능을 사용하지 않나요?

Publish 기능을 사용하게 되면 파일이 추출된 후에 연결해놓은 페이스북, 유튜브 등의 사이트에 자동으로 업로드가 된다는 장점이 있습니다. 하지만 영상을 추출하고 보면 수정이 필요한 부분이 꼭 보이게 됩니다. 업로드에 시간이 걸리는 점을 고려했을 때, 오히려 비효율적일 수 있습니다. 그래서 저는 영상을 추출하면 우선 제 눈으로 다시 한 번 확인하고 난 후에 업로드하고 있습니다. 만약 영상 결과물을 따로 확인할 필요가 없는 경우에는 Publish 기능을 활용해서 바로 업로드해도 무방합니다.

03 "내 영상도 예능 프로그램처럼" 자막 제작 실습

예능 포맷의 영상을 편집하다 보면 아무리 다양한 효과를 넣어도 분위기가 잘 살지 않을 때가 있습니다. 웃긴 장면에서 시청자들이 웃게 만들고 싶은데 분위기가 살지 않는다면 자막을 통해 개그 코드를 살려줄 수 있습니다. 이외에도 개인 유튜브 촬영 때 잊어버려서 하지 못한 말이 있으면 자막으로 내용을 추가하기도 하고, 출퇴근길에 시청자들이 쉽게 영상을 볼 수 있도록 전체 자막을 깔아주기도 합니다. 이번 레슨에서는 프리미어 프로에서 다양한 자막을 만드는 방법을 배워보도록 하겠습니다.

01 _ 자막 제작을 위한 Type Tool 이해하기

예전 버전의 프리미어 프로는 자막을 만들기가 불편했습니다. Legacy Title로 한 장씩 제작해서 추가하거나, 포토샵에서 만들어서 불러와야 했습니다. 그러나 프리미어 프로 CC 2017 버전부터는 Type Tool(**T**)이 생겨서 쉽게 자막을 만들고 빠르게 수정할 수 있게 되었습니다. 이번 챕터에서는 다양한 실습을 통해 Type Tool로 어떻게 자막을 만들고 속성을 조절할 수 있는지 차근차근히 배워보도록 하겠습니다.

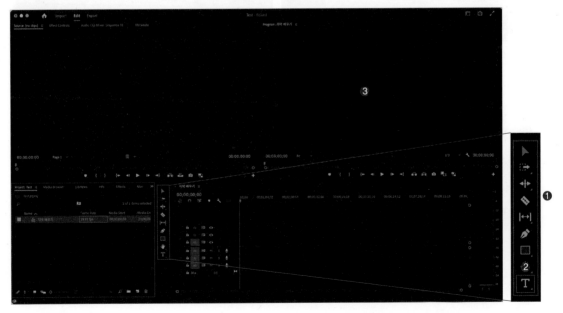

자막은 ❶Tools 패널에 있는 ❷Type Tool(T)을 이용하여 만들 수 있습니다. ❷Type Tool(T)을 클릭하고, ❸Program Monitor 패널을 클릭하면 됩니다. 이 때 ❸Program Monitor 패널에 마우스로 드래그를 해서 칸을 만드시는 분들이 있습니다. 정확한 칸을 만들어놓고 그 안에만 자막이 들어가길 원한다면 드래그 하셔도 되지만, 일반적인 자막을 입력할 때는 불편할 수 있습니다.

◆ 마우스로 드래그하여 텍스트 영역을 만들면, 영역을 벗어난 글자는 보이지 않습니다.

그 이유는 Program Monitor 패널에 드래그해서 ❶텍스트 영역을 만들게 되면, 드래그한 만큼의 입력 공간이 생기게 됩니다. 따라서 자막을 입력하다가 해당 영역을 넘어가게 되면 글씨가 잘려서 보이지 않습니다. 물론 다시 공간을 지정해 줄 수 있지만, 굳이 손이 한 번 더 가게 할 필요는 없겠죠?

◆ 마우스로 한 번만 클릭하면 입력하는 텍스트 양에 맞춰서 영역이 늘어나게 됩니다.

따라서 드래그해서 영역을 만들기보다는 Program Monitor 패널을 한 번 클릭하는 습관을 갖는 게 좋습니다. 클릭을 하게 되면 드래그할 때와는 다르게 작게 ❶텍스트 영역이 만들어집니다. 글자를 입력하게 되면 자동으로 ❶텍스트 영역이 늘어나면서 계속해서 입력할 수 있습니다.

텍스트를 입력하다 보면 입력한 자막이 바로 나타나지 않는 경우가 있습니다. 영문일 때는 문제가 없지만, 한글로 텍스트를 입력할 때는 다음 글자를 입력해야 방금 전에 입력한 글자가 보입니다. 만약 입력을 다했는데 이전 문자가 보이지 않는다면 키보드의 우측 방향 키(→)를 눌러주면 모두 나타나게 됩니다.

입력을 다 하고 나면 반드시 **❶Selection Tool(▶)**로 변경합니다. 빨간색으로 활성화 되어있던 **❷ 텍스트 영역**이 파란색으로 바뀐 것을 확인할 수 있습니다. **❸Timeline** 패널에 빨간색으로 **❹텍스트 클립**이 생성된 것이 보입니다.

이 상태에서 텍스트의 폰트나 크기 등의 속성을 변경하고 싶다면, **❶Timeline** 패널의 **❷비디오 클립** 위에 만들어진 **❸텍스트 클립**을 클릭합니다. 그리고 **❹Effect Controls**를 누릅니다.

❶Effect Controls 패널 안에 ❷Graphics라고 되어있는 탭이 보입니다. ❸Text라고 되어있는 칸의 왼쪽에 위치해있는 ❹화살표(>)를 클릭합니다.

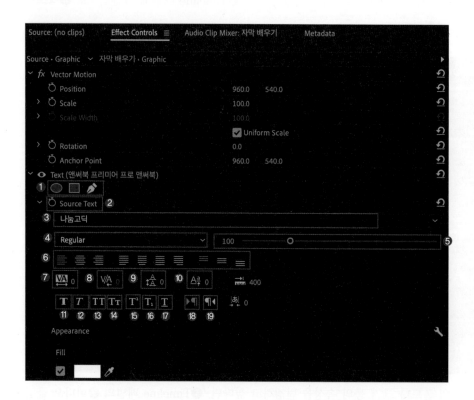

다양한 텍스트 설정값이 아래로 나타납니다. 다른 기능들과 마찬가지로 굳이 외울 필요 없이 하나씩 만져보면서 익히는 것이 좋습니다. 자주 사용하는 기능은 파란색으로 표시해두었으니, 파란색으로 표시된 기능들은 꼭 한 번씩 만져보시는 것을 추천합니다. 자막을 만들 때 정말 쓸 일이 없는 기능은 회색으로 표시해두었으니, 건너뛰어 주셔도 괜찮습니다.

❶ Create Mask: 텍스트의 특정 영역만 보이게 마스크를 만드는 기능입니다.

❷ Source Text: 키프레임으로 텍스트가 변하는 애니메이션을 만들 수 있습니다.

❸ Font: 텍스트의 폰트를 변경할 수 있습니다.

❹ Font Style: 한 폰트에 굵기가 따로 나눠져있는 경우 다른 굵기로 변경할 수 있습니다.

❺ Font Size: 텍스트의 크기를 조절합니다.

❻ Align Text: 텍스트가 입력되는 방향을 정렬합니다. 좌우중앙 정렬 뿐만 아니라 수직에서의 정렬도 가능 합니다. 워드에서 좌측 정렬, 가운데 정렬 등과 같은 가능이라고 생각하시면 편합니다.

❼ Tracking: 글자 간의 간격(자간)을 조절합니다.

❽ Kerning: 글자 간의 간격을 조절하는데, 전체 조절이 아니라 부분 조절을 하는 기능입니다. 한글 자막에서 는 큰 차이가 없지만, 영문을 쓸 때 사용합니다.

❾ Leading: 줄 간격을 조절하는 기능입니다.

❿ Baseline Shift: 지정한 텍스트의 줄 높이를 변경하는 기능입니다.

⓫ Faux Bold: 글씨를 두껍게 처리해줍니다.

⓬ Faux Italic: 글씨를 기울입니다.

⓭ All Caps: 영어 자막을 쓸 때 모두 대문자로 바꿔줍니다.

⓮ Small Caps: 영어 자막을 쓸 때 모두 소문자로 바꿔줍니다.

⓯ Super Script: 어깨글자라는 뜻으로, 제곱 표시나 화학 기호처럼 문자의 위쪽으로 올라가게 만들어줍니다.

⓰ Sub Script: 첨자라는 뜻으로, 문자의 아래쪽으로 내려오게 만들어줍니다.

⓱ Under Line: 글자에 밑줄을 칩니다.

⓲ Left to right typing: 글자를 왼쪽에서 오른쪽으로 입력합니다.

⓳ Right to left typing: 글자를 오른쪽에서 왼쪽으로 입력합니다.

회색으로 표시해둔 기능들은 정말 쓸 일이 잘 없습니다. 이전에도 설명했듯이 모든 기능을 외우려고 하기보다는 필요할 때 하나씩 눌러보면서 익히시는 것을 추천해 드립니다.

01-1 기본 자막 입력하기

■ 소스 파일 : Chapter03 / Lesson 03 / 01. Video01.mp4

▶ 동영상 강의 시청하기

https://youtu.be/6Aoh_UbLdnw

그럼 위에서 설명해드린 내용을 바탕으로 하나씩 따라 해보도록 하겠습니다. 먼저 텍스트를 입력해 보도록 하겠습니다.

01 시퀀스를 만들고 그 위에 01.Video01.mp4 파일을 올려줍니다.

02 자막을 입력하기 위해 ❶Tools 패널에서 Type Tool(T)을 선택합니다. 클릭한 상태에서 ❷Program Monitor 패널에서 자막이 써졌으면 하는 화면을 클릭합니다.

03 Program Monitor 패널에 빨간색 입력 창이 작게 나타납니다. 동시에 Timeline 패널에 Graphic이라는 클립이 생긴 것을 확인할 수 있습니다.

04 원하는 내용의 자막을 입력합니다. 필자는 ❶'앤써북 프리미어 프로'라고 입력하도록 하겠습니다. 입력이 다 되었으면 키보드의 오른쪽 방향 키(→)를 눌러서 모든 글자가 나왔는지 확인합니다.

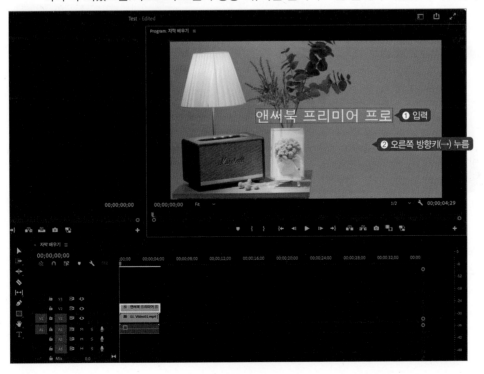

05 입력이 다 되었으면 Tools 패널에서 Selection Tool(▶)을 클릭합니다. 빨간색으로 활성화되어있던 입력 창이 파란색으로 바뀌게 됩니다. Timeline 패널의 그래픽 클립의 이름이 방금 입력한 자막으로 변경되어 있는 것을 확인할 수 있습니다.

❝ 자막 입력이 끝나면 꼭 Selection Tool(▶)로 바꿔줘야 하나요?

포토샵이든 프리미어든 모든 어도비 프로그램은 텍스트 도구를 이용해 문자를 입력했으면 다시 선택 도구로 바꿔줘야 합니다. 완전히 입력이 멈추게 되어서 실수할 일을 줄일 수 있습니다.

01-2 입력한 자막 폰트 바꾸기

▶ 동영상 강의 시청하기
https://youtu.be/P8PrcuQm0no

■ 소스 파일 : Chapter03 / Lesson 03 / 01. Video01.mp4

방금 입력한 자막의 폰트가 기본 폰트라 너무 안 예쁘셨죠? 이번에는 폰트를 바꿔보도록 하겠습니다.

◆ 폰트 변경 전   ◆ 폰트 변경 후

01 Timeline 패널을 확인해 보면 01.Video01.mp4 클립 위의 트랙에 ❶빨간색으로 자막 클립이 생겨있는 것을 볼 수 있습니다. 이를 클릭하고 Source Monitor 패널 옆에 있는 ❷Effect Controls 패널을 클릭합니다.

02 Effect Controls 패널에 설정 메뉴가 나타납니다. Timeline 패널에서 선택한 Graphic 클립에 대한 설정 값을 조절할 수 있습니다. Effect Controls 패널에서 Text의 화살표(▶)를 클릭합니다. 텍스트의 속성 값을 설정할 수 있는 설정 메뉴가 나타난 것을 확인할 수 있습니다.

03 Source Text 아래의 드롭다운 메뉴가 폰트 설정 메뉴입니다. ❶화살표(⌄)를 클릭하면 선택 창(❷)
이 아래로 나타납니다. 원하는 폰트로 바꿔주도록 합니다. 텍스트를 한글로 입력하셨다면 한글을 지
원하는 폰트로 바꿔줘야 합니다. 영문 전용 폰트로 바꾸게 되면 글씨가 제대로 표시되지 않을 수 있습니다.

04 Program Monitor 패널을 확인해보면 자막의 폰트가 바뀌어있는 것을 확인할 수 있습니다.

01-3 자막 크기 및 위치 조절하기

■ 소스 파일 : Chapter03 / Lesson 03 / 01. Video01.mp4

▶️ 동영상 강의 시청하기

https://youtu.be/uo6bGuqG9ul

폰트를 바꾸고 나니 자막의 크기가 너무 크거나 작아 보일
수 있습니다. 이번에는 자막의 크기와 위치를 조절해보도록 하겠습니다.

01 Timeline 패널의 시퀀스에서 이미 만들어두었던 자막 클립을 클릭합니다. Source Monitor 패널의 옆
에 위치한 Effect Controls 패널을 클릭합니다.

02 Effect Controls 패널의 Text 아래에 보면 Font Size가 있습니다. 원형 다이얼을 옮기면 크기를 조절할 수 있습니다. 왼쪽으로 가면 크기가 작아지고, 오른쪽으로 가면 크기가 커집니다.

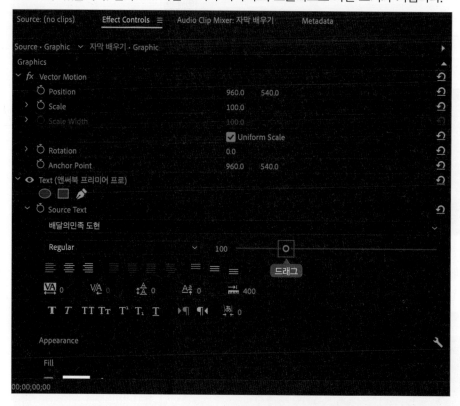

03 만약 정확한 값을 입력하고 싶은 경우 ❶파란색 숫자를 클릭하면 ❷숫자를 입력해서 변경할 수 있습니다.

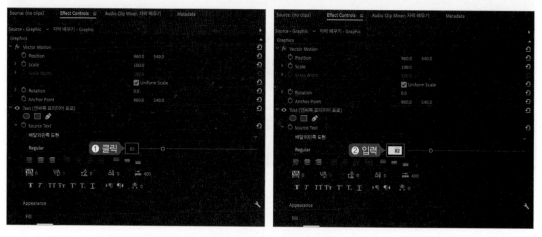

04 위치를 이동하고 싶다면 ❶Text를 클릭합니다. Program Monitor 패널을 확인하면 텍스트에 파란색 테두리가 생긴 것을 확인할 수 있습니다. 그 상태로 ❷마우스로 클릭하여 원하는 위치로 드래그해서 옮기면 됩니다.

05 더 정확한 값으로 위치를 조절하고 싶다면 Effect Controls에서 아래로 스크롤바를 내립니다. Transform 이 보입니다. Position의 값을 조절하면 됩니다. 왼쪽 숫자는 X축(가로축), 오른쪽 숫자는 Y축(세로축)입니다. 마우스로 꾹 누르면서 좌우로 옮기면 됩니다.

06 자막의 위치가 옮겨진 것을 확인할 수 있습니다.

01-4 텍스트 색상 바꾸기

■ 소스 파일 : Chapter03 / Lesson 03 / 01. Video01.mp4

동영상 강의 시청하기

https://youtu.be/WpgaqxJnMaY

폰트를 변경하고 크기와 위치까지 변경했다면, 이번엔 색상
을 바꿔보도록 하겠습니다.

01 Timeline 패널 위의 ❶그래픽 클립을 클릭하고, ❷Effect Controls를 클릭합니다.

02 Effect Controls의 스크롤바를 내립니다. Appearance 탭이 보입니다. Fill이 폰트의 색상을 의미합니다. 사
각형을 클릭합니다.

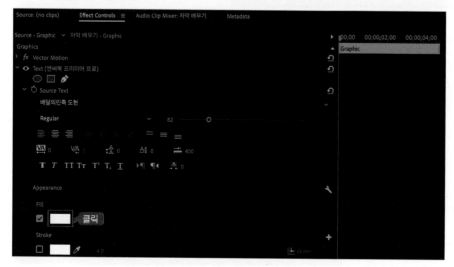

03 Color Picker 패널이 나타납니다. Solid를 클릭하면 드롭 다운 메뉴가 나타납니다. Solid는 단색, Linear Gradient 는 선형 그라데이션, Radial Gradient는 방사형 그라데이션을 만 들 수 있습니다. 이번에는 Solid를 선택하도록 합니다. 만약 이 부분이 보이지 않는다면 프리미어 프로 최신 버전이 아닙니다. 업데이트를 해주면 정상적으로 보입니다.

04 ❶슬라이더에서 원하는 색상 톤을 클릭하고, ❷팔레트에 서 세부적인 색상을 클릭합니다. [OK] 버튼을 누릅니다.

05 색상이 변경된 것을 확인할 수 있습니다.

01-5 텍스트 테두리 만들기

- 실습 파일 : Chapter03 / Lesson 03 / 01. Video01.mp4

 동영상 강의 시청하기

https://youtu.be/S5XNUgm4ZjM

이번에는 유튜브에서 많이 쓰이는 자막처럼 테두리를 만들어보도록 하겠습니다.

01 Timeline 패널에서 ❶그래픽 클립을 클릭하고, ❷Effect Controls를 클릭합니다.

02 Effect Controls의 스크롤바를 내려서 Appearance로 갑니다. Stroke 옆에 있는 체크박스를 클릭합니다.

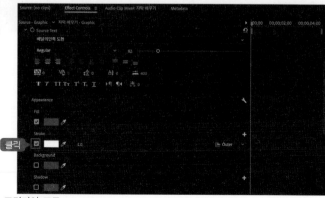

03 파란색으로 표시되어 있는 Stroke Width의 숫자를 클릭하고, 적절한 값을 입력한 뒤, Enter 키를 누릅니다. 여기서는 '6'을 입력하도록 하겠습니다.

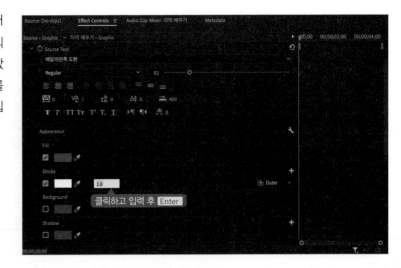

04 흰색 테두리가 추가된 것을 확인할 수 있습니다. 흰색 테두리만으로는 조금 아쉬움이 남는다면, 테두리를 하나 더 추가해 줄 수도 있습니다. CC 2019 4월 업데이트부터 추가된 기능으로, 이전 버전을 쓰시는 분들께는 보이지 않을 수도 있습니다.

05 Stroke 옆의 + 아이콘(+)을 클릭합니다.

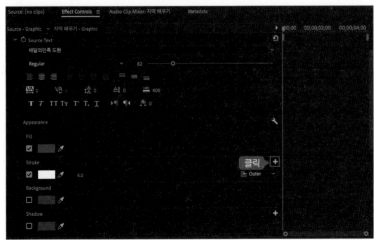

06 Stroke가 하나 더 추가된 것을 확인할 수 있습니다. 파란색으로 표시되어 있는 Stroke Width의 숫자를 클릭합니다. 원하는 값을 입력해주면 됩니다. 첫 Stroke보다는 확실히 두껍게 보일 수 있도록 2~3배 정도 높은 값을 입력합니다. 입력이 끝났으면 Enter 키를 누릅니다.

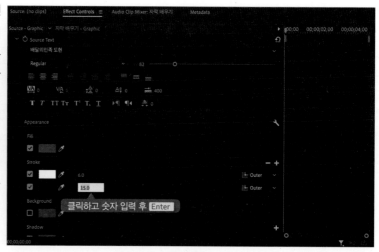

07 두 개의 테두리가 생긴 것을 확인할 수 있습니다.

01-6 텍스트 그림자 만들기

■ 소스 파일 : Chapter03 / Lesson 03 / 01. Video01.mp4

▶ 동영상 강의 시청하기

https://youtu.be/uAnbTQy2WZM

자막의 테두리를 추가하게 되면 영상이 예능 느낌이 되거나, 가벼운 분위기가 됩니다. 그래서 감성적인 영상에서 자막에 테두리를 추가하게 되면 톤 앤 매너가 깨지는 경우가 있습니다. 그렇다고 Stroke를 제거하자니 자막의 가시성 때문에 난감할 때가 있습니다. 이럴 때는 자막에 그림자를 만들어서 자막이 잘 보이면서도 너무 유치해 보이지 않게 만들면 됩니다. 이번 실습에서는 텍스트의 그림자를 함께 만들어보도록 하겠습니다.

01 Timeline 패널에 01. Video01.mp4 파일을 불러와줍니다. Tools 패널에서 Text Tool을 선택하고 Program Monitor를 클릭합니다. 자막을 입력합니다.

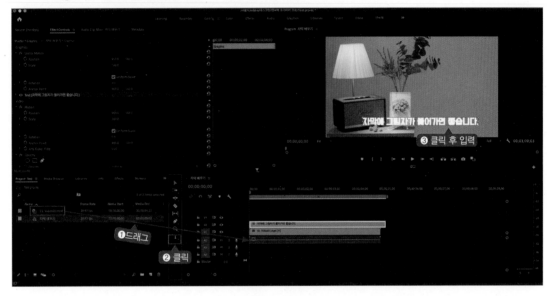

프리미어 프로를 종료하지 않고 따라하기를 계속 이어서 공부하고 계신 분들이라면 텍스트가 이상하게 보일 수 있습니다. 방금 전까지 입력하고 있던 텍스트와 동일한 속성이 적용되어서 그렇습니다. 이럴 때는 Effect Controls 패널에서 Text 안에 있는 다른 속성(예 Stroke)을 꺼주면 됩니다.

02 폰트부터 바꿔주도록 합니다. 이전까지 굵은 폰트로 작업을 했다면, 이번에는 명조나 바탕체를 이용하도록 합니다.

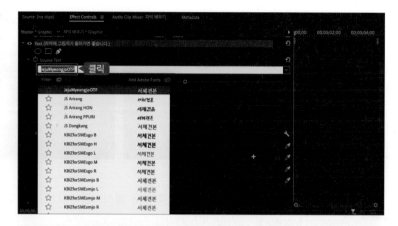

03 Effect Controls 패널의 스크롤바를 내려줍니다. Shadow의 체크박스를 클릭합니다.

❶ Opacity: 그림자 전체의 투명도를 조절합니다.

❷ Angle: 그림자를 만드는 빛의 각도를 조절합니다.

❸ Distance: 텍스트와 그림자 사이의 거리를 조절합니다.

❹ Size: 그림자의 크기를 조절합니다.

❺ Blur: 그림자의 흐린 정도를 조절합니다.

04 Program Monitor로 변화를 보면서 원하는 만큼 값을 조절해보도록 합니다.

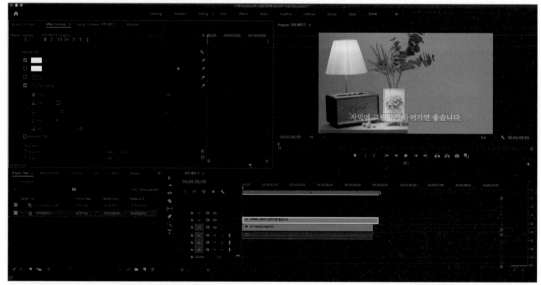

01-7 텍스트를 화면의 중앙으로 자동 정렬하기

■ 소스 파일 : Chapter03 / Lesson 03 / 01. Video01.mp4

▶️ 동영상 강의 시청하기

https://youtu.be/pPjqXNZkc1k
CC 2023 이하 버전

https://youtu.be/ak408YA6Wec
CC 2023 버전

텍스트를 화면의 정중앙에 놓고 싶은데 어떻게 해야 하나 고민이 많으셨죠? 두 가지 방법으로 정렬하는 방법을 알려드리도록 하겠습니다.

01 ❶Timeline 패널에서 그래픽 클립을 선택합니다. ❷Program Monitor 패널에서 자막을 클릭합니다. 텍스트 영역이 파란색으로 변경됩니다.

02 상단 메뉴에서 Graphics and Titles 탭으로 들어갑니다. Align to Video Frame을 클릭하면 다양한 기능들이 나타나게 됩니다. 각각 화면의 위치에 정렬하는 기능이며, Center Vertically와 Center Horizontally를 가장 많이 사용합니다. Center Vertically는 화면 세로축의 중앙 정렬, Center Horizontally는 화면 가로축의 중앙 정렬입니다. 이번 따라하기에서는 화면의 가로 중앙 정렬이 중요하므로 Center Horizontally를 눌러줍니다.

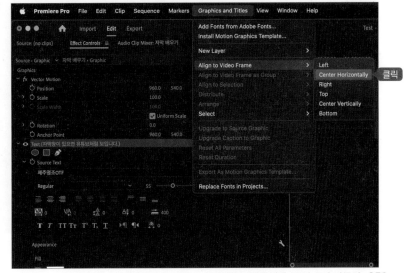

03 텍스트의 위치가 화면의 중앙에 맞춰진 것을 확인할 수 있습니다. 만약 이렇게 정렬하는 방법이 불편하다면, 인터페이스를 바꿔서 하는 방법도 있습니다. 홈 패널에서 Workspaces 아이콘( )을 클릭하고, Captions and Graphics를 클릭합니다.

04 인터페이스가 바뀌게 되면서 우측에 Essential Graphics 패널이 나타나게 됩니다. Essential Graphics 패널에서 Edit을 클릭합니다.

05 Timeline 패널에서 선택되어 있는 그래픽 클립에 포함되어 있는 텍스트들의 속성을 수정할 수 있게 됩니다. Edit 아래에 입력되어 있는 텍스트를 클릭합니다.

06 선택한 텍스트에 대한 속성이 나타납니다. Align and Transform 패널을 확인합니다. 상단 메뉴의 Graphics and Fitles 탭에서 봤던 것과 똑같은 기능이 보입니다. Horizontal Center를 클릭하면 화면의 가로축 중앙으로 정렬됩니다.

07 텍스트에 대한 수정이 모두 끝났다면 다시 Workspace를 이전처럼 변경해놓는 것이 편합니다. Workspaces 패널에서 Editing 또는 직접 만들었던 Workspace로 변경합니다.

01-8 간단하게 자막 창 만들기

■ 소스 파일 : Chapter03 / Lesson 03 / 01. Video01.mp4

▶ **동영상 강의 시청하기**

https://youtu.be/Q8k9nKlzwHg
CC 2023 이하 버전

https://youtu.be/20Mm8oba908
CC 2023 버전

이번에는 유튜브에서 흔히 보이는 것처럼 자막 창을 만들어 보도록 하겠습니다. 프리미어 프로 CC 2018 버전을 쓰시는 분들은 '2강: 좌우로 자막 창이 늘어나는 반응형 자막 만들기'를 보시면 됩니다.

01 ❶Type Tool(T)을 클릭하고 ❷Program Monitor를 클릭합니다. 빨간색 텍스트 영역이 나타나면 글 씨를 입력합니다. 입력이 끝나면 Selection Tool(▶)을 클릭합니다. Timeline 패널에 그래픽 클립이 생성됩니다. 그래픽 클립을 클릭하고 Effect Controls로 들어갑니다.

02 Appearance의 하위에 Background가 있습니다. 체크박스를 클릭합니다. 속성을 변경할 수 있는 하위 메뉴가 나타납니다.

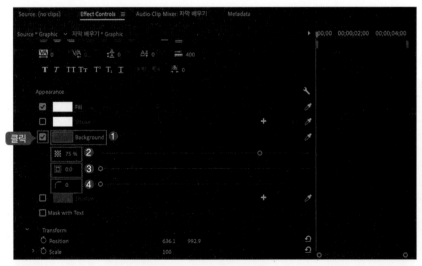

❶ Color Picker: 자막 창의 배경 색상을 교체할 수 있습니다.

❷ Opacity: 자막 창의 투명도를 조절합니다.

❸ Size: 자막 창의 크기를 조절할 수 있습니다.

❹ Corner Radius: 사각형의 테두리를 원형 형태로 변경합니다.

❷, ❸, ❹를 조절하여 적절한 크기와 투명도를 가진 자막 창을 만들어줍니다.

03 이번에는 Color picker를 클릭합니다. Color Picker 패널이 나타납니다. ❶슬라이더를 이용해 원하는 톤을 잡아주고, ❷팔레트에서 세부적인 색상을 변경해 주도록 합니다. 주로 검은색이나 흰색을 많이 사용합니다.

04 자막 창의 디자인이 완성되었습니다. 자막 창은 계속해서 같은 위치에서 나오게 해주는 것이 편하기 때문에 텍스트를 중앙 정렬해줘야 합니다. Center align text를 클릭합니다.

05 텍스트가 중앙 정렬이 되면서 위치가 바뀌게 됩니다. 이전의 따라하기에서 배웠던 것처럼 텍스트의 화면 정렬을 가운데로 잡아줘야 합니다. ❶Timeline 패널에서 그래픽 클립을 클릭하고, ❷Program Monitor 패널에서 텍스트를 클릭합니다.

06 Program Monitor 패널에 텍스트 영역이 파란색 상자로 바뀐 것이 보입니다.

07 상단 메뉴에서 Graphics and Titles를 클릭합니다. Align to Video Frame에서 Center Horizontally를
클릭합니다.

08 가로축이 가운데 정렬
된 것을 확인할 수 있
습니다. 마지막으로 세로축을
원하는 위치로 직접 조절하면
됩니다. Effect Controls 패널
에서 스크롤바를 내려서
Transform 탭으로 갑니다.
Position에서 Y축(세로) 값을
조절하도록 합니다.

09 이제 텍스트 영역이 중앙 정렬되었고, 화면과도 중앙 맞춤이 완료되었기 때문에 다른 자막을 입력하더라도 같은 위치에서 나오게 됩니다.

02 _ 좌우로 자막 창이 늘어나는 반응형 자막 만들기

▶ 동영상 강의 시청하기

https://youtu.be/Og6QjTYAgVk
CC 2023 이하 버전

https://youtu.be/A7zSh2c_aeE
CC 2023 버전

■ 소스 파일 : Chapter03 / Lesson 03 / 02. Video00.mp4

Type Tool에서 Background 기능은 편리하지만 아쉬운 점이 있습니다. 자막 창을 만들 때 상하 여백은 거의 없고, 좌우 여백만 넉넉하게 주고 싶을 때가 있습니다. 이럴 때 Background 기능은 상하좌우의 여백이 같이 움직이게 되어 있어서 별도로 조절이 불가능합니다. 이럴 때는 반응형 자막(Responsive Design)을 이용하면 원하는 대로 좌우 여백만 조절할 수 있습니다. 이외에도 Background 기능이 없는 이전의 프리미어 프로 버전을 쓰시는 분들은 이번 실습을 통해 자막 창을 만들어줄 수 있습니다.

◆ Background로 만든 자막 창   ◆ 반응형 자막으로 만든 자막 창

01 새로운 Sequence를 만들고, 02.Video00.mp4 파일을 불러와줍니다.

02 Tools 패널의 Rectangle Tool(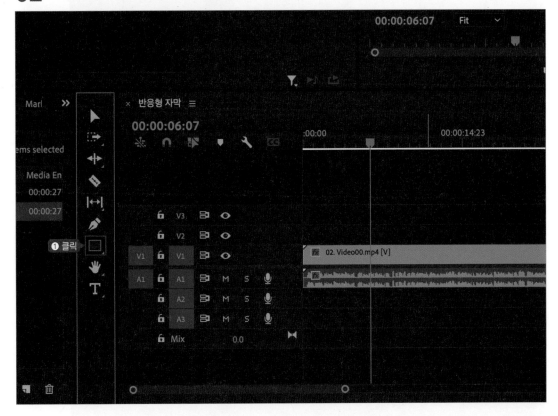)을 클릭합니다.

03 ❶Program Monitor 패널에 사각형을 그려줍니다. 사각형이 만들어지면서 Timeline 패널에 Graphic 클립이 만들어진 것을 확인할 수 있습니다. 이번에는 Tools 패널에서 ❷Text Tool(T)을 클릭하고 ❸Program Monitor 패널을 클릭합니다. 굳이 사각형 위에 그릴 필요 없이 편한 곳을 클릭해주면 됩니다.

04 02.Video00.mp4의 첫 부분에서 제가 말하는 내용인 "안녕하세요. 편집 강사 신재호입니다."를 입력 해 주도록 합니다.

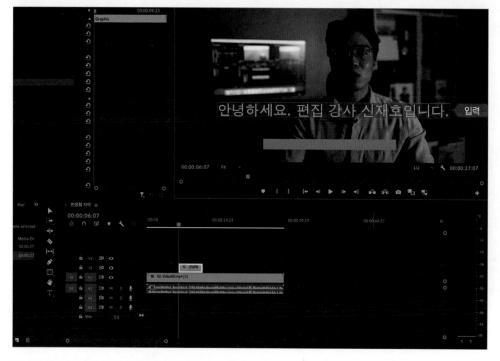

05 입력이 다 되었으면 Tools 패널에서 Selection Tool(▶)로 변경해 주도록 합니다. Program Monitor 패널의 텍스트 영역이 파란색 상자로 변경됩니다.

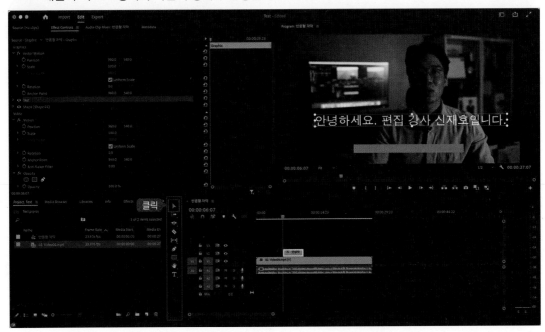

06 홈 패널에서 Workspaces 아이콘(▦)을 클릭하고, Captions and Graphics를 클릭합니다. 인터페이스가 바뀌면서 Essential Graphics 패널이 오른쪽으로 나타나게 됩니다. Essential Graphics 패널의 Edit을 클릭합니다.

07 선택했던 Graphics 클립 안에 있는 개별 레이어들을 수정할 수 있게 됩니다. ❶텍스트 레이어를 클릭합니다. Text 패널에 있는 ❷Font의 화살표(▼)를 클릭합니다.

08 드롭다운 메뉴가 나타나면서 폰트를 선택할 수 있게 됩니다. 가독성이 좋으면서도 톤과 잘 맞는 폰트를 골라주도록 합니다. 보통 고딕체나 돋움체를 많이 사용합니다.

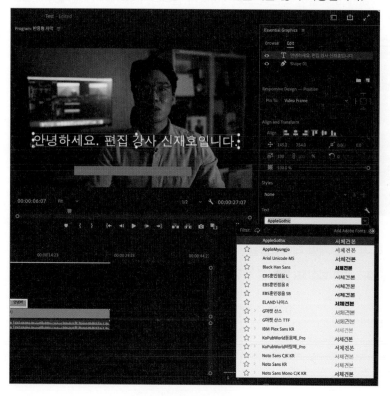

09 Font Size의 다이얼을 조절해서 원하는 크기로 만들어주도록 합니다.

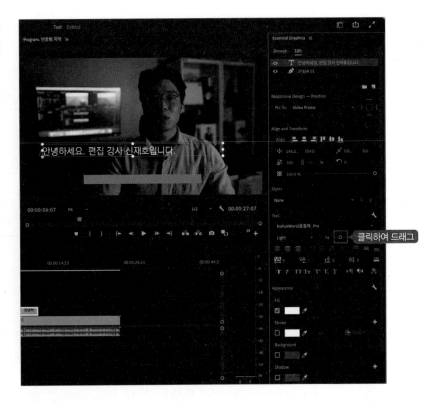

10 텍스트 조절이 끝났으면 이전에 그렸던 사각형부터 조절하도록 합니다. Edit 아래에 있는 Shape 01 을 클릭합니다. 패널의 모양이 바뀐 것을 확인할 수 있습니다.

11 Align and Transform 패널에서 Toggle animation for Opacity의 다이얼을 조절해서 투명도를 조절합니다. 너무 불투명하면 답답하고, 너무 투명하면 자막이 잘 보이지 않을 수 있기 때문에 적절한 값으로 만들어줍니다.

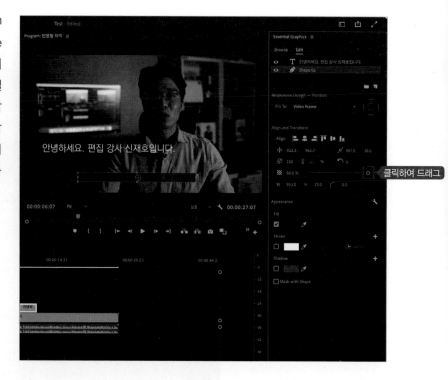

12 Align and Transform 패널에서 ❶Align Center Horizontally를 클릭합니다. 화면의 가로축 중앙에 맞게 됩니다. Toggle Animation for Position을 보면 숫자 두 개가 보입니다. 왼쪽이 가로축(X축), 오른쪽이 세로축(Y축)입니다. ❷오른쪽을 조절해서 원하는 세로 위치에 배치합니다.

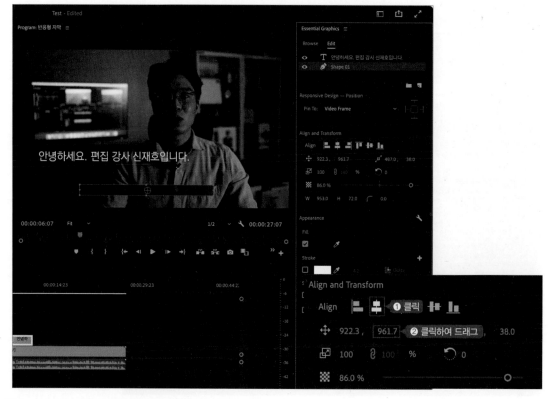

13 다시 Edit에서 ❶텍스트를 클릭합니다. Align and Transform 패널에서 Toggle Animation for Position
의 ❷세로축 값을 조절해서 사각형의 중앙 높이와 비슷한 곳으로 옮겨주도록 합니다.

14 Text 패널에서 ❶Center align text을 클릭합니다. 텍스트가 중앙 정렬이 되어있어야 다른 자막을 입
력해도 중앙 정렬이 된 상태로 나오기 때문에 꼭 기억해 주셔야 합니다. 마지막으로 ❷Align and
Transform 패널에서 Align Center Horizontally를 클릭합니다. 화면의 중앙으로 텍스트가 정렬된 것을 확인
할 수 있습니다.

15 ❶다시 Edit에서 Shape 01을 클릭합니다. Responsive Design 패널에서 ❷Pin To의 아래 화살표(▾)를 클릭합니다. 드롭다운 메뉴가 나타나면, '안녕하세요. 편집 강사 신재호입니다.'라고 나와 있는 텍스트를 클릭합니다.

16 가운데 사각형을 클릭합니다. 클릭하면 상하좌우로 파란색이 생기는 것을 확인할 수 있습니다.

17 세팅이 완전히 끝났습니다. 다음 대사에 맞춰서 다음 자막을 입력하려면 Graphic 클립을 잘라서 사용해도 되고, ❶Graphic 클립을 선택한 상태에서 ❷ Alt 키를 누르면서 마우스로 드래그하여 사본을 만들고 사용해도 됩니다.

18 재생 막대를 복제한 클립으로 이동한 후 다시 텍스트 입력을 해보면 입력하시는 자막에 맞게 자막 창이 좌우 여백을 유지하면서 늘어나는 것을 확인할 수 있습니다.

03 _ Type Tool로 셀레브 스타일 자막 만들기

인터뷰 영상이나 설명하는 형태의 유튜브 영상은 말하는 내용이 주된 콘텐츠이기 때문에 지루해지기 쉽습니다. 이럴 때 시각적인 효과를 넣으면 덜 지루하게 만들어줄 수 있습니다. 인서트 컷을 중간중간 넣어주는 것이 제일 좋지만, 이를 충분히 확보하지 못했다면 셀레브 스타일의 자막을 활용해보는 것도 좋습니다. 답변자가 내용을 말하기 전에는 자막 테두리만 있다가, 해당 내용을 말하기 시작하면 테두리 안의 색이 채워지는 방식입니다. 유튜브에서 셀레브 Sellev 채널을 검색하시면 조금 더 이해가 빠르실 겁니다. 이번 단원에서는 함께 셀레브 스타일의 자막을 만들어보도록 하겠습니다.

03-1 텍스트의 개별 사이즈 조절하고 테두리만 남기기

■ 소스 파일 : Chapter03 / Lesson 03 / 03. Video00.mp4

▶ 동영상 강의 시청하기
https://youtu.be/CLTgFD34yxA

01 새 Sequence를 만들고, 03. Video00.mp4 파일을 불러와줍니다. 영상을 재생해서 보시면서 어떤 대사가 있는지 들어봐주시고, 가능하시다면 윈도우나 맥 OS의 메모장 프로그램을 켜서 대사를 받아 적어주세요.

02 Tools 패널에서 ❶Type Tool(T)을 클릭한 후 ❷Program Monitor 패널을 클릭합니다. 메모장에 적어두었던 대사를 복사해서 붙여 넣어주세요. 그리고 Tools 패널에서 ❸Selection Tool(▶)을 클릭합니다.

03 Timeline 패널에서 ❶Graphic 클립을 클릭한 후, ❷Effect Controls 패널을 클릭합니다. 만약 Text의 내용이 보이지 않는다면 ❸Text 옆의 화살표(>)를 클릭합니다.

04 Effect Controls 패널의 Font에서 ❶화살표( )를 클릭해서 폰트를 바꿔주세요. 두꺼운 폰트가 더 눈에 잘 들어오니, 두꺼운 폰트를 사용하시는 것을 추천합니다. 저는 Cafe24에서 무료로 제공하고 있는 아네모네 폰트를 사용했습니다.

05 자막이 너무 큰 것 같으면 크기도 조절해 주도록 합니다. ❶Size의 다이얼을 조절해서 적당한 크기로 잡아줍니다. "포커스 잘 안되지 않아?"와 "네이티브 렌즈보다 안될 것 같은데?"라는 문장이 강사의 얼굴을 가리지 않도록 줄여주면 됩니다. 이어서 ❷텍스트 영역을 잡고 위치도 적당한 곳으로 옮겨줍니다.

06 이제 폰트의 크기를 더 세부적으로 조절할 차례입니다. 위의 두 문장은 조금 작고, 아래 문장은 크게 잡아줘야 합니다. Tools 패널에서 ❶Type 도구( )를 클릭하고 ❷Program Monitor 패널의 Text 영역을 클릭하면 빨간색으로 활성화됩니다. ❸아래의 세 줄만 드래그합니다.

07 아래의 세 줄이 드래그 된 상태에서 Size의 다이얼을 움직여서 아래 세 줄만 폰트 크기가 커지게 만들어줍니다.

08 Tools 패널에서 Selection Tool(▶)을 클릭합니다. 텍스트 영역이 파란색으로 바뀌게 됩니다. Effect Controls 패널에서 Appearance 탭을 확인합니다. Stroke의 체크박스를 클릭합니다.

09 ❶Stroke Width의 숫자는 2로 하고, ❷Fill의 체크박스를 클릭해서 끕니다. Program Monitor 패널을 확인해 보면 자막이 테두리만 남은 것을 확인할 수 있습니다.

03-2 자막이 채워지는 효과 만들기

- 소스 파일 : Chapter03 / Lesson 03 / 03. Video00.mp4
- 완성 파일 : Chapter03 / Lesson 03 / 03. Sellev_Style.mp4

▶ 동영상 강의 시청하기

https://youtu.be/z9OlRIfP0Ek

01 Tools 패널에서 ❶Type Tool(T)을 클릭하고, ❷Program Monitor 패널의 텍스트 영역을 클릭합니다.

02 첫 번째 줄만 드래그합니다. 빨간색으로 선택된 것이 보이게 됩니다.

03 Appearance 아래에 있는 Fill의 체크박스를 클릭해서 켭니다. 첫 번째 줄만 칠이 된 것이 보입니다.

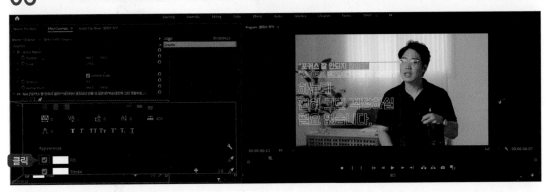

04 Timeline 패널에서 재생 막대를 다음 대사인 "네이티브 렌즈보다 안될 것 같은데?"라는 말이 시작되는 위치로 옮겨줍니다.

05 재생 막대가 위치한 부분의 Graphic 클립을 클릭하고, Ctrl 키와 K 키를 동시에 눌러서 잘라줍니다.

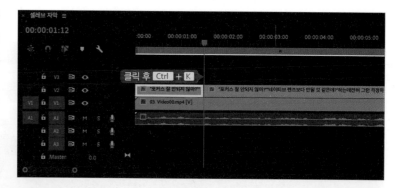

06 Tools 패널에서 ❶Type Tool을 클릭하고 ❷Program Monitor 패널의 텍스트 영역을 클릭합니다.

07 두 번째 줄을 드래그합니다. 빨간색으로 선택되는 것이 보입니다.

08 Appearance 아래에 있는 Fill의 체크박스를 클릭합니다.

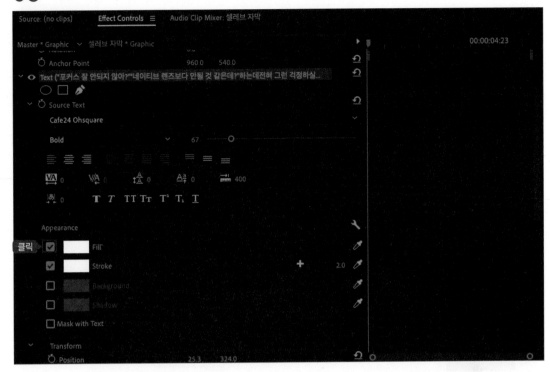

09 두 번째 줄도 색상이 칠해진 것을 확인할 수 있습니다. Timeline 패널에서 재생 막대를 "라고 하는데 ~"라는 대사가 시작되는 위치로 옮겨주세요.

10 Graphic 클립을 클릭하고 [Ctrl] 키와 [K] 키를 동시에 눌러서 잘라주세요.

11 이제 대사에 맞춰서 따라하기 6번부터 10번까지 반복해 주시면 됩니다.

04 _ 자막 템플릿 만들기 / 무료 자막 템플릿 활용하기

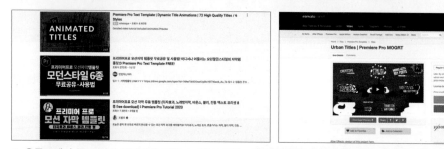

◆ 유튜브에서 무료 자막 템플릿을 구할 수 있고, 플러그인 사이트에서 고퀄리티 템플릿을 구입할 수도 있습니다.

위의 내용을 연습하시다 보니 매번 이렇게 시간 걸려서 자막 작업을 해야 하나 걱정이 되셨나요? 혹은 시리즈물로 영상을 만들 때 매 편마다 차이가 나지 않게 메모를 해야 하나 걱정이 되셨나요? 이럴 때는 자막 템플릿을 활용하면 작업 시간도 줄이고 영상 간의 통일감도 줄 수 있습니다. 더불어 디자인을 잘 못하는 분들이라도 인터넷에 있는 무료 템플릿을 사용하면 예쁜 자막을 쉽게 만들 수 있습니다. 이번 단원에서는 실습을 통해 자막 템플릿을 쓰는 방법에 대해 배워보도록 하겠습니다.

04-1 자막 템플릿 만들기

자주 사용할 스타일의 자막이 있는 경우 템플릿으로 만들어놓으면 작업 시간을 줄일 수 있어서 편리합니다. 이번 실습에서는 함께 자막 템플릿을 만들어보겠습니다. 만들어 놓은 자막이 있다면 해당 자막으로 시작하셔도 되고, 없으신 분들은 복습하실 겸 같이 자막을 만들어보는 것부터 시작하겠습니다.

▶ 동영상 강의 시청하기

https://youtu.be/IgvJw1Tocs0
CC 2023 이하 버전

https://youtu.be/X2EtCbH1bF0
CC 2023 버전

01 새 시퀀스를 만들어줍니다. Tools 패널에서 ❶Type Tool(T)을 클릭하고 ❷Program Monitor 패널을 누릅니다. Text 영역이 나타나게 되면 "자막 템플릿 만들기"라고 입력합니다.

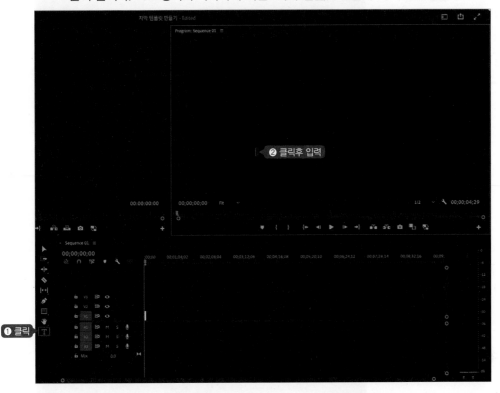

02 입력이 끝났으면 Tools 패널에서 ❶Selection Tool(▶)을 클릭하고, ❷Effect Controls 패널을 클릭합니다.

03 Effect Controls 패널의 Font에서 아래 화살표( )를 눌러 폰트를 바꿔줍니다. 저는 배달의 민족 도현체를 사용해 보겠습니다.

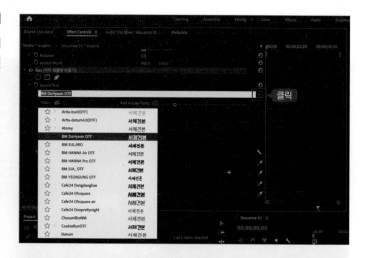

04 Effect Controls 패널의 Appearance에서 Fill의 ❶ 체크박스를 켜주고, ❷사각형을 클릭하여 색상을 변경합니다.

05 이번에는 Stroke의 체크박스를 클릭해주고, Stroke Width의 숫자를 변경합니다. 두껍게 보일 수 있도록 10~15사이의 숫자로 지정합니다.

06 다른 텍스트를 입력하더라도 계속 같은 위치를 유지할 수 있도록 Center Align Text를 클릭합니다.

07 Program Monitor 패널에서 Text를 클릭한 후, 상단 메뉴의 Graphics and Titles에서 Align to Video Frame – Center Horizontally를 클릭합니다. 화면 가운데에 텍스트가 정렬이 됩니다.

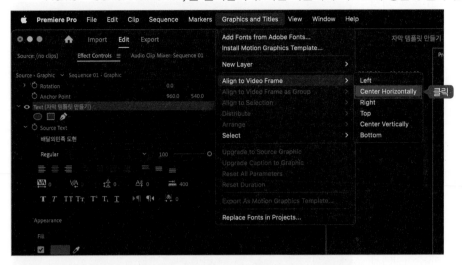

08 방금 만든 텍스트가 Timeline 패널에 Graphic 클립으로 만들어져있습니다. ❶Graphic 클립에 마우스 오른쪽 버튼을 클릭합니다. 팝업 메뉴가 나타나면 ❷Export As Motion Graphics Template을 클릭합니다.

09 Export As Motion Graphics Template 패널이 나타나게 됩니다.

- **Name**: 템플릿의 이름을 지정합니다.
- **Desination**: 템플릿이 저장될 위치를 지정합니다. Local Template Folder로 하면 Adobe 폴더 안으로 저장이 되고, Local Drive를 선택하면 원하는 위치로 지정할 수도 있습니다.
- **Include Video Thumbnail**: 미리보기 이미지가 같이 저장됩니다.
- **Compatibility**: 호환성에 대한 경고를 합니다. 폰트가 없거나, 효과가 없거나, 프리미어 러쉬에서 호환되지 않을 때 경고를 해주는 기능입니다.
- **Keywords**: 키워드를 달아서 검색하게 합니다.

10 ❶Name에 자막 템플릿이라고 입력한 후, ❷Include Video Thumbnail을 체크합니다. ❸ [OK] 버튼을 클릭합니다.

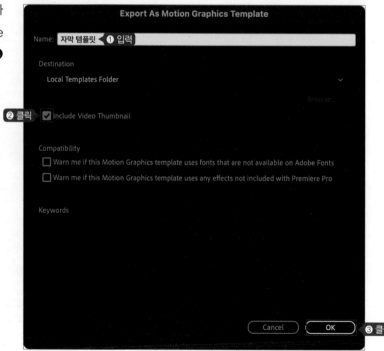

11 홈 패널에서 Workspaces 아이콘(▣)을 클릭하고, Captions and Graphics를 클릭합니다. Essential Graphics 패널에서 Browse를 클릭합니다. 오른쪽의 스크롤바를 내리면 저장한 자막 템플릿이 보입니다

12 자막 템플릿을 클릭하고 드래그해서 Timeline 패널로 당겨놓습니다. 당겨 놓은 위치에 Graphic 클립 이 생성된 것을 확인할 수 있습니다.

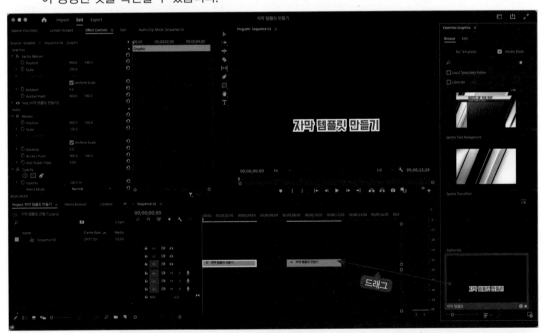

13 ❶Timeline 패널에서 재생 막대를 Graphic 클립의 위치로 옮깁니다. ❷Program Monitor 패널에 보이 는 텍스트를 더블 클릭해서 다른 내용으로 입력해주면 됩니다.

이렇게 템플릿으로 저장해두면 자막을 예쁘게 꾸미는데 소요되는 시간을 줄일 수 있고, 하나의 유튜브 채널에서 똑같은 자막 스타일을 사용할 수 있어서 편리합니다.

04-2 자막 템플릿 활용하기

📺 **동영상 강의 시청하기**

https://youtu.be/c4VCZJ4aEBA
CC 2023 이하 버전

https://youtu.be/rwlEkf37B6Q
CC 2023 버전

■ 소스 파일 :
　Chapter03 / Lesson 03 / 04.Video00.mp4, 04.Flying_Text.mogrt

■ 완성 파일 : Chapter03 / Lesson 03 / 04.Template.mp4

인터넷에서 구입하거나 다운로드한 자막 템플릿이 있다면 불러와서 내용을 바꿔 사용할 수 있습니다. 이번 실습에서는 작가가 만들어놓은 템플릿을 활용해 보겠습니다.

01 시퀀스를 만들고, ❶04.Video00.mp4 파일을 Timeline 패널로 드래그합니다. 홈 패널에서 Workspaces 아이콘(▥)을 클릭하고, Captions and Graphics를 클릭합니다.

02 ❶Essential Graphics 패널 하단의 Install Motion Graphics template 버튼(🔲)을 클릭합니다. 템플릿을 불러올 수 있는 패널이 나타납니다. ❷04. Flying_Text.mogrt 파일을 선택하고 [열기] 버튼을 클릭합니다.

03 Essential Graphics 패널을 확인하면 방금 추가한 04. Flying_Text 템플릿이 선택되어 있습니다. 만약 보이지 않는 경우 우측의 스크롤을 움직여서 찾아줍니다.

04 04. Flying_Text 템플릿을 드래그해서 Timeline 패널의 Video 클립 위의 채널에 가져다 놓습니다.

05 Timeline 패널에 올린 04. Flying_Text 그래픽 클립을 클릭합니다. Essential Graphics 패널에서 Edit 을 클릭합니다. 텍스트 내용을 수정할 수 있는 것을 확인할 수 있습니다.

06 내용을 수정해보도록 합니다. 수정한 내용이 반영되는 것이 Program Monitor 패널에 보이게 됩니다.

04-3 무료 템플릿 찾는 방법과 주의사항

프리미어 프로 무료 템플릿은 구글이나 유튜브에서 검색하면 다운로드할 수 있습니다. 유튜브에서 "프리미어 프로 템플릿"이라고 검색하거나 "Premiere Pro Motion Graphic Template"이라고 검색하면 유튜버들이 무료로 배포하고 있는 템플릿들이 나옵니다.

이런 템플릿들은 보통은 상업적인 용도로도 사용 가능합니다. 따라서 개인 유튜브 채널이나 외주 제작에 활용할 수 있습니다. 물론 어떤 템플릿을 개인적인 용도로만 사용 가능하기 때문에 반드시 사용하시기 전에 저작권 범위를 확인해야 합니다.

◆ Envato Market

만약 더 높은 퀼리티의 템플릿이 필요하다면 구입하는 것도 방법입니다.

Envato market(https://videohive.net/)이 가장 유명하며, 신용카드를 통해 결제할 수 있습니다. Motion Graphic Template이라고 검색하면 수백 가지의 유료 템플릿들이 나오고, 클릭하면 어떤 템플릿들이 포함되어 있는지 영상이 첨부되어 있습니다. 적게는 10달러에서 많게는 100달러 사이로 구입할 수 있습니다. 템플릿을 사용하시기 전에 주의해야 할 사항이 있습니다. 바로 폰트입니다. 최근에 만들어진 템플릿들은 사용자가 직접 폰트를 변경할 수 있습니다. 하지만 프리미어 프로 CC 2018 버전까지는 모션그래픽 템플릿을 사용할 때 폰트를 수정할 수 없게 되어 있었습니다. 즉, 예전에 만들어진 템플릿이라면 제작자가 지정해놓은 폰트가 없는 경우에는 기본 글씨체가 자동으로 적용이 되어서, 예쁘지 않은 디자인으로 바뀌게 됩니다. 따라서 예전에 만들어진 템플릿이라면 구입하시기 전에 꼭 폰트가 있는지 확인해야 합니다. 만약 영문 폰트로 제작된 템플릿이라면 한글로 사용했을 때 기본 글씨체가 적용이 되게 되오니, 이 점도 꼭 확인해 보는 것이 중요합니다.

> **❝ 화려한 트랜지션도 프리셋이 있나요?**
>
> 유튜브의 여행 영상에서 많이 보이는 화려한 트랜지션들도 Envato Market에서 구입할 수 있습니다. Premiere Pro Transition 이라고 검색하면 나옵니다. 모션그래픽 템플릿과 마찬가지로 보통 30~50달러 내로 구입할 수 있으며, 블랙프라이데이나 크리스마스 때 진행하는 할인 프로모션을 이용하면 더욱 저렴하게 구입할 수 있습니다.

> **❝ 이런 모션그래픽 템플릿은 어떻게 만드는 건가요?**
>
> 판매되는 모션그래픽 템플릿들은 보통 After Effects라는 프로그램에서 만들어집니다. 그래서 프리미어 프로에서도 호환이 되는 것입니다.

05 _ Source Text 기능으로 글씨에 다양한 효과 만들기

자막이 같은 크기로 같은 위치에 나오는 데 내용만 바꿔야 한다면 어떻게 하는 게 좋을까요? 하나하나 잘라서 만들어줄 수도 있지만, 클립이 많아져서 타임라인 관리가 복잡해질 수 있습니다. 이럴 때는 Source Text 기능을 이용해서 한 클립 내에서 바꿔주면 편리합니다. 이번 Chpater에서는 두 개의 실습을 통해 Source Text 기능을 배워보도록 하겠습니다.

05-1 Source Text로 글씨가 바뀌는 효과 만들기

- 소스 파일 : Chapter03 / Lesson 03 / 05.Hong Kong.mp4
- 완성 파일 : Chapter03 / Lesson 03 / 05.Travel_complete.mp4

동영상 강의 시청하기

https://youtu.be/fa5ho4m7KA0

01 새 시퀀스를 만들고 ❶05.Hong Kong.mp4 파일을 Timeline 패널에 올려줍니다. Tools 패널에서 ❷Type Tool(T)을 클릭하고 ❸Program Monitor 패널을 클릭합니다. 빨간색으로 Text 영역이 나타나면 '여행' 이라고 입력합니다.

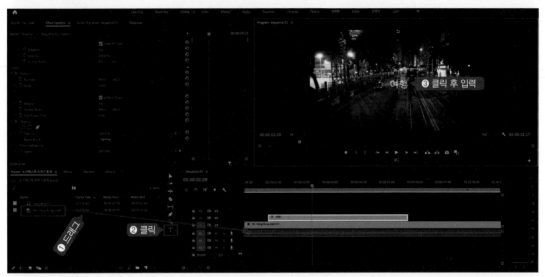

02 ❶Tools 패널에서 Selection Tool(▶)을 클릭한 후, ❷Effect Controls를 클릭합니다. ❸Text 탭의 아래 화살 표(∨)를 클릭하여 모든 조절창이 보이게 합니다. Font의 아래 화살표(∨)를 클릭합니다. 드롭다운 메뉴 가 나타나면 폰트를 변경합니다. 저는 구글에서 제공하는 무료 폰트인 Noto Sans CJK KR Bold를 사용하겠습니다.

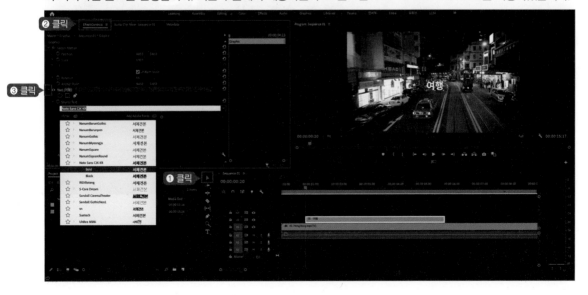

03 Font Size의 다이얼을 조절합니다. 저는 최대치인 400까지 올리도록 하겠습니다.

04 Center Align Text를 클릭해서 글씨가 계속 가운데 정렬로 입력될 수 있게 합니다.

05 상단 메뉴의 Graphics and Titles에서 Align to Video Frame - Center Horizontally를 클릭합니다. 화면의 가로축 중앙에 텍스트가 정렬됩니다.

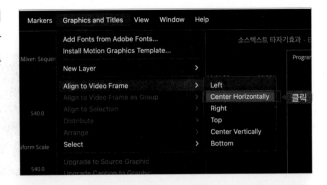

06 이번에는 세로축 중앙 정렬을 해보겠습니다. 상단 메뉴의 Graphics and Titles에서 Align to Video Frame - Center Vertically를 클릭합니다.

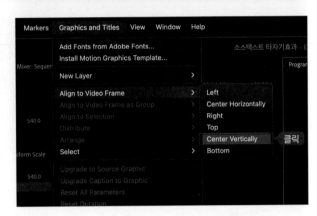

07 자막 세팅이 완료되었습니다. 이제부터 자막을 바꾸는 효과를 적용해 보겠습니다. Effect Controls 패널에서 Text를 보면 Source Text 옆에 Toggle Animation 아이콘( )이 있습니다. 클릭하게 되면 시계가 켜지면서 파란색( )으로 바뀌게 됩니다. 동시에 Effect Controls 패널에 보이는 재생 막대 아래에 Keyframe 아이콘( )이 생성됩니다. 이 Keyframe이 자막 내용에 대한 값을 저장해두는 세이브포인트라고 생각하시면 됩니다.

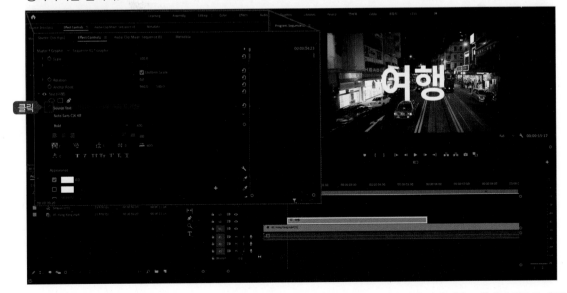

08 Timeline 패널에서 재생 막대를 다음 자막으로 변경되길 원하는 위치로 이동시킵니다. 저는 약 1초 뒤로 옮기도록 하겠습니다.

09 Program Monitor 패널에서 Text를 더블 클릭합니다. 빨간색 Text 영역이 나타나면서 수정할 수 있게 됩니다.

10 ❶"TRAVEL"이라고 입력합니다. Effect Controls 패널을 보면 새로운 Keyframe(◈)이 추가되어 있는 것을 볼 수 있습니다. ❷Timeline 패널에서 재생막대를 다음 자막이 나왔으면 하는 위치로 옮겨줍니다.

11 ❶Program Monitor 패널에서 Text 영역의 내용을 "HK"로 바꿔줍니다. Effect Controls 패널에 새로운 Keyframe(◈)이 추가된 것을 확인할 수 있습니다.

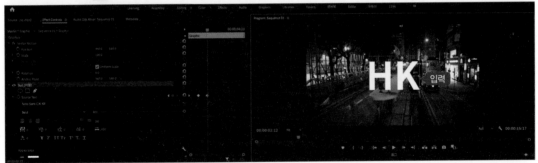

12 Effect Controls에 3개의 Keyframe(◈)이 추가되어 있고, 영상을 처음부터 재생하면 재생 막대가 Keyframe을 지나갈 때마다 자막의 내용이 바뀌는 것을 확인할 수 있습니다.

05-2 Source Text로 타자기 입력 효과 만들기

- 소스 파일 :
  Chapter03 / Lesson 03 / 05.Hong Kong02.mp4, 05. Typewriter sound.mp3
- 완성 파일 : Chapter03 / Lesson 03 / 05.Typewriter.mp4

동영상 강의 시청하기

https://youtu.be/2PHyw7Rhamc

방금 전 실습에서 Source Text를 이용하여 Keyframe을 생성했고, Keyframe이 추가될 때마다 다른 자막이 나오는 것을 확인할 수 있었습니다. 이번 실습에서는 이를 이용하여 타자기가 입력되는 듯한 자막 효과를 만들어보도록 하겠습니다.

01 새로운 시퀀스를 만들고, 05.Hong Kong02.mp4 파일을 Timeline 패널 위의 V1, A1 트랙에 올려줍니다.

02 Timeline 패널의 A2 트랙에 05. Typewriter sound.mp3 파일을 가져다 놓습니다.

03 Timeline 패널을 클릭한 상태에서 키보드의 [+] 키를 눌러서 Timeline 패널을 확대합니다. 05. Typewriter sound.mp3 파일의 소리 파장이 자세히 보이게 됩니다. 파장이 처음으로 올라간 부분으로 재생 막대를 옮겨 놓습니다.

04 ❶Tools 패널에서 Type Tool(T)을 클릭하고 ❷Program Monitor 패널을 클릭합니다. '홍콩'이라고 적어줍니다.

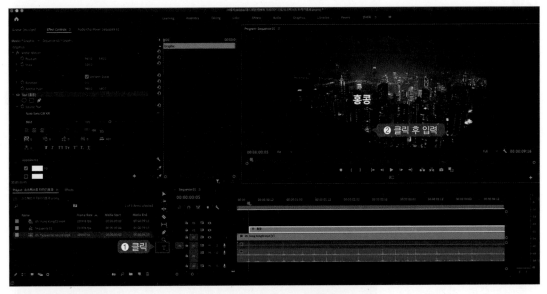

05 입력이 완료되었으면 Tools 패널에서 Selection Tool(▶)을 클릭합니다. Effect Controls 패널에서 Font를 바꿔주고, Font Size도 크게 합니다. 저는 구글에서 제공하는 Noto Sans CJK KR 폰트, 크기는 400으로 조절했습니다. Center align text를 클릭합니다. 중앙 정렬됩니다.

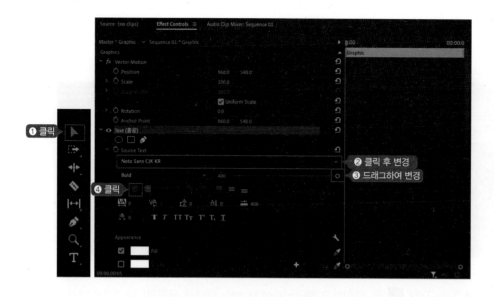

06 상단 메뉴의 Graphics and Titles에서 Align to Video Frame – Center Vertically를 클릭합니다. 화면의 세로축 중앙에 텍스트가 정렬됩니다. 이어서 Graphics and Titles – Align to Video Frame – Center Horizontally를 클릭하여 화면의 가로축 중앙에 텍스트 위치를 맞춰줍니다.

07 세팅이 완료되었습니다. 이제 타이핑 효과를 만들어보도록 하겠습니다. Effect Controls 패널에서 Text 아래의 Toggle animation( ) 을 클릭합니다. 클릭하면 Toggle animation이 파란색 ( )으로 바뀐 것을 확인할 수 있습니다.

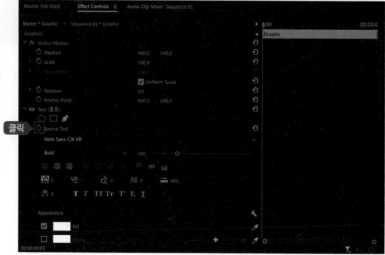

08 Program Monitor 패널에서 Text를 마우스 왼쪽으로 더블 클릭합니다.

09 Text 영역이 빨간색으로 나타납니다. 입력해두었던 홍콩을 지우고 'ㅎ'을 입력합니다.

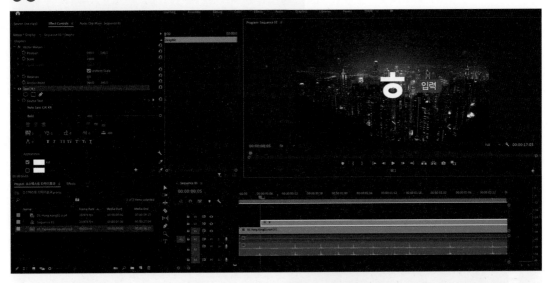

10 Timeline 패널에서 재생 막대를 A2 오디오 클립에서 두 번째 파장 위치에 옮겨놓습니다.

11 Program Monitor 패널을 확인합니다. Text 영역의 'ㅎ'을 지우고, '호'로 바꿔줍니다. Effect Controls 패널을 확인하면 재생 막대 아래에 Keyframe( )이 추가된 것이 보입니다.

12 Timeline 패널에서 재생 막대를 A2 트랙 오디오 클립의 세 번째 파장이 있는 곳으로 옮겨줍니다.

13 Text 영역에 입력되어 있던 '호'를 지우고 '홍'으로 바꿔줍니다. Effect Controls 패널을 확인해 보면 재생막대 아래에 세 번째 Keyframe( )이 생성되어 있습니다.

14 이제부터 12와 13번 작업을 반복해주면 됩니다. 다음 파장으로 재생 막대를 옮기고, 'ㅋ'을 입력하고, 다시 다음 파장으로 재생 막대를 이동하고 '코'로 바꿔주고, 다시 재생 막대를 이동하고, '콩'으로 바꿔주면 됩니다.

15 입력을 완료하면 Effect Controls 패널에 총 여섯 개의 Keyframe()이 찍혀있는 것을 확인할 수 있습니다.

16 마지막 Keyframe이 찍힌 곳 이후에는 더 이상 A2 트랙의 오디오 클립이 필요 없습니다. ❶Tools 트랙에서 Razor Tool(✎)을 클릭해서 ❷오디오 클립을 잘라줍니다.

17 ❶Tools 패널에서 Selection Tool(▶)을 클릭합니다. 잘라놓은 ❷뒷 부분 클립을 클릭한 후 키보드의 delete 키를 클릭합니다.

18 완성되었습니다.

06 _ Type Tool로 썸네일 만들기

유튜브에서는 썸네일도 중요하다고 하죠? 프리미어 프로에서도 쉽게 썸네일을 만들 수 있습니다. 이번 실습에서는 썸네일을 만들어보도록 하겠습니다.

06-1 Type Tool로 그라데이션 자막 만들기

■ 소스 파일 : Chapter03 / Lesson 03 / 06. Video01.mp4

동영상 강의 시청하기

https://youtu.be/4Af31gqN67M

01 ❶ 새 Sequence를 만들고 06. Video01.mp4 파일을 Timeline 패널에 올려줍니다. ❷텍스트 도구(**T**)를 클릭하고 ❸Program Monitor 패널을 클릭합니다.

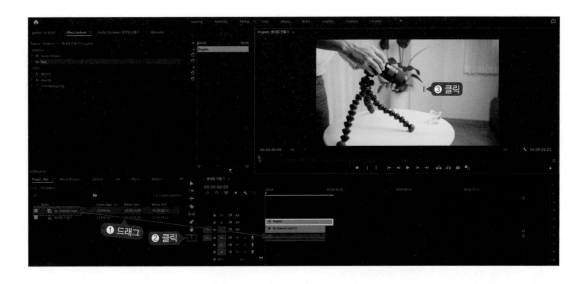

02 텍스트를 입력하고 선택 도구( )로 바꿔준 후, 홈 패널에서 Workspaces 아이콘( )을 클릭하고, Captions and Graphics를 클릭합니다.

03 Essential Graphics 패널에서 ❶Edit을 클릭하고, ❷입력한 텍스트를 클릭합니다.

04 ❶Font를 클릭하여 원하는 폰트로 변경해주고, ❷Size를 클릭하여 원하는 크기로 만들어줍니다.

05 잘 보일 수 있도록 위치를 옮겨줍니다.

06 Appearance 탭 아래의 Fill 옆 박스를 누릅니다.

07 Color Picker 패널이 나타납니다. ❶Solid를 클릭하면 드롭다운 메뉴가 나타납니다. ❷ Linear Gradient를 선택합니다.

08 그라데이션을 조절할 수 있는 메뉴가 나타납니다. 좌측의 Color Stop을 클릭하고 원하는 색상을 골라줍니다. 저는 파란색으로 바꿔보도록 하겠습니다.

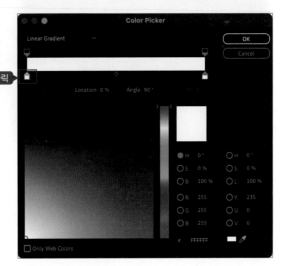

09 텍스트가 파란색에서 흰색으로 가는 형태로 바뀌게 됩니다. 이번에는 오른쪽 Color Stop을 클릭하고 왼쪽 색상보다 조금 연한 색으로 바꿔봅니다. 색상 선택이 완료되었다면 [OK] 버튼을 클릭합니다.

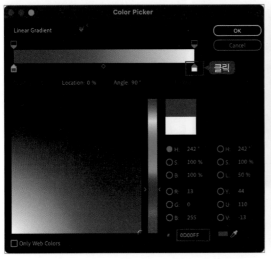
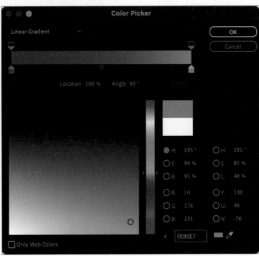

10 그라데이션 색상 입히기가 완료되었습니다.

▶ 동영상 강의 시청하기

https://youtu.be/tpTi_Mx4BFY

06-2 Text Tool에서 Stroke 추가하기

■ 소스 파일 : Chapter03 / Lesson 03 / 06. Video01.mp4

01 ❶Stroke의 박스를 클릭하여 체크합니다. 테두리가 생기게 됩니다. ❷오른쪽 숫자를 클릭하여 더 두껍게 만들어줍니다. 저는 20까지 올리도록 하겠습니다. 그리고 ❸더하기()를 눌러서 Stroke를 하나 더 추가합니다.

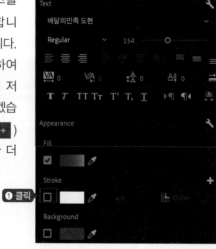

02 ❶추가 된 Stroke의 색상을 클릭하여 흰색으로 바꿔주고, ❷숫자를 클릭해서 크기를 25로 높여줍니다. Stroke 추가가 완료되었습니다.

06-3 이미지로 추출하기

- 소스 파일 : Chapter03 / Lesson 03 / 06. Video01.mp4
- 완성 파일 : Chapter03 / Lesson 03 / 06. Thumbnail.jpg

▶ 동영상 강의 시청하기
https://youtu.be/461gH8avJCs

01 Program Monitor 패널에서 Export Frame 버튼()을 클릭합니다.

02 Export Frame 패널이 나타납니다. ❶Name 에서 이름을 지정해주고 ❷Format은 JPEG 로 변경합니다. Path가 저장될 위치입니다. ❸ Browse를 클릭하여 원하는 위치로 지정합니다. Import into project를 체크하면 썸네일이 프로젝트 안으로 들어오지만, 굳이 그럴 필요가 없으므로 체크하지 않겠습니다. ❹[OK] 버튼을 누릅니다.

위의 실습을 마쳤다면 지정한 위치에 파일이 저장되었을 것입니다. 이 기능을 이용해서 썸네일을 만드는 것뿐만 아니라 영상의 스크린 샷을 촬영할 수도 있습니다. 클라이언트가 영상 캡처를 요청할 때 사용하면 유용한 기능입니다.

> **❝ 작가님은 프리미어로 썸네일을 제작하시나요?**
>
> 경우에 따라 다르지만, 주로 포토샵으로 썸네일을 제작합니다. 자유도가 프리미어에 비해 더 높기 때문입니다. 하지만 포토샵에서 썸네일을 제작하려면 화면 캡처가 필요하기 때문에 편집과 색보정을 마친 후에 Export Frame(◉)을 이용해서 화면 캡처를 받은 후, 포토샵으로 불러와서 작업하고 있습니다.

07 _ 영상 속 목소리를 자막으로 변환해주는 Captions 기능

- 실습 파일 : Chapter03 / Lesson 03 / A_Caption.mp4
- 예제 파일 : Chapter03 / Lesson 03 / Caption_Complete.mp4

유튜브 영상에서는 출연자가 말하는 대사를 전체 자막으로 입력하기도 합니다. 하나하나 들으면서 입력하면 정확하긴 하지만 시간이 오래 걸립니다. 이럴 때는 프리미어 프로에 신규 업데이트된 기능인 'Captions'를 사용하면 편하게 작업할 수 있습니다. 캡션 기능은 영상 속 목소리를 분석해 텍스트로 자동 변환해주는 기능입니다.

▶ 동영상 강의 시청하기

https://youtu.be/dMYH8N1MGzo

7-1 Captions 기능 설정하기

01 새 시퀀스를 1080p 24프레임으로 만들고, A_Caption.mp4 파일을 V1 트랙에 올려놓습니다.

02 홈 패널에서 Works
paces 아이콘(🖼)을
클릭하고, Captions and
Graphics를 클릭합니다.

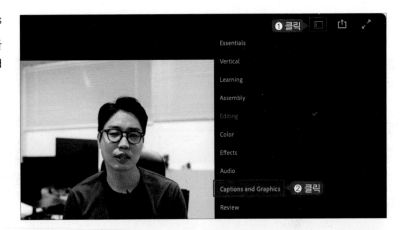

03 인터페이스가 변경됩
니다. Source 모니터
옆의 Text를 클릭합니다. Text
아래의 Captions를 클릭하면
Create transcription 아이콘이
보입니다. 클릭합니다.

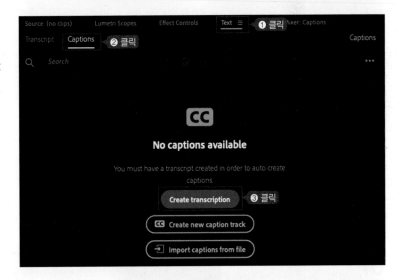

04 Create transcript 패널이 나타납니다.
Language를 클릭합니다.
Language는 영상 속 인물이 어떤 언어를 사용하
는지 물어보는 것입니다. Korean을 선택합니다.
만약 처음 사용하는 것이라면 오른쪽의 구름 아이
콘(☁)을 클릭해서 언어 팩을 다운로드 받으면
됩니다.

05 Speaker labeling은 영상에 두 명 이상의 인물이 출연했을 때 라벨을 별도로 표시해주는 것을 의미합니다. 실습 영상에는 한 명만 출연하므로 No, don't separate speakers를 클릭합니다.

06 Audio on track은 어떤 트랙에 있는 오디오를 분석할 것인지 묻는 것입니다. Mix를 선택하게 되면 모든 트랙을 분석하게 됩니다. 만약 다른 트랙에 배경 음악이나 효과음 파일이 있다면 반드시 음성 파일이 있는 트랙만 분석하도록 오디오 트랙을 선택해야 합니다. 이번 실습에서는 소리 트랙이 하나 밖에 없으므로 Mix를 선택합니다. Transcribe 버튼을 클릭합니다.

07 분석이 진행됩니다. 분석이 완료되고 나면 Transcript 탭에 텍스트가 정리되어 있습니다. 영상을 재생하면 단어가 틀린 부분이 있습니다. 해당 부분을 고칠 수 있도록 텍스트를 더블 클릭합니다.

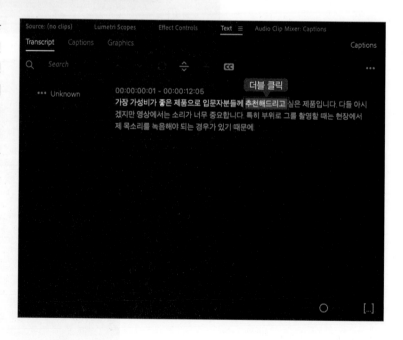

08 텍스트 입력창이 활성화되면서 텍스트를 수정할 수 있게 됩니다. '브이로그'를 '부위로 그'라고 잘못 번역했으므로, 해당 단어를 브이로그로 수정해줍니다. 수정이 완료되면 바깥을 클릭해서 반영해줍니다.

09 CC 아이콘( )이 보입니다. 이는 Create Captions를 의미합니다. 번역된 Transcript를 자막으로 만들어주는 기능입니다. 클릭하도록 합니다.

10 Create Captions 패널이 나타납니다. Subtitle default를 선택합니다. 이외에도 Preferences를 클릭해서 설정 변경이 가능하지만, 나중에도 조절이 가능하므로 우선 Create Captions를 클릭합니다.

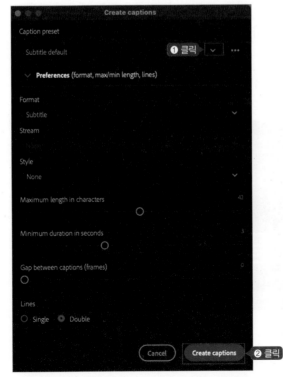

11 Captions에 텍스트가 입력되고, 타임라인 패널에서도 Subtitle이라는 트랙이 별도로 생성된 것을 확인할 수 있습니다.

7-2 Captions 자막 수정하기

▶ 동영상 강의 시청하기

https://youtu.be/6RLAd-YjCck

캡션을 만들었지만 영상을 재생해보면 어떤 자막은 한 줄, 어떤 자막은 두 줄로 입력이 되어서 깔끔해 보이지 않습니다. 폰트를 변경하거나 텍스트 사이즈를 조절하면 한 줄로 줄어들 수 있지만, 지금은 자막 내용이 많은 것도 문제이므로, 자막을 나눠서 한 줄로 줄여보겠습니다.

01 첫 문장의 자막이 두 줄이므로, 한 줄로 바꿔주겠습니다. '가장 가성비가 좋은 제품으로'라는 말이 끝나는 곳으로 재생 막대를 옮깁니다. 저는 00:00:01:20으로 옮기겠습니다.

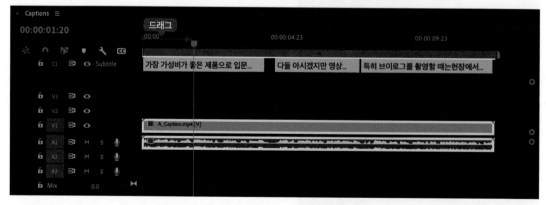

02 Razor Tool( )을 클릭하고 재생막대가 위치한 곳의 캡션을 클릭합니다. 클립이 잘렸으면 다시 Selection Tool( )을 클릭합니다.

03 Text 패널에서 첫 번째 자막을 더블 클릭합니다. 입력창이 나타나면 '입문 자분들께 추천해드리고 싶은 제품입니다'라는 내용을 드래그하여 삭제합니다.

04 첫 번째 자막이 수정되었습니다. 두 번째 자막을 더블 클릭합니다. 입력창이 나타나면 이번에는 '가장 가성비가 좋은 제품으로'라는 내용을 드래그하여 삭제합니다.

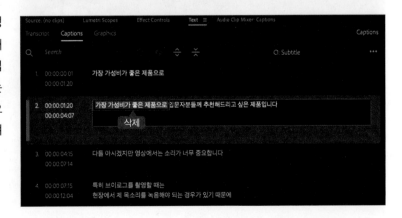

05 자막이 두 개로 나누어진 것을 확인할 수 있습니다. 이제 뒷부분의 자막을 수정해보기 위해 재생 막대를 '특히 브이로그를 촬영할 때는'이라는 대사가 끝나는 위치로 옮겨보겠습니다. 저는 00:00:09:09 로 옮기겠습니다.

06 Razor Tool( )을 클릭하고 재생막대가 위치한 부분의 캡션 클립을 클릭하여 잘라줍니다. 다시 Selection Tool( )을 클릭합니다.

07 Text 패널을 보면 동일한 자막이 두 개 생긴 것이 보입니다. 네 번째 자막을 더블 클릭합니다. 입력창이 나타나면 '현장에서 제 목소리를 녹음해야 되는 경우가 있기 때문에'라는 내용을 드래그하여 삭제합니다.

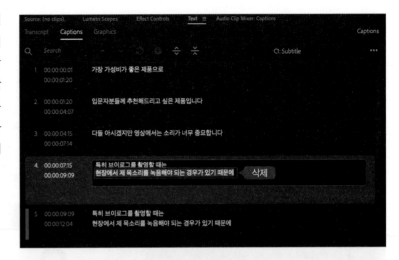

08 다섯 번째 자막을 더블 클릭합니다. 이번에는 '특히 브이로그를 촬영할 때는'이라는 내용을 드래그하여 삭제합니다.

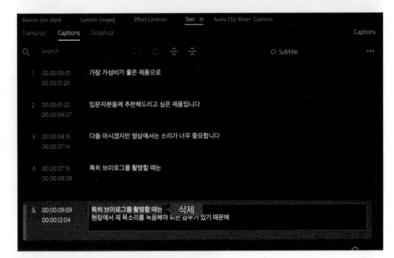

09 작업이 완료된 것을 확인할 수 있습니다.

7-3 Captions 자막 꾸미기

위에서 캡션을 만들었으나 기본 폰트가 적용 되어서 디자인이 마음에 들지 않을 수 있습니다. 폰트와 크기는 수정이 가능하며, 만든 자막을 각각 바꿔줄 필요 없이 스타일로 지정해서 한 번에 변경할 수 있습니다.

동영상 강의 시청하기
https://youtu.be/gbTb4XgmxKg

01 캡션이 시작되는 곳(00;00;00;01)으로 재생 막대를 옮겨 놓습니다. Subtitle 트랙의 캡션을 클릭합니다.

02 우측의 Essential Graphics 패널에서 Text의 Font를 클릭합니다. 무료 폰트인 나눔고딕을 선택하겠습니다.

03 Font Size를 클릭하고 40으로 변경하도록 합니다. 필요하다면 자간, 줄높이, 볼드, 이탈릭 등도 조절할 수 있습니다.

04 Align and Transform 에서 Y축의 값을 조절해보도록 하겠습니다. Set Vertical Position을 클릭하고 -10을 입력합니다.

05 위치가 변경되었습니다. 이번에는 색상을 변경하겠습니다. 그림자가 잘 어울리지 않으므로 우선 Shadow의 값을 꺼줍니다.

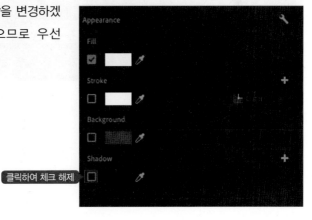

06 Fill의 색상을 클릭해서 텍스트 색상을 변경해도 되지만, 저는 자막 박스를 하나 만들어서 사용해보겠습니다. Rectangle Tool(▢)을 클릭하고 Program monitor 패널에 드래그하여 그려줍니다.

07 V2 트랙에 Graphic 클립이 생성되었습니다. Selection Tool(▶)을 클릭하고, 우측의 Essential Graphics 패널에서 Shape 01을 클릭합니다.

08 하단의 Appearance 탭에서 Fill의 색상을 클릭하고 검은색(#000000)으로 바꿔줍니다.

09 사각형의 색상이 검은색으로 바뀌었습니다. Align and Transform에서 Opacity의 숫자를 클릭하고, 90을 입력합니다.

10 투명해진 것을 확인할 수 있습니다. Align and Transform 탭에서 크기와 위치를 적절히 조절합니다. 크기는 Program Monitor 패널에서 사각형 상단의 점을 잡고 아래로 낮춰주면 됩니다. 위치는 Position을 조절하면 됩니다. 사각형을 그린 크기가 모두 다르므로, 원하는 대로 조절하면 됩니다.

11 마지막으로 사각형이 화면 가로축 정중앙에 올 수 있도록 Align and Transform 탭 아래의 Align Center Horizontally(▥)를 클릭합니다.

12 조절이 완료되었다면 마지막으로 자막을 일정한 스타일로 변경해주겠습니다. Captions의 첫 번째 자막을 클릭합니다. Track Style을 클릭하면 드롭다운 메뉴가 나타납니다. Create Style을 클릭합니다.

13 Create Style 패널이 나타나면 이름을 만들어 줍니다. SUB라고 입력합니다. OK 버튼을 클릭합니다.

14 재생 막대를 옮겨보면 다른 자막들도 다 바뀌어있는 것을 확인할 수 있습니다.

15 이제 자막이 나올때마다 사각형이 함께 보일 수 있도록 Graphic을 복사해서 자막 위치에 맞춰주면 됩니다.

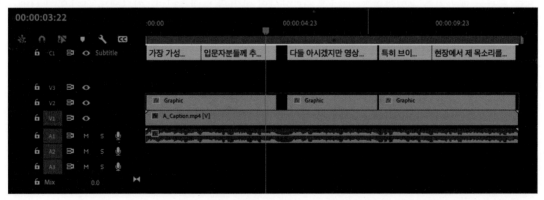

08 _ "폰트는 어디서 받을 수 있을까요?" 유·무료 폰트 사이트 추천

영상 자막을 넣다 보면 폰트 때문에 아쉬운 순간이 있습니다. 분위기에 맞는 폰트가 필요하기도 하고, 예쁜 폰트가 필요할 때도 있습니다. 마음에 드는 폰트를 발견하니 유료 폰트라고 하고, 어떻게 다운은 받았는데 인터넷을 검색하면 폰트 때문에 고소당했다는 이야기가 보이기도 합니다. 이럴 땐 어떻게 해야 할까요? 이번 단원에서는 유료/무료 폰트 추천과 함께 무료로 사용할 수 있는 폰트 사이트들에 대해 알려드리겠습니다.

유료 폰트란 무엇인가요?

◆ 산돌 구름 유료 폰트 패키지에 포함된 폰트

◆ 폰트 릭스 사의 유료 폰트인 블랙 산스

유료 폰트란 저작권 보호를 받고 있는 폰트로, 라이선스를 구입한 소비자에 한해서만 사용할 수 있게 지정해놓은 것을 의미합니다. 대표적으로 산돌 고딕, Rix 블랙 산스 등이 있습니다. 방송 프로그램이나 광고에서 보는 자막들, 옥외 광고판 등의 글씨 등이 유료 폰트에 해당합니다.

유료 폰트는 패키지를 구입하면 *.ttf나 *.otf 형식의 파일을 보내줍니다. 최근에는 클라우드 서비스를 이용해서 실시간 인증 후에 사용할 수 있게 하는 회사들도 늘어나고 있습니다.

◆ 별도 계약이 필요한 A사 폰트

◆ 전체 라이선스가 허용되어 있는 폰트릭스 폰트

라이선스를 구입한다고 해서 모든 곳에 사용할 수 있는 것은 아닙니다. 인쇄물, 영상물, 광고 등 세부적으로 사용할 수 있는 라이선스 범위를 구별하는 것이 보통이나, 산돌 폰트와 폰트릭스는 최근 정책 변경으로 인해 라이선스를 구입하면 어디서든 사용할 수 있게 되었습니다.

유료 폰트, 쓰면 안 되는 것인가요?

우선 유료 폰트는 라이선스 없이는 쓰면 안 된다고 생각하시면 됩니다.

간혹 유료 폰트 중에서도 개인적인 용도로 사용을 허가해둔 폰트가 있습니다. 개인적인 용도라는 것은 친구들끼리 공유하는 여행 영상, 가족들끼리만 보는 영상 등을 의미합니다. 하지만 이 영상을 유튜브에 올리게 되면 상업적인 용도로 넘어가게 되면서 문제가 될 수 있습니다.

따라서 상업적인 용도의 사용이 필요하다면 반드시 폰트 라이선스를 구입하거나, 차라리 무료 폰트를 이용하시는 것을 추천해드립니다.

무료 폰트는 어디서 받을 수 있나요?

앤써북 프리미어 프로	앤써북 프리미어 프로	앤써북 프리미어 프로	앤써북 프리미어 프로
◆ 배달의민족 한나체	◆ 배달의민족 도현체	◆ 조선일보 명조체	◆ Noto Sans CJR

무료 폰트는 기업들이 브랜딩을 목적으로 배포합니다. 대표적으로 배달의민족 한나체, 배달의민족 도현체 등이 있습니다. 각 회사 사이트 등에서 배포하고 하나하나 찾아가면서 다운 받기는 번거롭기 때문에 눈누 폰트(https://noonnu.cc/)를 이용하는 것을 추천합니다. 눈누 폰트는 상업적으로 사용 가능한 무료 폰트들을 모두 모아놓은 사이트입니다.

◆ 상업 사용이 가능한 폰트를 모아놓은 눈누 폰트

눈누 폰트에서 원하는 폰트를 클릭해서 들어가면 내려받을 수 있는 회사 사이트로 자동으로 연결해주기 때문에 좀 더 쉽게 원하시는 폰트를 찾으실 수 있습니다.

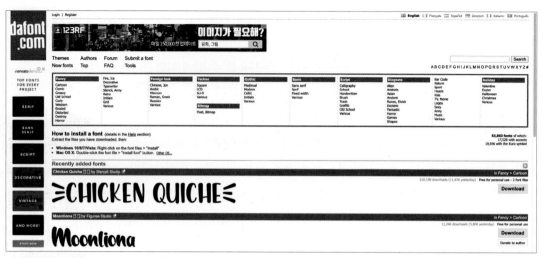

◆ 영문 폰트를 받을 수 있는 Dafont 사이트

만약 영문 폰트가 필요하다면 Dafont(http://dafont.com/)를 이용하면 됩니다. Sanserif, 캘리그래피, 스텐실 등 다양한 스타일의 영문 폰트를 다운로드할 수 있습니다.

다만 Dafont의 경우에는 모든 폰트가 무료인 것은 아니기 때문에 원하는 스타일을 검색하고, 반드시 More Options을 눌러서 100% Free를 체크하고 Submit을 눌러줘야 합니다.

추천 폰트 알려주세요!

무료라고 해서 모든 폰트를 설치하게 되면 컴퓨터가 느려지게 되고, 자막 입력 시 폰트를 찾기도 어렵습니다. 따라서 필요한 폰트만 설치하는 것을 추천합니다.

앤써북 프리미어 프로	Noto Sans CJR	구글에서 배포하는 폰트로 두꺼운 고딕체입니다.
앤써북 프리미어 프로	나눔 바른 고딕	네이버에서 배포하는 폰트입니다.
앤써북 프리미어 프로	여기 어때 잘난체	유튜브 포인트 자막으로 많이 사용합니다.
앤써북 프리미어 프로	배달의민족 주아체	예능 유튜브 자막으로 사용하기 좋습니다.
앤써북 프리미어 프로	Gmarket Sans	IT/테크 리뷰 등에서 사용하기 좋습니다.
앤써북 프리미어 프로	쿠키런	예능 유튜브 자막으로 사용하기 좋습니다.
앤써북 프리미어 프로	제주 명조	감성 브이로그에서 사용하기 좋습니다.
앤써북 프리미어 프로	KCC 은영체	썸네일에서 보조 내용을 쓰기 좋습니다.

유료로 구입하셔야 한다면 폰트릭스나 산돌 구름처럼 클라우드 시스템에 라이선스 범위가 무제한으로 되어 있는 폰트를 구입하시는 것을 추천합니다.

> **❝ 제가 폰트를 구입했는데, 클라이언트는 구입하지 않았어요.**
>
> 폰트 회사에 따라 다르기 때문에 반드시 확인해 보는 것을 추천합니다. 일반적으로 디자이너나 영상 제작자가 폰트를 구입하면 클라이언트 영상에도 사용할 수 있게 되어있습니다.

> **❝ 폰트 라이선스 기간이 끝나면 영상은 폐기해야 하나요?**
>
> 이 또한 라이선스 규정에 따라 다르지만, 일반적으로 라이선스 계약 기간 중에 제작한 영상은 라이선스 기간이 종료되어도 계속 사용할 수 있게 되어있습니다.

LESSON

04 "저 영상 이렇게 만들었구나" 다양한 모션(Motion) 효과 만들기

'왜 이렇게 내 영상은 지루하지? 분명 삼각대로 찍으라고 해서 그렇게 했더니 너무 지루해 보이는데?'
이런 생각이 드셨거나, 4K로 촬영하고 Full HD로 편집하려는데, 사이즈를 조절하는 것이 어렵나요?
혹은 〈와썹맨〉, 〈워크맨〉 등 인기 있는 유튜브 채널에서 사용하는 기본적인 효과를 적용해 보고 싶으시다면 이번 Lesson을 꼼꼼히 읽어주세요. 프리미어 프로에 기본으로 제공되는 Motion 기능을 이용해서 효과를 만드는 방법을 알려드리겠습니다. Motion 기능과 이를 적용하기 위한 Keyframe은 편집 프로그램의 가장 필수적인 기능입니다. Avid, 파이널 컷 프로, 베가스 등 어떤 편집 프로그램을 쓰더라도 만나게 되는 기능인 셈입니다. 즉, 이번 Lesson만 잘 들어놓는다면 어떤 편집 프로그램을 사용하더라도 바로 적응하실 수 있으니, 열심히 공부해두시는 것이 좋습니다.

01 _ 모션 효과 적용의 기초! 키프레임(Keyframe) 익히기

포털사이트에서 움직이는 배너 광고나, 브랜드 홈페이지의 첫 화면에 떠있는 움직이는 애니메이션 영상을 보신 적 있으신가요?

◆ Adobe Flash 구동 화면 _ 출처: Adobe 공식 홈페이지

지금은 거의 사라졌지만, 불과 몇 년 전까지만 하더라도 이런 애니메이션들은 어도비의 플래시 (Flash)라는 프로그램을 통해 만들어졌습니다. 이제는 영상 편집 프로그램이나 모션그래픽 프로그램으로 만들어서 Gif 이미지나 동영상으로 걸어놓고 있지만, 그 원리는 똑같습니다. 모두 키프레임 (Keyframe) 기능을 이용해서 만들고 있습니다.

◆ After Effects에서 Keyframe 적용 예시 화면

'그렇다면 Keyframe이 없으면 효과 적용이 안 되나요?'

아닙니다. Keyframe이 없어도 효과를 적용할 수는 있지만 적용된 효과가 스틸 사진처럼 멈춰있게 됩니다. 움직이는 효과를 적용하고 싶다면 자동 함수를 입력하지 않는 이상 반드시 Keyframe을 거쳐야만 합니다. Keyframe은 간단한 효과 적용에 사용되는 것뿐만 아니라 영화 〈어벤져스〉에서 헐크가 움직인다거나, 영화 〈트랜스포머〉에서 로봇들이 뛰어다니게 만들기 위해서도 사용하는 기능입니다.

그렇다면 Keyframe은 무엇일까요?

◆ 그림 1. 프레임 레이트의 원리

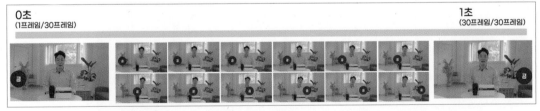

◆ 그림 2. 위와 동일한 영상에 공이 움직이게 Keyframe을 설정한 예시

앞에서 말씀드렸던 것처럼 Frame(프레임)은 시간 단위를 나타냅니다. 사진 한 장 한 장이 빠르게 지나가면서 영상처럼 보이게 되는 것입니다. 즉 30프레임이라면 1초에 30장의 사진이 지나가는 것이었죠?

Keyframe은 이런 Frame 위에 효과에 대한 정보 값을 저장해 주는 것을 의미합니다.

그림처럼 공이 움직이는 영상을 만든다고 가정해 봅시다. 공이 움직이게 만들기 위해서는 공의 ❶출발 지점과, ❷종료 지점이 필요합니다. 이들이 있어야 공이 특정 방향을 향해 가기 때문입니다. 그래서 ❶출발 지점과 ❷종료 지점에는 각기 다른 위치 좌표 값의 정보가 들어갑니다. 이 좌표 정보가 담긴 출발 지점과 종료 지점을 각각 ❸출발 시간과 ❹도착 시간에 놓게 되면 ❶출발 지점에서 ❷종료 지점에 도착하는데 걸리는 ❺소요 시간이 만들어지게 됩니다. 즉 이동 속도를 만들게 되는 것입니다.

이처럼 출발 지점과 종료 지점에 대한 정보 값을 저장해놓는 것이 Keyframe입니다. 출발 지점에 있는 Keyframe의 정보와 종료 지점 Keyframe의 정보가 다르게 되면 두 Keyframe이 가진 정보 값 차이만큼 변하는 효과를 적용할 수 있게 되는 것입니다. 이해하기 어려우시다면 전원 스위치라고 생각해 주시면 됩니다. 출발 시간에서 전원을 켜주고, 종료 시간에서 전원을 꺼주는 것입니다.

조금 더 자세하게 들어가 보도록 하겠습니다.

공이 ❶출발 지점부터 ❷도착 지점까지 1분 동안 굴러갔으면 좋겠다고 생각해 봅시다.

00:00초라는 시간대에 출발 지점에 대한 ❸시작 Keyframe을 만들어줍니다. ❸시작 Keyframe에는 A의 위치 좌표 값(0, 0)이 담겨있습니다. 이제 01:00이라는 시간대에 가서 ❹종료 Keyframe을 만들어줍니다. ❹종료 Keyframe에는 B의 위치 좌표 값(200, 0)이 담겨있습니다. 그러면 공이 ❸시작 Keyframe이 있는 00:00에서 ❹종료 Keyframe이 있는 01:00까지 1분 동안 A 좌표로부터 B 좌표까지 X축을 200만큼 이동하게 되는 것입니다.

만약 공이 더 빨리 굴러가게 하고 싶다면, 시작 Keyframe에서 종료 Keyframe에 도착하는 사이의 시간을 좁혀주면 됩니다. 즉, 종료 Keyframe을 01:00이 아니라 00:30으로 옮겨주면 30초 만에 같은 거리에 도달하게 되니 속도가 더 빨라지게 됩니다.

◆ 프리미어 프로에서 위와 같은 내용을 Keyframe으로 만들었을 때

이런 원리를 이용해서 모든 애니메이션 효과를 적용할 수 있습니다. 프리미어 프로에서는 Keyframe이 다이아몬드 아이콘( )으로 표시되며, Keyframe이 활성화되기 위해서는 Toggle Switch( )가 켜져 있어야 합니다. 켜지면 파란색으로 표시가 되고, Toggle Switch가 꺼지면 회색으로( ) 표시가 됩니다. Toggle Switch( )가 꺼져있을 때는 효과가 애니메이션처럼 변하지 않고, 값이 고정되면서 스틸컷처럼 멈춰있습니다. 출발 지점과 종료 지점이 따로 없기 때문에 가만히 멈춰있게 되는 것입니다.

Toggle Switch( )를 켜게 되면 특정 값을 바꿀 때마다 자동으로 Keyframe을 찍어주게 됩니다.

출발 지점, 중간 도착 지점, 종료 지점 등을 추가해주면서 움직이게 만들 수 있습니다.

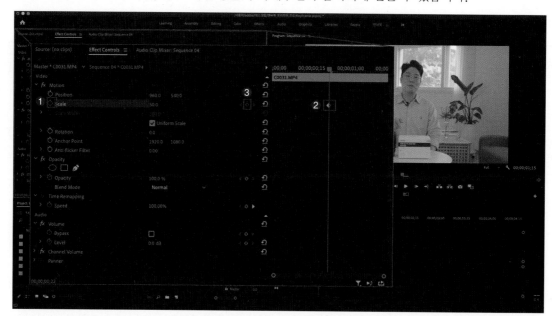

적용하는 모든 효과의 Keyframe은 Effect Controls 패널에서 조절할 수 있습니다. ❶Toggle Switch 버튼을 누르는 순간, ❷시작 Keyframe이 자동으로 생성됩니다. 재생 막대를 옮긴 후에 ❸ Add/Remove Keyframe을 눌러서 종료나 중간 지점 Keyframe을 만들어줄 수 있습니다.

만약 재생 막대를 시작 Keyframe으로 이동하고 싶거나, 종료 Keyframe으로 이동하고 싶을 때는 ❶이전 키프레임(Go to Previous Keyframe) 버튼(◀) 또는 ❷다음 키프레임(Go to Next Keyframe) 버튼(▶)을 클릭하면 됩니다.

만약 Keyframe을 잘못 찍었을 경우에는 이전 키프레임 버튼(◀)이나 다음 키프레임 버튼(▶)을 클릭해서 이동한 후에 키프레임 추가/제거(Add/Remove Keyframe) 버튼(◆)을 클릭해서 지워주면 됩니다. Keyframe이 없는 상태에서 추가해 줄 때는 회색 버튼 상태(◆)로 나타나고, 이미 Keyframe이 있는 곳에 이동하게 되면 파란색(■)으로 표시가 됩니다.

너무 어려우시다고요?

이 내용을 읽으시면서 Flash나 애니메이션 프로그램을 다뤄보신 분들은 쉽게 이해하실 수 있지만, 그래픽 프로그램을 처음 다뤄보시는 분들이라면 '이게 뭔 말이야?'라고 생각하실 수 있습니다. 하지만 걱정하지 마세요. 이론보다 실습이 배우는 데 더 도움이 됩니다. 이어지는 내용을 보면서 직접 실습해 보시면 자연스럽게 Keyframe에 대해 이해하실 수 있습니다. 실습을 마치고 위의 내용을 다시 읽어보시게 되면, '아~이게 이런 뜻이었구나'하고 이해하실 수 있으실 겁니다.

02 _ Opacity 효과를 활용한 키프레임(Keyframe) 익히기

◆ Opacity 0%

◆ Opactiy 50%

◆ Opacity 100%

그럼 Opacity 효과를 통해 Keyframe을 실습해 보겠습니다. Opacity는 영상의 투명도를 조절하는 기능입니다. Opacity의 값이 0에서 100으로 변경되게끔 조절하면 영상이 검정에서 천천히 나타나게 되는 '페이드인 트랜지션'을 만들 수 있습니다.

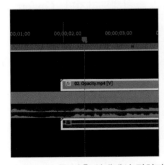

◆ Opacity를 낮춘 상태에서 겹쳐져있을 때의 화면

만약 Opacity의 숫자를 낮게 만든 상태에서 다른 비디오 클립의 위 트랙에 올려두면 아래에 있는 비디오 클립과 겹쳐서 나오게 할 수도 있습니다. 이를 활용하면 디졸브 트랜지션을 만들 수 있습니다.

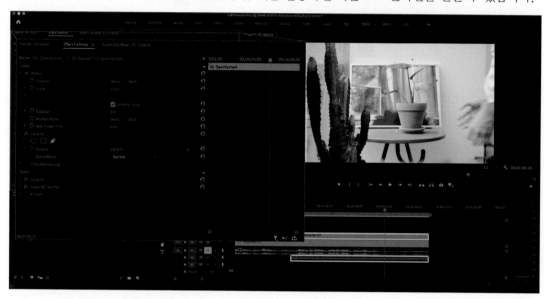

Opacity는 Effect Controls 패널 안에서 조절할 수 있습니다.

03 _ Pen Tool로 Opacity 조절해서 페이드인 트랜지션 만들기

- 소스 파일 : Chapter03 / Lesson 04 / 02. Opacity.mp4
- 완성 파일 : Chapter03 / Lesson 04 / 02. Opacity_complete.mp4

https://youtu.be/eDZUUEfliyw

Tools 패널에 있는 Pen Tool(✐)을 이용해서도 Opacity를 조절할 수 있습니다. Pen Tool로 작업을 하면 직관적으로 보여서 편리하지만, 미세하게 조절하기가 어렵습니다. 그래서 실제 작업을 할 때는 Effect Contrlos 패널에서 조절하는 방법을 추천해드리지만, Opacity의 원리를 이해하기에는 Pen Tool이 편리합니다. 두 가지 방법으로 모두 따라해보면서 Opacity를 완벽히 익혀보도록 하겠습니다.

01 Sequence를 만들고, 02. Opacity.mp4 파일을 V1 트랙에 올려줍니다.

❶ 클릭하면서 드래그

02 마우스 커서를 V1 트랙과 V2 트랙 구분 선에 가져다 놓습니다. 커서 모양이 조절 형태()로 바뀌게 됩니다. 구분 선을 잡고 위로 올려줍니다.

드래그

03 V1 트랙이 크게 보이는 것을 확인할 수 있습니다. 작업하기 전에 세팅을 하나 더 해줘야 합니다. 스패너 모양의 Timeline Display Settings()를 클릭합니다.

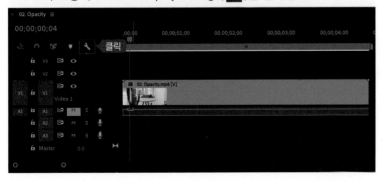

클릭

04 팝업 메뉴가 나타나면 Show Video Keyframes 를 클릭합니다.

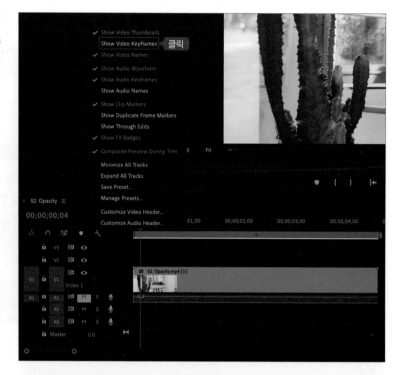

05 V1 트랙의 02.Opacity. mp4 클립 위로 하얀색 줄이 나타난 것을 확인할 수 있습니다.

06 Tools 패널에서 Pen Tool( )을 클릭합니다. 02.Opacity.mp4 클립의 흰 줄을 한 번 클릭합니다.

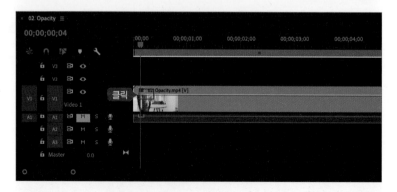

07 클릭한 곳에 다이아몬드 형태의 Keyframe(◇)이 추가된 것을 확인할 수 있습니다. Keyframe(◇)보다 더 오른쪽에 위치한 흰 줄을 클릭합니다.

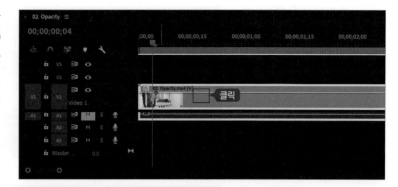

08 새로운 Keyframe이 추가되면서 두 개의 다이아몬드가 만들어진 것을 확인할 수 있습니다. 앞의 Keyframe을 클릭하면서 아래로 당겨줍니다.

09 앞 키프레임이 아래쪽으로 내려오면서 흰 줄이 아래에서 올라가는 형태로 바뀐 것을 확인할 수 있습니다. 영상을 재생하면 영상이 검정 화면에서 밝아지며 나타나는 것을 확인할 수 있습니다.

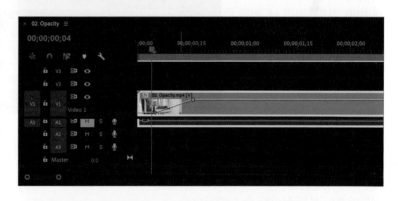

10 검정 화면에서 밝아지는 것까지 만들었으니, 이제 다시 검정 화면으로 사라지게 만들어봅시다. 두 번째 키프레임보다 더 오른 쪽의 흰 줄을 클릭합니다.

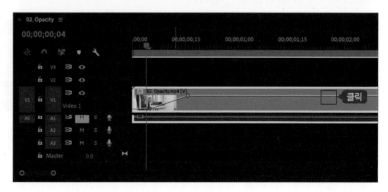

11 세 번째 키프레임이 추가되었습니다. 더 오른쪽의 흰 줄을 또 한 번 클릭합니다.

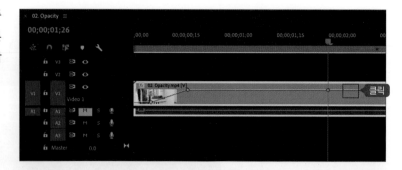

12 네 번째 키프레임이 생겼습니다. 네 번째 키프레임을 클릭하면서 아래로 당겨줍니다.

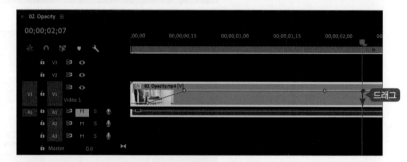

13 네 번째 키프레임이 아래로 내려오게 되면서 세 번째 키프레임과 네 번째 키프레임의 흰 줄이 위에서 아래로 내려오는 형태로 만들어진 것을 볼 수 있습니다.

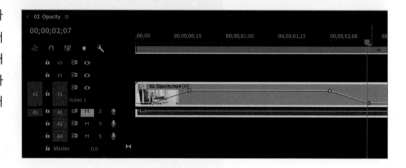

영상을 처음부터 재생해 보면 첫 번째 키프레임에서 두 번째 키프레임으로 넘어갈 때 화면이 밝아지고, 밝아진 채로 재생이 되다가 세 번째 키프레임에서 네 번째 키프레임으로 넘어갈 때 다시 화면이 어두워지는 것을 확인할 수 있습니다.

제가 위에서 제대로 효과가 작동되려면 시작 지점과 종료 지점이 필요하다고 말씀드렸습니다. 만약 저희가 Keyframe을 3개만 만들었다면, 첫 번째 키프레임에서 두 번째 키프레임으로 넘어갈 때 밝아지긴 하겠지만, 두 번째 키프레임에서 세 번째 키프레임으로 갈 때 유지가 되지 않고 바로 어두워져버릴 것입니다.

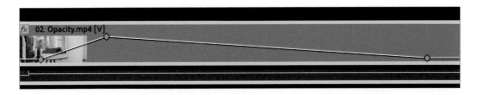

따라서 밝기가 유지되게 만들고자 한다면 삼각형 모양이 아닌, 사다리꼴 모양의 형태를 띠고 있어야 합니다.

만약 너무 효과가 빠르게 적용이 된다고 생각된다면, 두 번째 키프레임을 잡고 오른쪽으로 옮겨서 첫 번째 키프레임부터 두 번째 키프레임까지의 간격을 넓혀주면 됩니다.

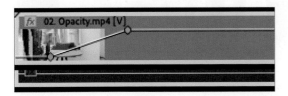

04 _ Effect Controls 패널에서 Opacity 조절해서 페이드인 트랜지션 만들기

- 소스 파일 : Chapter03 / Lesson 04 / 02. Opacity.mp4
- 완성 파일 : Chapter03 / Lesson 04 / 02. Opacity_complete.mp4

▶ 동영상 강의 시청하기

https://youtu.be/k3vZhQjgD7M

위의 실습을 끝까지 따라오셨다면, Keyframe에 대해서는
어느 정도 이해가 되셨을 겁니다. 위의 실습처럼 Pen Tool로 Opacity를 조절하면 한눈에 밝기 변화를 확인하기는 좋지만, 정확하게 조절을 하는 데 어려움이 있고, 트랙을 크게 해놓고 봐야 한다는 단점이 있습니다.

◆ Effect Controls 패널에서 Opacity의 Keyframe을 조절할 때 화면

따라서 Effect Controls 패널에서 Opacity를 조절하는 방법을 배우는 것이 좋습니다. Opacity 외에도 다른 효과들의 값을 조절하려면 Effect Controls 패널에서 조절해야 합니다. 따라서 Effect Controls 패널과 친해지는 것이 프리미어와 키프레임에 대해 익히기 좋습니다. 이번 실습에서는 함께 Opacity를 조절해보도록 하겠습니다.

01 새로운 Sequence를 만들고 02.Opacity.mp4 파일을 V1 트랙에 올려놓습니다. Effect Controls 패널을 클릭합니다. Opacity의 화살표(>)를 누릅니다. 아래로 값들이 나타납니다.

02 ❶Toggle Switch가 켜져 있는지 확인합니다. 꺼져있으면 클릭해서 켜줍니다. ❷100%라고 쓰여있는 숫자를 클릭하면 흰색 창으로 바뀌면서 숫자를 입력할 수 있습니다. ❸0을 입력하고 키보드의 [Enter] 키를 누릅니다.

03 Keyframe이 생성된 것을 확인할 수 있습니다. 1초 뒤에 100%로 밝아지게 만들어 보겠습니다. 1초 뒤로 재생 막대를 옮기기 위해 키보드의 Shift 키를 누르면서 오른쪽 방향 키 → 를 6번 연달아 누릅니다.

04 재생 막대가 1초 뒤로 옮겨졌으면, ❶숫자를 클릭해서 100을 입력한 후 키보드의 Enter 키를 누릅니다.

05 Effect Controls 패널에 Keyframe이 두 개가 생성된 것을 확인할 수 있습니다. Timeline 패널에서도 첫 번째 키프레임에서 두 번째 키프레임으로 가는 흰 줄이 아래에서 위로 올라가는 형태로 만들어진 것을 확인할 수 있습니다.

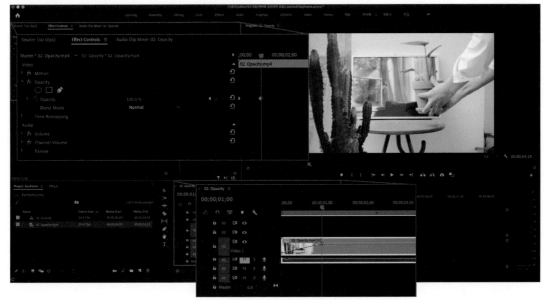

06 검은 화면에서 천천히 나타나게 만드는 것까지는 했으니, 이제 밝은 상태로 유지되다가 다시 검은 화면으로 사라지게 만들어 보겠습니다. 두 번째 키프레임에 위치해있던 재생 막대를 원하시는 만큼 오른쪽으로 옮겨주겠습니다. 2초 정도 뒤로 옮겨놓으면 적당합니다.

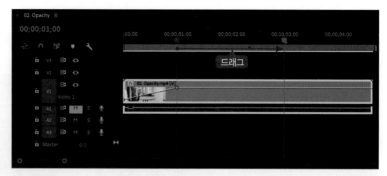

08 Effect Controls 패널에서 Add Keyframe 버튼( )을 클릭합니다.

09 두 번째 키프레임과 같은 값(100%)을 가진 세 번째 키프레임이 만들어지게 됩니다. 검은 화면에서 밝아질 때와 마찬가지로 어두워질 때도 1초의 시간 후에 어두워지게 만들겠습니다. 키보드의 Shift 키와 오른쪽 방향 키 → 를 여섯 번 연달아 눌러주겠습니다.

10 ❶파란색 숫자를 클릭합니다. 흰색 창으로 바뀌면 ❷0을 입력하고 키보드의 Enter 키를 누릅니다.

11 네 번째 키프레임이 만들어지게 됩니다. Timeline 패널을 보면 02.Opacity.mp4 클립에 어두웠다가 밝아지고, 유지되다가 다시 어두워지는 형태의 선이 만들어진 것을 확인할 수 있습니다.

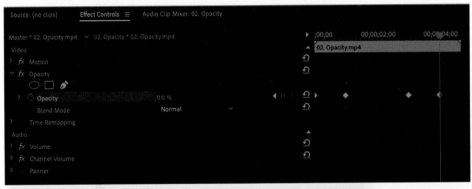

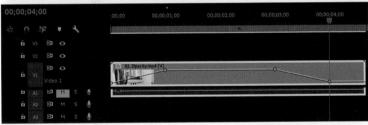

TIP 왜 마우스로 재생 막대를 안 옮기시고 키보드의 Shift 키와 방향키 → 를 누르면서 이동하신 건가요?

마우스로 재생 막대를 옮기면 당연히 더 편합니다. 하지만 정확한 시간만큼 옮기기가 어렵습니다. 즉, ❶검은 화면에서 밝아질 화면으로 어두워질 때의 속도가 다르게 적용이 될 수 있습니다. 이런 사소한 디테일이 영상 퀄리티에 영향을 줄 수 있기 때문에 항상 키보드의 방향키를 이용하여 재생 막대를 옮기는 습관을 들이면 좋습니다. 다만 방향키 → 만 누르면 1프레임씩 이동하기 때문에 30번을 눌러야 1초를 이동합니다. 그래서 Shift 키와 같이 눌러서 5프레임씩 이동하게 해준 것입니다.

05 _ Opacity 조절해서 디졸브 트랜지션 만들기

 동영상 강의 시청하기

https://youtu.be/P_lIteBjjB0

- **소스 파일** : Chapter03 / Lesson 04 / 05. Opacity01.mp4, 05. Opacity02.mp4
- **완성 파일** : Chapter03 / Lesson 04 / 05. Opacity_Complete.mp4

◆ 시작 화면

◆ 중간 화면

◆ 끝 화면

영화를 보다 보면 화면이 겹쳐지면서 자연스럽게 다른 장면으로 넘어가는 효과를 볼 수 있습니다. 이런 트랜지션을 디졸브(Dissolve)라고 합니다. 디졸브는 기본 제공되는 Video Transition으로도 만들 수 있지만, 더 자유롭게 조절하려면 Opacity를 이용하면 됩니다. 이번 실습에서는 함께 Opacity를 활용해서 디졸브를 만들어보도록 하겠습니다.

01 Project 패널에 05. Opacity01.mp4 파일과 05. Opacity02.mp4 파일을 불러옵니다. 새로운 Sequence를 만들고 V1 트랙에 05. Opacity02.mp4 파일을 올려놓습니다.

02 05.Opacity01.mp4 파일이 어느 정도 나오다가 다른 영상이 겹쳐지면서 넘어가야 하므로, 재생 막대를 오른쪽으로 옮겨줍니다. 클립 시작점으로부터 1초 20프레임 후 (00:00:01:20)로 옮기기 위해 키보드의 Shift 키와 방향 키 → 를 10번 누릅니다.

03 Project 패널에서 05. Opaicty02.mp4 파일을 클릭하면서 당겨서 재생 막대가 위치한 곳의 V2 트랙에 올려줍니다.

04 Timeline 패널에서 ❶05. Opacity02.mp4 파일을 클릭하고 ❷Effect Controls 패널을 클릭합니다.

05 Opacity의 시계가 파란색으로 켜져 있는지 확인합니다. Opacity의 ❶파란색 숫자를 클릭합니다. 흰색 입력창이 나타나면 ❷0을 입력하고 키보드의 Enter 키를 누릅니다.

06 첫 번째 키프레임이 만들어진 것을 확인할 수 있습니다. 천천히 디졸브가 될 수 있도록 재생 막대를 오른쪽으로 이동합니다. 3초 후로 옮기기 위해 키보드의 Shift 키와 오른쪽 방향 키 → 를 18번 연달아 눌러주겠습니다.

07 재생 막대를 이동했으면 ❶Opacity의 파란색 숫자를 클릭합니다. 흰색 입력창이 나타나면 ❷100을 입력하고 Enter 키를 누릅니다.

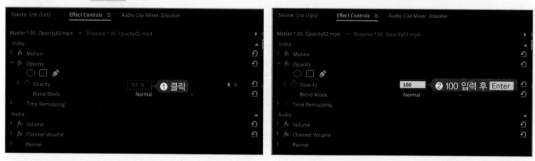

08 두 번째 키프레임이 만들어졌습니다. Timeline 패널을 보면 V2 트랙에 있는 05.Opacity02.mp4 파일에 흰색 줄이 아래에서 올라가는 형태를 그리고 있는 것을 확인할 수 있습니다. 05. Opacity01.mp4 파일의 시작 부분부터 재생을 해보면 천천히 05.Opacity02.mp4로 디졸브 되는 것을 확인할 수 있습니다.

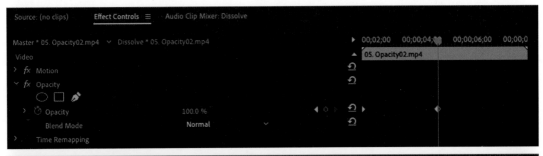

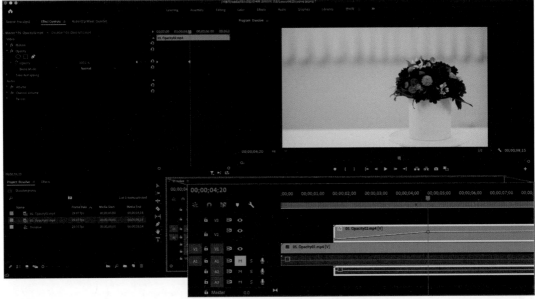

자막이 천천히 나타나게 하는 효과도 위와 똑같은 방법을 적용해서 만들면 됩니다. 05. Opacity02. mp4 파일 대신에 자막 파일이 V2 트랙 위에 올라와 있으면 됩니다.

◆ 자막 클립 Opacity 0%

◆ 자막 클립 Opacity 50%

◆ 자막 클립 Opacity 100%

06 _ Volume Level 기능을 활용한 음악 소리 조절하기

- 소스 파일 : Chapter03 / Lesson 04 / 06. Video.mp4, 06. Music.mp3
- 완성 파일 : Chapter03 / Lesson 04 / 06. Volume_Complete.mp4
- 사용 음악 : 자유여행 – 조윤제 음악감독 (29초 영화제 재능 기부 음원)

영상에 배경음악을 깔고 싶은데, 배경음악을 깔았더니 너무 큰 음악 소리 때문에 목소리가 묻혀버리셨나요? 그럴 땐 Volume의 Level 값을 조절하면 됩니다. Opacity와 원리가 똑같기 때문에 따라하기 4번과 5번을 함께 해주셨다면 바로 이해하실 수 있을 겁니다. 그럼 함께 볼륨을 조절해보겠습니다.

01 Sequence를 만들고 ❶V1 트랙에 06. Video.mp4 파일을 올려줍니다. ❷A2 트랙에는 06. Music.mp3 파일을 올려줍니다.

02 재생 막대를 볼륨 조절이 필요한 부분으로 옮겨줘야 합니다. A1 트랙을 보면 06. Video.mp4 파일에 대한 소리 파장이 보이게 됩니다. 파장이 직선인 부분은 소리가 없다는 뜻이고, 파장이 위로 솟은 부분은 소리가 있는 것입니다. 따라서 ❶파장이 위로 솟기 시작하는 부분에서부터 A2 트랙의 06. Music.mp3 파일의 볼륨 조절이 필요합니다. 해당 부분으로 재생 막대를 옮겨놓습니다.

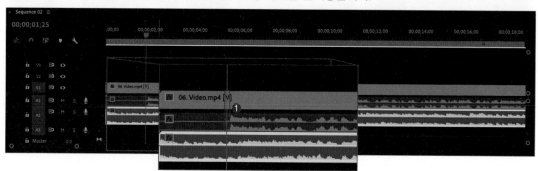

03 Timeline 패널에서 ❶A2 트랙의 06. Music.mp3 클립을 클릭하고, Effect Controls 패널에 갑니다. ❷Volume이 보이고, 아래에 Level이 있습니다. 파란색 숫자를 클릭합니다.

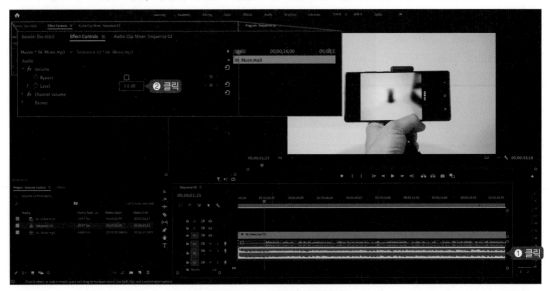

04 입력창이 활성화되면 -20을 입력합니다. 0이 기본 데시벨이기 때문에, 숫자가 0보다 올라가면 볼륨이 커지고, 숫자가 0보다 낮아지면 볼륨이 작아집니다. 입력이 되었으면 키보드의 Enter 키를 누릅니다.

05 첫 번째 키프레임이 만들어지게 됩니다. Timeline 패널에도 똑같이 생성되어 있는 것을 확인할 수 있습니다. 이제 앞으로 이동해야 합니다. Shift 키와 왼쪽 방향 키 ← 를 세 번 연속으로 누르겠습니다.

06 재생 막대가 15프레임 이전으로 이동했습니다. Level의 파란색 숫자를 클릭합니다. 입력창이 나타납니다. 0을 입력하고 Enter 키를 누릅니다. 새로운 키프레임이 생성된 것을 확인할 수 있습니다. 새로운 키프레임엔 0데시벨, 즉 기본 소리 볼륨에 대한 정보가 입력되어 있고, 우측 키프레임엔 -20데시벨,

소리가 작은 볼륨에 대한 정보가 입력되어 있습니다. 재생을 해보면 소리가 천천히 작아지는 것을 확인할 수 있습니다.

07 이제 다시 볼륨이 커질 수 있도록 조절해 주겠습니다. 재생 막대를 06. video. mp4의 파장 끝부분으로 이동합니다. 06.music.mp3를 클릭합니다.

08 Effect Controls 패널에서 Add Keyframe 버튼( )을 클릭합니다. 새로운 키프레임이 생성되었습니다. 재생 막대를 오른쪽으로 옮겨줘야 합니다. Shift 키와 오른쪽 방향 키 → 를 세 번 연속으로 누릅니다.

09 재생 막대가 15프레임 뒤로 이동했습니다. Level의 파란색 숫자를 클릭한 후 입력창이 활성화되면 0을 입력하고 Enter 키를 누릅니다.

10 새로운 키프레임이 만들어진 것을 확인할 수 있습니다. Timeline 패널을 보면 네 개의 키프레임이 생성된 것이 보이고, 볼륨 선이 역사다리꼴 모양을 그리는 것을 확인할 수 있습니다. 앞에서 재생을 해보면 소리가 천천히 줄어들었다가 다시 커지는 것을 확인할 수 있습니다.

07 _ Effect Controls 패널의 Motion 기능 이해하기

영상을 촬영했는데 수평이 약간 맞지 않는다면? 아니면 삼각대에 고정해서 촬영했는데, 편집에서 줌 효과를 넣고 싶다면? 아니면 움직이는 자막을 만들고 싶다면? Motion 기능을 활용하면 됩니다. Motion 기능은 말 그대로 화면에 대한 동작을 변경할 수 있습니다. 크기나 위치, 각도까지 화면 구성에 대한 모든 것을 변경할 수 있습니다.

Motion은 Effect Controls 패널 안에 있습니다. 평소에는 닫혀있는 상태로 되어있지만, 화살표(▶)를 클릭해서 아래로 열어주면 기능들이 나타나게 됩니다.

기능은 총 6가지가 있습니다. Motion에 포함되어 있는 기능들은 실무에서 자주 사용하는 기능이므로 꼭 알아두는 것이 좋습니다.

❶ Position: 클립의 위치를 변경할 수 있습니다. 왼쪽 숫자는 X축, 가로 방향 조절이 가능하고, 오른쪽 숫자는 Y축, 세로 방향의 조절이 가능합니다.

❷ Scale: 클립의 크기를 변경할 수 있습니다. 일반적으로 100보다 낮아지면 검은색 배경이 보이게 됩니다. 다만 4K로 촬영한 소스를 FHD에서 편집할 경우에는 50으로 낮췄을 때 정확한 사이즈로 보이게 됩니다.

❸ Uniform Scale: ❷ Scale로 화면 크기 변경 시 비율을 고정시켜주는 기능입니다. Uniform Scale을 끄게 되면 가로와 세로의 크기를 별도로 조절할 수 있습니다.

❹ Rotation: 화면을 회전을 할 수 있습니다. 수평이 약간 안 맞는 경우에 사용하기도 합니다.

❺ Anchor Point: 기준점을 변경합니다. 기준점을 어떻게 잡느냐에 따라 동작이 적용되는 위치가 달라지게 됩니다.

❻ Antil-flicker filter: 촬영 시에 플리커 현상이 나타난 경우 줄여줄 수 있는 기능입니다.

Motion 역시 이전 단원에서 배워봤던 Opacity와 Volume의 작동원리와 같습니다. Keyframe에 입력 값을 넣어서 조절하는 방식입니다.

08 _ Scale과 Position으로 사이즈 조절 효과 만들기

- 소스 파일 : Chapter03 / Lesson 04 / 08. Video.mp4
- 완성 파일 : Chapter03 / Lesson 04 / 08. Zoom01_complete

◆ 영상 시작 부분(예 00초~03초) ◆ 중간 부분(예 03초~08초) ◆ 끝부분(예 08초~10초)

유튜브 영상을 보면, 출연자가 말하는 중에 갑자기 사이즈가 확대될 때가 있습니다. 이는 두 번에 나눠서 촬영하는 것이 아니라, 더 높은 해상도(4K)로 촬영하고 낮은 해상도(FHD)에서 편집을 하는 것입니다. 큰 소스를 작은 공간에서 작업하기 때문에 사이즈를 자유롭게 조절할 수 있습니다. 이번 실습에서는 Scale과 Position을 이용해서 함께 사이즈 조절 효과를 만들어보도록 하겠습니다.

08-1 기본 시퀀스 세팅하기

예제로 사용할 08. Video.mp4 파일은 4K UHD(3840x2160)로 촬영된 영상이고, 편집은 FHD(1920x1080)에서 할 것입니다. 이를 위한 기본 세팅을 함께 따라 해보겠습니다.

01 상단 메뉴에서 File – New – Sequence를 클릭합니다.

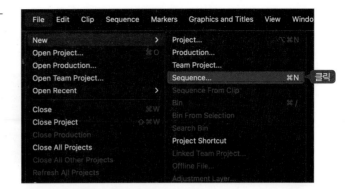

02 New Sequence 패널이 나타납니다. ❶Digital SLR – 1080p – DSLR 1080p30을 선택하고 ❷[OK] 버튼을 클릭합니다.

03 Project 패널에 08. Video.mp4 파일을 불러온 후, Timeline 패널의 V1 트랙에 당겨 놓습니다.

04 Clip Mismatch Warning 패널이 나타납니다. Sequence의 설정(FHD)과 올려놓은 08. Video.mp4 파일의 설정(UHD)이 맞지 않다는 뜻입니다. 여기서 Change sequence settings를 누르게 되면 Sequence의 설정이 08. Video.mp4의 파일 속성에 맞게 UHD로 변경되게 됩니다. 그렇게 되면 사이즈를 조절할 경우 화질에 문제가 생기게 됩니다. 저희는 사이즈를 자유롭게 조절하기 위해서 더 작은 사이즈인 FHD에서 편집해야 하므로, Keep existing settings를 클릭하겠습니다.

05 영상이 불러와졌으나 Program Monitor 패널을 통해 보면 영상이 무엇인가 이상해 보일 것입니다. 4K 영상이 FHD 시퀀스에서 4K 사이즈 그대로 보이고 있어서 그렇습니다. Effect Controls 패널에서 Scale을 확인해 보면 100이라고 표시되어 있는 것을 확인할 수 있습니다. 이 값을 조절해주면 제대로 보이게 될 것입니다.

06 사이즈를 쉽게 조절해보겠습니다. Timeline 패널의 V1 트랙에 올려둔 08. Video.mp4 클립을 클릭하고 마우스 오른쪽 버튼을 클릭합니다.

07 메뉴가 나타납니다. Set to Frame Size를 클릭합니다.

08 Program Monitor 패널에 영상이 제대로 보이는 것을 확인할 수 있습니다.

◆ Set to Frame Size 전

◆ Set to Frame Size 후

09 Effect Controls 패널의 Scale 을 보면 숫자가 50으로 되어 있는 것을 확인할 수 있습니다. 즉, 숫자가 100이 될 때까지 사이즈를 자유롭게 조절해도 화질 손실이 없다는 뜻입니다.

08-2 사이즈 조절할 부분 잘라주기

확대 효과가 눈에 띄게 만들기 위해서는 원래 사이즈의 영상이 나와줘야 합니다. 기준점이 있어야 사이즈가 확대된 것이 구분되기 때문입니다. 영상을 재생해 보면 원래의 사이즈로 보이고 있을 것입니다. 이 중에서 영상을 확대할 부분만 먼저 잘라주도록 하겠습니다.

01 영상을 재생해 보다가 화면이 확대된 장면이 필요한 부분에 재생 막대를 위치합니다.

02 Tools 패널에서 Razor Tool ( )을 선택하고 Timeline 패널에 재생 막대가 위치한 부분의 08. Video.mp4 클립을 클릭해서 잘라줍니다.

03 확대가 끝나면 좋겠다 생각되는 부분으로 재생 막대를 옮깁니다. 저는 A1 트랙에서 파장이 직선으로 가는 것이 끝나는 부분에 재생 막대를 옮겨놓았습니다.

04 Razor Tool( )로 재생막대가 위치한 곳의 클립을 클릭하여 잘라줍니다.

05 Tools 패널에서 Selection Tool(▶)을 클릭합니다. 클립을 이렇게 구분한 이유는 사이즈 조절이 필요한 부분에만 확대 효과를 적용하기 위함입니다.

2번 과정에서 확대 효과가 적용되기 시작했으면 하는 부분을 잘라주었습니다. 4번 과정에서는 확대 효과가 끝났으면 하는 부분을 잘라주었습니다. 즉 ❷중간 클립엔 ❺그림2처럼 확대 효과를 적용하고, ❶앞 클립과 ❸뒷 클립은 각각 ❹그림1과 ❻그림3처럼 원래 사이즈 그대로 나오게 하기 위해서이 작업을 진행한 것입니다.

08-3 사이즈 조절하기

이번에는 확대 효과를 적용해보겠습니다.

01 Timeline 패널에서 재생 막대를 두 번째 클립 위로 옮겨놓습니다.

02 Timeline 패널에서 두 번째 클립을 클릭합니다.

03 Effect Controls 패널을 클릭하면 Motion 하위 메뉴에 있는 Scale이 보입니다. 이번에는 효과가 서서히 나타나는 키프레임을 적용하는 것이 아니라, 절대적인 값을 변경할 것이기 때문에 시계를 활성화할 필요가 없습니다. 시계가 꺼진 채( )로 그대로 두도록 하고, Scale의 파란색 숫자를 클릭합니다.

04 흰색 입력창이 나타납니다. 80을 입력하고 Enter 키를 누릅니다.

05 Program Monitor 패널을 보면 화면 크기가 확대된 것을 확인할 수 있습니다. 확대는 되었으나 인물이 너무 중앙에 위치해 있으니, 왼쪽으로 옮겨보도록 하겠습니다. Effect Controls 패널에서 Position 의 왼쪽 숫자 값(X축)에 마우스를 가져다 놓습니다. 커서 모양이 손가락( )으로 바뀌게 됩니다. 그 상태로 왼쪽 숫자 값을 클릭한 채로 마우스를 왼쪽으로 움직여 봅니다. 값이 변경되는 것을 확인할 수 있습니다. 인물이 화면 왼쪽에 올 수 있도록 충분히 움직여줍니다.

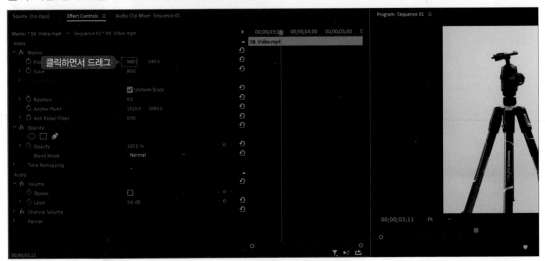

06 저는 Position의 왼쪽 숫자 값(X축)이 411이 되었습니다. 머리 위의 공간이 너무 없어서 답답해 보이니, Y축도 조절해 주도록 합니다. 오른쪽 숫자 값(Y축)에 마우스를 올려주면 커서 모양이 손가락( )으로 바뀝니다. 그 상태로 오른쪽 숫자 값(Y축)을 클릭한 채로 마우스를 오른쪽으로 움직여서 적절히 여백을 만들어줍니다.

07 머리 위에 여백이 생기면서 훨씬 안정적인 구도로 바뀌었습니다. 화면 확대 후에 위치 변경까지 모두
끝이 났습니다. Scale은 80, Postion의 X축은 411, Y축은 602가 되었습니다.

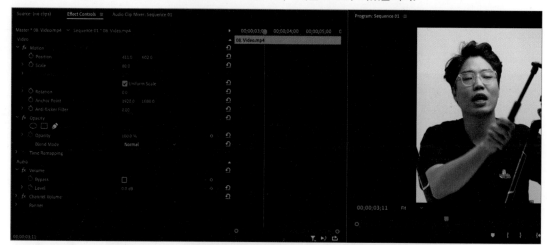

08 Timeline 패널의 시작점에
서 영상을 재생해 보면 재
생 막대가 두 번째 클립을 지나갈
때만 화면이 확대되어서 보이는
것을 확인할 수 있습니다.

09 _ Scale과 Position 기능으로 Zoom In 효과 만들기

- 소스 파일 : Chapter03 / Lesson 04 / 09. Video.mp4
- 완성 파일 : Chapter03 / Lesson 04 / 09. Zoom In_complete

▶ 동영상 강의 시청하기
https://youtu.be/soBfYvT9IN8

이전 실습처럼 샷 사이즈가 한 번에 바뀌는 효과를 적용할 수도 있지만, Keyframe을 이용하여 천천
히 Zoom In이 되게 만들 수도 있습니다. 원래는 4K로 촬영된 영상을 FHD 시퀀스에서 작업해야 화
질에 문제가 없지만, 해당 내용은 앞에서 진행했으므로, 이번에는 편의를 위해 FHD 영상을 FHD 시
퀀스에서 작업해보도록 하겠습니다.

01 새 Sequence를 FHD 30p로 만들고 09. Video.mp4 파일을 Timeline 패널로 불러옵니다.

02 Timeline 패널에서 재생 막대를 Zoom In이 시작되었으면 하는 위치로 옮겨줍니다. 저는 3초(00;00;03;00)로 옮기겠습니다.

03 Tools 패널에서 ❶Razor Tool( )을 선택합니다. Timeline 패널에서 ❷재생 막대가 위치한 곳의 클립을 클릭하여 잘라줍니다.

04 클립이 잘렸습니다. 이번 엔 Zoom In 효과가 끝나 고 다시 원상태로 영상이 돌아 왔으면 하는 위치로 ❶재생 막 대를 옮겨줍니다.
저는 7초(00;00;07;00)로 옮기겠 습니다. ❷재생 막대가 위치한 곳 의 클립을 클릭하여 잘라줍니다.

05 클립이 잘렸으면, Tools 패널에서 Selection Tool(▶)을 클릭합니다. 방금 클립을 두 번 잘랐기 때문에, Timeline 패널에 세 개의 클립이 보일 것입니다. 첫 번째 클립과 두 번째 클립의 연결지점으로 재생 막대를 옮겨 줍니다. 키보 드의 위 방향 키(↑)를 눌러주 면 됩니다.

06 Timeline 패널에서 ❶두 번째 클립을 선택하고, ❷Effect Controls 패널을 클릭합니다.

07 Effect Controls 패널에서 Motion 아래의 ❶Position 과 ❷Scale의 Toggle Animation 아이콘( )을 누릅니다.

08 키프레임이 만들어졌습니다. Timeline 패널에서 재생 막대를 Zoom In이 끝났으면 하는 위치로 이동합니다. 저는 5초 10프레임(00;00;05;10)까지 옮기겠습니다.

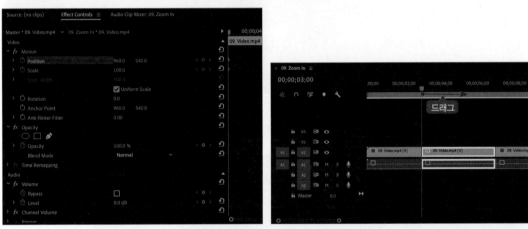

09 Effect Controls 패널에서 Scale 옆의 파란색 숫자 쪽으로 마우스를 가져다 놓으면 커서 모양이 손가락( )으로 바뀌게 됩니다. 파란색 숫자를 클릭하면서 마우스를 오른쪽으로 움직이면 값이 변경됩니다. Program Monitor 패널을 확인하면서 원하는 크기까지 Scale 값을 조절합니다.

10 Scale을 조절했더니 인물이 너무 오른쪽에 쏠려 있는 느낌이 듭니다. 인물을 약간 왼쪽으로 옮겨주면 더 괜찮은 구도가 될 것 같습니다. Effect Controls 패널에서 Position의 X축 값에 마우스를 가져다 놓습니다. 커서 모양이 손가락( )으로 바뀝니다. X축을 클릭하면서 마우스를 왼쪽으로 밀어줍니다. 인물이 중앙에 올 때까지 X축의 값을 조절해 주도록 합니다.

11 Effect Controls 패널에 키프레임 네 개가 만들어져 있게 됩니다.

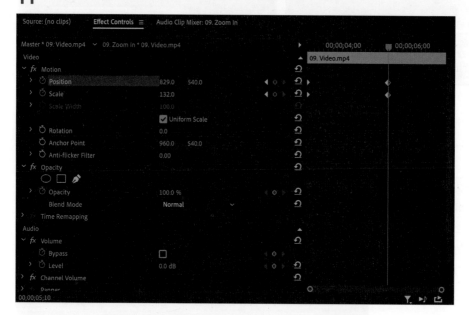

12 영상을 재생하면 두 번째 클립의 시작점에서부터 Zoom In 효과가 적용되는 것을 확인할 수 있습니다.

10 _ 화면 위에 화면 띄우기(Picture in Picture)

- **소스 파일** : Chapter03 / Lesson 04 / 10. Video00.mp4, 10. Video01.mp4
- **완성 파일** : Chapter03 / Lesson 04 / 10. Picture in Picture.mp4

▶ 동영상 강의 시청하기
https://youtu.be/b2VElCvWzNg

◆ Picture in Picture 예시. 다른 화면 안에 작게 화면이 들어오는 것을 의미합니다.

TV에서 교양 프로그램 또는 예능 프로그램을 보면 재연 드라마가 나올 때 패널들의 목소리가 계속 들리곤 합니다. 그러다가 패널들의 중요한 리액션이 있으면 재연 드라마가 보이는 도중에 화면 하단에 작게 패널들의 리액션이 나타나곤 합니다. 이렇게 화면 안에 다른 화면이 나타나는 것을 Picture in Picture라고 부릅니다. 중계 현장에서는 이를 줄여서 'PIP'라고 부르기도 합니다. 이번 실습에서는 PIP 효과를 만드는 방법을 배워보도록 하겠습니다.

01 새 Sequence를 FHD 24p로 만들고, 10. Video00.mp4 파일을 Timeline 패널의 V1 트랙에 올려줍니다.

02 Timeline 패널에서 재생 막대를 인서트 컷이 나오기 시작했으면 하는 시간대까지 옮겨 줍 니 다 . 저 는 2 초 (00;00;02;00)로 옮겨주도록 하겠습니다.

03 Timeline 패널에 재생 막대가 위치한 부분에 맞춰서 V2 트랙에 10. Video01.mp4 파일을 올려줍니다.

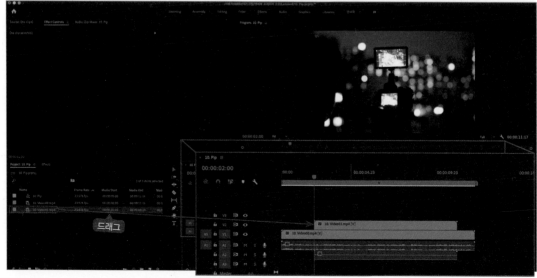

04 Program Monitor 패널을 확인해 봅시다. Timeline 패널 V2 트랙에 올려진 10. Video01.mp4 파일 때문에 V1 트랙에 있는 10. Video00.mp4 파일이 보이지 않을 것입니다. Tools 패널에서 Razor Tool(◈)을 선택합니다. Timeline 패널에서 재생 막대가 위치한 부분의 10. Video00.mp4 파일을 클릭하여 잘라줍니다.

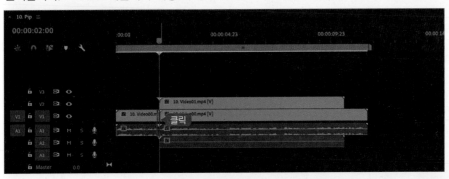

05 10. Video00.mp4 클립이 앞부분과 뒷부분으로 나뉘었을 겁니다. Tools 패널에서 Selection Tool(▶)을 선택합니다. Timeline 패널에서 방금 자른 10. Video00. mp4 뒷부분을 선택해서 V3 트랙에 재생 막대가 위치한 곳으로 올려줍니다.

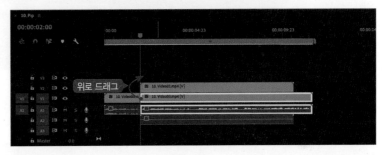

06 Program Monitor 패널을 확인해 보면, Timeline 패널의 V3 트랙에 10. Video00.mp4 파일이 올라가면서, V2 트랙의 영상이 보이지 않을 것입니다. ❶10. Video00.mp4 파일을 클릭하고, ❷Effect Controls 패널을 클릭합니다. ❸Scale 옆의 파란색 숫자를 클릭하고 25를 입력한 후 Enter 키를 누릅니다.

07 Program Monitor 패널을 보면 영상이 작게 변경되어 있습니다. Effect Controls 패널에서 Motion을 클릭합니다.

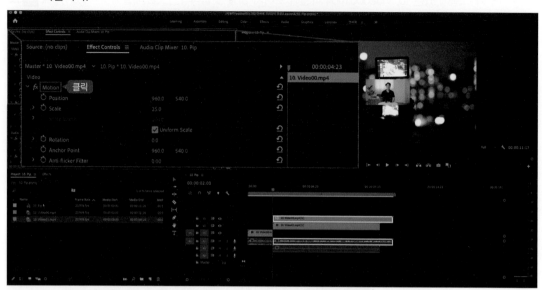

08 V3 트랙의 10. Vldeo00.mp4 파일에 파란색 테두리가 생긴 것을 확인할 수 있습니다. 마우스로 영상을 클릭하면서 화면 우측 하단으로 드래그합니다.

09 Program Monitor 패널을 확인해 보면 10. Vldeo00.mp4 파일이 우측 하단에 작게 배치된 것을 확인할 수 있습니다. 이제 Timeline 패널에서 재생 막대를 V2 트랙의 10. Video01.mp4 파일이 끝나는 정확한 위치에 옮겨주도록 합니다.

10 Tools 패널에서 Razor Tool( )을 선택합니다. Timeline 패널에서 재생 막대가 위치한 곳의 V3 트랙에 올려져 있는 10. Video00.mp4 파일을 클릭하여 잘라줍니다.

11 Tools 패널에서 Selection Tool( )을 선택하고, Timeline 패널의 V3 트랙에 있는 10. Video00.mp4 파일을 V1 트랙으로 드래그해서 내려놓습니다.

12 10. Video00.mp4 파일을 클릭한 후 Effect Controls 패널에서 Scale의 Reset Parameter( )를 클릭합니다.

13 Program Monitor 패널을 확인해 보면 영상이 다시 커져있는 것이 보이고, Effect Controls 패널을 보면 Scale의 숫자 값이 다시 100으로 돌아온 것이 보입니다. 이번엔 위치를 다시 맞춰주기 위해, Position의 Reset Parameter( )를 클릭합니다.

14 위치도 원상태로 돌아온 것이 보입니다. 영상을 처음부터 재생해 보면 V2 트랙의 10. Video01.mp4 파일 시작 위치부터 화면이 작게 보이다가, 끝 위치부터 다시 영상이 크게 보이는 것을 확인할 수 있습니다.

> **" 화면이 작은 원형으로 나오는 영상도 있던데, 그건 어떻게 하죠?**
>
> 화면이 원형으로 나오려면 'Mask'라는 기능을 이용하면 됩니다. Lesson5에서 배울 예정입니다.

11 _ 〈와썹맨〉에 나오는 사진이 사라지는 효과 만들기

- 소스 파일 : Chapter03 / Lesson 04 / 11. Video.mp4
- 완성 파일 : Chapter03 / Lesson 04 / 11. Whatsup_complete

동영상 강의 시청하기
https://youtu.be/80IgMP7QfrE

◆ 시작 지점

◆ 종료 지점

유튜브 〈와썹맨〉이나 여러 예능 프로그램을 보면 화면이 점점 작아지더니 어둠속으로 사라지는 효과가 나오곤 합니다. 이 효과도 Motion의 Scale을 이용하면 되고, 조금 더 극대화하기 위해서는 영상을 사진처럼 멈춰주는 Frame Hold 기능을 사용하면 됩니다. 이번 실습에서는 함께 사진이 사라지는 효과를 만들어보도록 하겠습니다.

01 새 Sequence를 FHD 30p로 만들고, 11. Video.mp4를 Timeline 패널의 V1 트랙에 올려줍니다.

02 Timeline 패널에서 영상이 작아지는 효과가 적용되었으면 하는 위치로 재생 막대를 옮겨 놓습니다. 저는 3초 (00;00;03;00)에 옮겨놓도록 하겠습니다.

03 Tools 패널에서 Razor Tool( )을 클릭합니다. Timeline 패널에서 재생 막대가 위치한 부분의 11. Video.mp4 클립을 클릭하여 잘라줍니다.

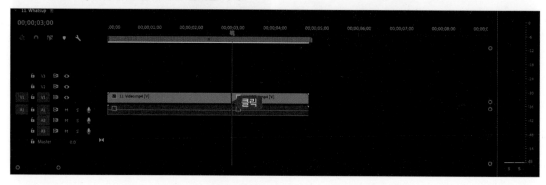

04 Tools 패널에서 ❶SelectionTool( )을 선택합니다. Timeline 패널에서 방금 자른 클립의 뒷부분을 선택하고, ❷마우스 오른쪽을 클릭합니다. 팝업 메뉴가 나타나면 ❸Add Frame Hold를 클릭합니다.

05 뒷부분에 Frame Hold가 적용되어서, 재생 막대가 시작점을 지나가는 순간 화면이 멈춰있는 효과가 적용됩니다.

06 뒷부분에 화면이 작아지는 효과를 적용해 보겠습니다. ❶뒷부분을 선택하고 ❷Effect Controls 패널을 클릭합니다.

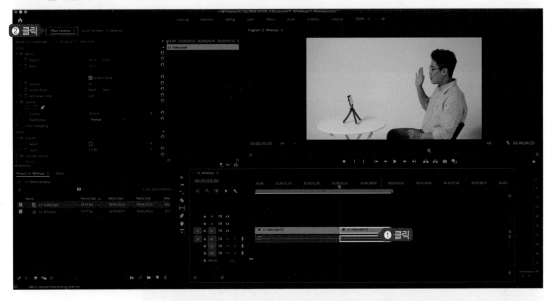

07 Position과 Scale의 Toggle Animation(⏱)을 클릭해서 활성화시킵니다. 재생 막대가 위치한 곳에 Keyframe이 생겼습니다.

08 Timeline 패널에서 효과가 끝났으면 하는 위치로 재생 막대를 옮겨줍니다. 저는 3초 25프레임 (00;00;03;25)으로 옮기도록 하겠습니다.

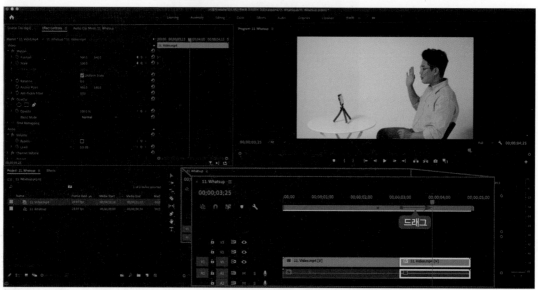

09 Effect Controls 패널에서 Scale의 숫자 값을 클릭하고 40을 입력한 후 Enter 키를 누릅니다.

10 효과 적용이 완료되었습니다. 재생 막대가 첫 번째 키프레임에서 두 번째 키프레임으로 가는 동안 화면이 작아지게 됩니다. 만약 아예 없어질 때까지 작아졌으면 좋겠다면, Scale의 두 번째 키프레임 숫자 값이 40이 아니라 0을 입력해주면 됩니다.

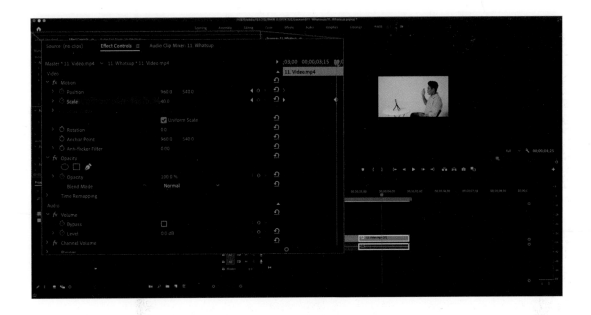

12 _ 좌우로 움직이는 자막 만들기

▶ 동영상 강의 시청하기
https://youtu.be/tFUbqIBTus4

- 소스 파일 : Chapter03 / Lesson 04 / 12. Video.mp4
- 완성 파일 : Chapter03 / Lesson 04 / 12. Moving_Text_complete

◆ 화면 왼쪽에서 자막이 등장해서 오른쪽으로 나가게 만들어보겠습니다.

'자막이 화면 밖에서 들어와서 다시 화면 밖으로 나가는 효과는 어떻게 만들죠?'

Keyframe 실습을 모두 마치신 분들이라면 이제 어떤 효과를 써야 하는지 아실 것 같습니다.

맞습니다. Motion의 Position 기능을 이용해서 자막이 화면 밖에서 들어와서 다시 화면 밖으로 나가게 만들 수 있습니다. 이번 실습에서는 함께 텍스트를 움직여 보도록 하겠습니다.

01 새 Sequence를 FHD 30P로 만들고, ❶V1 트랙에 12. Video.mp4 파일을 올려줍니다. Tools 패널에서 ❷TypeTool(T)을 클릭하고 ❸Program Monitor 패널의 화면을 클릭합니다.

02 Timeline 패널에 빨간색 Graphic 클립이 나타나고, Program Monitor 패널에 빨간색으로 텍스트 입력 창이 만들어집니다. 앤써북 프리미어 프로라고 입력합니다.

03 입력이 다 되었으면, Tools 패널에서 Selection Tool(▶)을 클릭합니다. Program Monitor 패널에 텍스트 입력창이 파란색으로 바뀌게 됩니다.

04 Timeline 패널의 ❶V2 트랙에 있는 그래픽 클립을 클릭하고 ❷Effect Controls 패널을 클릭합니다.

05 Effect Controls 패널에서 Text 아래의 Font를 클릭해서 폰트를 바꿔주도록 합니다. 저는 배달의민족 도현체를 사용하겠습니다.

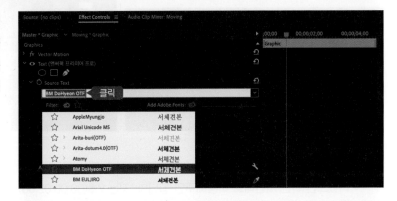

06 Effect Controls 패널의 스크롤바를 내려서 Transform으로 갑니다. Position 의 Toggle Animation(⏱)을 클릭합니다.

07 첫 번째 키프레임이 만들어졌습니다. 이제 X축의 값을 바꿔줘야 합니다. 마우스를 X축에 가져다 놓으면 커서 모양이 손가락()으로 바뀌게 됩니다. 클릭하면서 마우스를 왼쪽으로 움직여주면 텍스트가 왼쪽으로 이동합니다. 화면의 왼쪽 밖으로 나가게 만들어줍니다.

08 Program Monitor 패널을 확인해 보면 텍스트 입력창이 화면의 왼쪽 밖으로 사라진 것을 확인할 수 있습니다. Effect Controls 패널을 보면 X축의 값이 바뀌어있습니다.

09 Timeline 패널에서 재생 막대를 이동합니다. 첫 번째 키프레임에서 출발해서 화면의 오른쪽 밖으로 나갔으면 하는 시간대로 이동해주면 됩니다. 저는 2초(00;00;02;00)로 이동하겠습니다.

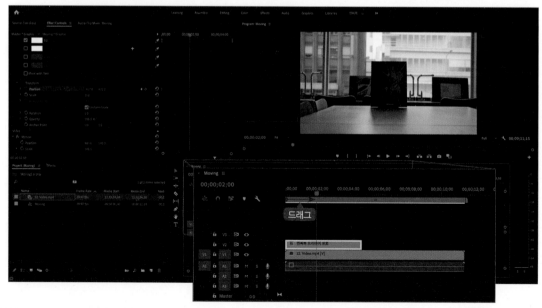

10 Effect Controls 패널에서 X축에 마우스를 가져다 놓습니다. 커서 모양이 손가락( )으로 바뀝니다. 클릭하면서 마우스를 오른쪽으로 움직이면 텍스트가 오른쪽으로 이동합니다. Program Monitor 패널을 보면서 텍스트 입력창이 화면 오른쪽 밖으로 나가게 만들어줍니다.

11 텍스트 입력창이 화면의 오른쪽 밖으로 이동한 것을 확인할 수 있습니다. Effect Controls 패널의 첫 번째 키프레임에서 두 번째 키프레임으로 이동하는 동안 텍스트 입력창이 화면의 왼쪽 밖에서 오른쪽 밖으로 이동하게 됩니다.

이렇게 텍스트에서도 Position의 Keyframe을 활용하면 더 생동감 있는 자막을 만들 수 있습니다. 유튜브에서 자주 보이는 움직이는 ㅋㅋㅋ 자막, 강조하기 위해서 화면 아래에서 위로 나타나는 자막 등이 Position을 이용해서 만드는 것입니다. 이번 실습에서는 편의상 X축으로 움직이는 것만 해봤지만, 여러분들은 복습하실 때 Y축(세로)으로 이동하는 자막도 만들어보시면 기능을 이해하는 데 도움이 될 것입니다.

13 _ 인물의 손을 따라 움직이는 자막 만들기

■ 소스 파일 : Chapter03 / Lesson 04 / 13. Video.mp4
■ 완성 파일 : Chapter03 / Lesson 04 / 13. Position_Tracking_complete

▶ 동영상 강의 시청하기
https://youtu.be/P-im_V2r8f8

◆ 인물을 따라 움직이는 자막 예시

요즘 유튜브와 예능 프로그램에 가장 많이 보이는 자막 효과가 있습니다. 바로 자막이 인물을 따라다니는 효과입니다. 이렇게 특정 대상을 정확하게 따라다니는 효과를 Tracking이라고 합니다. After Effects 프로그램에서 대상과 허용 범위를 지정하면 자동으로 Tracking Point를 만들어주고, 그 Tracking Point에 레이어를 연결만 해주면 되는 간단한 시스템입니다. 포인트를 미세하게 잡아주기 때문에 광고나 고퀄리티의 영상이 필요할 때 많이 사용합니다. 그러나 이런 절차를 거치게 되면 시간도 많이 들고, 손도 많이 가게 됩니다. 더불어 예능 프로그램에서는 완벽하게 따라다니는 자막보다는 키치 한 감성을 살리기 위해 대충 따라다니는 느낌이 드는 것이 더 효과적일 때도 있습니다. 따라서 예능 느낌으로 자막이 따라다니는 효과를 만들어야 한다면 After Effects를 사용할 필요 없이 프리미어 프로 내에서 Position의 키프레임을 하나씩 잡아주면 됩니다. 이번 실습에서는 함께 인물의 손을 따라가는 자막을 만들어보도록 하겠습니다.

01 새 Sequence를 FHD 30p로 만들고, ❶Timeline 패널의 V1 트랙에 13. Video.mp4 파일을 올려놓습니다. ❷Tools 패널에서 Text Tool(T)을 클릭하고 Program Monitor 패널의 화면을 클릭합니다.

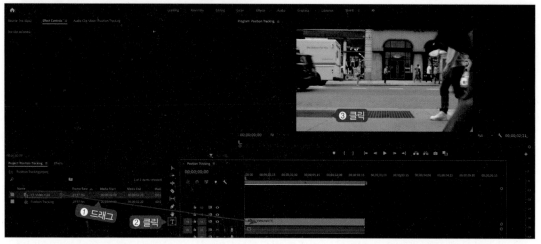

02 Timeline 패널에 핑크색 Graphic 클립이 생성되고, Program Monitor 패널에 빨간색으로 텍스트 입력 창이 나타납니다. 손이라고 입력합니다.

03 Tools 패널에서 Selection Tool(▶)을 선택합니다. Program Monitor 패널의 텍스트 입력창이 파란색으로 바뀌게 됩니다.

04 Timeline 패널에서 ❶Graphic 클립을 클릭하고, ❷Effect Controls 패널을 클릭합니다. 스크롤 바를 내려서 Transform을 찾아줍니다.

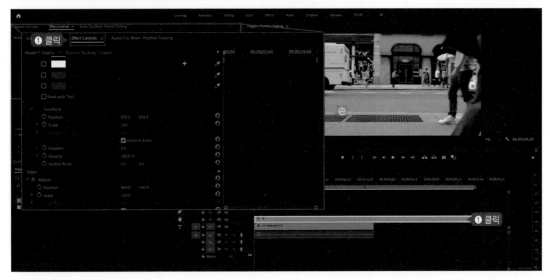

05 손 텍스트를 남자의 손에 위치해 줘야 합니다. Effect Controls 패널에서 Position의 X축에 마우스를 올려놓습니다. 커서 모양이 손가락(☝)으로 바뀌게 됩니다. 클릭하면서 마우스를 오른쪽으로 움직이면 손이 오른쪽으로 이동합니다. 남자의 손이 있는 위치로 손 텍스트를 옮겨 놓습니다.

06 X축이 이동되었습니다. 이제 Y축(세로)을 옮겨서 손 텍스트를 남자의 손에 위치해 줘야 합니다. Effect Controls 패널에서 Position의 Y축에 마우스를 올려놓습니다. 커서 모양이 손가락( )으로 바뀌게 됩니다. 클릭하면서 마우스를 오른쪽으로 움직이면 손이 위쪽으로 이동합니다. 남자의 손이 있는 위치로 손 텍스트를 옮겨 놓습니다.

07 손 텍스트를 남자의 손에 위치했습니다. 이제 애니메이션을 적용시켜야 합니다. Effect Controls 패널에서 Position의 Toggle Animation( )을 클릭합니다.

08 Toggle Animation이 활성화가 되면서 파란색( )으로 바뀌고, 첫 번째 키프레임이 생성되었습니다. 이제 재생 막대를 옮겨서 두 번째 키프레임을 만들어 줘야 합니다. 원래는 1프레임씩 잡아줘야 하지만, 예능 자막 형태에서는 꼼꼼하게 작업할 필요가 없기 때문에 5프레임씩 작업할 예정입니다. Shift 키와 오른쪽 방향 키 → 를 누릅니다.

09 Program Monitor 패널을 보면 재생 막대가 5프레임 뒤로 옮겨지면서 남자의 손이 왼쪽으로 이동한 것을 확인할 수 있습니다. 여기에 맞춰서 Effect Controls 패널에서 X축과 Y축의 값을 조절합니다.

10 Program Monitor 패널을 보면 손 텍스트가 남자의 손에 들어가 있습니다. 동시에 Effect Controls 패널의 Position에 두 번째 키프레임이 생성되었습니다. 다시 재생 막대를 5프레임 뒤로 옮겨줘야 합니다. Shift 키와 오른쪽 방향 키 → 를 누릅니다.

11 재생 막대를 옮기고 나니 다시 남자의 손이 왼쪽으로 이동해 있습니다. Effect Controls 패널에서 Position의 X축과 Y축 값을 조절해서 손 텍스트가 남자의 손에 맞춰지게 합니다.

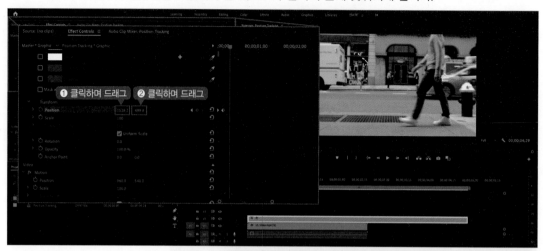

12 Effect Controls 패널에 세 번째 키프레임이 생성된 것을 확인할 수 있습니다. 이제부터 위의 과정을 반복합니다.

13 작업을 반복하다 보면 손 텍스트가 화면의 거의 끝에 걸린 것이 보입니다. 마지막 마무리를 해줘야 합니다. 재생 막대를 5프레임 뒤로 옮겨주기 위해 Shift 키와 오른쪽 방향 키 → 를 누릅니다.

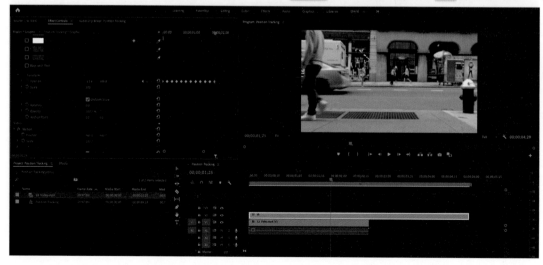

14 Program Monitor 패널을 확인해 보면 남자의 다리는 화면 안쪽에 있지만 손이 화면 바깥쪽으로 나가 있는 것을 확인할 수 있습니다. Effect Controls 패널에서 Position의 X축 값을 조절해서 손 텍스트가 화면 왼쪽 바깥쪽으로 나갈 수 있게 만들어줍니다.

15 Program Monitor 패널을 보면 텍스트가 화면의 왼쪽 바깥쪽으로 나가있는 것을 확인할 수 있고, Effect Controls 패널에 키프레임이 여러 개 생겨있는 것을 확인할 수 있습니다. 영상을 시작점에서 재생해 보면 자막이 남자의 손을 따라다니는 것을 확인할 수 있습니다.

> **❝ 왜 After Effects에서 Tracking을 안 하고 수작업을 하나요?**
>
> 시간 효율성 때문입니다. 광고, 제품 영상, 브랜딩 영상처럼 텍스트가 대상에 맞춰 틀어짐 없이 정확하게 이동을 해야 한다면 반드시 After Effects에서 Tracking 작업을 해야 합니다. Tracking 작업을 거쳤더라도 조금이라도 벗어나면 미세하게 조절 작업까지 합니다. 그러나 예능 자막 같은 경우에는 조금씩 틀어짐이 생기더라도 예능이기 때문에 문제가 없습니다. 이럴 때 After Effects로 작업을 하기 위해 내보낸다면 내보내는 시간, Tracking 추적 시간 등이 들어가게 됩니다. 그 시간에 프리미어 프로에서 손으로 작업하는 게 더 효율적입니다. 손에 익으면 위의 실습 정도는 1분 이내로 작업이 가능합니다.

> **❝ 왜 1프레임씩 작업하지 않으시나요?**
>
> 이 또한 시간 효율성 때문입니다. 미세하게 따라가야 한다면 반드시 1프레임씩 작업을 해줘야 합니다. 예제 영상이 크게 흔들림이 없이 촬영되어 있기 때문에 5프레임씩 작업을 해줘도 문제가 없습니다.

14 _ 수평이 맞지 않는 영상의 수평 맞추기

- 소스 파일 : Chapter03 / Lesson 04 / 15. Video.mp4
- 완성 파일 : Chapter03 / Lesson 04 / 15. Rotation_complete

◆ 수평이 안맞게 촬영된 상태

◆ 편집에서 수평을 맞춘 상태

급하게 촬영을 하거나, 외장 모니터 없이 촬영을 하다 보면 수평이 안 맞게 촬영이 되는 경우가 있습니다. 이럴 때는 프리미어 프로에서 Rotation을 이용해 수평을 맞춰줄 수 있습니다. 물론 Rotation을 적용하게 되면 화면 바깥이 보이게 되기 때문에 Scale도 같이 조절해야 합니다. 따라서 약간 확대를 하게 되는 '화각 손실'이 일어납니다. 화각 손실은 차치하더라도 화질 손실을 줄이기 위해서는 반드시 4K로 촬영해서 FHD로 편집을 할 때만 각도를 조절하는 것이 좋습니다. 다만 이번 실습에서는 편의를 위해 FHD로 촬영된 영상을 FHD Sequence에서 수평을 맞춰보도록 하겠습니다.

01 새 Sequence를 DSLR1080p30으로 만들어주고, 15. Video.mp4 파일을 V1 트랙에 올려놓습니다.

02 Timeline 패널에서 V1 트랙에 있는 ❶15. Video.mp4 클립을 클릭하고 ❷Effect Controls 패널을 클릭합니다.

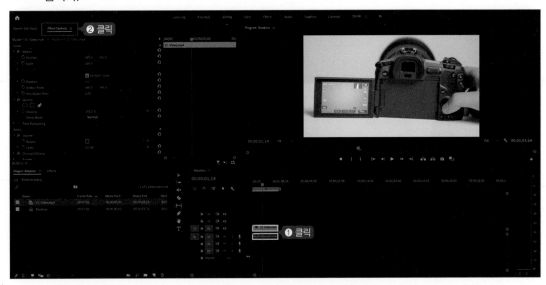

03 Motion의 Rotation 옆의 숫자를 클릭합니다. −2를 입력하고 Enter 키를 누릅니다.

04 Program Monitor 패널을 보면 수평은 맞아졌지만, 회전이 들어가면서 빈 화면이 ❶검은색으로 보이는 것을 확인할 수 있습니다. 이는 화면을 확대하면 없어지게 되므로, Scale을 조절하면 됩니다.

05 Effect Controls 패널에서 Scale 옆의 숫자를 클릭합니다. 클릭하고 110 입력 후 Enter 키를 누릅니다.

06 Program Monitor 패널을 확인하면 수평도 맞고 검은색 화면도 보이지 않는 것을 확인할 수 있습니다.

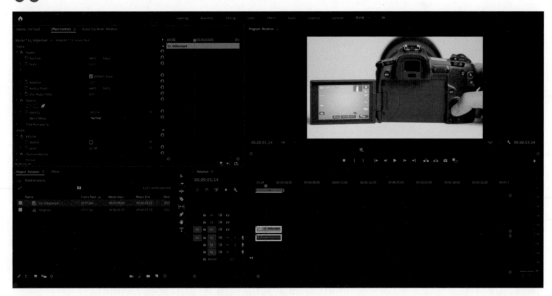

❝ 4K로 대충 찍어와서 편집 때 맞추면 되는 거 아닌가요?

아닙니다. Rotation과 Scale은 임시방편에 불과합니다. 물론 4K로 찍어와서 FHD에서 편집을 하면 화질 손실은 없이 작업할 수 있습니다. 하지만 화각 손실은 불가피합니다. Rotation을 조절하면 빈 부분이 생기기 때문에 무조건 Scale을 건드리게 되어 있습니다. 흰 배경이나 민 무늬 배경에서 촬영해온 소스를 회전한다면 전혀 문제가 되지 않지만, 뒤에 배경이 있는 경우 배경의 소품들이 모호하게 잘릴 수 있습니다. 예를 들어 창문이나 천정 위의 전등, 벽 등이 모호하게 잘리게 되면서 영상의 퀄리티가 낮아질 수 있으므로 처음부터 촬영을 잘해오는 것이 중요합니다.

개인 유튜브 목적으로 영상을 배운다면 고급 효과까지는 필요 없을 수 있습니다. 요즘 유튜브 트렌드가 빠른 컷 편집과 간단한 자막만 넣고, 콘텐츠 자체에 집중하는 것이기 때문입니다. 그러나 퀄리티 있는 영상을 만들고 싶거나, 영상 전문가로서 외주를 받고 싶다면 기본 효과만으로는 클라이언트를 만족시키기 어렵습니다. 고급 효과도 필요하고, 색보정도 필요하고, 다른 프로그램과의 연동도 필요합니다. Chapter 4에서는 현업에서 일하기 위해 반드시 필요한 Level up 기술을 알려드리고자 합니다.

CHAPTER 04

고급 편집 기법으로 프리미어 프로 레벨업 완성하기

LESSON
01 영상 편집 고급 효과 적용하기

영상을 만들다 보면 속도 조절이 필요할 때도 있고, 마스크를 이용해서 특정 부분만 돋보이게 작업해야 할 때도 있습니다. 이런 고급 효과들은 어떻게 적용하는지 궁금하시나요? 이번 Lesson에서 모두 알려드리고자 합니다. 너무 어렵게 생각하실 필요 없습니다. Chapter 3에서 Keyframe을 완벽하게 이해하고 넘어오셨다면 쉽게 따라 하실 수 있습니다.

01 _ 영상의 속도를 자유롭게 조절하는 Time Remapping 효과

- 소스 파일 : Chapter04 / Lesson 01 / 01. Video.mp4
- 완성 파일 : Chapter04 / Lesson 01 / 01. Time_Remapping_complete

영화나 뮤직비디오에서 영상이 빠르게 나오다가 갑자기 느려진 후, 다시 빨라지는 효과를 보신 적 있으신가요? 요즘은 여행 유튜브 영상에서도 많이 보이는 효과입니다. 이렇게 속도를 자유롭게 조절하고 싶다면 Time Remapping 기능을 사용하면 됩니다. 이번 실습에서는 Time Remapping 효과에 대해 심도 있게 배워보도록 하겠습니다. 실습을 위해 제공해 드리는 파일은 120fps로 촬영해서 슬로우 모션이 적용되어 있는 영상입니다. 이를 일반 속도(30프레임)로 재생되다가 특정 지점에서 슬로우 모션이 적용되게 하고, 다시 특정 지점에서 일반 속도로 돌아오도록 만들어보겠습니다.

01-1 일반 속도에서 슬로우 모션 적용되게 만들기

01. Video.mp4 파일을 재생해보면 슬로우 모션이 적용된 것을 확인할 수 있습니다. 이를 일반 속도로 재생하다가 갑자기 슬로우 모션이 적용되게 만들어보도록 하겠습니다.

01 새 Sequence를 만들고 01. Video.mp4 파일을 Timeline 패널의 V1 트랙에 당겨놓습니다.

02 Timeline 패널에서 V1 트랙과 V2 트랙의 구분선에 마우스를 가져다 놓습니다. 커서 모양이 크기 조정(![icon])으로 바뀌게 됩니다. 구분선을 클릭하면서 위로 당겨 올려줍니다.

03 V1 트랙의 크기가 늘어나서 더 잘 보이게 됩니다. 01. Video.mp4 클립의 가운데에 마우스를 가져다 놓고 마우스 오른쪽 버튼을 클릭합니다.

04 팝업 메뉴의 맨 아래에 Show Clip Keyframes가 보입니다. Time Remapping - Speed를 클릭합니다.

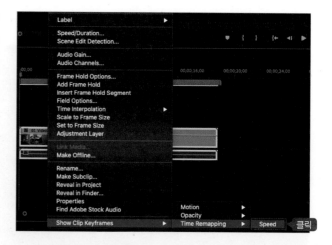

05 01. Video.mp4 클립의 표시 모양이 바뀐 것을 확인할 수 있습니다.

◆ 바꾸기 전   ◆ 바꾼 후

06 Timeline 패널에서 슬로우 모션이 시작되었으면 하는 위치로 재생 막대를 옮겨놓겠습니다. 저는 7초 10프레임(00;00;07;10)으로 재생 막대를 옮겼습니다.

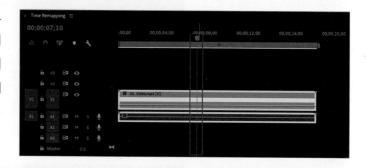

07 ❶Effect Controls 패널을 클릭합니다. 스크롤 바를 내려서 Time Remapping의 Speed를 확인합니다.

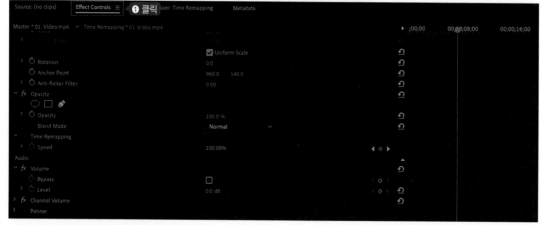

08 Time Remapping의 Speed의 Keyframe Add 버튼(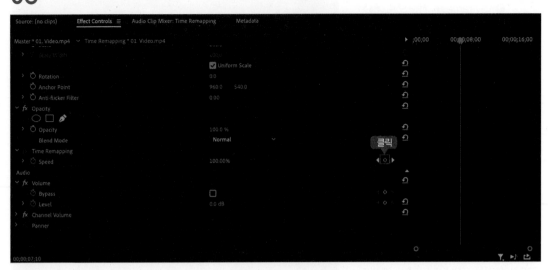)을 클릭합니다.

09 Effect Controls 패널의 Time Remapping과 Timeline 패널의 01. Video.mp4 클립에 Keyframe이 생성된 것을 확인할 수 있습니다.

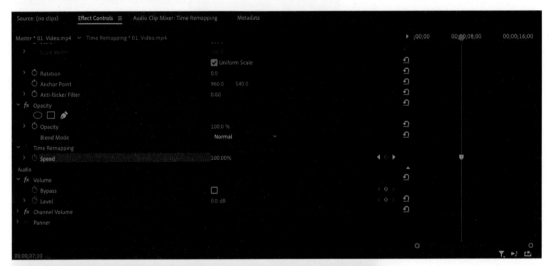

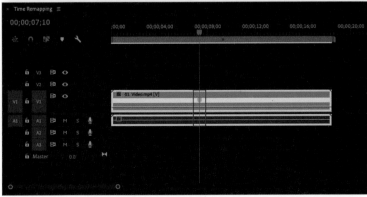

10 Timeline 패널을 확인합니다. ❶Keyframe을 기준으로 ❷왼쪽 부분은 정상 속도로 나왔으면 하고, ❶Keyframe으로부터 ❸오른쪽 부분에는 슬로우 모션이 걸렸으면 좋겠습니다. ❷왼쪽 부분의 ❹흰색 선을 마우스로 클릭하면서 위로 당겨 올려봅니다.

11 흰색 선을 계속 올리면 점점 Keyframe의 왼쪽 부분이 줄어드는 것을 확인할 수 있습니다. 400.00%라는 표시가 나타날 때까지 계속 위로 올려줍니다.

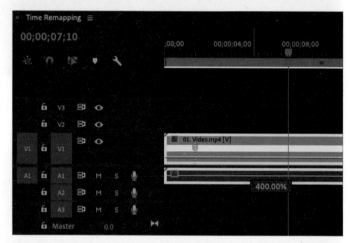

12 V1 트랙과 V2 트랙의 구분선을 클릭하면서 위로 당겨 올려줍니다. V1 트랙이 더 높게 보이게 되면 Keyframe을 기준으로 계단 형태가 만들어져있는 것을 확인할 수 있습니다. Keyframe의 왼쪽 부분은 흰색 선이 높고, 오른쪽 부분의 흰색 선은 낮습니다. 이 흰색 선들은 재생 속도를 의미합니다. ❶왼쪽 부분의 흰색 선이 높기 때문에 빠른 속도로 재생이 되고, ❷오른쪽 부분은 흰색 선이 낮게 표시되어 있기 때문에 슬로우 모션이 적용되어 재생이 되는 것을 확인할 수 있습니다.

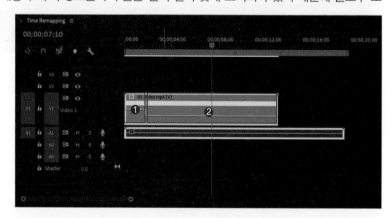

01-2 끝부분에 다시 일반 속도로 재생되게 만들기

위의 실습을 통해 영상이 일반 속도에서 슬로우 모션으로 전환되게 만들었다면, 이번 이번 실습에서는 슬로우 모션으로 전환된 영상이 마지막에 다시 일반 속도로 재생이 될 수 있게 만들어보도록 하겠습니다.

01 Program Monitor 패널을 확인하면서 영상의 어느 부분에서 슬로우 모션이 다시 일반 속도로 전환이 되었으면 하는지 찾아보고, Timeline 패널에서 재생 막대를 옮겨 놓습니다. 저는 7초 10프레임 (00;00;07;10)으로 하겠습니다.

02 Effect Controls 패널에서 Time Remapping의 Speed를 확인합니다. Add Keyframe 아이콘( )을 누릅니다.

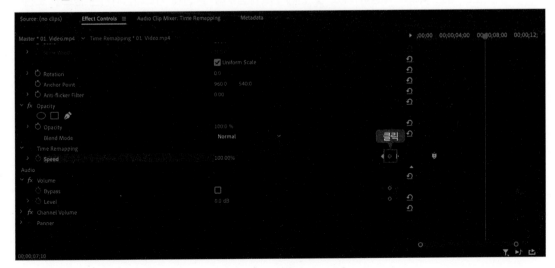

03 Timeline 패널을 확인합니다. V1 트랙에 있는 01. Video.mp4 클립에 두 번째 키프레임이 생긴 것을 확인할 수 있습니다. 첫 번째 키프레임과 두 번째 키프레임 사이는 슬로우 모션으로 나오고, 두 번째 키프레임 오른쪽으로는 일반 속도로 재생이 되면 좋을 것 같습니다. 두 번째 키프레임의 오른쪽 흰 선을 클릭하면서 위로 올려주도록 합니다.

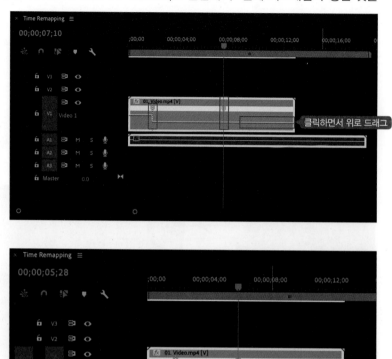

04 400%라는 표시가 나타날 때까지 위로 올려주면 됩니다.

05 Timeline 패널을 확인했을 때 아래의 그림처럼 모양이 나온다면 완성입니다. 첫 번째 키프레임의 왼쪽 부분은 일반 속도로 재생이 되고, 첫 번째 키프레임부터 두 번째 키프레임까지는 슬로우 모션이 적용됩니다. 두 번째 키프레임의 오른쪽 부분은 다시 일반 속도로 재생이 됩니다.

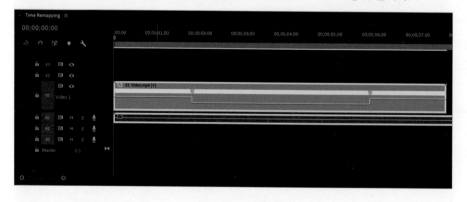

01-3 일반 속도와 슬로우 모션의 전환을 부드럽게 만드는 방법

위의 실습을 통해 속도를 자유롭게 조절하는 방법을 배웠습니다. 하지만 속도가 전환될 때 부드럽지 않아서 아쉬움이 있으셨을 것 같습니다. 자연스럽게 연결되기보다는 갑자기 툭하고 바뀌기 때문입니다. 이번 실습에서는 속도가 부드럽게 전환될 수 있도록 만들어보겠습니다.

01 편하게 작업하기 위해 Timeline 패널의 트랙 크기를 조절해 주겠습니다. Timeline 패널에서 01. Video. mp4 클립이 올려져 있는 V1 트랙의 크기를 늘려주겠습니다. V1 트랙과 V2 트랙의 구분선에 마우스를 가져다 놓습니다. 커서 모양이 크기 조정( )으로 바뀌게 됩니다. 구분선을 클릭하면서 위로 올려주겠습니다.

02 V1 트랙을 더 크게 볼 수 있게 되었습니다. 키보드의 ＋ 키를 눌러서 Timeline 패널을 확대합니다.

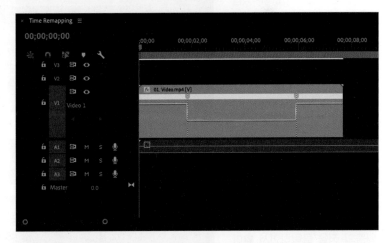

03 01. Video.mp4 클립의 첫 번째 Keyframe을 자세히 봅니다. Keyframe에 점선이 찍혀있습니다. 점선을 기준으로 하나의 Keyframe이 두 조각으로 나뉘어 있습니다. 점선의 오른쪽 조각을 클릭하면서 오른쪽으로 당겨 놓습니다.

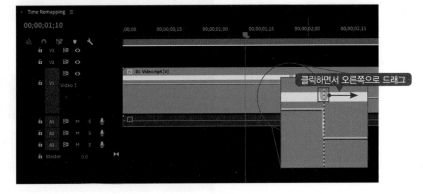

04 직각으로 내려오던 흰 색 선이 더 완만한 형 태로 바뀌는 것을 확인할 수 있습니다.

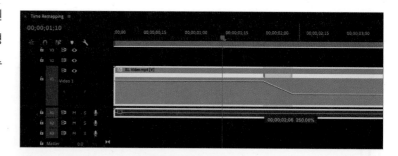

05 ❶조각을 클릭하면 흰 색 선 위로 파란색 핸들이 나타납니다. 핸들의 점을 클릭하면서 마우스를 왼쪽으로 움직여 봅니다.

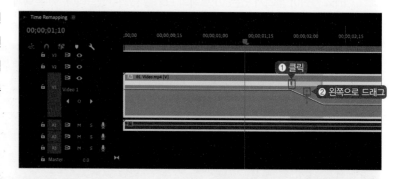

06 직선이 더 완만하게 바 뀐 것을 확인할 수 있습니다. 두 번째 키프레임도 조절해 보겠습니다. 두 번째 키프레임의 오른쪽 조각을 클릭해서 오른쪽으로 끌어놓습니다.

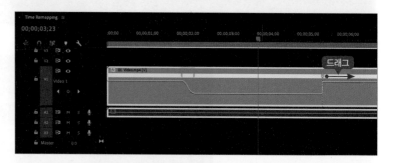

07 흰 선이 직각 형태에서 부드럽게 바뀌는 것을 확인할 수 있습니다. ❶조각을 클릭하면 핸들이 나타납니다. 핸들의 점을 클릭하면서 ❷마우스를 오른쪽으로 움직여서 흰 선의 형태를 조절합니다.

08 흰 선의 모양이 부드럽게 바뀐 것을 확인할 수 있습니다.

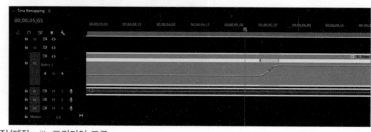

09 Time Remapping 효과를 적용하면 오디오가 따라오지 못하는 것을 확인할 수 있습니다. 슬로우 모션 영상에서는 현장 녹음된 오디오를 잘 사용하지 않습니다. 비디오 보다 길게 남아있는 오디오를 잘라내도록 합니다.

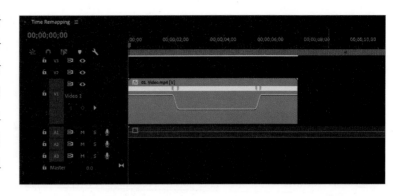

10 완성된 것을 확인할 수 있습니다. 영상을 재생하면 일반 속도에서 슬로우 모션으로 전환될 때 부드럽게 넘어가는 것을 확인할 수 있습니다.

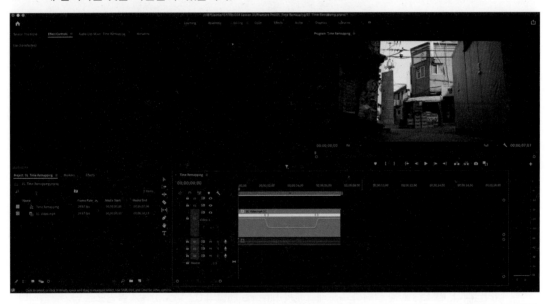

❝ **왜 슬로우 모션에서 일반 속도로 바꿀 때 400%로 조정하신 건가요?**

120프레임으로 촬영된 슬로우 모션 영상을 30프레임의 속도로 보이게 하기 위해서입니다. 120p 촬영을 할 때 자동으로 결과물을 30프레임으로 바꿔주는 카메라의 S&Q 기능을 사용했습니다. 따라서 정상 속도로 보이게 하려면 100%(슬로우 모션)보다 4배 빠른 속도로 하면 되기 때문에 400%로 조절했습니다.

❝ **그러면 속도를 조절할 땐 꼭 400% 정도로 적용해야 하나요?**

아닙니다. 보시면서 원하는 속도에 맞게끔 조절해주면 됩니다. 더 빠르게 하면 빨리 감기 효과처럼 보일 것이고, 조금 더 느리게 한다면 슬로우 모션의 느낌이 약간 줄어든 채로 보이게 될 것입니다. 이전 버전의 Premiere Pro에서는 Time Remapping에서 속도를 조절하는 데 제한이 많았으나, 최근에는 자유도가 높아져서 20000%까지 빠르게 만들어줄 수도 있습니다.

02 _ Magnify를 이용한 돋보기 효과 만들기

- 소스 파일 : Chapter04 / Lesson 01 / 02. Video.mp4
- 완성 파일 : Chapter04 / Lesson 01 / 02. Magnify_complete

바이럴 영상 또는 제품 소개 영상에서 제품을 보여주는데 특정 부분만 확대해서 보여주고 싶다면 Magnify 효과를 이용하면 됩니다. Mask를 이용해서 만들 수도 있지만, 쉽고 간편하게 만들고 싶다면 Magnify가 좋습니다. 이번 실습에서는 Magnify 사용법을 배워보도록 하겠습니다.

01 새 Sequence를 DSLR1080p24로 만들고, 02. Video.mp4 파일을 Timeline 패널의 V1 트랙에 올려줍니다.

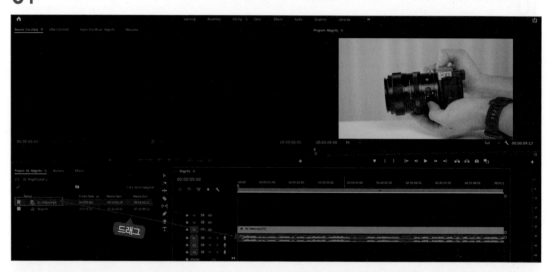

02 ❶Effects 패널을 클릭합니다. ❷검색창에 magnify를 입력합니다. Video Effects – Distort – Magnify가 나타납니다. ❸Magnify를 클릭하고 드래그해서 Timeline 패널의 02. Video.mp4 클립으로 당겨놓습니다.

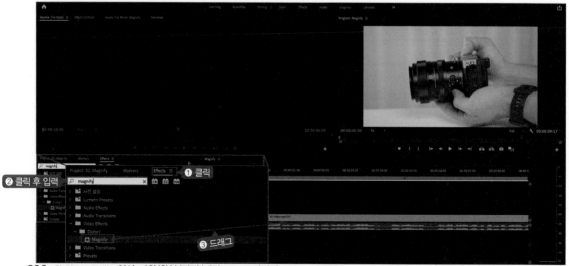

03 ❶Effect Controls 패널을 클릭합니다. 스크롤 바를 내려보면 Magnify 효과가 들어온 것을 확인할 수 있습니다. ❷Size 옆의 숫자를 클릭합니다. 흰색 창이 나타나면 200을 입력하고 Enter 키를 누릅니다.

04 Program Monitor 패널을 확인해보면 ❶원형 모양의 돋보기가 생긴 것을 확인할 수 있습니다. 영상 속 스위치가 잘 보이게 원형의 위치를 조절해주고자 합니다. Effect Controls 패널에서 Center의 위치 값을 조절해 주겠습니다. Y축에 마우스를 올려놓으면 커서 모양이 손가락 모양(🖐)으로 바뀌게 됩니다. Y축을 클릭하면서 마우스를 오른쪽으로 움직여서 돋보기가 아래쪽으로 내려오게 만들어줍니다.

05 Program Monitor 패널을 확인해보면 돋보기가 이전보다 아래로 내려온 것을 확인할 수 있습니다. 돋보기가 아직 왼쪽으로 쏠려있으니 오른쪽으로 옮겨주면 좋을 것 같습니다. Effect Controls 패널에서 Center의 X축을 클릭하면서 마우스를 오른쪽으로 움직여 값을 조절합니다.

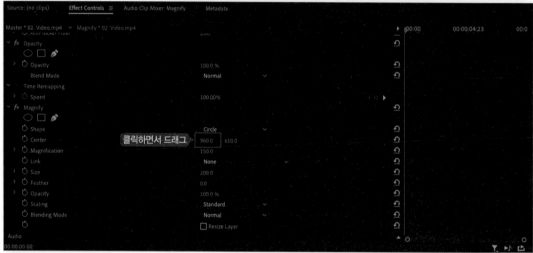

06 돋보기의 배율을 조절해보겠습니다. Effect Controls 패널에서 Magnify 아래에 있는 Magnification 옆의 숫자를 클릭합니다. 200을 입력하고 Enter 키를 누릅니다.

07 Program Monitor 패널을 확인하면 돋보기가 잘 적용된 것을 확인할 수 있습니다. 이대로 두면 아쉬우니, Opacity를 이용해서 돋보기가 천천히 나타나는 효과를 만들어보도록 하겠습니다.

08 Timeline 패널에서 돋보기가 천천히 나타나기 시작했으면 하는 위치로 재생 막대를 옮겨줍니다. 저는 4프레임(00;00;00;04)으로 옮기도록 하겠습니다.

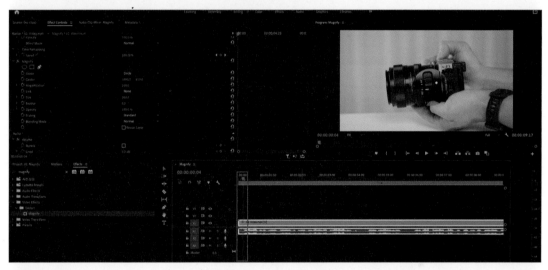

09 Effect Controls 패널에서 Magnify 아래의 Opacity의 Toggle Animation 아이콘(🕐)을 클릭합니다.

10 첫 번째 키프레임이 생성되었습니다. Opactiy의 숫자를 클릭하고 입력창이 나타나면 0을 입력합니다.

11 이제 완전히 밝아졌으면 하는 위치에서 두 번째 키프레임을 만들어주면 됩니다. 저는 [Shift] 키와 오른쪽 방향키 [→] 를 세 번 연속으로 눌러서 19프레임(00;00;00;19)로 재생 막대를 옮기겠습니다. Opacity의 숫자를 클릭합니다. 100을 입력하고 [Enter] 키를 누릅니다.

12 Magnify 효과가 완성된 것을 확인할 수 있습니다.

03 _ Mask 기능 이해하기

▶ 동영상 강의 시청하기
https://youtu.be/Eg8mmROGtIM

Magnify 기능을 이용해서 돋보기 효과를 만들었더니 편
하긴 한데, 돋보기의 위치를 자유롭게 조절하지 못해서 아쉬우셨나요? 그렇다면 Mask를 이용해서
만드는 것도 방법입니다. 이번 단원에서는 Mask 사용법에 대해 심도 있게 알아보도록 하겠습니다.

◆ Mask를 활용한 예제 _ 얼굴만 크게 만들기

◆ Mask를 활용한 예제 _ 특정 부분만 돋보이게 만들기

Mask는 특정 영역을 지정해 주는 기능입니다. Mask를 지정해서 특정 영역만 볼 수도 있고, 특정
영역만 안 보이게 만들 수도 있습니다.

Mask는 Effect Controls 패널에서 Opacity 아래에 있는 세 가지 아이콘을 클릭해서 만들 수 있습니다. Create ellipse Mask(   )를 누르면 원형으로 마스크가 생성되고, Create 4-point polygon mask(   )를 누르면 사각형 마스크가 생성됩니다. 마지막으로 Free draw bezier(   )를 누르면 펜 모양으로 바뀌게 되면서 하나씩 점을 찍어서 자유롭게 마스크 모양을 만들 수 있습니다. 다만 After Effects에 비해서 자유도가 떨어지기 때문에 Premiere Pro에서는 가급적 원형 또는 사각형을 사용하는 것이 좋습니다.

도구 이름	ellipse mask	4-point polygon mask	Free draw bezier
도구 모양			
마스크 형태	원형	사각형	자유형
예시			

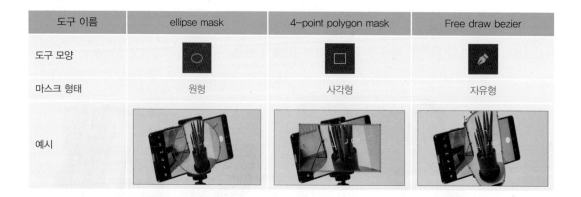

원형을 통해 Mask를 조작하는 방법에 대해 설명해 드리겠습니다. Effect Controls 패널에서 Create ellipse Mask(   )를 클릭하면 Opacity 아래에 Mask가 생성이 되며, Program Monitor 패널에서도 이에 해당하는 Mask가 보이게 됩니다.

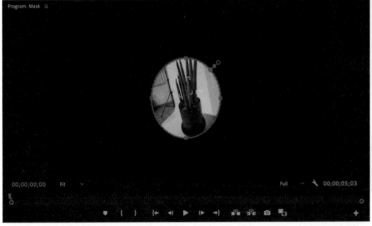

Mask의 크기를 조절하거나 형태를 조절하고 싶다면, Program Monitor 패널에서 Mask를 클릭하고 테두리의 사각형을 클릭해 움직이면서 조절할 수 있습니다.

마스크가 이동하는 효과를 만들고 싶다면 Mask Path의 Toggle Animation( )을 클릭합니다. Chapter 3 Lesson03에서 Source Text 효과를 적용했던 것과 마찬가지로 마스크를 움직여주면 자동으로 Keyframe이 생성되면서 Mask가 움직이는 효과를 적용할 수 있습니다.

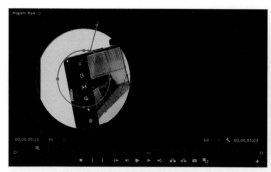

만약 Mask의 경계가 너무 선명해서 원본 영상과 잘 어우러지지 않는 것 같다면 ❶Mask Feather를 조절하면 됩니다.

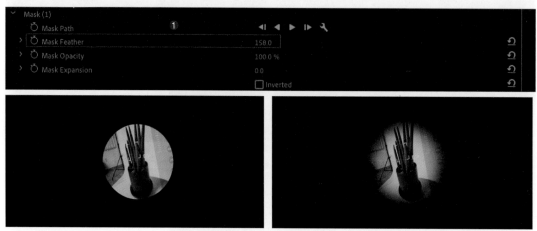

◆ Mask Feather의 값이 0일 때   ◆ Mask Feather의 값이 150일 때

Mask의 Mask Expansion 값을 조절하게 되면, 지정한 영역을 기준으로 Mask가 확장/축소되면서 확장 선이 보이게 됩니다. 마지막으로 아래의 Inverted를 체크하면 지정한 영역에 반전이 적용되어서, 지정한 영역을 제외한 나머지 부분만 보이게 됩니다.

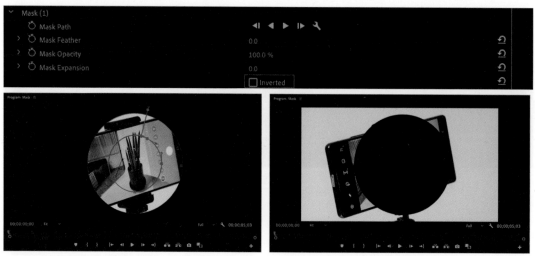

◆ Mask Expansion을 조절한 경우   ◆ Mask에 Inverted를 체크하여 지정된 영역에 반전이 걸린 경우

그렇다면 "Mask는 대체 어떻게 쓰는 거냐? 검은색 배경이 보이는 그대로 쓰는 거냐?"라는 생각이 드셨을 겁니다. 아닙니다. Mask의 순기능은 한 영상 위에 다른 영상의 일부분만을 보여주고 싶을 때 사용하는 기능입니다. 즉, Mask는 두 개의 비디오 트랙을 사용할 때만 쓸 수 있다고 보시면 됩니다. 위의 예제에서 Mask 영역을 제외한 나머지 부분이 검은색으로 보인 것은 아래 트랙에 다른 영상이 없기 때문입니다. 만약 다른 영상이 있었다면 해당 영상이 겹쳐져서 보였을 겁니다.

Mask의 활용법은 무궁무진합니다. 영상 원본 소스에 있는 창문을 Mask로 따서 창문 너머의 배경을 아예 다른 곳으로 바꿔줄 수도 있고, 강의 영상에서 PPT 화면 위로 강사의 얼굴이 동그랗게 보이게 만들 수도 있습니다. 물론 Magnify처럼 특정 부분만 확대해서 보여주고 싶을 때도 사용할 수 있습니다.

◆ Mask를 이용한 창문 합성 _ Mask 추가 전 원본

◆ Mask를 이용한 창문 합성 _ Mask 합성 후

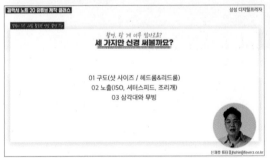

◆ 한 화면에 작게 다른 화면의 특정 부분만 보여줄 때

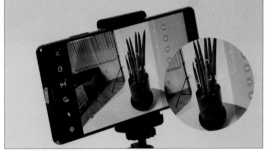

◆ 확대되어 보이는 효과가 필요할 때

Mask는 모든 그래픽 프로그램의 핵심 기능 중 하나입니다. Premiere Pro뿐만 아니라 Photoshop에서도 Mask를 이용해 다양한 합성이나 피부 보정 등을 할 수 있고, After Effects에서는 Mask를 이용해서 아예 특정 사물을 지울 수 있는 기능까지 생겼습니다. 따라서 Mask를 잘 활용할 수 있도록 원리를 익혀두는 것이 좋습니다. 그럼 실습을 통해 함께 Mask 기능을 배워보도록 하겠습니다.

04 _ Mask로 돋보기 효과 만들기

▶️ 동영상 강의 시청하기
https://youtu.be/Dq0Ifwpwgr4

- 소스 파일 : Chapter04 / Lesson 01 / 04. Video.mp4
- 완성 파일 : Chapter04 / Lesson 01 / 04. Mask_Magnify_complete

01 새 Sequence를 DSLR1080p30으로 만들고, 04. Video.mp4 파일을 Timeline 패널의 V1 트랙 위에 올려줍니다.

02 Timeline 패널의 V1 트랙에 있는 04. Video.mp4 클립을 Alt 키를 누르면서 클릭합니다.

03 비디오 트랙만 선택된 것을 확인할 수 있습니다. Alt 키를 누르면서 비디오 트랙을 V2 트랙으로 당겨 올려줍니다.

04 Timeline 패널의 V2 트랙에 04. Video.mp4 클립이 복사된 것이 보입니다.

05 ❶Effect Controls 패널을 클릭합니다. Opacity 아래의 ❷Create ellipse Mask( )를 클릭합니다.

06 Effect Controls 패널의 Opacity 아래에 Mask(1)이 생성되고, Program Monitor 패널에도 Mask(1)에 해당되는 영역이 보이는 것을 확인할 수 있습니다.

07 지금은 Mask가 너무 크기 때문에 작게 만들어보도록 하겠습니다. Program Monitor 패널에서 Mask 영역 중 사각형을 움직여주면 크기를 작게 만들어줄 수 있습니다. 보여주고 싶은 부분만큼만 보일 수 있도록 줄여주겠습니다. 저는 우측 상단의 3스푼(45g) 당 175kcal만 보이도록 줄여주면서 위치를 옮겨주겠습니다.

◆ 수정 전

◆ 수정 후

08 Mask 영역을 작게 만들었으니, 이제 Mask 영역이 확대되도록 만들어 보겠습니다. Effect Controls 패널에서 Scale의 숫자를 클릭합니다.

09 입력창이 나타나면 숫자 200을 입력하고 Enter 키를 누릅니다.

10 Program Monitor 패널을 확인해 보면 Mask 영역이 확대된 것을 확인할 수 있습니다. 이제 위치를 옮겨서 잘 보일 수 있게 만들어 줍니다. Effect Controls 패널에서 Position의 X축에 마우스를 올려놓습니다. 커서 모양이 손가락( )으로 바뀌게 됩니다. X축을 클릭하면서 움직여서 위치를 맞춰줍니다. Y축도 같은 방법으로 원하는 위치로 맞춰줍니다.

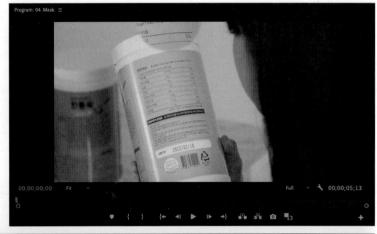

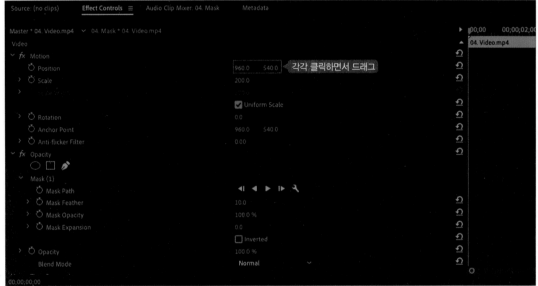

11 위치 조절이 완료되었습니다. Program Monitor 패널을 통해 확인해 보니 마스크 영역의 경계선이 너무 부드러워서 부자연스러운 느낌이 듭니다. 이를 없애주도록 하겠습니다. Effect Controls 패널에서 Mask(1) 아래의 Mask Feather의 숫자를 클릭합니다.

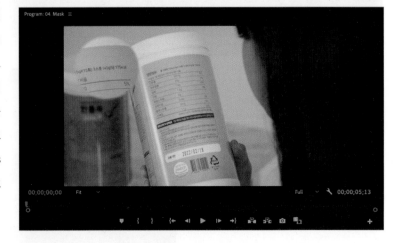

12 입력창이 나타나면 0을 입력하고 Enter 키를 누릅니다.

13 Mask를 이용한 확대 효과가 완성되었습니다.

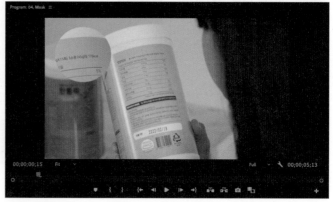

위와 같은 방법을 이용해서 인물의 얼굴만 크게 만들어주는 대두 효과도 만들 수 있습니다. 위의 따라하기에서 위치 조절과 Mask Feather 값만 조절해주면 됩니다. 위의 확대 효과에서는 경계선을 부드럽지 않게 만들어서 돋보이게 했다면, 대두 효과를 만들 때는 Feather 값을 늘려서 경계선이 부드러워지게 하면 자연스럽게 보입니다.

◆ Mask 적용 전

◆ Mask 적용 후

05 _ 원형 Mask로 다른 화면 위에 얼굴 나오게 만들기

■ 소스 파일 : Chapter04 / Lesson 01 / 05. Video.mp4, 05. Video2.mp4
■ 완성 파일 : Chapter04 / Lesson 01 / 05. Mask_Insert_complete

 동영상 강의 시청하기
https://youtu.be/4ElmuNbYkno

TV에서 청각장애인 시청자를 위해 수화 통역사가 화면 아래에 동그랗게 나오는 모습을 보신 적 있으신가요? 요즘 온라인 강의 영상을 보면 깔끔한 화면 구성을 위해 이와 같은 효과를 많이 사용하고 있습니다. 이번 실습에서는 원형 Mask를 이용해 화면 위에 다른 화면이 동그랗게 보이는 효과를 만들어보도록 하겠습니다.

01 새 Sequence를 만들고 05. Video.mp4 파일을 Timeline 패널의 V1 트랙에 올려줍니다.

02 Timeline 패널에서 재생 막대를 두 번째 영상이 나왔으면 하는 위치로 옮겨줍니다. 저는 1초(00;00;01;00)로 재생 막대를 옮기겠습니다.

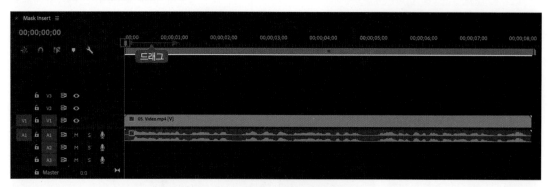

03 이제 두 번째 영상을 올려놓을 차례입니다. Project 패널에서 05. Video2.mp4 파일을 클릭합니다. Timeline 패널에서 재생 막대가 위치한 곳의 V2 트랙으로 당겨 놓습니다.

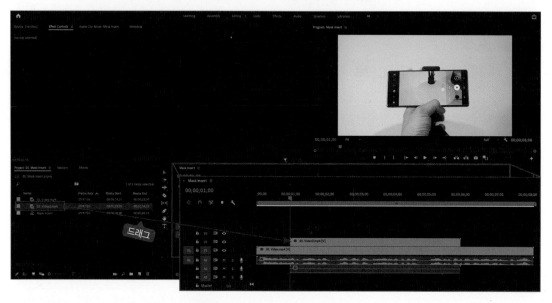

04 Tools 패널에서 ❶Razor Tool( )을 클릭합니다. V1 트랙의 05. Video.mp4 파일을 잘라줘야 합니다. 자르는 위치는 ❷V2 트랙의 05. Video2.mp4 파일의 시작점에 맞춰서 잘라주고, ❸끝점에 맞춰서 한 번 더 잘라줍니다. 다 자르고 나면 Tools 패널에서 다시 ❹Selection Tool( )을 클릭합니다.

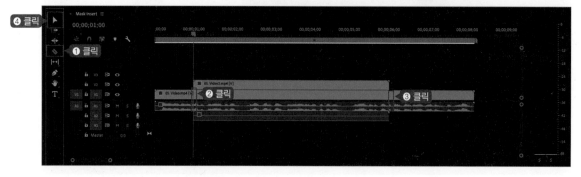

05 V1 트랙의 05. Video. mp4 파일이 세 개의 클립으로 분할되었습니다. Alt 키를 누르면서 중간 클립을 클릭합니다.

06 중간 클립의 오디오 트 랙은 선택되지 않고 비 디오 트랙만 선택이 된 것을 확인할 수 있습니다. Alt 키를 누르면서 비디오 트랙을 V3 트랙으로 당겨 올려줍니다.

07 V1 트랙의 05. Video. mp4 클립이 V3 트랙 에도 똑같이 복사된 것을 확 인할 수 있습니다. V3 트랙의 05. Video.mp4 파일을 클릭 합니다.

08 ❶Effect Controls 패널을 클릭합니다. Opacity 아래의 ❷Create ellipse mask( )를 클릭합니다.

09 Effect Controls 패널에 Mask(1)이 생성되었습니다. Program Monitor 패널에도 Mask(1)이 나타납니다. 원형의 비율이 맞지 않아 보입니다. Program Monitor 패널에서 Mask(1)의 테두리에 있는 사각형을 클릭하면서 옮겨서 비율이 맞게 만들어줍니다.

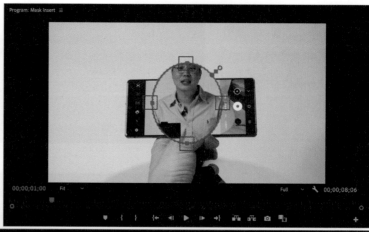

10 비율은 맞췄지만 Mask 때문에 얼굴이 잘려있습니다. Mask의 가운데에 마우스를 올려놓습니다. 커서 모양이 손바닥( )으로 바뀌게 됩니다. 가운데를 클릭하면서 Mask를 옮겨서 얼굴이 잘리지 않고 다 보일 수 있게 만들어줍니다.

11 Mask는 완성이 되었습니다. 이제 전체 크기를 조절해 줄 차례입니다. Effect Controls 패널을 클릭하고 Motion 아래의 Scale 숫자를 클릭합니다. 입력창이 나타나면 70을 입력하고 Enter 키를 누릅니다.

12 Mask를 작업한 영상이 작아진 것을 확인할 수 있습니다. 이제 위치를 옮겨주면 됩니다. Effect Controls 패널에서 Position의 X축과 Y축을 조절해서 화면의 우측 하단으로 옮겨줍니다.

13 Mask 효과가 완성되었습니다.

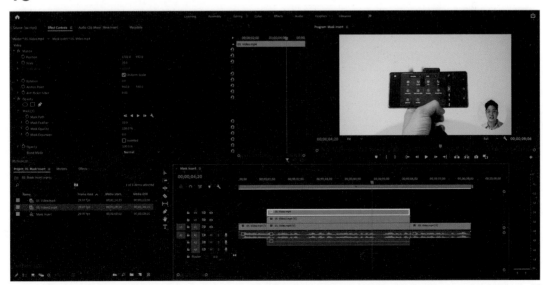

06 _ Crop으로 화면 분할하기

- 소스 파일 : Chapter04 / Lesson 01 / 06. Video01.mp4, 06. Video02.mp4
- 완성 파일 : Chapter04 / Lesson 01 / 06. Crop_complete

Crop은 영어 뜻 그대로 잘라내는 기능입니다. 즉, 화면의 일부를 잘라내는 것입니다. Left, Right, Top, Bottom으로 네 가지 방향에서 원하는 퍼센트만큼 화면을 잘라내서 다른 화면과 겹쳐 보이게 할 수 있습니다. 물론 위에서 배운 Mask로도 동일한 효과를 줄 수 있지만, Mask는 특성상 정확한 비율로 화면을 잘라내기 어렵습니다. 만약 화면을 정확하게 2등분으로 나눠서 사용하고 싶다면, Crop 기능을 이용하면 됩니다. 이번 실습에서는 Crop 기능에 대해 배워보도록 하겠습니다.

01 새 Sequence를 DSLR 1080p24로 만들어주고, Timeline 패널의 V1 트랙에 06. Video.01.mp4 파일을 당겨놓습니다.

02 Project 패널에 06. Video02.mp4 파일을 불러오고, 이를 Timeline 패널의 V2 트랙으로 당겨놓습니다.

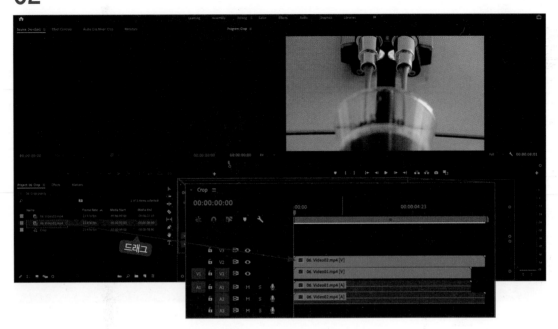

03 ❶Effects 패널을 클릭합니다. ❷검색창에 Crop이라고 입력합니다.

04 Effects 패널의 Video Effects 폴더 아래에 Transform 폴더가 보이고, 그 아래에 Crop 효과가 나타나게 됩니다.

05 Effects 패널에서 Crop을 드래그해서 Timeline 패널의 V2 트랙에 있는 06. Video02.mp4 클립에 넣어 줍니다.

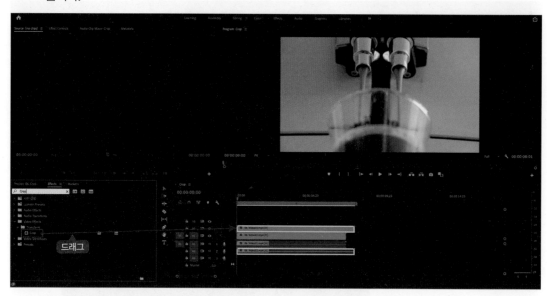

06 Effect Controls 패널을 클릭합니다. 스크롤바를 내리면 Crop 효과가 들어온 것을 확인할 수 있습니다.

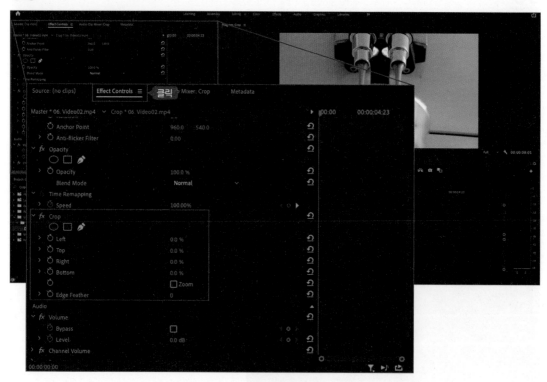

07 Effect Controls 패널에서 Crop의 효과를 적용해 보겠습니다. Left의 숫자 값을 클릭하고 25를 입력합니다.

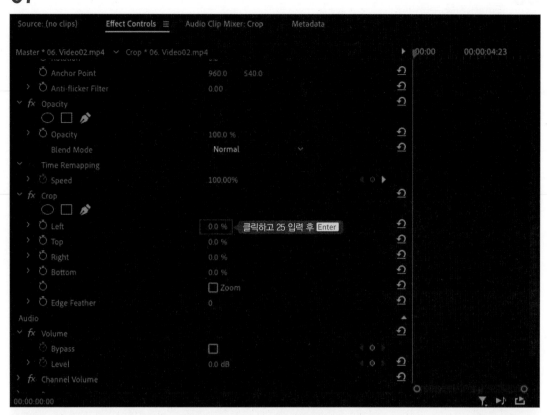

08 Crop의 Left에 25%가 입력되면서 06. Video02.mp4 클립의 화면 왼쪽이 25% 잘려나간 것을 확인할 수 있습니다.

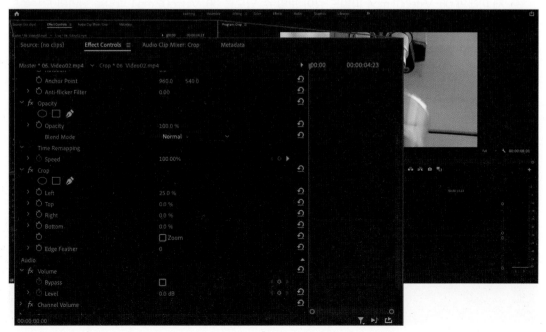

09 마찬가지로 화면의 오른쪽도 잘라주겠습니다. Right 옆의 숫자 값을 클릭하고 25를 입력한 후 Enter 키를 누릅니다.

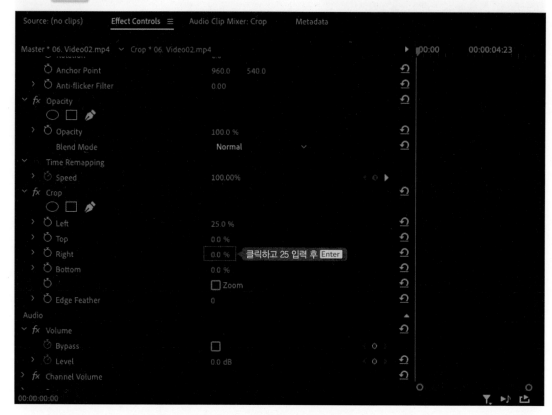

10 Program Monitor 패널을 확인해 보면 화면의 오른쪽 부분도 잘려나간 것을 확인할 수 있습니다. 이제 아래의 06. Video01.mp4 파일도 같이 보일 수 있도록 06. Video02.mp4 파일을 화면의 오른쪽으로 붙여주면 좋을 것 같습니다.

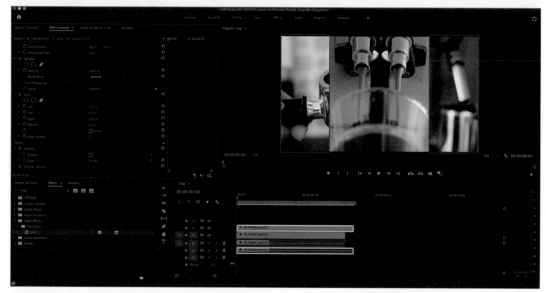

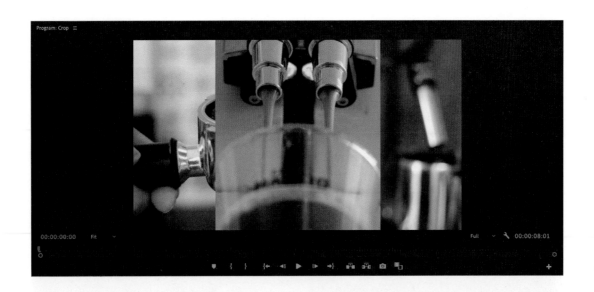

11 Timeline 패널에서 V2 트랙의 06. Video02.mp4 클립을 클릭하고 Effect Controls 패널을 클릭합니다. Position의 X축에 마우스를 가져다 놓습니다. 커서 모양이 손가락(🖐)으로 바뀌게 됩니다. X축을 클릭하면서 마우스를 오른쪽으로 움직여서 06. Video02.mp4 클립이 화면의 오른쪽 가장자리에 붙게 만들어줍니다.

12 완성되었습니다. Program Monitor 패널을 확인해보면 06. Video01.mp4 클립이 화면 왼쪽에, 06. Video02.mp4 클립이 화면 오른쪽에 배치되어서 동시에 재생되는 것을 확인할 수 있습니다.

07 _ Crop으로 자막이 나타나는 효과 만들기

- 소스 파일 : Chapter04 / Lesson 01 / 07. Video01.mp4, 07. Text.png
- 완성 파일 : Chapter04 / Lesson 01 / 07. Croptext_complete

 ▶ 동영상 강의 시청하기
https://youtu.be/WcPxujQrQyc

◆ Crop 100%인 상태

◆ Crop 50%인 상태

◆ Crop 0%인 상태

Crop은 화면을 잘라내는 기능이었죠? 여기에 Keyframe을 더하면 자막이 나타나는 효과를 만들어 줄 수도 있습니다. 함께 Crop으로 자막을 나타내는 효과를 만들어보겠습니다.

01 Projects 패널에 07. Video01.mp4 파일과 07. Text.png 파일을 불러옵니다. 새 Sequence를 DSLR1080p30으로 만들고, Timeline 패널의 V1 트랙에 07. Video01.mp4 파일을 불러와줍니다.

02 Project 패널에서 07. Text.png 파일을 드래그해서 Timeline 패널의 V2 트랙에 올려놓습니다.

03 ❶Effects 패널을 클릭합니다. ❷검색창에 Crop이라고 입력합니다. Effects 패널에 Video Effects 폴더 아래에 Transform 폴더가 나타나면서 Crop 효과가 보이게 됩니다. ❸Crop 효과를 클릭하고 드래그해서 Timeline 패널의 V2 트랙에 있는 07. Text.png 클립 위로 올려줍니다.

04 Timeline 패널에서 07. Text.png 클립을 클릭하고 Effect Controls 패널을 클릭합니다. 스크롤바를 내려보면 Crop 효과가 들어온 것을 확인할 수 있습니다. Right 옆의 Toggle Animation 버튼( )을 클릭합니다.

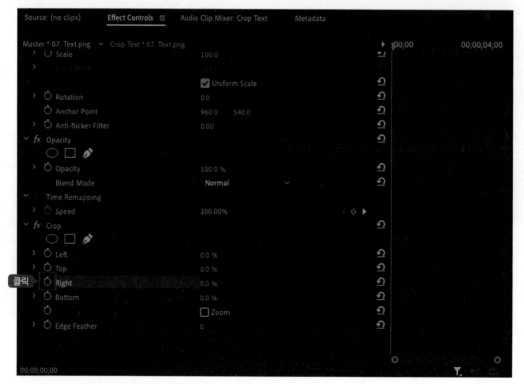

05 Right의 Keyframe이 활성화되면서 Toggle Animation 아이콘( )이 파란색으로 바뀌었습니다. 첫 번째 Keyframe이 생성된 것을 확인할 수 있습니다. 파란색 숫자를 클릭합니다. 100을 입력하고 Enter 키를 누릅니다.

06 Program Monitor 패널을 확인하면 NEW YORK이라는 자막이 완전히 사라진 것을 확인할 수 있습니다. 이제 Crop 효과가 완전히 풀린 Keyframe을 만들어줘야 합니다. 재생 막대를 오른쪽으로 옮겨주겠습니다. 저는 Shift 키와 오른쪽 방향키 → 키를 12번 눌러서 2초(00;00;02;00)로 재생 막대를 옮기겠습니다.

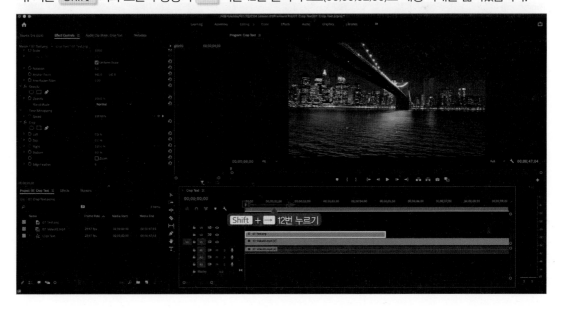

07 재생 막대가 옮겨졌으면, Effect Controls 패널에서 Right 옆의 파란색 숫자를 클릭합니다. 입력창이 나타나면 0을 입력하고 Enter 키를 누릅니다.

08 효과가 완성되었습니다. 영상을 재생하면 'NEW YORK'이라는 글씨가 왼쪽에서부터 오른쪽으로 천천히 벗겨지면서 나타나는 효과가 적용된 것을 확인할 수 있습니다.

08. Crop으로 화면이 분할되는 애니메이션 효과 만들기

- 소스 파일 : Chapter04 / Lesson 01 / 08. Video01.mp4, 08. Video02.mp4
- 완성 파일 : Chapter04 / Lesson 01 / 08. Crop_complete

◆ Crop 효과를 이용해서 화면 분할이 애니메이션으로 적용되는 예

이번에는 Crop을 이용해서 화면이 분할되는 애니메이션을 만들어보도록 하겠습니다. 위의 실습에서 Crop을 완벽히 이해했다면, 아주 쉽게 느껴지실 겁니다.

08-1 Crop으로 화면 분할하기

▶ 동영상 강의 시청하기
https://youtu.be/KGDHy-HFw7g

01 새 Sequence를 DSLR1080p24로 만들고 V1 트랙에 08. Video01.mp4 클립을 올려주고, V2 트랙에 08. Video02.mp4 파일을 올려줍니다.

02 Effects 패널을 클릭합니다. 검색창에 Crop이라고 검색합니다. Transform 폴더 아래에 Crop 효과가 보입니다. Crop 효과를 클릭하고 드래그해서 Timeline 패널의 V2 트랙에 있는 08. Video02.mp4 클립에 넣어줍니다.

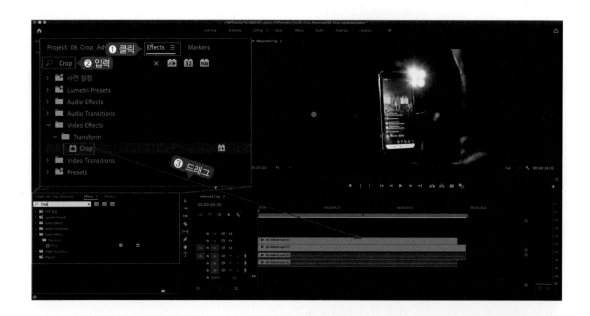

03 Timeline 패널에서 V2 트랙의 08. Video02.mp4 클립을 클릭하고, Effect Controls 패널을 클릭합니다. Crop 효과가 들어온 것을 확인할 수 있습니다.

04 Program Monitor 패널을 보면 화면의 왼쪽에 여백이 너무 많은 것을 볼 수 있습니다. 조금 잘라주도록 합니다. Effect Controls 패널에서 Left 옆의 파란색 숫자를 클릭합니다. 입력창이 나타나면 35를 입력하고 Enter 키를 누릅니다.

05 Program Monitor 패널을 보면 V2 트랙의 08. Video02.mp4 클립에 Crop 효과가 적용되면서 V1 트랙의 08. Video01.mp4 클립이 왼쪽에 보이고 있는 것을 확인할 수 있습니다. 08. Video02.mp4 클립이 화면의 너무 왼쪽에 쏠려있으니 오른쪽으로 옮겨주도록 하겠습니다.

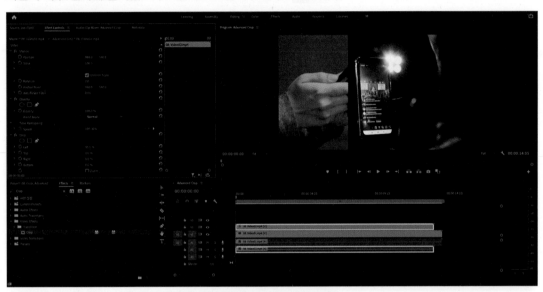

06 Effect Controls 패널에서 Position의 X축에 마우스를 올려놓습니다. 커서 모양이 손가락( )으로 바뀌게 됩니다. 클릭하면서 마우스를 오른쪽으로 움직여서 08. Video02.mp4 클립의 왼쪽이 화면의 가운데에 맞춰지도록 조절합니다.

07 화면이 옮겨진 것을 확인할 수 있습니다. 이제 V1 트랙에 있는 08. Video01.mp4 클립을 조절해 보겠습니다. V2 트랙에 있는 08. Video02.mp4 클립 때문에 08. Video01.mp4 클립이 잘 보이지 않습니다. 편하게 작업하기 위해 V2 트랙의 Toggle Track Output(　　)을 클릭해서 V2 트랙이 보이지 않게 만들어주겠습니다.

08 V2 트랙이 보이지 않는 것을 확인할 수 있습니다. 이제 V1 트랙의 08. Video01.mp4 클립에도 똑같이 Crop 효과를 적용해 보겠습니다. Effects 패널에서 Crop을 클릭하고 드래그해서 08. Video01.mp4 클립에 넣어줍니다.

09 Timeline 패널에서 V1 트랙의 08. Video01.mp4 클립을 클릭하고 Effect Controls 패널을 클릭합니다. 스크롤바를 내려보면 Crop 효과가 들어온 것을 확인할 수 있습니다. Program Monitor 패널에서 영상을 보니 화면의 오른쪽에 여백이 조금 많아 보입니다. 화면의 오른쪽을 잘라내주도록 하겠습니다.

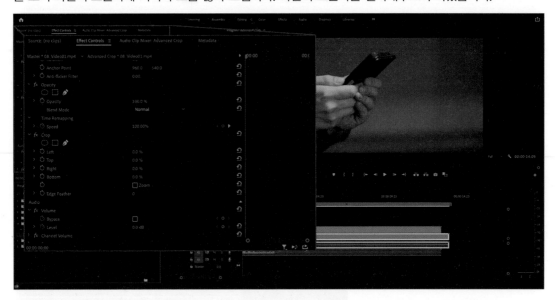

10 Crop 아래를 보면 Right가 있습니다. Right 옆의 파란색 숫자를 클릭합니다. 입력창이 나타나면 43을 입력하고 Enter 키를 누릅니다.

11 08. Video01.mp4 클립의 화면 오른쪽 부분이 잘려나간 것을 확인할 수 있습니다. 이제 08. Video01. mp4 클립의 위치를 왼쪽으로 옮겨주겠습니다. 정확하게 맞추기 위해 이전에 꺼두었던 V2 트랙을 다시 켜주겠습니다. Timeline 패널에서 V2 트랙의 Toggle Track Output(⬛)을 클릭해서 켜줍니다.

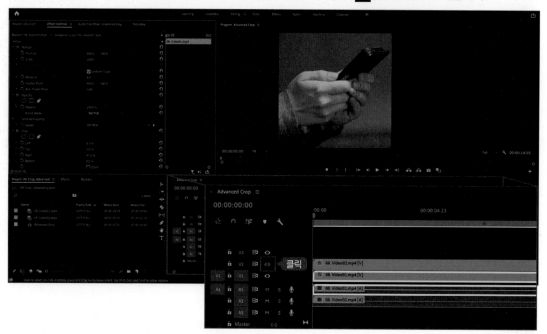

12 영상이 모두 보이는 것을 확인할 수 있습니다. Timeline 패널에서 V1 트랙의 08. Video01.mp4 클립을 클릭하고 Effect Controls 패널을 클릭합니다. Position의 X축에 마우스를 올려놓습니다. 커서 모양이 손가락(✋)으로 바뀌게 됩니다. X축을 클릭하면서 마우스를 왼쪽으로 움직여서 손 위의 스마트폰이 잘리지 않고 다 보일 수 있게 조절합니다.

13 Crop 효과 세팅이 모두 완료되었습니다.

08-2 Crop으로 나타나는 애니메이션 적용하기

▶ 동영상 강의 시청하기
https://youtu.be/3TzTGga3lKo

위에서 Crop을 이용해 분할하는 효과 세팅을 완료했으니,
이제 애니메이션을 적용해서 나타나게 만들어보겠습니다.

01 Timeline 패널에서 V2 트랙에
있는 **①**08. Video02.mp4 클립
을 클릭하고 **②**Effect Controls 패널을
클릭합니다. Crop 아래에 Bottom이 보
입니다. **③**Toggle Animation( )을
클릭합니다.

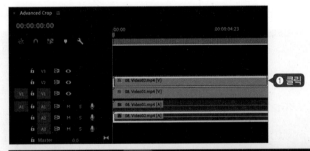

02 Bottom의 Toggle Animation( )이 활성화되었고, 첫 번째 Keyframe이 생성된 것을 확인할 수 있습니다. Bottom의 파란색 숫자에 마우스를 올려놓습니다. 커서 모양이 손가락( )으로 바뀝니다. 파란색 숫자를 클릭하면서 마우스를 오른쪽으로 움직여 숫자가 100%가 되도록 만들어줍니다.

03 Program Monitor 패널을 보면 08. Video02.mp4 클립의 영상이 완전히 잘려서 보이지 않는 것을 확인할 수 있습니다. 이제 재생 막대를 영상이 나타났으면 하는 곳으로 옮겨주겠습니다. 저는 Shift 키와 오른쪽 방향키 → 를 6번 연속으로 눌러서 1초 6프레임(00;00;01;06)으로 이동하겠습니다.

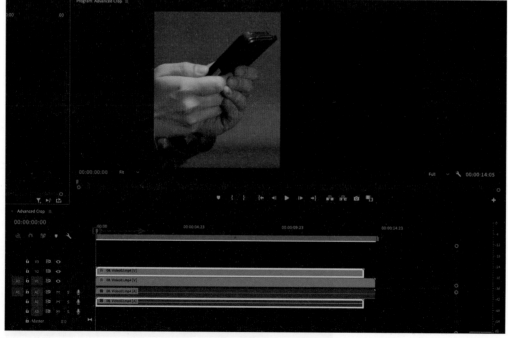

04 재생 막대가 옮겨졌으면 파란색 숫자에 마우스를 올려놓습니다. 커서 모양이 손가락
()으로 바뀌게 됩니다. 파란색 숫자를 클릭하면서 마우스를 왼쪽으로 움직여서 값이 0이 되게 만들어줍니다.

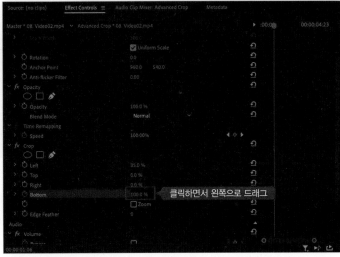

05 영상이 다시 나타난 것을 확인할 수 있습니다. 애니메이션이 똑같은 시간에 똑같이 적용되기 위해서는 08. Video01.mp4의 클립과 08. Video02.mp4 클립의 Crop에 대한 Keyframe들이 같은 시간대에 맞춰져있어야 합니다. 재생 막대를 쉽게 옮기기 위해서 Effect Controls 패널의 Bottom의 Go to Previous Keyframe(◀) 키를 눌러주도록 하겠습니다.

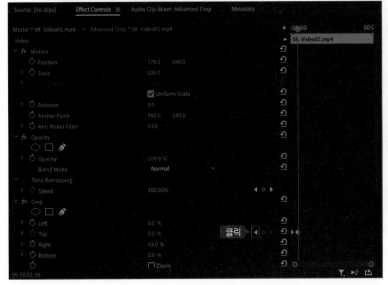

06 재생 막대가 옮겨진 것을 확인할 수 있습니다. 이제 V1 트랙의 08. Video01.mp4 클립을 클릭하고 Effect Controls 패널을 클릭합니다. Top의 Toggle Animation( )을 클릭합니다.

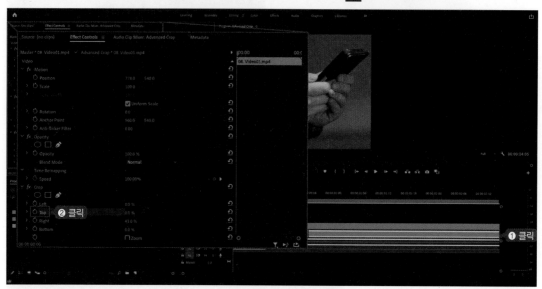

07 Top의 Toggle Animation( )이 활성화되면서 새로운 Keyframe이 생성된 것이 보입니다. 이제 Top 의 값을 조절해 주겠습니다. 파란색 숫자에 마우스를 올려놓습니다. 커서 모양이 손가락( )으로 바 뀌게 됩니다. 파란색 숫자를 클릭하면서 마우스를 오른쪽으로 움직여서 값을 100으로 만들어줍니다.

08 Program Monitor 패널을 확인해보면 검은색으로 아무것도 안 보이는 것을 확인할 수 있습니다. 재생 막대가 위치한 곳에 08. Video01.mp4 클립과 08. Video02.mp4 클립에 Crop 효과가 모두 적용되어 있기 때문입니다. 이제 Crop 효과가 사라지게 만들어줘야 하기 때문에 재생 막대를 옮겨야 합니다. Timeline 패널에서 V2 트랙의 08. Video02.mp4 클립을 클릭해 보겠습니다.

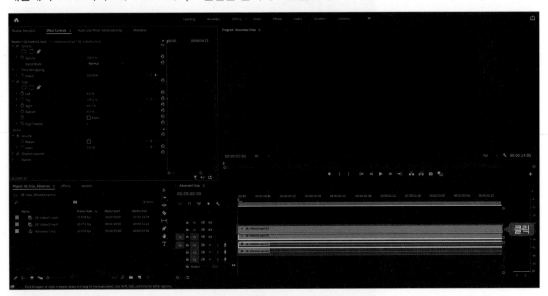

09 V2 트랙의 08. Video02.mp4 클립에는 이미 효과가 적용되어 있기 때문에 쉽게 재생 막대를 정확한 곳에 옮기기 편합니다. Bottom의 Go to Next Keyframe 아이콘(▶)을 클릭합니다.

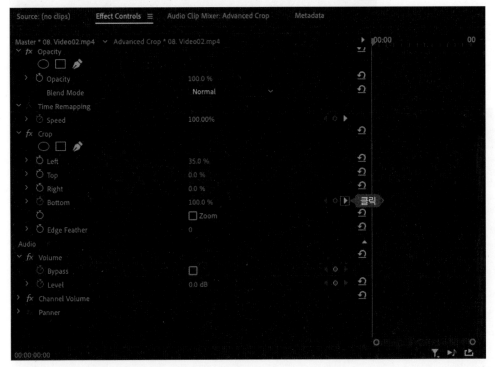

10 재생 막대가 옮겨진 것을 확인할 수 있습니다. Timeline 패널에서 V1 트랙에 있는 08. Video01.mp4 클립을 클릭합니다.

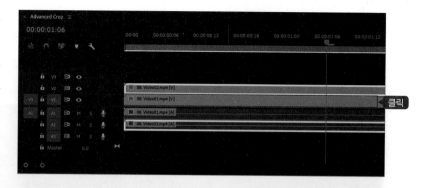

11 Effect Controls 패널을 클릭하고, Top 옆의 파란색 숫자에 마우스를 가져다 놓습니다. 커서 모양이 손가락( )으로 바뀌게 됩니다. 파란색 숫자를 클릭하면서 마우스를 왼쪽으로 움직여서 값이 0이 되게 만들어 줍니다.

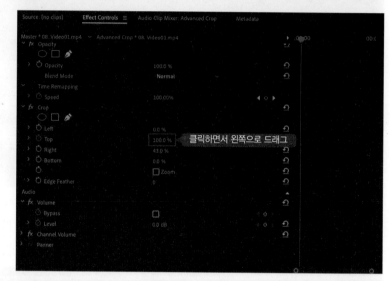

12 Crop 효과가 완성되었습니다. 앞에서부터 영상을 재생하면 화면 왼쪽의 08. Video01.mp4 클립은 아래에서 위로 나타나고, 화면 우측의 08. Video02.mp4 클립은 위에서 아래로 나타나는 것을 확인할 수 있습니다.

❝ 왜 이렇게 복잡하게 Previous Keyframe 키(◀)와 Next Keyframe 키(▶)를 누르면서 작업하시나요?

두 개의 효과가 동일하게 적용되게 하기 위해서입니다. 재생 막대를 손으로 옮겨서 사용하게 되면 편리하지만, 정확한 시간대에 옮겨 놓지 못할 수 있습니다. 1프레임이라도 효과의 시간대가 달라지게 되면 나오는 속도가 달라지게 됩니다. 그 차이가 영상 퀄리티에 영향을 주게 되기 때문에 동일한 시간대에 두 클립의 효과가 동일하게 적용이 되어야 합니다. 이럴 때는 Previous Keyframe 키(◀)와 Next Keyframe 키(▶)를 누르게 되면 재생 막대가 정확한 위치로 옮겨지기 때문에 더 편리합니다. 개인 취미로 유튜브를 하시는 분들은 이런 효과가 필요 없을 수 있지만, 상업 작품이나 외주 작업을 하시는 분들이라면 항상 위의 두 키를 이용해서 움직이는 습관을 들이셔야 작업도 편해지고, 수정할 일이 없어지게 됩니다.

TIP 화면의 중앙에 정확하게 맞추기 너무 어려워요!

이럴 때는 Guide와 Safe Margins를 이용하면 됩니다.
Program Monitor 패널에서 마우스 오른쪽을 클릭하면 팝업 메뉴가 나타납니다. Safe Margins를 클릭합니다. 화면 가운데가 표시됩니다.

더 정확하게 맞춰야 한다면 상단 메뉴에서 View를 클릭하고 Show Rulers와 Show Guides를 클릭합니다.

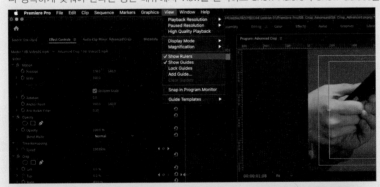

Program Monitor 패널에 나타난 Ruler에 마우스를 클릭한 채로 화면쪽으로 움직이면 줄자가 생성됩니다. 줄자를 Safe Margins의 중앙점에 맞춰주면 됩니다.

09 _ 그린, 블루 스크린 한 번에 제거, Keying

◆ 촬영 현장

◆ Ultra Key 적용 전

◆ Ultra Key 적용 후

게임 스트리밍 BJ들의 영상을 보면 컴퓨터로 게임을 플레이하는 모습 위로 BJ들의 얼굴만 떠있는 장면이 자주 나옵니다. 분명히 촬영할 때 인물 뒤로 배경이 있었을 텐데, 어떻게 위의 사진처럼 배경 없이 인물의 얼굴만 보이게 만들었을까요?

◆ 그린 스크린을 뒤에 놓고 촬영

◆ 편집에서 효과 적용 후

이럴 땐 유튜브에서 〈어벤져스〉 같은 할리우드 영화의 비하인더 씬(Behind The Scene)을 검색해 보면 도움이 됩니다. 촬영 현장이 나오는 장면을 보면 인물들 뒤로 초록색 또는 파란색 벽이 보입니다. 곧이어 초록색/파란색이었던 배경이 자연스럽게 CG로 합성되어 있는 장면을 볼 수 있습니다. 이처럼 배경 합성이 필요하거나 깔끔하게 배경을 정리하고 싶을 때는 그린 스크린을 피사체 뒤에 두고 촬영한 후에 그린 스크린의 색상을 제거해주면 됩니다. 이렇게 색상이나 밝기를 이용해서 특정 배경을 제거하는 것을 Keying이라고 합니다.

Premiere Pro에는 Keying과 관련된 다양한 효과가 있습니다. Keying 효과들은 ❶Effects 패널의 ❷Video Effects 폴더 - ❸Keying 폴더 안에 있습니다. 여러 효과들 중 그린 스크린이나 블루 스크린을 제거하기 위해 가장 많이 사용하는 효과는 ❹Ultra Key입니다. 물론 상황에 따라 Color Key나 Luma Key 혹은 Track Matte Key를 사용해서 효과를 주기도 합니다.

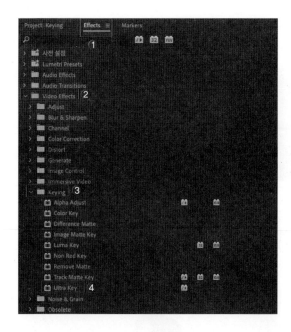

이 효과들은 원리가 비슷하기 때문에 가장 많이 사용하는 Ultra Key를 배워놓으면 다른 Keying도 금방 적응해서 사용할 수 있습니다.

효과를 적용하는 방법은 다른 효과들과 같습니다. ❶Effects 패널에서 ❷검색창에 Ultra Key를 입력한 후 해당 효과를 ❸적용하고자 하는 클립에 당겨서 넣어주면 됩니다.

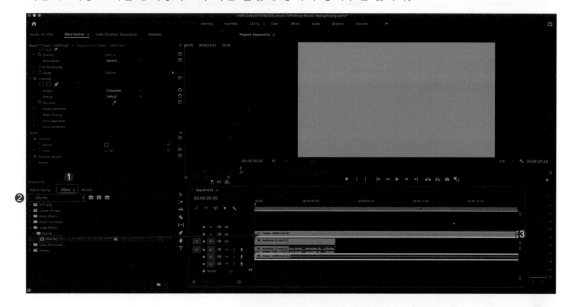

Effect Controls 패널에서 Ultra Key의 속성 값을 조절해주면 됩니다. Key Color는 제거하려는 배경의 색상을 의미합니다. 색상을 클릭해서 원하는 색상을 지정하여 제거할 수 있습니다. 만약 화면에 보이는 색상을 제거하고 싶다면, 스포이드 아이콘()을 클릭하고 Program Monitor 패널에서 직접 클릭해서 제거할 수도 있습니다.

색상을 선택했을 때 깔끔하게 제거되는 경우도 있지만, 촬영 환경에 따라 한 번에 색이 잘 제거되지 않을 수도 있습니다. 뒤의 배경지나 천에 밝기가 심하게 다른 부분이 있거나, 주름이 잡힌 경우 해당 영역의 색상이 달라지게 되면서 제거되지 않을 수 있습니다.

◆ 색상이 한 번에 잘 빠진 경우

◆ 색상이 잘 빠지지 않아 뒤의 천이 보이는 경우

이럴 때는 ❶Ultra Key 아래의 속성 값을 조절해서 제거해주면 됩니다.

❷ **Matte Generation:** 지정한 색상의 세부 투명도 값을 조절할 수 있습니다. 촬영할 때 뒤에 설치되어 있는 배경지 또는 배경 천의 밝기 영역 별로 투명도를 조절한다고 생각하시면 됩니다. 그린 스크린이 한 번에 잘 제거되지 않은 경우, 이곳에서 세부 조절을 통해서 깔끔하게 제거할 수 있습니다. Highlight는 밝은 부분에 대한 투명도를 조절하고, Shadow는 어두운 부분에 대한 투명도를 조절합니다. Tolerance는 관용도로, 지정한 색상과 비슷한 색상을 얼마나 허용할 것인가에 대한 값입니다. Tolerance가 낮아지게 되면 정확한 색상에 대한 값만 제거하게 되고, 값이 높아지면 비슷한 색상도 함께 제거합니다. 예를 들어, 초록색을 지정했을 때 어두운 초록색과 연두색도 함께 빼고 싶다면 Tolerance의 값을 높여주면 됩니다.

❸ **Matte Cleanup:** 배경을 정리한 후 경계선 정리가 필요할 때 사용합니다. 경계는 인물, 제품 등의 피사체와 배경의 경계를 의미합니다. 즉, 머리카락, 옷, 상자 끝부분 등의 테두리를 처리할 수 있습니다. 촬영할 때 인물과 배경이 붙어 있는 경우 빛이 반사가 되면서 배경지의 색상이 머리카락이나 테두리에 묻게 됩니다. 이런 것을 제거할 수도 있고, 머리카락 사이사이에 보이는 초록색 때문에 테두리가 같이 빠지는 경우에도 정리할 수 있습니다. Choke를 이용해서 경계를 잘라내거나, Soften을 이용해 경계를 부드럽게 잡아주면 됩니다.

❹ **Spill Suppression:** 밝은 색상 주위에 남아있는 색상 등을 제거하는 데 사용하는 기능입니다.

❺ **Color Correction:** 영상의 색상을 교정할 수 있는 기능입니다.

크로마키는 촬영된 환경에 따라 값을 다르게 잡아줘야 합니다. 따라서 어떤 값을 조절하면 된다는 정답은 없습니다. 변화되는 것을 눈으로 확인하면서 값을 조절해주면 되므로, 아래의 예제를 통해 기능을 배우고, 직접 크로마키 촬영을 해서 배경을 제거해보시는 편이 기능을 완벽히 숙지하는 데 도움이 됩니다.

10 _ Ultra Key 실습 01 : 크로마키 배경 제거하기

- 소스 파일 : Chapter04 / Lesson 01 / 10. Video01.mp4, 10. Video02.mp4
- 완성 파일 : Chapter04 / Lesson 01 / 10. Ultra_Key_complete

▶️ 동영상 강의 시청하기
https://youtu.be/F6MCHFv-VNY

01 Project 패널에 10. Video01.mp4 클립과 10. Video02.mp4 클립을 불러오고, 새 Sequence를 DSLR1080p24로 만들어줍니다. 10. Video01.mp4 클립을 Timeline 패널의 V1 트랙에 올려줍니다.

02 10. Video02.mp4 클립을 Timeline 패널의 V2 트랙에 올려놓습니다.

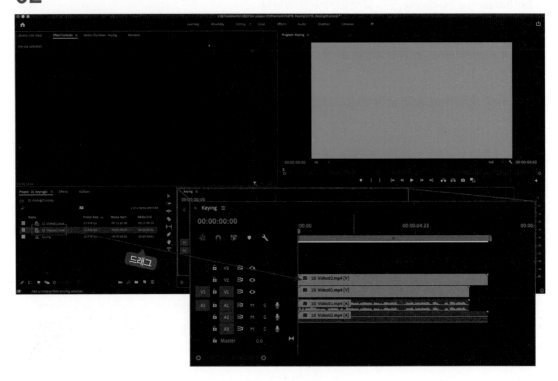

03 V2 트랙에 올린 10. Video02.mp4 클립이 크로마키 배경인 초록색이 남아있는 상태이므로, 초록색을 제거해야 합니다. Effects 패널에서 검색창에 Ultra Key를 입력합니다.

04 Effects 패널에서 Ultra Key 효과를 클릭하고 Timeline 패널의 V2 트랙에 올려져 있는 10. Video02. mp4 클립에 드래그해서 넣어줍니다.

05 V2 트랙의 10. Video02.mp4 클립을 클릭하고 Effect Controls 패널을 클릭합니다. 스크롤바를 내리면 Ultra Key 효과가 들어온 것을 확인할 수 있습니다. Key Color 옆에 있는 스포이드 아이콘( )을 클릭하고 Program Monitor 패널에 보이는 초록색 화면을 클릭합니다.

06 Effect Controls 패널에서 Ultra Key 아래의 Key Color 색상을 보면 초록색이 선택된 것을 확인할 수 있습니다. 영상을 재생하면 초록색이 사라지고 돈다발이 위에서 아래로 떨어지는 영상과 인물이 나오는 영상이 합성되어 재생되는 것을 확인할 수 있습니다.

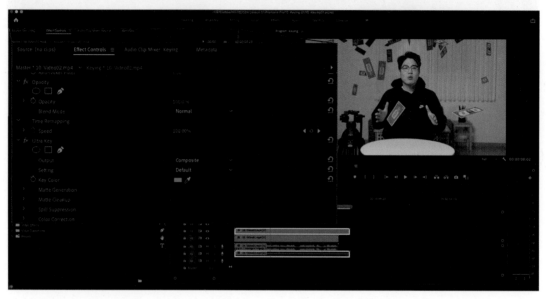

11 _ Ultra Key 실습 02: 인물 배경 깔끔하게 합성하기

- 소스 파일 : Chapter04 / Lesson 01 / 11. Video.mp4, 11. Image.jpg
- 완성 파일 : Chapter04 / Lesson 01 / 11. Ultra_Key02_complete

▶ 동영상 강의 시청하기
https://youtu.be/CJDZ3HcyBCk

◆ 그린 스크린이 잘 빠지지 않은 상태

◆ 추가 작업을 통해 배경을 정리한 상태

위의 실습에서는 쉽게 크로마키 배경이 제거되었습니다. CG로 제작한 Footage 영상이기 때문입니다. 하지만 실사 촬영을 할 때는 배경천에 주름이 생길 수도 있고, 어두운 부분이 생길 수도 있습니다. 이런 경우 쉽게 배경 색상이 제거되지 않을 수 있습니다. 이번 실습에서는 세부 기능을 조절해서 인물을 깔끔하게 합성하는 방법을 배워보도록 하겠습니다.

01 새 Sequnece를 DSLR1080p30으로 만들고 Timeline 패널의 V2 트랙 위에 11. Video.mp4 클립을 올려놓습니다.

02 11. Image.jpg 파일을 V1 트랙에 올려놓습니다. Tools 패널에서 Selection Tool( )을 선택하고 11. Image. jpg 클립의 끝 부분을 잡고 늘려서 V2 트랙의 11. Video.mp4 클립의 길이와 똑같이 맞춰줍니다.

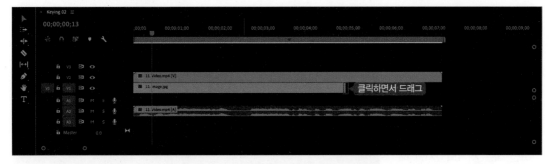

03 Effects 패널에서 검색창에 Ultra Key라고 입력합니다. 아래쪽으로 나타난 Ultra Key 효과를 클릭하고 드래그해서 Timeline 패널의 V2 트랙에 있는 11. Video.mp4 클립에 넣어줍니다.

04 Effect Controls 패널에서 스크롤바를 아래로 내려보면 Ultra Key가 보입니다. Key Color 옆의 스포이드 아이콘(🖋)을 클릭하고 Program Monitor 패널에서 초록색 부분을 클릭합니다. 이때 주름이 없는 부분의 초록색을 선택하는 것이 좋습니다.

05 Effect Controls 패널을 보면 Key Color의 색상이 초록색으로 바뀐 것을 확인할 수 있습니다. 그러나 Program Monitor 패널을 확인하면 색은 제거되었지만 배경천의 주름이 그대로 남아있는 것을 볼 수 있습니다. 주름진 부분과 주름이 없는 부분은 조명이 닿는 양이 달라집니다. 이로 인해 밝기와 색상 차이가 생겨서 나타나는 현상입니다. 이 부분들을 깔끔하게 정리해보도록 하겠습니다.

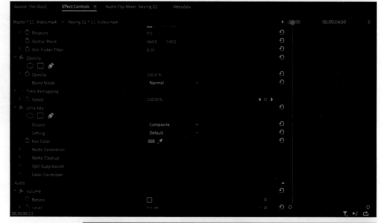

06 Ultra Key 아래의 Matte Generation의 화살표(>)를 누릅니다.

07 Generation의 기능들이 모두 나타나게 됩니다. Highlight의 숫자 값에 마우스를 가져다 놓습니다. 커서 모양이 손가락( )으로 바뀝니다. 숫자 값을 클릭하면서 마우스를 왼쪽으로 움직여서 값을 0으로 만들어줍니다.

08 밝은 부분의 투명도를 조절했습니다. 바로 이어서 어두운 영역의 투명도를 조절할 수도 있지만, 영상 속 인물이 검은색 옷을 입고 있기 때문에 어두운 영역을 잘못 조절하면 옷에 투명한 구멍이 생길 수 있습니다. 따라서 이번엔 관용도를 조절해서 초록색의 주변색도 함께 빠질 수 있게 만들어보겠습니다. Effect

Controls 패널에서 Matte Generation 아래의 Tolerance 숫자 값을 클릭하면서 마우스를 오른쪽으로 움직여서 100으로 만들어줍니다.

09 조금씩 값이 조절되고 있는 것이 보일 겁니다. 이번에는 Matte Cleanup의 기능을 불러와주겠습니다. Matte Cleanup 옆의 화살표(>)를 클릭해서 메뉴가 보이게 합니다.

10 Matte Cleanup의 기능이 나타났으면 Contrast의 숫자 값을 클릭하면서 마우스를 움직여서 100으로 만들어줍니다.

11 Contrast 작업을 하면서 확연하게 주름이 사라진 것을 확인할 수 있습니다.

◆ Contrast 전　　　　　　　　　　　　　　　　◆ Contrast 후

이번에는 Mid Point를 조절해서 중간 밝기 영역의 배경들을 지워주도록 하겠습니다. Effect Controls 패널에서 Matte Cleanup 아래의 Mid Point 숫자 값을 클릭하면서 마우스를 오른쪽으로 움직여서 84로 만들어주겠습니다.

12 Program Monitor 패널을 보면 왼쪽의 모서리들을 제외하고는 주름들이 거의 사라진 것을 확인할 수 있습니다.

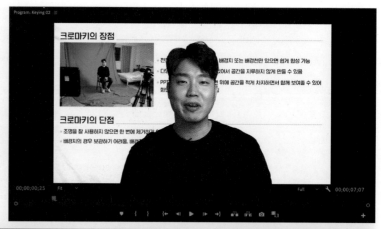

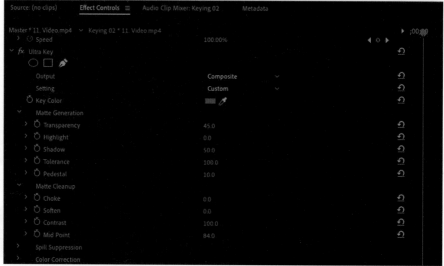

13 이제 다시 Matte Generation으로 가보겠습니다. Pedestal의 숫자 값을 클릭하면서 마우스를 오른쪽으로 움직여서 50으로 만들어줍니다.

14 Program Monitor 패널을 보면 배경이 깔끔하게 제거되어 있습니다.

15 이제 인물이 PPT 화면을 가리지 않도록 위치를 옮겨 주겠습니다. Effect Controls 패널에서 스크롤바를 올려서 Motion이 보이게 합니다. Scale의 숫자 값을 클릭하면서 마우스를 왼쪽으로 옮겨서 숫자 값이 55가 되도록 만들어줍니다.

16 이제 인물을 오른쪽 하단 모서리에 배치해보도록 하겠습니다. Position의 X축 값을 클릭하면서 마우스를 오른쪽으로 움직여서 Program Monitor 패널의 오른쪽 끝에 닿게 만들어주겠습니다.

17 이제 Effect Controls 패널에서 Position의 Y축 값을 클릭하면서 마우스를 오른쪽으로 움직여서 인물이 화면 아래쪽에 닿게 만들어줍니다.

18 완성된 영상을 확인할 수 있습니다.

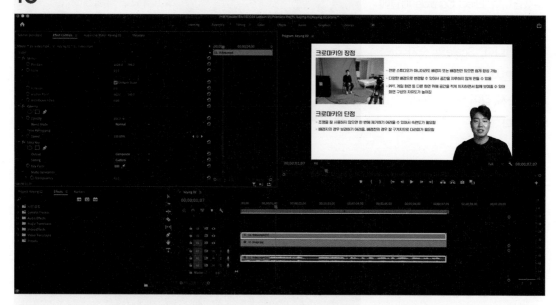

> **" 그린 스크린을 쉽게 뺄 수 있는 방법은 없나요?**
>
> '어떤 것만 건드리면 쉽게 그린 스크린이 빠진다'라는 것은 없습니다. 배경지의 상태와 조명 세팅 방법, 인물에 반사되는 양에 따라 매번 필요한 조절 값이 달라지기 때문입니다. 따라서 어떤 값을 조절해야 한다고 외우지 않는 것이 좋습니다. 작업을 할 때마다 하나씩 값을 조절하면서 차이를 눈으로 확인해 주는 것이 가장 정확하게 그린 스크린 배경을 제거할 수 있는 방법입니다.
>
> 물론 그린 스크린을 후반 작업에서 가장 쉽게 빼려면, 촬영할 때 세팅을 잘하는 것이 중요합니다. 배경지를 사용하면 종이인 관계로 더 탄탄하기 때문에 주름이 지지 않아서 배경 천보다 수월하게 작업이 가능합니다. 만약 보관 문제로 배경 천을 사용할 수밖에 없다면 촬영 전에 다리미를 이용해서 주름을 최대한 펴주는 것이 좋습니다. 두 번째로, 조명을 설치할 때 배경의 일부만 빛을 받게 되면 밝기 차이가 나서 손이 많이 가게 됩니다. 조명을 골고루 설치해서 배경이 전체적으로 빛을 받게 해주는 것이 좋습니다. 마지막으로 인물과 배경 사이의 거리를 충분히 만들어줘서, 인물의 머리카락이나 옷에 배경색이 묻지 않게끔 해줘야 후반 작업에서 편하게 작업할 수 있습니다.

12 _ Track Matte Key를 활용한 타이틀 효과 만들기

- 소스 파일 : Chapter04 / Lesson 01 / 12. Video.mp4
- 완성 파일 : Chapter04 / Lesson 01 / 12. Track_Matte_complete

▶ 동영상 강의 시청하기
https://youtu.be/aWY9pMVCZLQ

◆ Track Matte Key를 활용한 타이틀 전환 효과

이번에는 Track Matte Key를 활용해 타이틀 전환 효과를 만들어보겠습니다. Track Matte Key는 알파 채널이나 밝기(Luma)를 활용해서 합성을 해주는 기능입니다. 사용 빈도가 높은 편은 아니지만, 사용하기가 쉬워서 알아두면 좋습니다.

01 새 Sequence를 DSLR1080p30으로 만들어줍니다. 12. Video.mp4 클립을 Timeline 패널의 V1 트랙에 올려줍니다.

02 홈 패널에서 Workspaces 아이콘( )을 클릭하고, Captions and Graphics를 클릭합니다.

03 인터페이스가 바뀌게 됩니다. Tools 패널에서 Type Tool( )을 클릭하고 Program Monitor 패널의 화면을 클릭합니다.

04 Program Monitor 패널에 빨간색 텍스트 입력창이 나타나고, Timeline 패널에는 Graphic 클립이 생성됩니다. OCEAN이라고 입력합니다.

05 입력이 완료되었으면 Tools 패널에서 Selection Tool()을 클릭합니다.

06 텍스트 입력창이 파란색으로 바뀌었습니다. ❶Font를 클릭하고 원하는 폰트로 바꿔줍니다. 저는 무료 폰트인 카페24 아네모네를 선택했습니다. 이어서 ❷Size를 클릭하고 400을 입력한 후 Enter 키를 누릅니다.

07 텍스트가 화면 중앙에 올 수 있도록 Align Center Horizontally와 Align Center Vertically를 한 번씩 클릭합니다.

08 텍스트가 큰 사이즈로 화면 중앙에 위치했습니다. 다시 인터페이스를 바꿔주기 위해 홈 패널에서 Workspaces 아이콘( )을 클릭하고, Editing을 클릭합니다.

09 인터페이스가 원래대로 돌아왔습니다. Timeline 패널에서 V2 트랙의 Text 클립의 길이를 V1 트랙의 12. Video.mp4 클립과 똑같이 맞춰주도록 합니다. Text 클립의 끝부분을 잡고 늘려주면 됩니다.

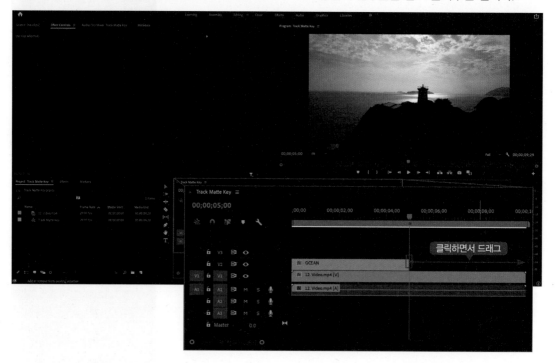

10 ❶Effects 패널을 클릭하고 ❷입력창에 track이라고 검색합니다. Video Effects 아래, Keying 폴더 안의 Track Matte Key 효과가 나타납니다. ❸Track Matte Key 효과를 클릭하고 드래그해서 Timeline 패널의 V1 트랙에 있는 12. Video.mp4 클립에 넣어줍니다.

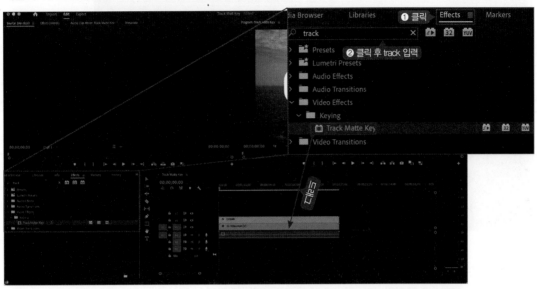

11 Timeline 패널의 V1 트랙에 있는 ❶12. Video.mp4 클립을 클릭합니다. ❷Effect Controls 패널을 클릭하면 Track Matte Key가 들어와있는 것을 볼 수 있습니다. ❸Matte 옆의 None을 클릭합니다.

12 드롭다운 메뉴가 나타납니다. Video 2를 클릭합니다.

13 Program Monitor 패널을 보면 OCEAN의 자막에 영상이 합성되어 있는 것을 볼 수 있습니다. Timeline 패널을 클릭합니다. 키보드의 Shift 키와 오른쪽 방향키 → 를 6번 연속으로 눌러서 재생 막대를 1초(00;00;01;00)로 이동합니다.

14 Timeline 패널의 V2 트랙에 있는 ❶Text 클립을 클릭하고, ❷Effect Controls 패널을 클릭합니다. Scale의 ❸Toggle animation 아이콘( )을 클릭합니다.

15 첫 번째 키프레임이 생성된 것을 확인할 수 있습니다. Timeline 패널을 클릭하고 Shift 키와 오른쪽 방향키 → 를 12번 눌러서 재생 막대를 3초(00;00;03;00)로 이동시킵니다.

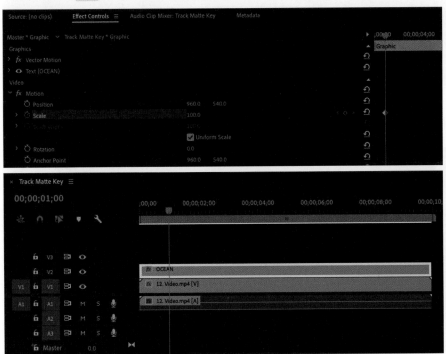

16 Scale 옆의 숫자 값을 클릭하면서 마우스를 오른쪽으로 움직여서 크기를 늘려줍니다. 텍스트가 커져서 아예 사라질 때까지 크기를 늘려줍니다.

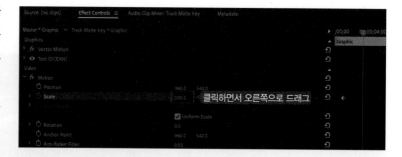

17 첫 번째 키프레임을 클릭하고 마우스 오른쪽 버튼을 클릭합니다.

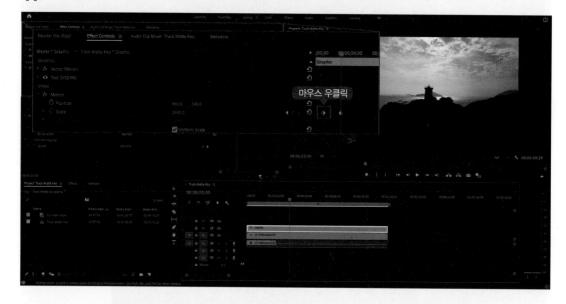

18 드롭다운 메뉴가 나타납니다. Ease Out을 클릭합니다.

19 두 번째 키프레임을 클릭하고 ❶마우스 오른쪽을 클릭합니다. 드롭다운 메뉴가 나타나면 ❷Ease In
을 클릭합니다.

20 완성이 되었습니다. 영상을 재생하면 투명한 텍스트가 나타나서 사라지게 됩니다.

13 _ 카메라 3대로 한 영상을 찍었다면?
– Multi Camera 기능으로 편집하기

▶ 동영상 강의 시청하기
https://youtu.be/g08u9Pvosd8

■ 소스 파일 : Chapter04 / Lesson 01 / 13. A cam.mp4, 13. B cam.mp4, 13. C cam.mp4

■ 완성 파일 : Chapter04 / Lesson 01 / 13. Multi_camera_complete

◆ 여러 카메라로 찍은 소스를 한 번에 확인하면서 편집하는 Multi-Camera 기능

〈런닝맨〉, 〈무한도전〉 같은 예능 프로그램의 현장 사진을 보면, 수많은 카메라가 여러 각도에서 패널들을 촬영하고 있는 모습을 볼 수 있습니다. 각 패널들의 클로즈업이 필요하기도 하고, 여러 각도에서 다양한 샷 사이즈(Shot Size)로 촬영해두어야 영상이 지루하지 않기 때문입니다. 물론 편집을 할 때 선택지가 많아진다는 큰 장점도 있습니다.

◆ 카메라 두 대를 활용해서 인터뷰 영상과 강의 영상을 촬영하고 있는 모습

여러분이 방송국처럼 8~9대의 카메라를 가지고 예능 영상을 촬영하지는 않더라도, 공연 영상을 촬영하거나 인터뷰 영상을 촬영할 때는 여러 대의 카메라가 들어가기도 합니다. 이럴 때 앞서 배웠던 Synchronize 기능을 통해 한 번에 싱크를 맞춰서 작업할 수도 있지만, 그렇게 되면 매번 레이어를 껐다 켰다 하면서 확인해야 하는 불편함이 있습니다. 이럴 때는 Multi Camera라는 기능을 활용하면 더욱 편리하게 작업할 수 있습니다. 이번 실습에서는 3대의 카메라로 촬영한 소스를 가지고 Multi Camera 기능을 이용하여 편집하는 방법에 대해 배워보도록 하겠습니다.

◆ A cam 화면   ◆ B cam 화면   ◆ C cam 화면

A cam은 정면에서 미디움 샷으로 촬영했고, B cam은 인물 우측 측면 바스트 샷, C cam은 인물의 좌측 측면 바스트 샷으로 촬영했습니다. 먼저 세 개의 파일을 하나의 Multi Camera Source로 만들어주는 방법부터 배워보겠습니다.

01 새 Sequnece를 DSLR1080p30으로 만들고, Project 패널에 13. A cam. mp4, 13. B cam.mp4, 13. C cam.mp4 파일을 불러와줍니다.

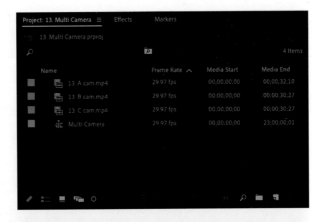

02 Project 패널에서 Shift 키를 누르면서 13. A cam.mp4, 13. B cam.mp4, 13. C cam.mp4 파일을 차례대로 눌러서 모두 선택합니다. 모두 선택되었다면 13. A cam.mp4에 마우스 오른쪽 버튼을 클릭합니다.

03 팝업 메뉴가 나타나면 Create Multi-Camera Source Sequence를 클릭합니다.

04 Create Multi-Camera Source Sequence 패널이 나타납니다. Synchronize Point는 어떤 방식으로 클립들의 싱크를 맞출 건지 물어보는 것입니다. 각 카메라에 녹음된 소리 분석을 통해서 싱크를 맞추도록 Audio를 클릭합니다.

05 Audio에서 ❶Sequence Settings를 클릭합니다. 3대의 카메라로 촬영되었기 때문에 오디오 트랙도 카메라마다 다릅니다. 편집할 때 어떤 오디오 트랙을 쓸 것인지 물어보는 것입니다. Camera1을 쓰면 1번에 설정된 카메라의 소리를 쓰는 것이고, All cameras를 쓰게 되면 전체 오디오를 트랙으로 나눠서 넣어

줍니다. 마지막으로 Switch Audio를 누르게 되면 카메라 전환이
될 때마다 해당 카메라의 오디오 트랙을 사용하는 것입니다. 저
희는 모든 오디오 트랙이 보일 수 있도록 ❷All cameras를 선택
합니다. 그리고 ❸[OK] 버튼을 클릭합니다.

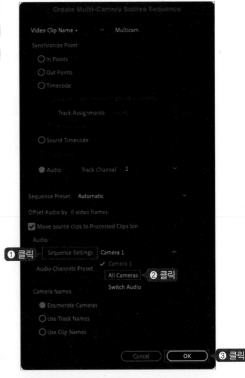

06 자동으로 분석이 진행됩니다. 분석이 완료되면
Project 패널에 카메라 소스들이 모여있는
Processed Clips 폴더가 생성되고, 13.A cam.
mp4Multicam이라는 Multi−Camera Source Sequence
아이콘( )이 생성됩니다. 13.A cam.mp4Multicam을
클릭하고 드래그해서 Timeline 패널의 V1 트랙에 올려
놓습니다.

07 Timeline 패널에 하나의 비디오 트랙과 세 개의 오디오 트랙이 들어온 것이 보입니다. 하지만
Program Monitor 패널을 보면 화면이 분할되지 않고 하나로만 보입니다. 이는 설정을 해주면 해결됩
니다. Program Monitor 패널에서 Button Editor 아이콘( )을 클릭합니다.

08 Program Monitor 패널에 Button Editor 메뉴가 나타나게 됩니다. Program Monitor 패널을 개인에 맞게 커스터마이즈 해주는 기능입니다. Multi-Camera 보기를 활성화하는 ❶Toggle Multi-Camera View 아이콘(▣)을 클릭하고 드래그해서 파란색 영역의 빈칸으로 넣어줍니다. ❷[OK] 버튼을 클릭합니다.

09 Program Monitor 패널에 Toggle Multi-Camera View 아이콘(▣)이 들어온 것을 확인할 수 있습니다. Toggle Multi-Camera View 아이콘을 클릭합니다.

10 왼쪽과 오른쪽으로 화면 분할이 된 것이 보입니다. 왼쪽은 카메라 소스들이 보이는 것이고, 오른쪽은 최종적으로 편집이 되어서 나가는 화면입니다. 왼쪽에 카메라가 한 대만 보이고 있는 것은 카메라를 잡은 사람마다 녹화 버튼을 누르는 시간 차이가 있기 때문입니다. 전체 카메라가 다 녹화 버튼이 눌러지면서 기록이 된 시점으로 가면 카메라가 다 나타나게 될 것입니다. Timeline 패널에서 재생 막대를 오른쪽으로 옮겨봅니다.

11 모든 카메라의 소스가 보이게 됩니다. 좌측 상단이 1번 카메라, 우측 상단이 2번 카메라, 좌측 하단이 3번 카메라입니다. 이제 키보드에서 [1] 숫자키를 누르면 오른쪽에 1번 카메라가 보이고, [2] 숫자키를 누르면 2번 카메라가 오른쪽에 나타납니다. Program Monitor 패널에서 재생 버튼(▶)을 누른 상태에서 숫자키를 1번부터 3번까지 번갈아가면서 눌러봅니다.

12 재생을 멈추면 번호를 눌렀던 대로 Time line 패널에 컷 편집이 반영된 것을 확인할 수 있습니다.

13 만약 편집된 영상이 마음에 들지 않아서 카메라 각도를 바꾸고 싶다면, 바꾸고자 하는 클립을 클릭합니다. 지금은 [MC1], 즉 1번 카메라를 의미합니다. 2번 카메라로 바꾸고 싶다면 키보드의 숫자 [2] 키를 클릭합니다.

14 2번 카메라로 바뀐 것을 확인할 수 있습니다.

15 작업이 다 끝났다면 Program Monitor 패널에서 Toggle Multi-Camera View 아이콘(▣)을 클릭하여 원래의 모니터 상태로 돌려줍니다.

TIP   왜 Multi-Camera 기능을 쓰나요?

만약 카메라 2대 정도로 촬영한다면 Timeline 패널에서 Synchronize 기능을 이용해서 작업해도 심각한 불편함은 없습니다. 하지만 3대 이상의 카메라를 사용해서 촬영한 영상을 편집하려면 트랙별로 정리하는 것도 불편해지고, Toggle Track Output(■)을 껐다 켰다 하면서 작업해야 하기 때문에 시간이 오래 걸리게 됩니다. 반면 Multi-Camera 기능을 쓰면 비디오 트랙을 하나만 차지해서 작업이 훨씬 수월해집니다. 특히 뮤지컬, 오케스트라 등의 공연 영상 같은 경우에는 공연 자체가 중요하기 때문에 중간을 잘라내거나 앞뒤의 위치를 바꾸는 편집 작업이 필요 없습니다. 오직 공연자의 모습이 잘 보일 수 있도록 카메라 전환만 해주면 됩니다. 이럴 때 Multi-Camera 기능을 사용하게 되면 영상을 재생해놓은 상태에서 키보드의 숫자키만 누르면서 편집할 수 있어서 시간을 대폭 단축시킬 수 있습니다.

◆ Multi-Camera

◆ 일반 Synchronize 트랙

❝ 그러면 카메라 2대로 촬영한 영상이라면 웬만하면 Multi-Camera 기능을 쓰면 좋겠네요?

맞습니다. Multi-Camera 기능을 이용하게 되면 컷 편집이 훨씬 수월해집니다. 위에서 말씀드린 것처럼 트랙 정리에도 효율적입니다. 그러나 편집 작업이 끝난 후에 After Effects로 내보내서 모션 그래픽을 추가할 예정이라면 사용하지 않는 것이 좋습니다. After Effects로 내보내게 되면 Multi-Camera로 편집한 영상이 충돌이 일어나면서 설정이 바뀌거나 클립이 꼬이는 경우가 있기 때문입니다. 따라서 후반 작업 유무에 따라 어떻게 편집하는 것이 좋을지 생각해서 사용하는 것이 좋습니다.

02 색상교정(Color Correction)과 색보정(Color Grading) 실전 기법

영상을 찍을 때는 괜찮았던 것 같은데, 막상 편집 툴에 올렸더니 색상이 마음에 안들 때가 있습니다. 영상의 채도가 낮아서 흐릿한 느낌이 들 수도 있고, 특정 색상이 실물로 볼 때의 색상과 달라 보이는 경우도 있습니다. 이럴 때는 색상교정(Color Correction)을 통해 잡아주면 됩니다. 만약 영화같이 특정한 룩(Look)이 필요한 경우에는 색상을 추가하고, 색상에 대한 밝기를 조절하는 색보정(Color Grading) 작업을 통해서 원하는 색감을 만들기도 합니다. 이번 Lesson에서는 함께 Color를 조절하는 방법에 대해 배워보겠습니다.

01 _ 색상 작업 전 알아두어야 할 핵심 내용들

색보정은 가장 전문적인 분야이면서, 가장 정답이 없는 분야입니다.

◆ 색상 교정 프로그램에 연동해서 사용하는 컨트롤 패널 _ 사진출처: Pixabay

색상을 교정하고 보정하는 작업은 영상 업계에서도 가장 어려운 분야이자, 작업자 숫자가 많지 않은 고도화된 전문 영역입니다. 영화 편집실에서도 편집 감독이 직접 색보정을 진행하는 것이 아니라, DI(Digtal Intermediate) 스페셜리스트가 직접 담당합니다. 이들은 촬영 전에 촬영 감독과 함께 어떤 포맷으로 찍을 것인지 의논하고, 협의된 내용을 토대로 촬영된 결과물에 대한 색보정 작업을 진행합니다. 전문 영역인 만큼 DI 스페셜리스트가 되기 위해서는 긴 시간 동안 조수로 경험을 쌓아야만 합니다.

◆ 촬영 원본: Sony A7M3 / S-Log2, S-Gamut 촬영했기 때문에 채도가 빠져있고, 계조가 뭉쳐있는 상태.

◆ Rec.709로 교정 _ 일반적인 TV 색상으로 교정했으나 뒤의 다리와 자동차에 하이라이트가 생겨서 하얗게 됨.

◆ Warm Tone으로 색상 보정 _ 원하는 톤을 잡으면서 노출도 잡은 상태. 하이라이트 생긴 부분 없이 색상 표현이 됨.

전문 영역임에도 불구하고 DI 감독님들은 'Color에는 정답이 없다.'라는 이야기를 많이 합니다. 물론 촬영된 소스를 원래의 색상으로 맞추는 색상 교정 작업(Color Correction)에는 정답이 있을 수 있습니다. 눈으로 보는 것과 비슷하게 만드는 것이 중요하기 때문입니다. 하지만 색보정 작업(Color Grading)은 정답이 없습니다. 감독이 연출하고자 하는 분위기를 잘 살리는 것이 중요하기 때문에 일부러 색상을 바꾸기도 하고, 다른 색상을 입히기도 합니다. 마찬가지로 더 느와르적인 분위기를 만들기 위해 콘트라스트를 실제보다 많이 추가하기도 합니다. 색보정을 통해서 연출적인 요소를 극대화할 수 있기 때문입니다.

◆ 쿨톤(좌)과 웜톤(우)으로 보정한 상황. 어떤 보정이 정답이라고 생각하시나요?

이처럼 색상 작업은 가장 다루기 어려운 분야이면서 동시에 개인의 선호도에 따라 달라지는 정답이 없는 분야입니다. 이 때문에 많은 영상 제작자들 사이에서 논쟁이 펼쳐지곤 합니다. 하지만 '뭐가 맞다, 틀렸다'라는 것은 없습니다. 색보정은 예술의 영역에 가깝기 때문에 평가하기가 어렵습니다. 다만 색보정을 잘하기 위해서는 '어떤 기능을 사용하면 어떻게 색을 바꿀 수 있다'라는 것을 이해하고 있어야 합니다. 그래야 원하는 색감을 만들 수 있기 때문입니다. 즉, 다른 감독님들이 만들어놓은 영상을 보고, 이를 똑같이 만들 수 있다면 본인이 원하는 느낌을 만드는 것도 쉬워질 것입니다. 이번 Lesson에서는 여러분들이 색보정을 하기 위해 필요한 기능을 하나씩 익혀보고자 합니다. 다만 촬영 상황에 따라 색상의 조절이 다르게 될 수 있습니다. 그러니 익히기에서 끝내지 마시고, 본인이 촬영한 영상을 가지고 색보정 작업을 직접 실습해보시는 것을 추천합니다.

촬영 전 알아야 할 내용들

편집에서 색상 작업을 진행하기 위해서는 계획된 촬영을 해야 합니다. 이를 위해서 기본적으로 알아 두어야 할 내용들이 있습니다. 당연히 제가 알려드리는 내용보다 더 많은 내용들이 있고, 전문적으로 색보정을 하기 위해서는 이들을 모두 완벽하게 이해하고 있어야 합니다. 하지만 그렇게 진행하려면 너무나 오랜 시간이 걸리게 됩니다. 따라서 간단한 보정을 하신다면 아래의 내용 정도만 알아도 충분합니다. 외우지 마시고, 한두 번 읽어 보면서 이해해 주세요. 그리고 필요한 내용이 있다면 더 검색하면서 보거나, 영문 원서를 읽어보면 좋습니다.

01-1 색보정을 좌우하는 요소

8비트, 10비트? 카메라의 컬러 뎁스

색보정에 조금 관심이 있으신 분들이라면 유튜브를 검색하다가 8비트 컬러, 10비트 컬러라고 이야 기하는 내용을 들어보셨을 겁니다. 비트가 대체 뭐고, 어떤 차이가 있을까요?

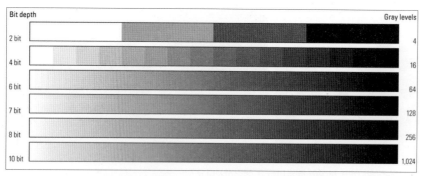

◆ 비트에 따른 차이. 10비트로 내려갈수록 더 부드럽게 표현되는 것을 확인할 수 있습니다.

영상에서의 컬러 뎁스에 대한 비트는 간단하게 말하면 색상을 표현하는 그라데이션 범위라고 생각하면 됩니다. 즉 빛이 변화하는 단계를 표현할 수 있는 양을 의미합니다. 비트는 제곱으로 이루어지기 때문에 1비트는 두 개의 색상, 2비트는 4개의 색상으로 표현합니다. 보편적인 영상 카메라들은 8비트로 작동하고, 8비트는 2의 8제곱인 256색상으로 표현을 합니다. 다시 말해, 8비트는 빨간색 256개, 초록색 256개, 파란색 256개로 이루어져 총 16,777,216개의 단계로 색상을 표현합니다. 이에 반해 10비트는 2의 10제곱인 만큼 각각 1,024 색상으로 표현이 되어 1,073,741,824의 단계로 색상을 표현합니다. 8비트 카메라에 비해 64배 많은 수치입니다.

그런데 왜 이 컬러 뎁스가 중요하냐? 컬러 밴딩(Color Banding)의 여부가 달라지기 때문입니다. 8비트로 하늘을 찍어놓고 색상을 보정하려고 하면 색상 간의 연결이 부드럽게 표현이 안 되고, 연결이 끊어져서 픽셀처럼 보이는 밴딩 현상을 확인할 수 있습니다. 반면 10비트로 촬영을 하게 되면 같은 환경이더라도 색상을 많이 담고 있기 때문에 밴딩 현상이 나타날 확률이 적어집니다. 당연히 하늘뿐만 아니라 기존의 색상을 다른 색으로 변경하고 싶을 때 보정할 수 있는 범위(관용도)도 10비트가 넓습니다.

보통의 카메라는 영상에서 8비트를 지원하고 있고, 최근에 출시되는 플래그십 카메라부터 10비트를 지원합니다. 10비트를 지원하는 카메라는 대표적으로 소니 A7S3, 캐논 EOS R5, 파나소닉 GH5S, S1H 등이 있습니다. 8비트 카메라는 색보정을 하는 데에 한계가 더 크기 때문에 충분히 고려를 해서 촬영하는 것이 중요합니다.

10비트 영상 촬영을 지원하는 미러리스 카메라

◆ 소니 A7S3　　　　　　　◆ 캐논 EOS R5　　　　　　　◆ 파나소닉 S1H

크로마 서브 샘플링과 코덱

디지털에서 영상을 촬영하면, 무엇으로 만들어지게 되나요?

하나의 파일로 만들어지게 됩니다. 영상을 디지털 파일로 만들기 위해서는 데이터를 처리하는 작업을 거쳐야 합니다. 무압축(Raw Data)으로 만들 수도 있지만, 일반적인 카메라에서는 영상을 무압축 처리하기에는 처리 속도, 발열, 내구성 등의 문제가 있습니다. 이 때문에 손실이든 무손실이든 특정 코덱을 이용해서 파일을 저장하게 됩니다.

즉, 촬영하는 순간 인코딩 작업을 통해 파일이 만들어지게 되고, 편집 작업에서는 디코딩 코덱을 이용해 실시간으로 보며, 추출할 때는 사용자가 지정하는 코덱으로 다시 인코딩 작업을 거치게 됩니다. 촬영을 할 때 원본 그대로 쓰면 좋겠지만 용량이 너무 커지게 되는 단점이 있습니다. 이 때문에 코덱을 이용해 인코딩할 때 서브 샘플링이라는 절차를 거치면서 색상에 대한 데이터 값을 약간 줄이게 됩니다. 인간의 눈이 색 차이보다는 밝기 차이에 더 민감하다는 점을 이용해서 색상 데이터 값을 줄이는 만큼, 시각적으로는 크게 차이를 느끼기 어렵습니다. 하지만 보정 작업에서는 조절할 수 있는 양, 즉 관용도에 차이가 있습니다. 따라서 광고 촬영, 영화 촬영 등 대규모 상업 촬영에서는 더 높은 값인 4:4:4라는 서브 샘플링을 사용하고 있습니다. 이런 서브 샘플링 값은 어떤 코덱을 쓰느냐에 따라 달라질 수 있으며, 흔히 쓰이고 있는 H.264 코덱에서는 색상 데이터가 많이 제거됩니다. 이 때문에 보통 색보정을 염두에 둔 촬영 현장에서는 Proress 등의 코덱을 사용해서 촬영을 해서, 후반 작업에서 더 많은 색상을 조절할 수 있게 만듭니다. 하지만 기록되는 데이터가 많아지는 만큼 용량 또한 크다는 점을 알고 있어야 합니다. 최근 출시되는 미러리스 카메라에는 용량은 줄이면서도 정보는 더 많이 가져갈 수 있도록 자체 코덱을 개발해서 사용하고 있습니다. 또한 어떤 카메라들은 무압축으로 영상을 촬영할 수 있는 RAW 모드를 탑재하고 있기도 합니다. 많은 색보정이 필요하다면 꼭 RAW 모드를 사용하는 것이 좋습니다. 파일 용량과 압축률은 반비례 관계에 있기 때문에, 용량을 줄이게 되면 그만큼 압축률이 높아지면서 색보정과 화질에 영향을 준다는 점, 이해하고 촬영 세팅을 해야겠죠?

카메라의 촬영 모드

◆ LOG를 이용해서 촬영한 원본 상태(좌)와 보정한 상태(우)

RAW 모드는 무압축인 만큼 색보정에 유리하지만, 용량이 너무 커서 촬영할 때 계속 메모리를 갈아줘야 한다는 단점이 있습니다. 또한 편집에서도 높은 컴퓨터 사양을 요구하게 됩니다. 만약 용량을 낮추는 것도 중요하다면, 코덱을 통해서 파일로 저장을 해야만 합니다. 이럴 때 후반 작업에서 색상 보정에 용이하게끔 최대한의 다이나믹 레인지(Dynamic Range)를 보존하는 모드들이 있습니다. 이들은 보통 LOG라고 되어있는 로그 감마 컬러 프로파일들입니다. 소니 카메라에서는 S-log, 캐논 카메라에서는 C-log, 파나소닉 카메라에서는 V-log로 표시되어 있습니다. 이런 모드를 선택해서 촬영하게 되면 RAW까지는 아니더라도 충분히 색상을 교정할 수 있게 만들어줍니다. 다만 어두운 부분에 대해서는 압축이 잘되지 않아서 데이터가 생략이 많이 되므로 노이즈가 생길 수 있습니다. 따라서 LOG를 이용해서 촬영할 때는 히스토그램이나 웨이브폼을 보면서 노출이 너무 어둡거나 밝진 않은지 확인하면서 촬영해야 합니다.

최근에는 LOG뿐만 아니라 Cine, HLG 등 다양한 모드들이 탑재되어 있으니 설정값을 바꿔가면서 촬영해 보시면 어떤 것이 본인한테 가장 맞는지 찾으실 수 있을 겁니다.

02 _ 색상 작업을 위한 Color Workspace와 Lumetri Scopes 이해하기

촬영을 무사히 마치고, 편집까지 완료했다면 이제 색상 작업을 할 차례입니다. 색상 작업을 하기 위해서는 Color Workspace를 이용하는 것이 좋습니다. 한 번에 색상을 모니터링 하면서 값을 조절할 수 있어서 편리하기 때문입니다. 홈 패널에서 ❶Workspaces 아이콘(⬚)을 클릭하고, ❷Color를 클릭합니다.

Color Workspace로 바꾸면 좌측에 ❶Lumetri Scopes 패널이 나오고, 우측에는 ❷Lumetri Color 라는 패널이 나타납니다.

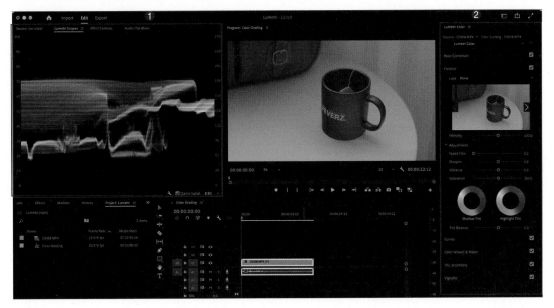

Lumetri Scopes 패널 알아보기

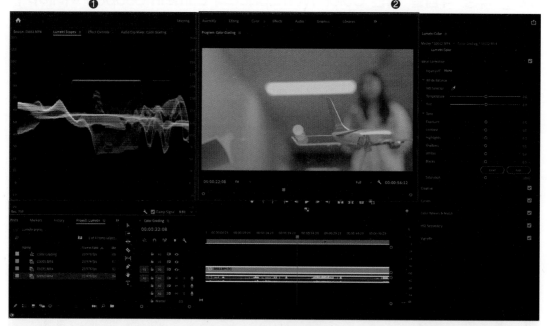

먼저 ❶Lumetri Scopes 패널에 대해 알아보겠습니다. ❶Lumetri Scopes 패널은 색상과 밝기에 대한 정보를 확인하는 모니터라고 생각하시면 됩니다.

눈으로 ❷Program Monitor 패널을 보면서 작업하면 될 것 같은데 왜 ❶Lumetri Scopes 패널이 따로 필요할까요? 그 이유는 정확하게 색상을 교정하기 위해서입니다.

첫째, 사람의 눈은 금방 피로해지기 때문에 계속해서 영상을 보고 있으면 색상이나 밝기에 대한 차이를 구별하기가 어렵습니다. 따라서 눈을 믿으면서 계속 작업을 하기에는 어려움이 있습니다.

둘째, 모니터마다 색상과 밝기 표현이 다릅니다. 제조사 차이뿐만 아니라 개별 제품마다 밝기와 색상을 표현하는 방법에 차이가 있습니다. 이런 차이를 최소화하기 위해 전문가들은 공장에서 정밀 교정이 되어 나오는 모니터를 구입하기도 하고, 모니터의 색상을 맞춰주는 캘리브레이션 장비를 이용하기도 합니다. 이처럼 모니터마다 색상과 밝기에 차이가 있기 때문에 여러분의 눈으로 보고 있는 화면이 정확하게 맞는 값이 아닐 수 있습니다.

◆ EIZO CG2730 모니터 (출처: EIZO 공식 홈페이지)　　◆ 캘리브레이션 장비 Spyder X Elite(출처: Datacolor 공식 홈페이지)

위의 두 가지 이유로 본인의 눈만 믿으면서 작업을 하는 데는 어려움이 있습니다. 반면 Lumetri Scopes 패널은 정확하게 밝기와 색상의 방향을 보여주기 때문에 이를 활용하게 되면 작업이 더 수월해지게 됩니다.

Lumetri Scopes 패널 설정 방법

Lumetri Scopes 패널의 설정 방법에 대해 알아보겠습니다. Lumetri Scopes 패널에 마우스 커서를 올려놓고 마우스 오른쪽 버튼을 클릭하면 **팝업 메뉴**가 나타나게 됩니다. **팝업 메뉴**에서 Lumetri Scopes 패널의 표시 모드를 바꿀 수 있습니다.

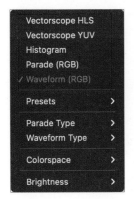

Premiere Pro에서는 **총 다섯 종류의 표시 모드**를 지원하고 있습니다. 팝업 메뉴를 설명하기 전에 모드별로 어떤 기능이 있는지 하나씩 차근차근히 알아보도록 하겠습니다. 색상 교정 상황과 작업자의 편의에 따라 사용하는 표시 모드가 다르기 때문에 모든 것을 외우기보다는 각 모드가 어떤 기능을 가졌는지만 알아두시면 됩니다.

❶ Vectorscope HLS: Vectorscope는 영상의 색상 정보와 색상별 채도를 확인할 수 있는 표시 모드입니다. 그중에서도 Vectorscope HLS는 Hue(색조), Lightness(밝기), Saturation(채도)의 줄임말로, 세 개를 한 번에 확인할 수 있는 모니터입니다. 색조와 채도에 따라 가운데의 점이 분포되는 방향이 달라지며, 밝기까지 한 번에 확인할 수 있는 모니터입니다.

◆ 밝기를 조절하기 전의 Vectorscope HLS의 모습

◆ 밝기를 조절하자 HLS의 흰색 선들이 더 커진 것을 확인할 수 있습니다.

◆ 색상에 블루를 많이 추가하자 스코프의 방향이 파란색 쪽으로 간 것을 확인할 수 있습니다.

◆ 색상에 노란색을 추가하자 반대쪽으로 스코프 방향이 이동한 것을 확인할 수 있습니다.

❷ Vectorscope YUV: 위에서 말씀드렸던 ❶Vectorscope HLS과 마찬가지로 Vectorscope YUV도 색상과 색상에 맞는 채도 값을 볼 수 있는 모니터입니다. Vectorscope YUV는 색상 정보가 표시되어 있고, 한계 범위가 직관적으로 나타나있어서 작업하기에 편리합니다. 개인적으로 가장 많이 보는 모니터 중 하나입니다.

◆ Vectorscope YUV

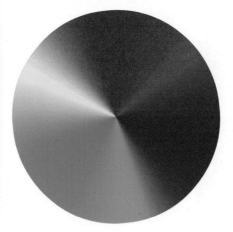

◆ Color Circle

Vectorscope YUV 모니터를 확인하는 방법을 알려드리겠습니다. Vectorscope YUV 모니터에는 ❶ Red, ❷Magenta, ❸Blue, ❹Cyan, ❺Green, ❻Yellow로 총 6개의 색상이 표시되어 있습니다. 이는 Color Circle, 한국어로는 색상환이라고 부르는 것과 완벽하게 방향이 일치하게 되어있습니다.

이 여섯 가지의 색상을 이용해서 모든 색을 만들어내게 됩니다.

◆ 색상이 없는 흑백 화면인 경우에는 중앙에 분포됩니다.

Vectorscope YUV 모니터를 이용하면 영상에 어떤 색상이 많이 보이고 있는지, 어떤 색상의 채도가 많고 어떤 색상에 채도가 적은지 알 수 있게 됩니다. 가령 흑백으로 촬영한 영상이라면 색상이 없기 때문에 Red도 Magenta도 Blue도 아닌 정중앙에 위치하게 됩니다.

◆ 붉은색이 화면에 많이 돌고 있는 경우

◆ 빨간색이 너무 많이 들어있는 것 같다면 빨간색의 보색에 해당하는 색상을 추가해주면 됩니다.

여기서 잠깐, 바로 옆에 붙어 있는 색상을 근접 색이라고 합니다. 즉 Red의 근접 색은 바로 옆에 붙어있는 Magenta와 Yellow입니다. 그렇다면 Red의 반대색, 즉 보색은 무엇일까요? 바로 Red와 마주 보고 있는 Cyan입니다. 이 원리를 적용하면 원하는 색상을 만들 수 있습니다. 영상을 보는데 빨간색이 많이 들어간 것 같다면 보색에 해당하는 Cyan 색상을 약간 추가해주면 되는 것입니다.

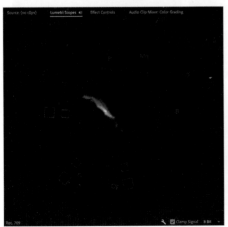

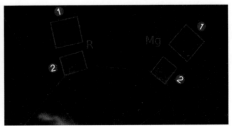

다시 돌아와서 Vectorscope YUV 모니터를 조금 더 배워보겠습니다. 각 색상을 확인해 보면 **네모 상자가** ❶**큰 상자와** ❷**작은 상자로 구성되어 있는 것을 확인할 수 있습니다.** ❷**작은 상자는 TV 표준 색상에서 허용하는 채도의 범위입니다.** 이 상자를 넘어가게 되면 TV를 통해 송출할 때 제대로 표현이 되지 않을 수 있어서 조심해야 합니다.

◆ 얼굴에 Mask를 적용한 후 Vectorscope를 확인해 보면 ❸선을 따라가는 것을 확인할 수 있습니다.

❶Red와 ❷Yellow 사이에 ❸선이 하나 있는 것이 보일 겁니다. 이 ❸선은 Skin tone, 즉 피부 색상을 의미합니다. 아시아인이든, 코카시아인이든 모두 이 ❸선을 향해야 제대로 된 피부 색상이 표시되고 있는 것입니다. 그래서 얼굴의 피부 색상이 제대로 잡혔는지 보고 싶을 때는 얼굴에만 잠깐 마스크를 적용해서 색상이 ❸선 쪽으로 향하고 있는지 확인해 보면 됩니다.

❸ **Histogram:** Histogram은 카메라를 다루시는 분들이나 Photoshop을 자주 사용하시는 분들이라면 익숙한 기능일 겁니다. Vectorscope가 색상을 나타낸다면 **Histogram은 밝기를 나타내는 표시 모드입니다.**

◆ 소니 A7M3 카메라에 표시된 히스토그램

◆ Photoshop의 히스토그램

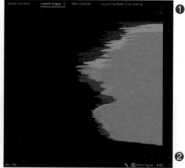
◆ Premiere Pro의 Histogram

카메라와 Photoshop에서의 히스토그램은 왼쪽이 암부(어두운 영역), 오른쪽이 명부(밝은 영역)입니다. 하지만 Premiere Pro에서는 왼쪽으로 90도 회전해서 ❶위로 갈수록 밝아지게 되고, ❷아래로 갈수록 어두워지는 시스템입니다.

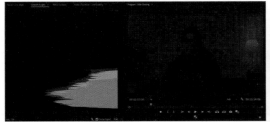

◆ 히스토그램이 아래쪽으로 쏠려있어서 화면이 어둡습니다.　　◆ 히스토그램이 아래에서 위로 골고루 분포되어서 전체적으로 밝기가 잘 표현되고 있습니다.

❹ Parade: Vectorscope가 색상별 채도를 확인할 수 있었다면 Parade는 색상별 밝기를 확인할 수 있는 모드입니다. RGB로 설정할 수도 있고 YUV로 설정할 수도 있습니다. RGB로 설정 시, Red, Green, Blue 순서대로 나열됩니다. 같은 화면에 대한 색상별 밝기 차이를 보여주고 있는 것입니다. 화면의 세로축이 밝기를 의미합니다. 0으로 갈수록 어둡고, 100으로 갈수록 밝아지게 됩니다. 가로축은 실제 화면의 가로축과 동일합니다. 영상의 어떤 부분이 밝은지, 어떤 부분이 어두운지 가로축과 세로축을 번갈아가면서 확인하면 됩니다. Parade는 명부와 암부에 각각 다른 색상을 표현해주고 싶을 때 많이 확인합니다.

◆ 사진1

위의 사진을 참고해 봅시다. ❶스탠드 조명이 밝고, 배경의 ❷흰색 벽이 다른 사물에 비해 밝습니다. 그리고 ⓑ흰색 벽에는 붉은색 조명이 비치고 있습니다. 이 때문에 ❸Parade를 확인해 보면 ❹Red가 다른 두 색에 비해 밝게 올라와 있는 것을 확인할 수 있습니다. 이런 식으로 색상 간의 밝기 차이를 조절하고 싶을 때 사용하면 됩니다.

❺ Waveform: Parade와 비슷하지만 Waveform은 RGB를 하나씩 나열하지 않고, 모두를 겹쳐서 본다는 차이가 있습니다. 기본적으로 Parade와 같은 방식이기 때문에 ❶가로 축은 똑같이 화면을 나타내고, ❷세로축은 밝기를 나타냅니다. ❸파형이 ❷세로축의 ❹100에 도달하게 되면 하이라이트(Highlights)라고 해서 정보가 하얗게 날아가게 됩니다. 거꾸로 ❸파형이 ❷세로축의 ❺0에 도달하면 언더(Under)라고 해서 검은색으로 어둡게 정보가 사라지게 됩니다. 상황에 따라 다를 수 있지만 최저 ❻20에서 최대 ❼80 사이로 맞춰주는 것이 일반적인 노출 조절 방법입니다.

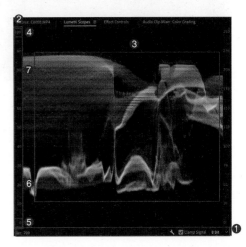

Waveform은 가장 직관적으로 밝기에 대한 정보를 확인할 수 있어서 개인적으로 촬영 현장에서도 꼭 사용하고, 색보정 작업에서도 반드시 확인하는 모니터입니다.

◆ 적정한 밝기인 경우 일반적으로 20에서 80사이로 들어오게 됩니다.

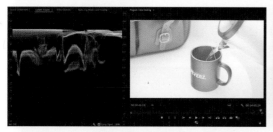

◆ 100에 도달해서 **하이라이트(Highlights)**가 생겨버린 경우 ◆ 0에 도달해서 **언더(Under)**가 되어버린 경우

이외의 Lumetri Scopes 기능들

이외에도 Lumetri Scopes 패널에서 마우스 오른쪽을 클릭하여 팝업 메뉴가 나타나게 되면 몇 가지 설정을 변경할 수 있습니다. Presets를 눌러봅시다.

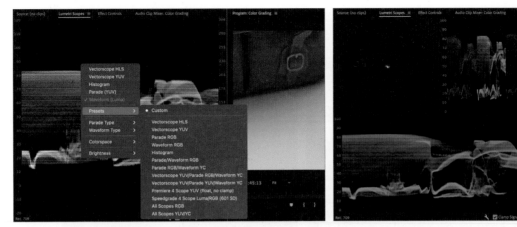

◆ Vectorscope YUV/Parade RGB/Waveform YC를 눌렀을 때 변경된 모습

Presets에 대한 팝업 메뉴가 나타납니다. Vectorscope YUV/Parade RGB/Waveform YC를 누르게 되면 Lumetri Scopes 패널이 Premiere Pro에서 만들어둔 사전 설정으로 변경됩니다.

이외에도 Parade Type을 누르면 Parade에서 보이는 형태를 변경할 수 있고, Waveform Type을 누르면 Waveform에서 보이는 형태를 변경할 수 있습니다. Colorspace는 색상의 범위에 대한 색 공간을 의미하나, 전문적으로 DI를 하시는 것이 아니라면 변경할 일이 잘 없습니다. Brightness는 Lumetri Scopes 패널에서 보이는 그래프에 대한 밝기만을 의미하는 것이며, 영상 색상에는 전혀 영향을 주지 않습니다.

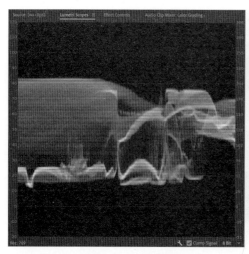

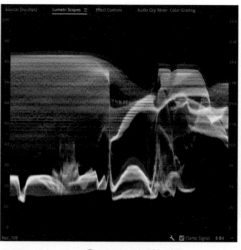

◆ Waveform Type을 Luma로 선택한 경우　　　　◆ Waveform Type을 RGB로 선택한 경우

작가님은 주로 어떤 것을 쓰고 계신가요?

위에서 언급한 Lumetri Scopes 패널의 기능들은 각각 용도가 다릅니다. 상황에 맞는 모드를 선택해서 작업하는 것이 가장 좋지만, 처음부터 모든 모드를 이용하려고 하면 너무 어렵게 느껴지실 겁니다. 그런 경우에는 저와 비슷한 조합으로 연습하시는 것이 좋습니다. 일반적인 작업 시에 저는 Waveform과 Vectorscope YUV를 사용하고 있습니다. 기본적인 밝기를 조절할 때 Waveform을 사용하고, 색상 조절이나 컷과 컷 사이의 색상 차이를 잡을 때 Vectorscope YUV를 사용합니다.

앞서 설명했듯이 각자의 기능들이 달라서 필요할 때마다 바꿔가면서 사용하는 것이 가장 좋지만, 익숙해지기 전까지는 저와 비슷한 세팅으로 작업하시는 것을 추천합니다.

03 _ 실습을 통해 Lumetri Color 패널 이해하기

방금까지 색상과 밝기의 단계를 확인할 수 있는 Lumetri Scopes 패널에 대해 알아보았다면, 이제부터는 본격적으로 색상과 밝기를 조절할 수 있는 ❶Lumetri Color 패널에 대해서 알아보겠습니다. 만약 ❷Lumetri Color 패널이 보이지 않는다면 홈 패널에서 ❸Workspaces 아이콘( )을 클릭하고 Color로 변경해주세요.

Lumetri Color 패널에는 밝기와 색상을 컨트롤할 수 있는 다양한 기능들이 탭으로 나누어져 있습니다. 각 탭에 있는 상세 컨트롤을 보려면 탭의 이름을 클릭하면 됩니다.

03-1 Basic Correction에서 White Balance 조절하기

■ 소스 파일 : Chapter04 / Lesson 02 / 03. WB.mp4

Basic Correction부터 배워보도록 하겠습니다. Basic Correction은 말 그대로 가장 기본적인 색상 교정 작업을 하는 탭입니다. Log로 찍어오든, Rec.709로 찍어오든 밝기 조절이나 채도 조절은 모두 이 탭에서 진행하게 됩니다. 이번 실습에서는 White Balance를 조절하여 영상의 전체적인 색상을 바꿔보도록 하겠습니다.

01 새로운 Sequence를 DSLR1080p24로 만들고, ❶V1 트랙에 03.WB.mp4 클립을 올려놓습니다. ❷ 03.WB.mp4 클립을 클릭합니다.

02 Lumetri Color 패널에서 Basic Correction을 클릭합니다.

03 메뉴가 나타나게 됩니다. White Balance의 Temperature와 Tint를 조절해서 색상을 바꿀 수 있습니다. 일반적으로는 Temperature와 Tint 두 가지를 조절해서 영상 속에 보이는 흰색을 가장 흰색에 가깝게 표현되게 만드는 것이 첫 번째입니다. 하지만 이번 실습에서는 어떤 기능을 하는지 알아보기 위해 색상을 자유롭게 바꿔보겠습니다.

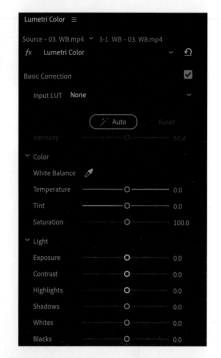

04 Temperature의 다이얼(⊙)을 클릭하면서 왼쪽으로 당겨줍니다.

05 영상이 쿨톤, 즉 파란색이 많이 들어가게 바뀐 것을 확인할 수 있습니다. 이번에는 다시 Temperature 의 다이얼(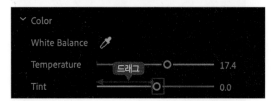)을 오른쪽으로 이동시켜봅니다.

06 이번에는 웜톤으로 바뀐 것을 확인할 수 있습니다.

이렇게 Temperature의 다이얼(●)을 조절해서 색상을 바꿔줄 수 있습니다. 그러나 쿨톤과 웜톤만으로는 원하는 색상이 표현되지 않는다면 어떻게 해야 할까요? 그럴 때는 Tint를 이용하면 됩니다.

07 Tint의 다이얼(●)을 왼쪽으로 이동시켜봅니다.

08 Tint의 다이얼()이 −9.8에 위치하게 되자 화면에 초록색이 더 많이 돌게 된 것을 확인할 수 있습니다. 이번에는 다이얼(◉)을 오른쪽으로 옮겨보도록 하겠습니다.

09 Tint의 다이얼(◉)이 20에 위치하면 화면에 Magenta, 즉 붉은 기운이 더 많이 돌게 된 것을 확인할 수 있습니다.

이처럼 ❶White Balance의 ❷Temperature와 ❸Tint를 조절해서 영상의 전체적인 색상을 조절할 수 있습니다.

그러나 너무 많이 조절하게 되면 다른 색상까지 바뀌어서 표현될 수 있고, 밴딩 현상이나 색상이 깨지는 현상이 나타날 수 있으므로 가급적이면 적당히 조절하는 것을 추천합니다.

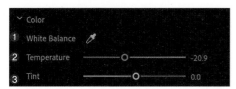

03-2 Basic Correction의 Tone에서 밝기 조절하기

■ 소스 파일 : Chapter04 / Lesson 02 / 03. Tone.mp4

▶ 동영상 강의 시청하기
https://youtu.be/qsxMCyoVehU

이번에는 밝기와 대비, 채도를 조절할 수 있는 Tone을 배워보도록 하겠습니다. 앞서 말씀드렸던 것처럼 LOG, Cine 등 다양한 모드로 촬영하게 되면 Contrast와 Saturation이 거의 빠져있는 상태로 녹화되기 때문에 후반 작업에서 원래의 밝기와 색상으로 복원해 주는 작업이 필요합니다. 이럴 때 Tone에서 작업하면 됩니다.

먼저 Tone의 기능들부터 설명하겠습니다.

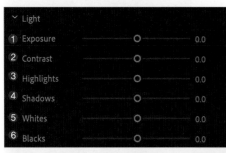

❶ Exposure: 화면 전체의 밝기를 조절할 수 있습니다.

❷ Contrast: 화면 전체의 대비를 조절할 수 있습니다.

❸ Highlights: 밝은 부분에 대한 밝기를 조절합니다.

❹ Shadows: 어두운 부분에 대한 밝기를 조절합니다.

❺ Whites: 흰색 계열의 밝기를 조절합니다.

❻ Blacks: 검은색 계열의 밝기를 조절합니다.

◆ Exposure의 값을 조절하자 전체적으로 밝아진 경우
 (전체적으로 밝아짐)

◆ Highlights만 조절해서 밝은 부분에 대한 밝기만 조절한 경우

위의 여섯 가지는 비슷해보이지만 각자 다른 기능을 가지고 있습니다. 예를 들어 Exposure의 값을 높이게 되면 화면의 밝은 부분과 어두운 부분이 같이 밝아지지만, Highlights를 조절하게 되면 밝은 부분만 밝아지게 되는 것입니다. 말로만 해서는 설명이 어려우니 같이 실습해보도록 하겠습니다. 첨부된 영상을 보실 수 있는 분은 꼭 영상을 보시면서 따라 하길 추천합니다.

01 새 시퀀스를 DSLR1080p24로 만들고, Project 패널에서 03. Tone.mp4 클립을 드래그해서 Timeline 패널의 V1 트랙에 올려놓습니다.

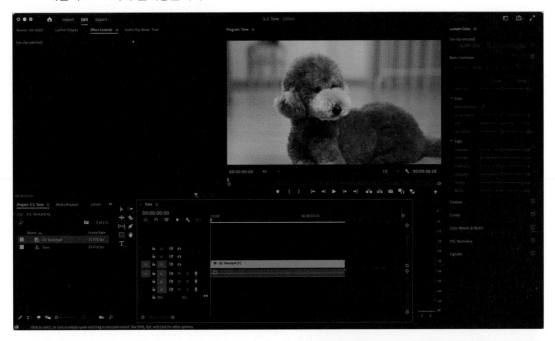

02 색상 모니터를 세팅해 주겠습니다. Lumetri Scopes 패널을 클릭합니다. Lumetri Scopes 패널에 마우스를 올려놓고 마우스 오른쪽 버튼을 클릭합니다.

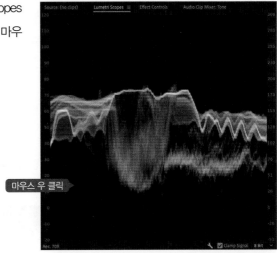

마우스 우 클릭

03 팝업 메뉴가 나타나면 Waveform(Luma)를 제외한 나머지는 모두 꺼줍니다.

클릭

04 Timeline 패널 V1 트랙의 ❶03. Tone.mp4 클립을 클릭합니다. 오른쪽의 Lumetri Color 패널에서 ❷Basic Correction을 클릭합니다.

05 Tone 탭의 아래에 Exposure가 있습니다. Exposure의 다이얼(◯)을 클릭하면서 오른쪽으로 움직여 봅니다.

06 Program Monitor 패널을 보면 전체적으로 밝기가 올라온 것을 확인할 수 있고, Lumetri Scopes 패널을 보면 어두운 영역까지 같이 밝게 올라간 것을 확인할 수 있습니다. 이제 Ctrl 키와 Z 키를 같이 눌러서 되돌려줍니다.

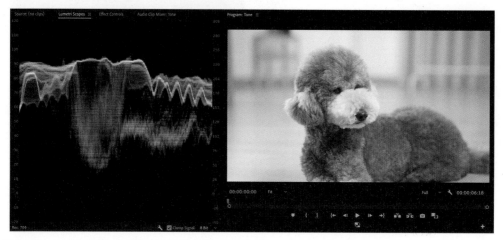

07 이번에는 Highlights의 다이얼()을 클릭하면서 오른쪽으로 움직여봅니다.

08 저는 Hightlights를 92.3까지 올렸습니다. Lumetri Scopes 패널과 Program Monitor 패널을 보면 아까와는 다른 느낌으로 밝아진 것을 확인할 수 있습니다.

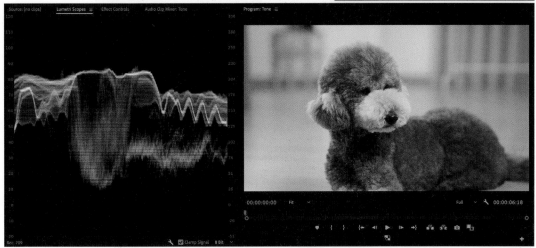

육안으로 보셨을 때도 바로 차이가 느껴지시겠지만, Lumetri Scopes 패널을 보면서 조금 더 상세히 비교해보도록 하겠습니다.

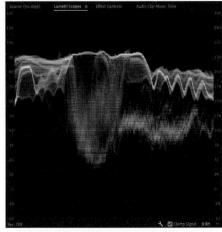

◆ Exposure를 조절했을 때

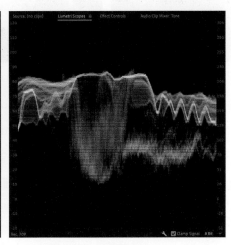

◆ Highlights를 조절했을 때

그림을 자세히 보시면 (좌) Exposure의 값을 높였을 때는 어두운 영역, 즉 ❶맨 아래에 보이는 부분이 ❷10과 20의 사이로 가있는 것을 확인할 수 있습니다.

하지만 (우) Highlights를 조절했을 때는 맨 아래에 보이는 어두운 영역이 ❶0과 10사이에서부터 시작이 됩니다.

마찬가지로 중간 영역을 확인해보도록 합시다.

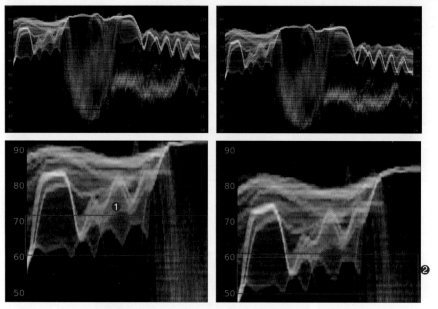

◆ Exposure를 조절한 경우　　　　　◆ Highlights를 조절한 경우

(좌) Exposure를 조절했을 때는 중간 영역이 ❶60~70 사이에 주로 분포되어 있습니다. 반면에 (우) Highlights를 조절했을 때는 똑같은 모양의 중간 영역이 ❷50과 60 사이에 주로 분포되어 있는 것을 확인할 수 있습니다. 즉, Exposure를 조절하게 되면 영역에 상관없이 전체적인 밝기가 밝아지고, Highlights를 조절하게 되면 밝은 영역에 대한 밝기만을 조절하기 때문에 어두운 영역과 중간 영역에 대한 정보는 그대로 남고 밝은 부분만 조절이 되는 것입니다. 이어서 Shadows를 가지고 테스트해 보겠습니다.

09 다시 원상태로 돌려주기 위해 Ctrl 키와 Z 키를 동시에 눌러주겠습니다. 원상태로 돌아오셨다면 Lumetri Color 패널에서 Exposure의 다이얼(◯)을 클릭하면서 왼쪽 끝으로 당겨놓습니다.

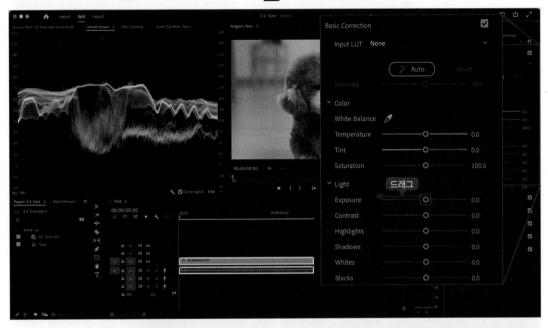

10 Exposure의 값이 −5가 되었습니다. Program Monitor 패널을 보면 완전히 어둡게 변한 것을 볼 수 있습니다. 이제 다시 Ctrl 키와 Z 키를 눌러주겠습니다.

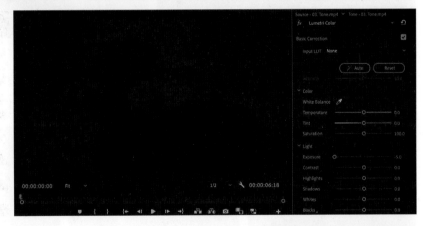

11 값이 초기화되었습니다. 이번에는 Shadows의 다이얼(◯)을 클릭하면서 왼쪽 끝으로 당겨놓습니다.

12 Shadows의 값이 −100이 되었습니다. 이전과는 다르게 완전히 어두워지지 않은 것을 확인할 수 있습니다.

다시 한번 자세히 비교해보도록 하겠습니다.

◆ Exposure를 낮췄을 때

◆ Shadows를 낮췄을 때

Exposure를 낮췄을 때는 화면 전체가 어두워지지만, Shadows를 낮추면 밝은 부분은 그대로 남아있고, 어두운 부분만 어두워지면서 Contrast(대비)가 강한 느낌으로 만들어진 것을 확인할 수 있습니다.

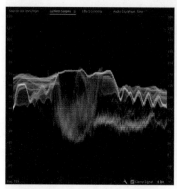

◆ 기본 화면

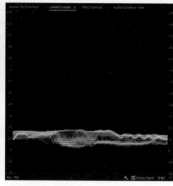

◆ Exposure를 낮췄을 때

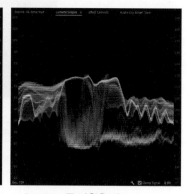

◆ Shadows를 낮췄을 때

Lumetri Scopes에서도 차이를 확인할 수 있습니다. 왼쪽 사진이 아무 작업도 하지 않은 기본 화면입니다. 가운데 사진이 Exposure를 낮췄을 때입니다. 화면 전체의 그래프가 아래쪽으로 내려가 있습니다. Shadows 값을 조절한 오른쪽 사진을 확인해 봅시다. (좌)기본 화면과 비슷하지만, 어두운 영역들만 아래로 내려온 것을 확인할 수 있습니다.

이처럼 Exposure는 전체적인 밝기를 조절하는 것이고, Highlights와 Shadows는 각각 밝은 영역, 어두운 영역에 대한 밝기만을 조절하는 기능입니다. Exposure로 영상의 전체적인 분위기를 밝게 만들어줄 수 있지만, 잘못 건드리게 되면 다른 영역의 정보까지 같이 사라질 수 있기 때문에 조심해야 합니다. 이 때문에 저는 Exposure부터 조절하지 않고, Highlights와 Shadows를 미세하게 조절한 후에 부족한 부분에 대해서만 Exposure를 조절하는 편입니다.

03-3 Basic Correction에서 Saturation 조절하기

■ 소스파일 : Chapter04 / Lesson 02 / 03. Tone.mp4

위의 파일을 그대로 사용하여 Saturation까지 조절해 보겠습니다. Saturation은 한국어로는 채도입니다. 채도는 색의 선명한 정도를 이야기합니다. 채도가 높을수록 색상이 진해지고, 채도가 옅을수록 색이 바랜 것처럼 색상의 진한 정도가 흐리게 됩니다.

01 Lumetri Scopes 패널 세팅부터 바꿔주겠습니다. Lumetri Scopes 패널에 마우스를 가져다 놓고, 마우스 오른쪽 버튼을 클릭합니다.

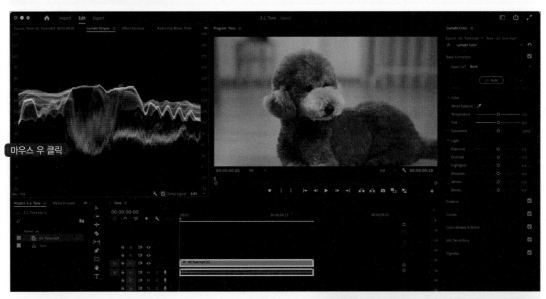

02 팝업 메뉴가 나타납니다. Vectorscope YUV를 클릭합니다.

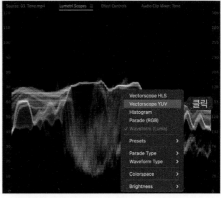

03 Lumetri Scopes 패널에 Vectorscope YUV가 나타난 것을 확인할 수 있습니다. Lumetri Color 패널에서 Saturation의 다이얼(◯)을 클릭하면서 오른쪽 끝까지 당겨줍니다.

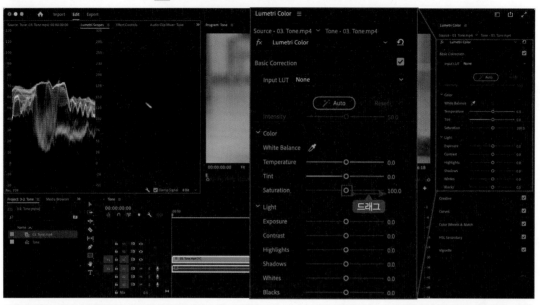

04 Saturation의 값이 200이 되었습니다. Program Monitor 패널을 보면 이전보다 색상이 진해진 것을 확인할 수 있습니다. Ctrl 키와 Z 키를 동시에 눌러서 실행을 취소합니다.

05 이번엔 Saturation의 다이얼(◯)을 클릭하면서 왼쪽 끝까지 당겨줍니다.

06 Saturation의 값이 0이 되었습니다. Program Monitor 패널을 보면 색상이 아예 없어져서 흑백으로 바뀐 것을 확인할 수 있습니다.

여기서 잠깐 Vectorscope YUV 모니터를 확인해보겠습니다.

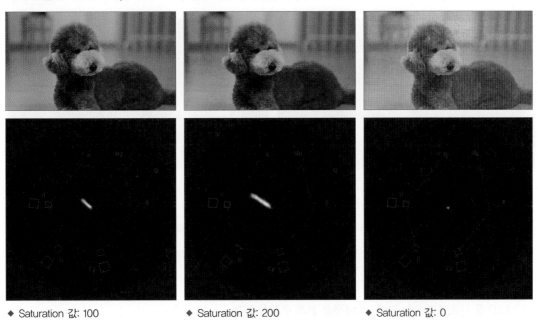

◆ Saturation 값: 100   ◆ Saturation 값: 200   ◆ Saturation 값: 0

기본 Saturation 값은 100입니다. 기본값일 때 Vectorscope YUV 모니터를 보면 색상이 얕고 짧게 표시가 되어있습니다. Saturation의 값을 200으로 조절하자, 파형이 더 멀리 나아가면서 두께도 두꺼워진 것을 확인할 수 있습니다. Saturation 값을 0으로 설정하자 아예 색상이 없어지게 되면서 가운데로 모인 것을 확인할 수 있습니다. Saturation(채도)은 색상의 선명도라고도 이야기하지만, 쉽게 이해하려면 색상의 진한 정도로 이해하면 됩니다. 앞서 말씀드렸던 색상을 조절할 때 필요한 모니터는 무엇이었나요? Vectorscope였죠?

이 때문에 Saturation을 조절할 때는 꼭 Vectorscope YUV 모니터를 보면서 조절해야 다른 컷들과 연결할 때 어색하지 않습니다.

피부의 색상이 너무 진하게 들어온 경우 Saturation을 조절해서 맞춰주기도 하고, 색상 표현이 잘 안 된 경우에는 Saturation의 값을 높여서 더 생동감 있게 만들어주기도 합니다. 다만 Saturation의 값을 너무 많이 조절하게 되면 인위적인 느낌이 들 때도 있고, 색상이 뭉쳐서 보이는 Cropping 현상이 나타나기도 하므로 주의하여 사용해야 합니다.

03-4 Basic Correction에서 S-log 색상 프리셋(LUT) 적용하기

■ 소스 파일 : Chapter04 / Lesson 02 / 03. Slog.mp4, 03. SL3SG3tos709.cube

▶️ 동영상 강의 시청하기
https://youtu.be/FW7BcZmQeck

◆ 촬영 원본

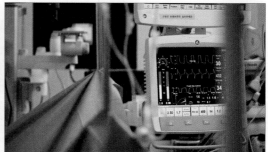

◆ 프리셋 적용 후

후반 작업에서 색보정을 하기 위해서 LOG로 촬영했는데, 막상 색보정을 하려고 하니 복잡하거나 납품까지의 시간이 부족할 때가 있습니다. 이럴 때는 표준 색상 영역인 Rec.709로 변환해주는 프리셋을 사용하면 됩니다. 이런 색상 프리셋을 Look Up Table이라고 하고, 줄여서 LUT이라고도 합니다.

3D LUT를 사용하여 Rec. 709 색 재생을 쉽게 구현한 화면

룩업 테이블 (LUT)을 사용할 때 Rec. 709에서 최적의 Log 비디오 화면을 표시하려면 색 보정이 필요합니다. 이와 같이 변환하기 위해서는 Rec. 709 화면에서 표시를 위한 재료를 준비해야 합니다.

주로 조도를 조정하는 1D LUT와 달리, 3D LUT는 각 RGB 컬러의 색조, 채도 및 밝기를 조정합니다. 이들이 없으면 톤 곡선, 색조, 채도 및 기타 디테일을 2차원적으로 조정하면서 인스턴트 S-Log 비디오 디스플레이를 Rec. 709 화면의 색재현 영역과 일치하는 것이 어렵기 때문에 LUT는 색보정을 단순화합니다.

ILCE-1/ILCE-7SM3이 컬러 모드에서 [S-Log3] 감마 및 S-Gamut3.Cine로 또는 컬러 모드에서 S-Gamut3으로 동영상을 기록하는 경우, 이 LUT를 사용할 수 있습니다.

  ▶ S-Gamut3 & S-Gumut3.cine/S-Log3의 경우 (Rec.709)
  ▶ S-Gamut3 & S-Gumut3.cine/S-Log3의 경우 (P3DCI/P3D65)

◆ 소니 공식 홈페이지에서 지원해주는 S-Log3→Rec.709 LUT

LUT은 각 카메라 회사의 홈페이지에서 내려받을 수 있습니다. 만약 Rec.709가 아니라 시네마틱 한 느낌이나 특정 색상이 강조된 프리셋이 필요하다면 인터넷을 통해 구입하거나 무료로 다운로드하면 됩니다. Sony S-log3로 촬영했고, 할리우드 영화 같은 프리셋이 필요하다면 S-log3 Cinematic LUT이라고 검색하면 되고, 캐논 C-log로 촬영했다면 C-log Cinematic LUT로 검색하면 됩니다.

01 새로운 Sequence를 DSLR1080p24로 만들고, Project 패널에서 ❶03. Slog.mp4 클립을 Timeline 패널의 V1 트랙으로 당겨놓습니다. V1 트랙의 ❷03. Slog.mp4 클립을 클릭합니다.

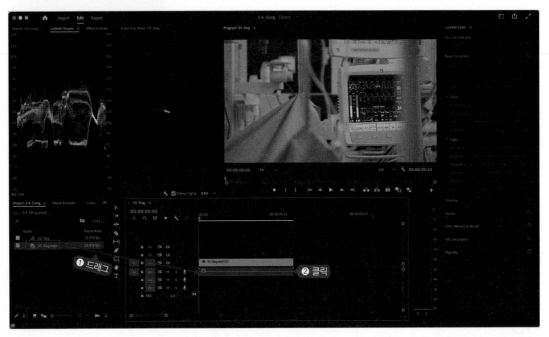

02 Lumetri Color 패널에서 Basic Correction 아래에 있는 Input LUT의 아래 화살표(▼)를 클릭합니다.

03 드롭다운 메뉴가 나타납니다. Browse를 클릭합니다.

04 탐색 창이 나타나면 자료로 드린 03. SL3SGtos709.
cube 파일의 위치를 찾아 선택한 후 [열기] 버튼을
클릭합니다.

05 LUT이 적용된 것을 확인할 수 있습니다.

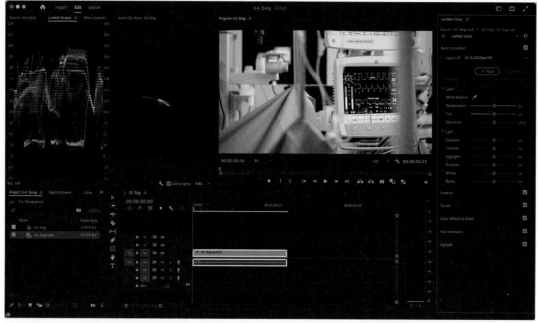

LOG로 촬영하고 LOG에 맞는 LUT을 사용하더라도 촬영 환경에 따라 색보정이 다르게 적용될 수 있습니다. 따라서 LUT을 적용한 후 직접 Highlights와 Shadows, Contrast와 Saturation 등을 조절해야 합니다. 다만 최근에 출시되는 카메라들은 최적화된 LUT을 별도로 배포하고 있어서 최소한의 조절만으로도 색보정을 쉽게 할 수 있습니다. 아직 색보정이 익숙하지 않으시다면 LUT을 우선 적용한 후 디테일 값들만 조금씩 조절하는 연습을 하시면 편리합니다.

04 _ 색상 교정을 넘어 색보정을 하기 위한 다른 Lumetri Color 기능들

Basic Correction의 기능을 통해 일반적인 색상 교정까지 작업했다면, 이제 원하는 색상을 만드는 Color Grading 작업을 시작할 때입니다. 이를 위한 기능을 알려드리겠습니다.

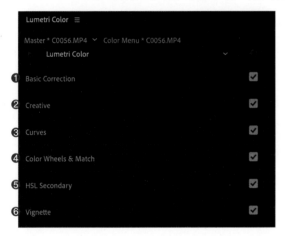

❶ Basic Correction: 기본 교정 메뉴로, 화이트 밸런스, 기본 노출 등을 조절할 수 있는 기능이 있습니다.
❷ Creative: Color Grading LUT을 적용하거나 질감 및 색감을 조절할 수 있는 기능이 있습니다.
❸ Curves: 커브(곡선)를 조절할 수 있습니다. 각 색상별 밝기, 채도, 색조 조절이 가능합니다.
❹ Color Wheels & Match: Sequence 위에 있는 다른 컷과 색상을 비슷하게 맞추거나, 밝기 영역에 따라 다른 색상을 입히고 싶을 때 사용합니다.
❺ HSL Secondary: 특정 색상을 정밀하게 조절하고 싶을 때 사용합니다.
❻ Vignette: 화면 주변부를 어둡게 하거나 밝게 해주는 비네팅 기능을 사용할 수 있습니다.

❶Basic Correction은 저희가 위에서 함께 살펴보았으니 바로 ❷Creative부터 확인해보도록 하겠습니다.

Creative 탭 알아보기

Basic Correction이 화이트밸런스와 노출을 조절하면서 밝기와 색상을 실제와 비슷하게 교정하는 작업이었다면 Creative는 말 그대로 창의적으로 색상을 꾸미기 시작하는 첫 번째 Color Grading 기능입니다.

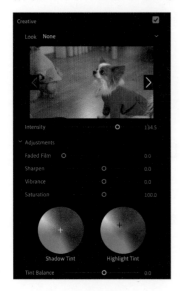

Creative에서 가장 먼저 보이는 것은 Look입니다. Look은 Look Up Table의 약자로, 위에서 알려 드렸던 LUT과 동일합니다. 다만 용도에 약간 차이가 있습니다. Basic Correction에서 LUT이 LOG로 촬영된 것을 표준색 영역으로 교정해 주는 것이었다면, Creative에서는 표준 색감을 개인의 의도에 맞게 독특하게 바꿔주는 LUT을 적용합니다. 저희가 일반적으로 알고 있는 색감 프리셋이 이것입니다.

❶Look의 ❷아래 화살표(ⱽ)를 클릭하게 되면 드롭다운 메뉴가 나타나면서 LUT을 적용할 수 있습니다. Basic Correction의 LUT과 마찬가지로 Browse를 통해 자신이 구입하거나 다운로드한 LUT을 적용할 수도 있습니다.

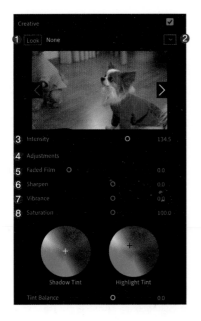

❸Intensity는 LUT의 강도를 조절하는 것으로 기본적으로 100이 적용됩니다. 숫자가 높을수록 강하게 적용되고, 숫자가 낮을수록 Basic Correction에서 교정한 색감에 가깝게 적용됩니다.

❹Adjustments는 디테일을 조정을 할 수 있는 탭입니다. ❺Faded Film의 값을 조절하면 필름이 바랜듯한 효과를 적용할 수 있습니다.

감성적인 느낌의 영상을 만들거나, 일본 영화나 웹 드라마 같은 느낌을 만들고 싶을 때 사용하면 됩니다.

◆ Faded Film 값이 0일 때

◆ Faded Film 값이 100일 때

❻Sharpen은 선명도를 조절하는 기능입니다. LOG로 촬영한 경우 기본적으로 Sharpen을 조금은 추가하는 것이 좋으며, 너무 많이 추가하게 되는 경우 노이즈처럼 보이게 될 수 있으니 적절히 사용하는 것이 좋습니다.

❼Vibrance는 생동감, ❽Saturation은 채도로 둘 다 색감의 농도를 조절한다는 것은 같지만 약간의 차이가 있습니다. ❽Saturation은 범위가 넓어서 근접 색을 벗어나면 다른 색으로 변화됩니다. 하지만 ❼Vibrance는 근접 색을 벗어나면 더 이상 적용이 되지 않습니다. 즉 강도의 차이라고도 볼 수 있습니다. 조절을 잘 못하겠다면 ❼Vibrance를 먼저 조절하고, 부족한 부분만큼만 ❽Saturation을 살짝 조절하는 것이 좋습니다.

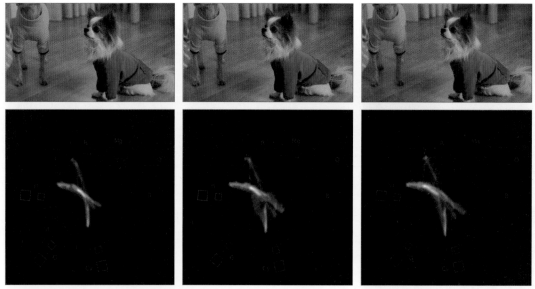

◆ 기본 교정 　　　　　◆ Vibrance 최대로 높인 상태 　　　　　◆ Saturation을 최대로 높인 상태

다시 돌아와서 ❾Shadow Tint와 ❿Highlight Tint가 있습니다. ❾Shadow Tint는 어두운 영역에 특정 색상을 넣어주는 것이고, ❿Highlight Tint는 밝은 영역에 특정 색상을 넣어주는 기능입니다. ⓫십자 모양을 움직여서 원하는 색상을 추가해 줄 수 있습니다. 이미 움직여놓은 ⓫십자 모양을 되돌리고 싶다면 ⓫십자 모양을 더블 클릭하면 됩니다.

마지막으로 ⓬Tint Balance는 위에서 ❾Shadow Tint와 ❿Highlight Tint에 적용한 색상의 조합을 어떤 비율로 할 것인지 선택해 주는 기능입니다.

Curves 탭 알아보기

커브(곡선)는 포토샵 등의 사진 편집 프로그램을 다루셨던 분들이라면 익숙한 기능일 것입니다. 곡선을 이용해서 각 영역에 대한 밝기를 조절할 수 있으며, 색상별 밝기 조절도 가능합니다.

❶ RGB Curves: 전체 Curve와 RGB 각각에 대한 Curve를 조절할 수 있는 탭입니다.
❷ Hue Saturation Curves: 색조와 채도에 대한 Curve를 조절할 수 있습니다.

❶RGB Curves가 조금 더 큰 단위의 색상에서 밝기를 조절한다면 ❷Hue Saturation Curves는 보다 미세한 색상의 채도나 색조 그리고 밝기를 바꿀 수 있는 기능입니다.

밝기와 질감을 조절하는 RGB Curves

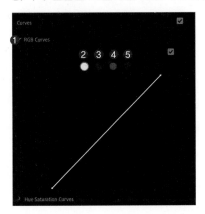

먼저 ❶RGB Curves를 살펴보면 ❷흰색, ❸빨간색, ❹초록색, ❺파란색으로 표시된 것이 보입니다. 선택해서 RGB(전체 밝기)를 조절하거나 Red, Green, Blue 색상에 대한 개별적인 밝기를 조절할 수 있습니다. 곡선을 조절하기 위해서는 먼저 X축과 Y축이 어떤 기능을 하는지 확인하면 됩니다. 조금 더 직관적인 Photoshop의 Curve로 설명해 보겠습니다.

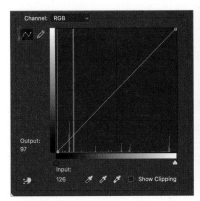

◆ Photoshop의 Curve

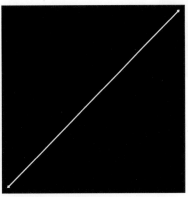

◆ Premiere Pro의 Curve

둘은 완전히 동일하지만 Premiere Pro는 Photoshop처럼 친절하게 표시가 되어 있지 않을 뿐입니다. Photoshop의 Curve 아래쪽을 보면 ❶Input이라고 되어있고, 왼쪽은 ❷Output이라고 되어있습니다. ❶Input은 말 그대로 입력된 것, 즉 원본 소스를 의미하고, ❷Output은 출력, 어떻게 표현되게 할 것인가를 의미합니다. ❶Input과 ❷Output 모두 검은색으로부터 시작해서 멀어질수록 흰색에 가까워지는 것을 확인할 수 있습니다. 이는 밝기를 의미합니다.

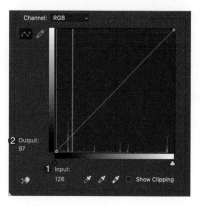

검은색에서 흰색으로 가는 것을 보면 알 수 있듯이 Input의 **왼쪽** 끝은 원본 소스의 가장 어두운 영역을 의미하고, 오른쪽 끝은 가장 밝은 영역을 의미합니다. Output의 **최하단**은 어둡게 표현된다는 것을 의미하고, **최상단**은 밝게 표현된다는 것을 의미합니다. 즉 이 Curve를 봤을 때, Input이 어두운 영역이 Output의 최하단에 위치하고 있기 때문에 원본 소스에서 어두운 부분들은 어둡게 표현이 되고 있는 것입니다. 마찬가지로 Input의 오른쪽 끝에 위치한 가장 밝은 영역은 Output의 **최상단**에 위치하고 있으므로 밝은 영역은 밝게 표현이 되고 있는 것입니다.

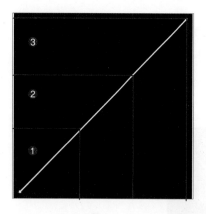

좀 더 쉽게 영역에 대해 설명하자면 이러합니다. ❶좌하단은 어두운 영역, ❷중간은 Midtone, ❸우상단은 밝은 영역입니다. 여기에서 포인트를 만들고 어떻게 움직이느냐에 따라 각각의 부분에 대한 밝기를 조절할 수 있는 것입니다.

이를 Premiere Pro에서도 똑같이 적용해 보겠습니다.

◆ ❶ Curve에 대한 값을 조절하지 않은 상태

◆ ❷ Ⓐ어두운 영역 포인트를 오른쪽으로 당겨온 상태

◆ ❸ Ⓑ밝은 영역 포인트를 왼쪽으로 당겨온 상태

❶원본의 영상과 ❷, ❸을 비교했을 때 차이가 느껴지시나요? Ⓐ어두운 영역 포인트를 안쪽으로 당겨오게 되면 더 어둡게 표현이 되고, 마찬가지로 Ⓑ밝은 영역 포인트를 안쪽으로 당겨오면 밝은 부분이 더 밝게 표현이 됩니다.

◆ 중앙에 Ⓐ포인트를 찍고 위로 올린 상태

위에서 말씀드린 것처럼 중간 영역에 해당하는 부분에 Ⓐ포인트를 만들고 위로 올리게 되면 Midtone에 대한 밝기가 조절이 가능합니다. Midtone은 특성상 밝기를 조절하면 어두운 영역과 밝은 영역도 조금씩 영향을 받게 됩니다.

◆ Ⓐ S자 커브를 만든 상태

영상 색보정에서 가장 많이 사용하게 되는 커브 모양 중 하나인 Ⓐ S자 커브입니다. 어두운 영역의 Ⓑ포인트를 약간 아래로 내려주고, 밝은 영역의 Ⓒ포인트를 약간 올려주는 것입니다. 그러면 어떻게 될까요? 어두운 영역은 어둡게 표현되고, 밝은 영역은 밝게 표현되면서, 대비(Contrast)가 강해지게 됩니다. 일반적인 할리우드 영화나 드라마에서도 많이 사용하며, 전체적으로 조금 더 선명해 보이는 효과도 나타나게 됩니다.

◆ Ⓐ역 S자 커브를 만든 상태

일본 영화 또는 유튜브 브이로그에서 많이 보이는 Ⓐ역 S자 커브입니다. 어두운 영역의 Ⓑ포인트를 약간 위로 올려주고, 밝은 영역의 Ⓒ포인트는 거꾸로 내려주는 것입니다. 그러면 어두운 영역에서 검은색이 완전히 검은색으로 보이지 않게 됩니다. 마찬가지로 밝은 부분에 대한 밝기 정보도 살아있게 되면서 대비(Contrast)가 약해지게 됩니다. 검은색이 완전히 어둡지 않게 표현이 되면서 필름이 바랜 것처럼 보이는 효과가 있습니다.

◆ 아무 작업도 하지 않은 원본 상태

◆ Orange and Teal 효과를 적용시킨 상태

이외에도 Curve를 활용해서 특정 밝기 영역에 특정 색상이 많이 보이게 할 수도 있습니다. 할리우드에서 많이 사용하는 Orange and Teal 효과를 적용하려면, Red의 Midtone과 밝은 영역의 Curve를 올려주고, Blue의 어두운 영역 Curve를 움직여주면 됩니다.

Curve에는 정해진 정답이 없습니다. 어떤 영상에서는 강한 Contrast가 효과적이지만, 어떤 영상에서는 약한 Contrast가 더 분위기를 잘 표현할 수도 있습니다. 또한 개인의 선호에 따라 달라지기도 합니다. Curve는 색이 뒤틀리지 않을 정도 한에서, 자신이 원하는 느낌을 잘 표현할 수 있게 조절하면 됩니다. 촬영 환경과 세팅법에 따라 조절이 달라지게 되므로, 외우려고 하시기보다는 직접 만져보면서 연습을 해보시면 도움이 됩니다.

Hue Saturaton Curves

❶RGB Curves가 곡선을 이용해서 밝기를 조절하는 것이었다면, ❷Hue Saturation Curves는 더 직관적으로 색상의 채도와 밝기, 색조를 조절할 수 있는 기능입니다.

Hue Saturation Curves 탭 아래에는 다섯 가지의 기능이 있습니다.

• Hue vs Sat: 지정한 색상에 대한 채도를 조절할 수 있습니다. 색상의 진하기를 바꾼다고 생각하면 됩니다.

◆ 원본 영상   ◆ Hue vs Sat을 조절한 경우

• Hue vs Hue: 지정한 색상의 색조를 변경할 수 있습니다. 색상을 다른 색상으로 바꾼다고 생각하면 됩니다.

◆ Hue vs Hue를 조절한 경우

• Hue vs Luma: 지정한 색상의 밝기를 변경할 수 있습니다.

• Luma vs Sat: 밝기 영역에 대한 채도를 조절할 수 있습니다.

• Sat vs Sat: 채도를 미세하게 조절 하는데 사용합니다.

위의 기능들을 잘 이용하면 촬영된 소스의 색감이 마음에 들지 않을 때 쉽게 바꿔줄 수 있습니다. 하늘을 촬영해왔는데 색상이 원하는 만큼 진하지 않다면 Hue vs Sat을 사용하고, 숲을 촬영해왔는데 숲의 잎들이 너무 연한 연두색이었다면 Hue vs Hue에서 초록색으로 바꿔줄 수 있습니다. 자세한 활용 방법은 이어지는 실습에서 배워보도록 하겠습니다.

Color Wheels & Match 알아보기

Color Wheels & Match는 ❶Shadows, ❷Midtones, ❸Highlights 등의 밝기 영역에 원하는 색조를 입힐 수 있는 기능이 있습니다. 위에서 Curves를 설명하면서 제가 만들어보았던 Orange and Teal 색감을 더 쉽게 적용시킬 수 있는 탭입니다.

이외에도 ❹Comparison View를 사용하면 Timeline 패널에 올려둔 다른 클립의 색감을 보면서 작업할 수 있습니다. ❺Apply Match 기능을 사용하면 다른 클립의 색감을 분석해서 그대로 가져올 수도 있습니다. 하지만 소스마다 콘트라스트와 밝기의 차이가 있고, 촬영된 소스의 환경에 따라 색감이 다르게 적용되기 때문에 주의가 필요합니다.

◆ Comparison View 사용 모습

HSL Secondary 탭 알아보기

◆ HSL 적용 전

◆ HSL 적용 후

HSL Secondary는 색보정의 꽃이라고도 할 수 있습니다. 본인이 원하는 색상을 세밀하게 지정해서 보정할 수 있기 때문입니다. 즉, 촬영해온 인물의 피부색이 너무 노랗거나 붉게 나와서 색상을 바꿔 줘야 한다면 HSL Secondary를 사용하면 됩니다.

물론 위에서 배운 Hue Saturation Curves를 이용해서도 색상을 바꿔줄 수 있지만, 선택하는 범위가 넓다는 문제점이 있습니다. 빨간색을 예로 들어보겠습니다. 빨간색에는 다양한 빨간색이 존재합니다. 어떤 빨간색은 노란색에 가까운 빨간색이고, 어떤 빨간색은 갈색에 가까운 빨간색입니다. 하지만 Hue Saturation Curves에서는 이렇게 디테일하게 선택을 하지 못하고, 빨간색의 범위를 대략적으로만 선택할 수 있습니다. 그래서 색상을 보정하려고 하면 비슷한 색상까지 전체적으로 변해버리는 문제가 있습니다.

반면에 HSL Secondary는 더 디테일하게 설정이 가능합니다. HSL은 ❶Hue(색조), ❷Saturation(채도), ❸Lightness(밝기)의 약자입니다. ❶Hue에서 가장 큰 범위인 색조를 선택하고, ❷Saturation에서 색상의 진하기, 즉, 채도를 지정합니다. 마지막으로 ❸Lightness에서 밝기까지 지정하여 범위를 더 좁힙니다. 이렇게 작업자가 원하는 최소화된 범위의 색상을 지정하여 보정할 수 있는 기능입니다.

HSL Secondary는 다음 따라하기에서 실습을 통해 더 자세하게 배워보겠습니다.

Vignette 탭 알아보기

◆ 원본

◆ 비네팅이 적용된 상태

Vignette 탭은 비네팅(Vignetting)을 조절할 수 있는 탭입니다. 비네팅은 사진 또는 영상의 주변부의 광량 저하로 외곽이 어둡게 나오는 현상을 의미합니다. 광학 업계에서는 촬영 시 발생하는 비네팅을 최소화하기 위해 노력하고 있지만, 영상 제작자들은 특정한 느낌을 만들기 위해 일부러 비네팅을 삽입하기도 합니다. 너무 많이 넣게 되면 영상의 퀄리티가 떨어질 수 있으므로 조금씩 사용해 보시길 추천합니다.

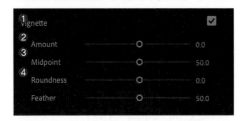

❶ **Amount:** 비네팅의 양을 조절합니다. 숫자가 0보다 아래로 내려가면 검은색 비네팅이 생성되고, 숫자가 0보다 올라가게 되면 흰색 비네팅이 생성됩니다.

◆ Amount 0 상태

◆ Amount −3 상태

◆ Amount +3 상태

❷ **Midpoint:** 비네팅의 중심 위치를 이동합니다. 숫자가 내려갈수록 화면 중심부까지 비네팅이 생기고, 숫자가 올라가면 비네팅이 중심부로부터 멀어집니다.

◆ Midpoint 50 상태

◆ Midpoint 0 상태

◆ Midpoint 100 상태

❸ **Roundness:** 비네팅의 모양을 조절하는 기능입니다. 숫자가 0일 때는 타원형에 가깝습니다. 0보다 낮아지면 사각형 형태로 바뀌고, 0보다 높아지면 점점 원에 가까워집니다.

◆ Roundness 0 상태　　　　◆ Roundness −75 상태　　　　◆ Roundness 85 상태

❹ **Feather:** 비네팅의 경계선을 조절합니다. 숫자가 낮아질수록 경계선이 뚜렷해지고, 숫자가 높아질수록 경계선이 부드럽게 표현됩니다.

◆ Feather 50 상태　　　　◆ Feather 0 상태　　　　◆ Feather 100 상태

05 _ S-log 영상 색보정을 통해 배워보는 색보정 작업 순서

◆ 색보정 전　　　　　　　　◆ 색보정 후

이제 Premiere Pro의 색보정과 관련된 기능들이 뭔지는 알겠는데, 막상 시작해 보려고 하니 어떤 것부터 시작해야 할지 모르겠다는 생각이 드셨나요? S-log로 촬영된 영상의 색보정 실습을 통해 기능도 익히고, 작업 순서도 배워보도록 하겠습니다. '제 카메라에는 S-log가 없는데요?' 걱정하지 마세요. 모든 영상 색보정은 거의 비슷한 프로세스를 거치게 되며, 조절하는 값의 양만 log에 비해 조금 적게 해주면 됩니다.

05-1 Lumetri Scopes 패널 세팅하기

■ 소스 파일 : Chapter04 / Lesson 02 / 05. Sample.mp4

우선 어떤 영상을 색보정하든 Lumetri Scopes 패널부터 설정하는 것이 가장 중요합니다. 확실하게 밝기와 색감 차이를 볼 수 있기 때문입니다. 이번 실습에서는 Lumetri Scopes 패널을 함께 설정해 보겠습니다.

01 새 Sequence를 DSLR1080p24로 만들고, 05. Sample.mp4 클립을 Timeline 패널의 V1 트랙에 올려 줍니다.

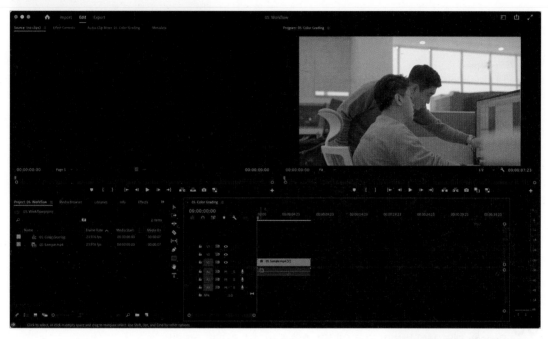

02 홈 패널에서 Workspaces 아이콘(▦)을 클릭하고, Color를 클릭 합니다.

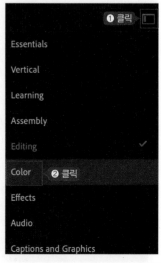

03 Lumetri Scopes 패널을 클릭합니다. Lumetri Scopes 패널에 마우스 커서를 올려놓고 마우스 오른쪽 버튼을 클릭합니다.

04 팝업 메뉴가 나타나면 Vectorscope YUV와 Waveform 을 클릭합니다.

05 다시 Lumetri Scopes 패널에서 마우스 오른쪽 버튼을 클릭합니다. 팝업 메뉴가 나타나면 Waveform Type을 Luma로 선택합니다.

06 Lumetri Scopes 패널의 세팅이 완료되었습니다. 만약 제 설정보다 본인이 편하게 느끼는 Lumetri Scopes 패널 세팅 방법이 따로 있다면 그렇게 변경해 주셔도 됩니다.

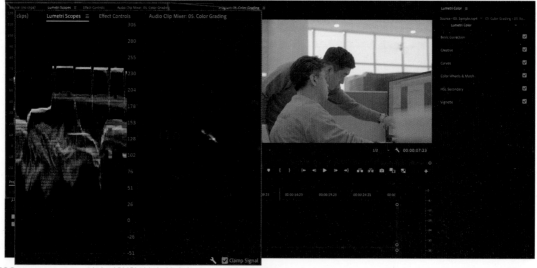

05-2 Basic Correction으로 색교정하기

- 소스 파일 : Chapter04 / Lesson 02 / 05. Sample.mp4
- 실습 파일 : Chapter04 / Lesson 02 / 05. Basic_Correction.mp4

▶ 동영상 강의 시청하기
https://youtu.be/fyzkXbnS_h0

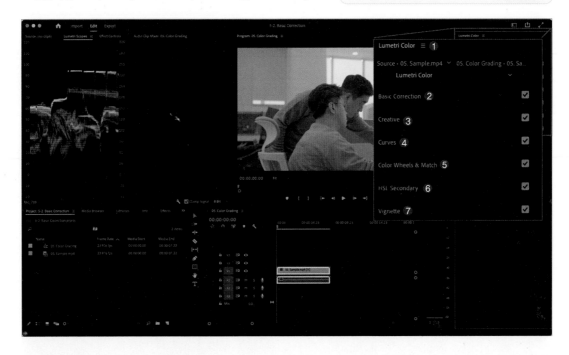

이제 색보정의 첫 단계인 색상 교정 작업을 시작할 차례입니다. 오른쪽의 ❶Lumetri Color 패널을 확인해보면 위에서 설명해드린 ❷Basic Correction, ❸Creative, ❹Curves, ❺Color Wheels & Match, ❻HSL Secondary, ❼Vignette 기능들이 순서대로 있습니다. 왜 Premiere Pro는 색보정 기능을 이 순서로 배치해두었을까요? 그 이유는 간단합니다. 배치되어 있는 순서가 색보정 작업 순서의 정석에 가깝기 때문입니다. 위에서부터 차례대로 조절하면서 작업해간다고 생각하시면 쉽게 원하는 색상으로 보정할 수 있습니다. 그럼 가장 첫 번째에 있는 ❷Basic Correction부터 작업해보면 되겠죠?

시작하기 전에 먼저 Program Monitor 패널에 있는 원본 영상을 확인해봅시다. 대비가 많이 빠져있고, 채도가 빠져있는 것이 보일 겁니다. Basic Correction에서 저희는 대비를 다시 살려줄 예정입니다.

01 Lumetri Color 패널에서 Basic Correction 탭을 클릭합니다.

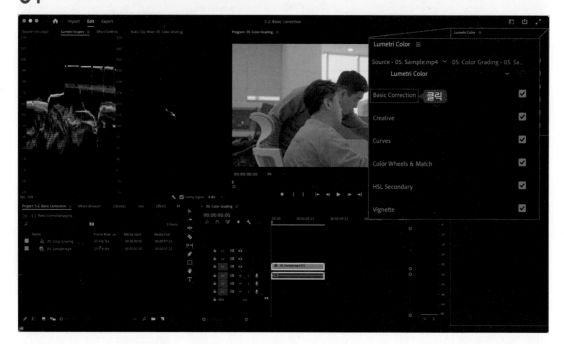

02 Lumetri Color 패널에 Basic Correction의 기능들이 나타납니다.

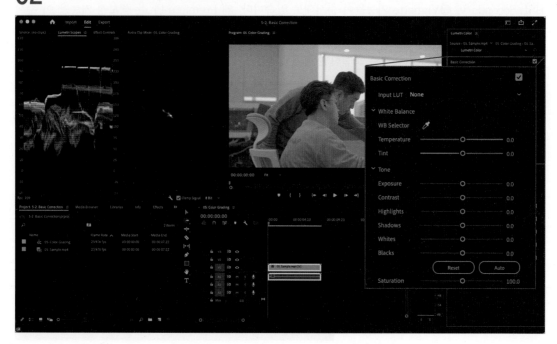

03 Lumetri Scope 패널을 보면 어두운 부분이 너무 밝게 표현되는 것을 확인할 수 있습니다. Basic Correction에서 Shadows의 값을 낮춰주면 좋을 것 같습니다. Shadows의 다이얼( )을 클릭하면서 왼쪽으로 움직여줍니다.

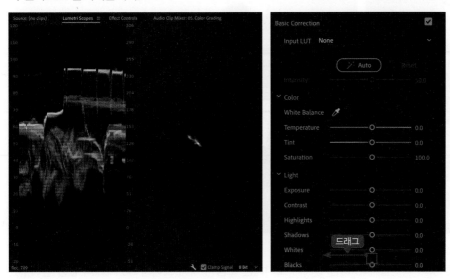

04 Shadows의 값을 −82.5까지 내렸습니다.

◆ Shadows 적용 전

◆ Shadows 적용 후

이번엔 밝은 부분이 조금 어두운 것 같으니 Highlights의 다이얼( )을 클릭하면서 오른쪽으로 움직여줍니다.

05 Highlights의 값을 43.8까지 올렸습니다.

◆ Hightlights 적용 전

◆ Hightlights 적용 후

대비가 많이 올라온 것이 확인됩니다. 다만 필자가 보기에는 조금 부족해 보여서 Contrast의 값을 높여주겠습니다. Contrast의 다이얼( )을 클릭하면서 오른쪽으로 움직여 값을 추가합니다.

06 Contrast의 값이 22.5가 되었습니다.

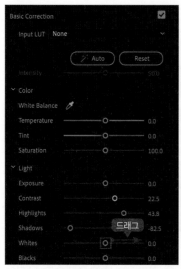

◆ Contrast 적용 전

◆ Contrast 적용 후

(Contrast의 경우 인쇄 사진으로만 보면 차이를 느끼기 어려울 수 있으니 꼭 직접 적용해 보시기 바랍니다)

색상 교정을 하다 보니 전체적으로 어두운 것 같은 느낌이 듭니다. Whites의 다이얼( )을 클릭하면서 오른쪽으로 움직여 흰색 계열의 밝기를 조절합니다.

07 Whites의 값이 45가 되었습니다.

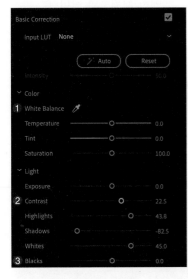

◆ Whites 적용 전

◆ Whites 적용 후

기본적인 교정은 완료된 것 같습니다. 여기서 각자 원하는 만큼 교정을 더 해주어도 좋습니다. ❶White Balance를 조절해서 원하는 색을 입혀줄 수도 있고, 빈티지한 느낌을 만들고 싶다면 ❷Contrast를 낮추고 ❸Black의 밝기를 올려 줄 수도 있습니다. 하지만 이 영상은 회사 홍보 영상을 위해 촬영한 영상인 만큼 저는 선명하고 색상이 잘 보이는 것을 선호하여 이렇게 교정하였습니다.

05-3 Creative 조절하기

- 소스 파일 : Chapter04 / Lesson 02 / 05. Sample.mp4
- 실습 파일 : Chapter04 / Lesson 02 / 05. Creative.mp4

▶ 동영상 강의 시청하기
https://youtu.be/u3mSmSuHbCk

◆ Creative에서 작업 전

◆ Creative에서 작업 후

앞에서 Basic Correction 작업을 하고 나서 충분하다고 느끼시는 분들도 계실 겁니다. 하지만 디테일한 측면에서 2% 부족한 부분이 있습니다. 이런 부분들은 Creative 탭에서 채워주면 됩니다.

01 Lumetri Color 패널에서 Creative 탭을 클릭합니다.

02 Creative의 메뉴가 나타납니다. Program Monitor 패널을 보면 영상의 초점은 잘 맞아있지만 Log 특성상 조금 선명함이 떨어져 보입니다. 선명도를 올려주기 위해 Creative의 Sharpen 다이얼(◯)을 클릭하면서 오른쪽으로 당겨줍니다.

03 Sharpen의 값이 45가 되었습니다. 확대해서 보면 선명도에 차이가 나는 것을 확인할 수 있습니다.

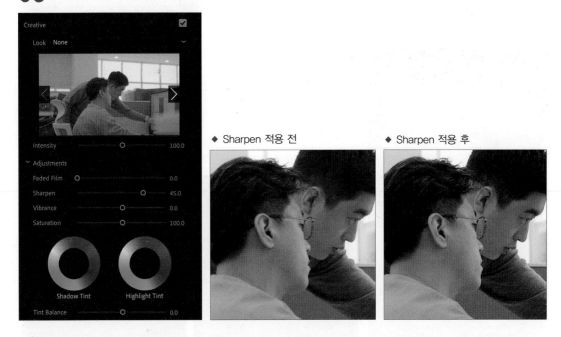

◆ Sharpen 적용 전   ◆ Sharpen 적용 후

04 선명해졌으나 이번엔 색감이 조금 연해 보이는 것 같습니다. Vibrance의 값을 조절해주도록 합니다. Vibrance의 다이얼(⊙)을 클릭하면서 오른쪽으로 당겨줍니다.

05 Vibrance의 값이 70이 되었습니다. Lumetri Scope 패널의 Vectorscope YUV를 비교해보면 채도에 차이가 생긴 것을 확인할 수 있습니다.

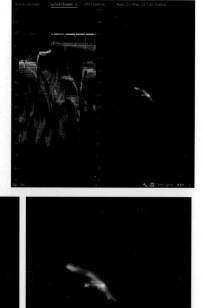

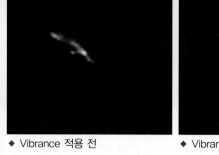

◆ Vibrance 적용 전

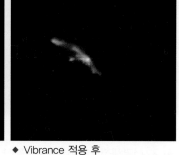

◆ Vibrance 적용 후

저는 여기까지만 조절하도록 하겠습니다. 아직 채도가 부족하다고 생각되시는 분들은 Vibrance를 더 조절하셔도 되고, Saturation을 조절해서 전체적으로 조절할 수도 있습니다. 다만 너무 과하게 조절하게 되면 색이 틀어질 수 있으니 주의해 주세요.

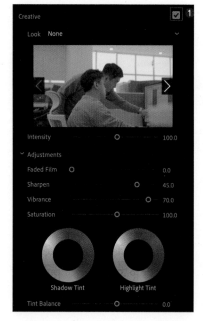

완성이 되었다면 ❶체크박스를 클릭해서 껐다 켰다 바꿔보면서 얼마나 많은 차이가 생겼는지 확인해보도록 합니다.

◆ Creative에서 작업 전

◆ Creative에서 작업 후

작게 인쇄된 이미지에서는 큰 차이가 보이지 않을 수 있지만, Premiere Pro에서는 크게 차이가 나므로 반드시 작업해야 하는 과정입니다.

05-4 RGB Curves 실습

- 소스 파일 : Chapter04 / Lesson 02 / 05. Sample.mp4
- 완성 파일 : Chapter04 / Lesson 02 / 05. Curves.mp4

▶ 동영상 강의 시청하기
https://youtu.be/7nsCwZQx9x0

이제 원하는 Look을 만들기 위해 Curves를 조절해보겠습니다. 작업자에 따라 Curves를 생략하시는 분들도 있지만, 필자는 Curves가 단계별로 조절하기 편해서 Curves 작업을 꼭 진행합니다. 원하는 영역에 밝기를 조절하여 자신이 원하는 질감을 표현할 수 있습니다. 영상을 전체적으로 짙게 만들 수도 있고, 전체적으로 부드러운 느낌으로 만들어줄 수도 있습니다.

01 Lumetri Color 패널에서 Curves 탭을 클릭합니다.

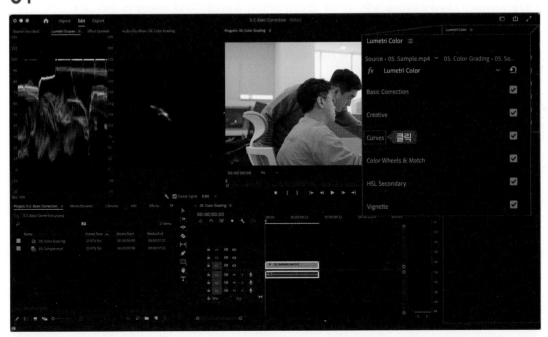

02 Curves의 기능 메뉴들이 나타납니다. RGB Curves를 사용할 예정입니다. Curves 탭의 Curve는 무슨 뜻인가요? Curve는 곡선이란 뜻이죠? 이처럼 Curve는 처음에 보일 때는 직선이지만, 선에 점을 찍어서 움직이게 되면 선이 점을 따라가면서 곡선 형태를 그리게 되어있습니다. 이 때문에 점을 하나만 찍고 움직이면 곡선이 그려지면서 전체적으로 영향을 받게 됩니다. 따라서 기준이 되는 세 지점, 어두운 영역, 중간 영역, 밝은 영역에는 점을 찍어놓고 작업을 시작하는 것이 편리합니다. 그럼 먼저 ❶어두운 영역, ❷중간 영역, ❸밝은 영역을 한 번씩 클릭해 주도록 합니다.

03 각 영역에 점이 생긴 것을 확인할 수 있습니다. 어두운 영역의 점을 클릭하고 아래로 내려줍니다.

04 Program Monitor 패널을 보면 어두운 영역이 어둡게 표현되는 것을 확인할 수 있습니다.

◆ 어두운 영역을 내리기 전

◆ 어두운 영역을 내린 후

이제 RGB Curves에서 밝은 영역의 점을 클릭하면서 위로 올려줍니다.

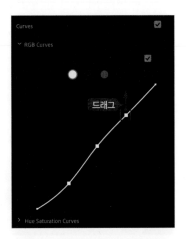

05 RGB Curves의 밝은 영역의 점이 올라가면서 영상의 밝은 영역이 더 밝게 표현된 것을 확인할 수 있습니다. Curves의 체크박스를 클릭해서 껐다 켰다 하면서 이전과 비교해 보면 대비가 늘어난 것을 확인할 수 있습니다. 어두운 영역이 아래로 내려가고, 밝은 영역이 밝아졌기 때문입니다.

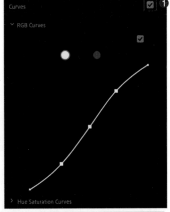

◆ Curves 작업 전

◆ Curves 작업 후

06 여기까지만 작업해서 끝내시는 분들도 있고, 중간 영역의 점을 살짝 위로 올려서 Midtone이 밝아지게 만드시는 분들도 있습니다. 저는 여기서 아주 조금만 더 디테일을 만져보도록 하겠습니다.

우측 최상단의 가장 밝은 영역의 점을 클릭하면서 살짝 아래로 내려주도록 합니다. 하이라이트가 생긴 부분의 디테일을 더 살려주기 위함입니다.

07 영상을 보면 창가의 Highlights가 사라지면서 디테일이 더 많아 살아난 것을 확인할 수 있습니다.

◆ 밝은 영역 조절 전 　　　　　　　　　　◆ 밝은 영역 조절 후

◆ 밝은 영역 조절 전 　　　　　　　　　　◆ 밝은 영역 조절 후

08 이번엔 어두운 영역의 디테일을 조금 더 살려보겠습니다. 어두운 영역을 조절할 때 곡선이 한꺼번에 따라오지 않도록 막아줄 수 있는 기준점을 만들어주겠습니다. 좌측 최하단의 점과 어두운 영역의 점 사이를 클릭해서 점을 만들어줍니다.

09 좌측 최하단의 점과 어두운 영역의 점 사이에 새로운 점이 생긴 것을 확인할 수 있습니다. 이제 좌측 최하단의 점을 클릭하면서 위로 올려줍니다.

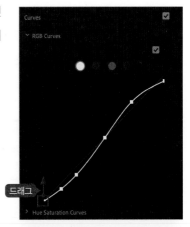

10 새로운 점이 막아주어서 어두운 영역의 점에 영향을 최소화하면서 좌측 최하단의 점을 위로 올린 것을 확인할 수 있습니다.

◆ 완성본

◆ Curve를 역커브로 조절한 상태

곡선에 점을 더 다양하게 찍고 영역별로 조절해서 미세한 보정을 할 수도 있고, 앞서 Curves 기능에 대해서 설명해드린 것처럼 역커브를 만들어서 더 부드러운 느낌으로 만들어줄 수도 있습니다.

저는 결과물을 봤을 때 이 정도면 충분한 것 같아서 여기까지 작업을 하도록 하겠습니다. 만약 특정 색상의 채도가 잘 나오지 않았다면 Hue Saturation Curves를 조절하고, 인물의 피부 색상이 잘 나오지 않았다면 HSL Secondary를 이용해서 색상을 잡아주는 프로세스만 추가하면 됩니다. 하지만 이번 예제에는 문제가 없어 보이므로 따로 건드리지 않고 넘어가도록 하겠습니다. 두 기능은 이어지는 내용에서 설명하겠습니다.

색보정 작업 순서에 대해 배워보았는데, 어떠셨나요? 생각보다 간단하지 않으셨나요? 어렵게 생각하지 않고, Lumetri Color 패널의 맨 위부터 아래까지 차근차근히 조절하면서 내려오면 됩니다. 편집과 마찬가지로 색보정도 많이 해보는 것이 가장 좋다는 것! 직접 촬영하신 영상을 가지고 많이 해보면서 자신만의 조절 강도를 찾으시길 추천합니다.

> **Basic Correction과 Curves의 차이는 무엇인가요?**
>
> 기능은 동일합니다. 모양과 이름이 다를 뿐, 영역별로 조절한다는 것은 같습니다. 다만 LOG로 촬영한 것을 Curves에서 대비를 조절하려면 훨씬 많은 양을 조절해야 합니다. 그래서 Basic Correction에서 원상태에 가깝게 수정한 후에 원하는 느낌을 조금 추가하고자 Curves를 조절하는 것입니다.

> **제 영상 소스를 가지고 작업하는데 위에서 말씀해주신 대로 했더니 색이 이상해졌어요.**
>
> 우선 같은 S-log라고 하더라도 세팅 값, 렌즈, 조명에 따라 다르게 색상이 나올 수 있습니다. 그래서 제가 위에서 알려드린 작업 순서대로 작업을 하되, 조절하는 양을 바꾸면 됩니다.
>
> S-log로 촬영된 소스가 아닌 경우에는 이미 대비와 채도가 진하게 들어오기 때문에 Basic Correction과 Curves를 같이 쓰기에는 어려움이 있을 수 있습니다. 이럴 땐 Curves만 가지고 조절하거나 Basic Correction 하나만 조절하면 됩니다. 그리고 Creative에서 Saturation보다는 Vibrance만 조절하는 것을 추천합니다.

06 _ Hue Saturation Curves 이용해서 하늘의 색상 변경하기

◆ 원본

◆ 색상 변경 후

야외 촬영을 나왔는데, 오늘따라 하늘 색상이 진하지 않다면 어떡할까요? 혹은 나뭇잎이 아직 너무 연한 색이라 만들고자 하는 영상의 분위기와 맞지 않는다면 어떡할까요? 너무 걱정하지 마세요. 위에서 Hue Saturation Curves를 이용해서 색상을 변경하면 된다고 말씀드렸습니다. 그런데 어떤 것부터 작업해야 하는지 잘 모르시겠나요? 그런 분들을 위해 이번 실습을 준비했습니다. 하나씩 색상을 조절하면서 기능을 배워보도록 하겠습니다.

06-1 Shadows를 조절하여 어두운 부분 밝게 만들기

■ 소스 파일 : Chapter04 / Lesson 02 / 06. Sky.mp4
■ 완성 파일 : Chapter04 / Lesson 02 / 06-01. Shadows.mp4

▶ 동영상 강의 시청하기
https://youtu.be/p0B8U9qvybA

◆ 원본 영상

작업 전에 먼저 원본 영상을 확인해 봅니다. 역광 상황에서 촬영이 되었기 때문에 인물의 **빨간색** 상
의가 많이 어둡습니다. 하늘의 색상만 바꿀 거라면 문제가 없지만, 옷의 색상까지 바꾸려면 문제가
될 수 있습니다. 너무 어둡거나 밝은 경우 색상의 미세한 차이가 표현되지 않기 때문입니다. 그래서
항상 Hue Saturation Curves로 색상을 바꾸기 전에는 밝기부터 맞춰주는 것이 좋습니다. 밝기 표
현이 제대로 되어야 색상 표현이 제대로 되고, 원하는 색상만 미세하게 선택할 수 있기 때문입니다.
그럼 밝기부터 조절해보도록 하겠습니다.

01 새 Sequence를 DSLR1080p24로 만들어줍니다. Projects 패널에서 06. Sky.mp4 클립을 당겨서
Timeline 패널의 V1 트랙에 올려줍니다.

02 홈 패널에서 Workspaces 아이콘(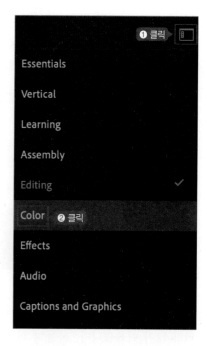)을 클릭하고, Color를 클릭합니다.

03 인터페이스가 Color 형태로 바뀌었습니다. 이제 Program Monitor 패널에서 영상을 확인해 봅니다. 역광 상황이라 남자가 입고 있는 상의가 너무 어둡게 보입니다. 이를 좀 밝게 만들어주겠습니다. Lumetri Color 패널에서 Basic Correction을 클릭합니다.

04 Basic Correction의 기능들이 나타납니다. Shadows의 다이얼( )을 클릭하면서 오른쪽으로 움직여줍니다.

01 Shadows의 값이 83이 되었습니다. 이전보다 남자의 옷 색상이 밝아진 것을 확인할 수 있습니다.

◆ 원본 영상

◆ Shadows 작업 후

06-2 Hue vs Sat으로 하늘 채도 진하게 만들기

- 소스 파일 : Chapter04 / Lesson 02 / 06. Sky.mp4
- 완성 파일 : Chapter04 / Lesson 02 / 06-02. Hue_vs_Sat.mp4

▶️ 동영상 강의 시청하기

https://youtu.be/EJ-H8c7-VJU

이제 준비가 되었으니, 본격적으로 색상을 바꿔보겠습니다. 영상을 보면 하늘의 색상이 조금 연한 것 같습니다. 이를 Hue vs Sat을 이용하여 진하게 만들어주겠습니다.

01 Lumetri Color 패널에서 Curves 탭을 클릭합니다.

02 Curves 탭의 기능들이 나타납니다. RGB Curves 아래의 Hue Saturation Curves를 클릭합니다.

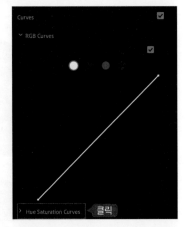

03 Hue Saturation Curves의 기능이 나타납니다. Hue vs Sat 옆의 스포이드(✏️)를 클릭합니다.

04 마우스 커서가 스포이드( )로 바뀝니다. Program Monitor 패널에서 Ⓑ**하늘**을 클릭합니다.

05 Hue vs Sat Curve의 파란색 영역에 점이 세 개가 생긴 것을 확인할 수 있습니다. 가운데 점을 클릭하면서 위로 조금만 올려줍니다.

06 Hue vs Sat의 파란 영역이 가운데 점이 올라간 삼각형 형태를 그리게 됩니다. 영상을 보면 하늘의 채도가 진해진 것을 확인할 수 있습니다.

◆ Hue vs Sat 작업 전

◆ Hue vs Sat 작업 후

06-3 Hue vs Hue로 기존 색상을 다른 색상으로 바꾸기

- 소스 파일 : Chapter04 / Lesson 02 / 06. Sky.mp4
- 완성 파일 : Chapter04 / Lesson 02 / 06-03. Hue_vs_Hue.mp4

 동영상 강의 시청하기
https://youtu.be/iswyhJ7T08c

위에서 Hue vs Sat으로 색상의 채도를 바꾸는 것을 해보았다면, 이번 실습에서는 Hue vs Hue를 이용하여 특정 색상을 선택해서 아예 다른 색상으로 바꿔보도록 하겠습니다.

01 Lumetri Color 패널에서 Curves 탭 아래의 Hue Saturation Curves 를 확인합니다. 두 번째에 Hue vs Hue가 보입니다.

02 Hue vs Hue 옆의 스포이드( )를 클릭합니다.

03 마우스 커서가 스포이드(✏)로 바뀝니다. Program Monitor 패널에서 하늘을 클릭합니다.

04 Hue vs Hue의 파란색 영역에 점이 세 개가 생긴 것을 확인할 수 있습니다. 가운데 점을 클릭하면서 아래로 내려봅니다.

05 Hue vs Hue의 파란 영역이 가운데 점이 내려간 역삼각형 형태를 그리게 됩니다. Program Monitor 패널을 보면 하늘의 색상이 보라색으로 바뀐 것을 확인할 수 있습니다.

06 이번엔 인물의 상의 색상을 바꿔보겠습니다. Hue vs Hue 옆의 스 포이드( )를 클릭합니다.

07 마우스 커서가 스포이드( )로 바뀝니다. Program Monitor 패널에서 인물의 상의를 클 릭합니다.

08 Hue vs Hue의 빨간색 영역에 점이 세 개가 생긴 것을 확인할 수 있습니다. 가운데 점을 클릭하면서 위로 올려봅니다.

09 Hue vs Hue의 빨간 영역이 가운데 점이 올라간 삼각형 형태를 그리게 됩니다. Program Monitor 패널을 보면 인물의 상의가 보라색으로
바뀐 것을 확인
할 수 있습니다.

◆ Hue vs Hue 작업 전   ◆ Hue vs Hue 작업 후

이렇게 Hue Saturtation Curves를 이용하면 손쉽게 색상을 변경해줄 수 있습니다. 만약 스포이드 (🖊)가 너무 넓은 범위를 잡는다고 생각이 된다면, Program Monitor 패널에 보이는 영상을 확인한 후, 직접 Curve에 마우스를 클릭해서 범위를 잡아줄 수도 있습니다.

❝ 인물이 빨간색 옷을 입고 있습니다. 옷의 색상만 바꾸려고 하는데 피부까지 같이 바뀝니다.

Hue Saturation Curves는 색상의 선택 범위가 미세한 편이 아니기 때문에, 색상을 변경하게 되면 주변 색상까지 같이 적용되는 경우가 많습니다. 인물의 피부색이 보통 주황색에 해당되기 때문에 빨간색을 조절하다 보면 인물의 피부 색상까지 같이 변경되는 것입니다. 이럴 때는 커브에 찍힌 포인트의 범위를 좁혀서 작업하거나, 이어서 알려드릴 HSL Secondary를 이용해서 색상을 바꾸시는 것을 추천해드립니다.

TIP Hue Saturation Curves를 많이 조절했더니 알록달록해졌어요.

알록달록 해지는 것은 색상을 많이 조절해서 색상이 깨져버린 것입니다. 영상에는 관용도라는 것이 있습니다. 관용도는 수정할 수 있는 범위라고 생각하시면 됩니다. 즉, 허용치를 넘어서까지 색상을 조절하게 되면 알록달록해지거나 조절한 색상 옆에 노이즈가 나타나는 현상이 생길 수 있으니 주의가 필요합니다. 이는 일반적으로 촬영해오는 압축 형태의 영상뿐만 아니라 무압축으로 촬영되는 RAW 파일에서도 나타나므로, 아주 조금씩만 조절해서 사용하시길 추천해드립니다. 관용도는 Hue Saturation Curves뿐만 아니라 이어서 배울 HSL Secondary도 똑같이 적용되오니 참고해주세요.

◆ 색상이 깨지는 경우. 인물의 하의를 보면 색상이 알록달록한 것을 확인할 수 있습니다.

07 _ HSL Secondary로 인물 피부색 보정하기

◆ HSL Secondary 작업 전

◆ HSL Secondary 작업 후

모델의 영상을 촬영해왔습니다. 그런데 촬영 현장의 천장 조명이 너무 세서 피부가 노랗게 촬영되었다면 어떻게 해야 할까요? 그럴 땐 HSL Secondary라는 기능을 이용해서 피부 색의 범위를 미세하게 조절한 후, 색을 변경해주면 됩니다. 실제로 후반 작업에서 가장 많은 요청이 들어오는 부분이 바로 피부색 보정이기도 합니다.

물론 6강 Tip에서 알려드린 것처럼 색상을 너무 많이 바꾼다면 색상이 깨지거나 노이즈가 생길 수 있으니 조금씩 조절해야 하고, 관용도를 고려하면 처음부터 촬영을 잘 해오는 것이 가장 중요합니다. 아주 약간의 밝기 조절만 하는 것이 가장 좋다고 생각하시면 됩니다.

이번 단원은 기능 특성상 글만으로는 완벽하게 이해가 어려울 수 있으니, 가능하시다면 첨부된 동영상을 함께 보시길 추천합니다. 그럼 실습을 통해서 함께 HSL Secondary를 배워보겠습니다.

07-1 HSL Secondary에서 Key 이용하여 피부색 범위 조절하기

■ 소스 파일 : Chapter04 / Lesson 02 / 07. Woman.mp4

▶ 동영상 강의 시청하기
https://youtu.be/xlHCZXwGkTI

Hue Saturation Curves에서 색을 조절하기 위해 색상의 범위를 지정한 것처럼 HSL Secondary에서도 색상의 범위를 조절해야 합니다. 이를 위해 Key를 이용하는 방법을 배워보도록 하겠습니다.

01 새 Sequence를 DSLR1080p24로 만들고, Projects 패널에서 07. Woman.mp4 클립을 당겨서 Timeline 패널의 V1 트랙에 올려줍니다.

02 홈 패널에서 Workspaces 아이콘(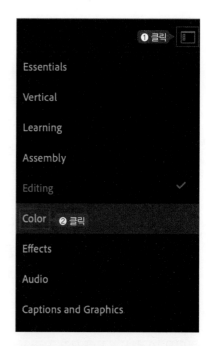)을 클릭하고, Color를 클릭합니다.

03 인터페이스가 Color로 바뀌게 됩니다. Lumetri Color 패널에서 HSL Secondary 탭을 클릭합니다.

04 HSL Secondary의 기능들이 나타납니다. Key 아래에 Set Color가 있습니다. 옆에 보이는 스포이드()를 클릭합니다.

05 마우스 커서가 스포이드()로 바뀝니다. Program Monitor 패널에서 인물의 얼굴 피부를 클릭합니다.

06 Set Color 아래에 색상 범위가 선택된 것을 확인할 수 있습니다. 하지만 Program Monitor 패널을 보면 아무런 변화가 없습니다. 색상의 범위를 확인할 수 있도록 Color/Gray 옆의 체크박스(□)를 클릭합니다.

07 Program Monitor 패널이 회색조로 변경되면서 피부 선택 범위가 아주 작게 보이는 것을 확인할 수 있습니다. 이제 피부의 색상 범위를 넓혀보겠습니다. Set Color 옆의 Add Color Picker(✎)를 클릭합니다.

08 마우스 커서가 스포이드((부분적)로 바뀌게 됩니다. Program Monitor 패널에서 인물의 얼굴 피부로 보이는 부분의 옆 부분, 즉, 얼굴 볼로 추정되는 부분을 클릭합니다.

09 선택 범위가 넓어진 것을 확인할 수 있습니다. 다시 Set Color 옆의 ❶Add Color Picker( )를 클릭해서 이번에는 ❷팔 부분을 클릭합니다.

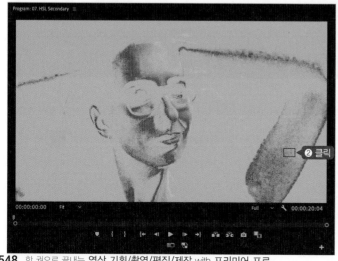

10 선택 범위가 더 넓어진 것을 확인할
수 있습니다.

이제부터 피부로 보이는 부분에 Add Color Picker()를 누르면서 반
복 작업을 해도 되고, 손으로 직접 잡아줘도 됩니다. 저는 조금 더 편하
게 하기 위해서 손으로 작업해 주겠습니다. Set Color 아래에 S가 보입
니다. 이는 Saturation, 채도입니다. S의 선택 범위 위로 삼각형( )이
보입니다. 이를 클릭하면서 오른쪽으로 움직여줍니다.

11 S의 범위가 넓어지자 채도의 범위가 넓어지면서 인물의 피부가 더 많이 선택된 것을 확인할 수 있습
니다. 이번에는 Lightness, 즉 밝기에 해당하는 L의 범위를 넓혀보겠습니다. L의 선택 범위 위에 있는
삼각형( )을 클릭하면서 마우스를 움직여 늘려줍니다.

12 이제 거의 범위 선택이 다 되어가는 것을 확인할 수 있습니다. 위에서 했던 것처럼 S와 L의 범위를 조금씩 더 조절해서 최대한 흰색이 없게 만들어 주면 됩니다.

13 어느 정도 선택이 다 된 것 같습니다. 다만 얼굴에 너무 밝은 부분이나, 채도 차이가 많이 나는 부분의 경우 구멍이 조금씩 있습니다. 현재 상태로 그냥 색보정을 하게 되면 해당 부분은 보정이 적용되지 않아서 얼룩덜룩하게 나올 수 있습니다. 따라서 깔끔하게 처리하는 Refine 작업이 필요합니다. Refine 아래에 있는 Denoise의 다이얼( )을 클릭하면서 오른쪽으로 움직여줍니다.

14 Denoise의 값이 31.3이 되었습니다. 사이에 보이는 구멍들이 많이 사라진 것을 확인할 수 있습니다.

15 이번엔 경계선을 조금 부드럽게 만들어주기 위해 Blur의 값을 조절해 보겠습니다. Blur의 다이얼(⊙)을 클릭하면서 오른쪽으로 움직여줍니다.

16 Blur의 값이 5.1이 되었습니다. 경계가 이전보다 부드러워진 것을 확인할 수 있습니다. 작업이 다 되었으면 Color/Gray 옆의 체크박스(☑)를 클릭해서 꺼줍니다.

17 영상이 원본처럼 보입니다.

HSL Secondary에서 가장 어려운 작업이 Key에서 원하는 색상만을 선택하는 것입니다. 실제로 작업할 때는 가능하면 최대한 머리카락이나 안경, 눈썹 등이 포함되지 않게 미세하게 조절해야 합니다. 피부 색상을 조절할 때 같이 조절될 수 있기 때문입니다.

07-2 HSL Secondary에서 색상 조절하기

- 소스 파일 : Chapter04 / Lesson 02 / 07. Woman.mp4
- 완성 파일 : Chapter04 / Lesson 02 / 07-02. HSL.mp4

 동영상 강의 시청하기
https://youtu.be/Mdl1VhndfzU

이제 '범위 선택'이라는 어려운 관문은 지나갔고, 아주 쉬운 색상 조절만 남았습니다. 함께 해보도록 하겠습니다.

01 Lumetri Color 패널에서 우측의 스크롤 바를 Correction의 기능들이 잘 보이는 곳까지 내려줍니다.

02 이전 실습에서 선택한 범위의 밝기 조절부터 하겠습니다. 검은색 세로 직사각형이 노출을 뜻합니다. 다이얼(■)이 올라가면 밝아지고, 내려가면 어두워집니다. 인물의 피부를 밝게 만들기 위해 다이얼(■)을 클릭하면서 위로 올려줍니다.

03 노출이 밝아진 것을 확인할 수 있습니다. 이번에는 피부 색상을 조금 조절해보도록 하겠습니다.

◆ 노출 조절 전

◆ 노출 조절 후

Color Wheel의 가운데를 클릭하면서 파란색 쪽으로 당겨줍니다.

04 당기면서 색상을 조절하기 시작하면 십자 표시가 나타납니다. 색상이 부자연스럽게 변하지 않도록 Program Monitor 패널을 계속 확인하면서 조절해주세요.

05 색상 변경이 마음에 든다면, 이번엔 얼굴의 대비를 조금 빼주도
록 하겠습니다. Contrast의 다이얼(○)을 클릭하면서 왼쪽으로
움직여줍니다.

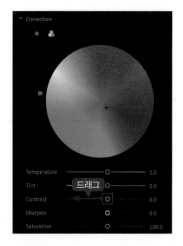

06 Contrast의 값이 −33.8이 되었습니다. 이전보다 피부가 밝고 부드럽게 표현되고 있는 것을 확인할
수 있습니다.

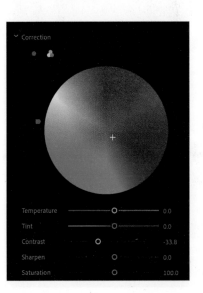

◆ Contrast 조절 전

◆ Contrast 조절 후

07 이번에는 조금 더 선명하게 보일 수 있도록 Sharpen을 추가해
주겠습니다. Sharpen의 다이얼(○)을 클릭하면서 오른쪽으로
움직여줍니다.

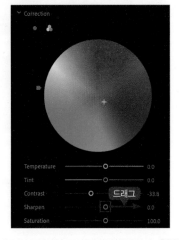

08 Sharpen의 값이 21.3이 되었습니다. 여기서 피부의 채도가 마음에 들지 않으신다면 Saturation의 값을 조금 올려주셔도 되고, 밝기를 아주 조금 올려주어도 좋습니다. 저는 채도는 지금도 충분한 것 같아서 밝기를 약간만 더 올려주도록 하겠습니다.

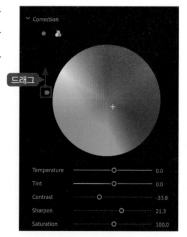

09 완성되었습니다. 이전과 비교해 보면 피부색이 더 하얗고 밝게 바뀐 것을 확인할 수 있습니다.

◆ 색상 조절 전

◆ 색상 조절 후

❝ 배경색이 피부와 너무 비슷해서 범위 선택이 잘 안됩니다.

배경색과 피부가 너무 비슷한 경우 범위 선택이 어렵습니다. 따라서 촬영할 때 너무 Flat한 느낌이 들지 않게 조명을 잘 사용해 주는 것이 중요하고, 만약 그럼에도 불구하고 선택이 잘되지 않는다면 Mask를 이용해서 인물만 따로 선택하여 색상을 보정해주면 됩니다.

08 _ 빠르게 색보정하는 꿀팁

영상 작업, 특히 의뢰인으로부터 돈을 받는 상업 영상 작업에서는 시간이 매우 중요합니다. 적게는 2~3일, 많게는 2주 이내로 빠른 납기를 기대하기 때문입니다.

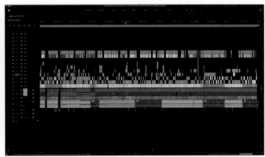

◆ 웹 예능 편집 작업의 타임라인 패널

보통 소스를 확인하고 컷을 자르고 붙이는 컷 편집 작업에서 시간을 많이 쓰게 됩니다. 편집 템포를 맞추는 작업과 자막 작업까지 시간을 쓰다 보면 색보정을 할 시간이 많이 줄어들게 됩니다. 여기에 After Effects 등의 모션 그래픽 작업까지 들어가야 하는 경우에는 색보정 작업에 주어지는 시간이 더 줄어들게 됩니다. 색보정이 완료된 상태로 작업을 해야 더 수월하기 때문입니다. 이 때문에 DI 스페셜리스트 없이 혼자 작업을 해야 한다면 작업 시간을 줄이는 것이 매우 중요합니다.

그래서 이번에는 색보정 작업 시간을 줄이기 위한 팁을 소개해 드리려고 합니다.

촬영을 잘하는 것이 중요합니다

아무리 능숙한 DI 스페셜리스트라도 엉망인 영상을 잘 보정하기란 너무나 어려운 일입니다. 따라서 촬영을 잘해오는 것이 가장 중요합니다. 색보정에서 촬영을 잘한다는 것은 단순히 구도를 잘 잡는 것이 아니라, 몇 가지 세팅을 잘하는 것입니다.

◆ 저예산 강의 영상 촬영에서의 조명

첫째, 조명을 잘 사용해서 너무 어둡거나 너무 밝지 않게 기록하는 것이 중요합니다.

너무 어두운 부분은 언더가 생겨서 복구가 어렵고, 너무 밝은 부분은 하이라이트가 생겨서 복원이 되지 않습니다. 그리고 어두운 부분을 밝게 했을 때는 노이즈가 많이 생기기 마련입니다. 이 때문에 노출을 잘 맞춰서 촬영하는 것이 중요합니다.

둘째, 화이트밸런스를 잘 맞춰주는 것이 중요합니다.

카메라 사용법 강의는 도대체 왜 화이트밸런스에 대해 오랜 시간동안 설명할까요? 그만큼 화이트밸런스가 중요하기 때문입니다. 관용도가 더 높은 사진에서도 화이트밸런스를 이야기할 정도면, 관용도가 훨씬 낮은 영상에서는 더더욱 중요하겠죠. 한 장소 안에서 찍더라도 백색 형광등이 있는 부분과 텅스텐 등이 있는 부분은 색을 받아들이는 것이 다릅니다. 이 때문에 화이트밸런스를 오토로 놓고 찍게 되면 중구난방으로 색상이 잡히게 되어서 추후에 색보정을 할 때 하나하나 맞춰줘야 하거나, 심한 경우 두 개가 색이 맞춰지지 않습니다. 따라서 화이트밸런스는 항상 K값으로 정확하게 맞춰주는 것을 추천합니다. 화이트밸런스의 K값을 잡기 어렵다면 커스텀 화이트밸런스를 사용하거나 색온도계를 이용하면 좋습니다.

Adjustment Layer(조정 레이어)를 활용하시면 편합니다

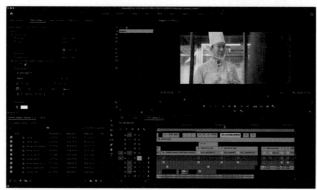
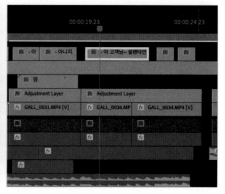

◆ Adjustment Layer 사용 예시

촬영을 잘 해왔다면 같은 장소 내에서 촬영된 소스를 색보정하기는 매우 편해집니다. Adjustment Layer를 활용하면 되기 때문입니다. Adjustment Layer는 아래에 있는 모든 레이어에 효과를 적용시키는 레이어입니다.

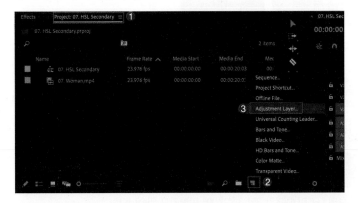

❸Adjustment Layer는 ❶Project 패널에서 ❷New Item 버튼(🔳)을 클릭해서 생성할 수 있습니다.

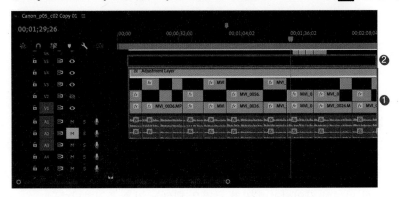

이를 컷 편집이 되어있는 ❶트랙의 위 트랙에 올려줍니다. 그리고 ❷Adjustment Layer를 선택한 상태에서 색보정을 하게 되면, ❷Adjustment Layer에 Lumetri Color 효과가 적용됩니다. 보정이 완료되었다면 ❷Adjustment Layer를 길게 늘려놓으면 늘려놓은 만큼 효과가 적용됩니다.

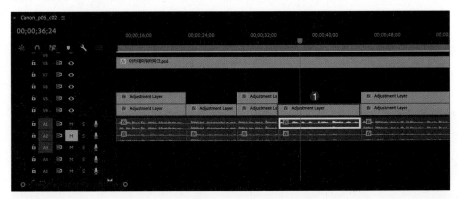

만약 컷별로 약간의 노출 차이가 있다면, 컷에 맞춰서 ❶Adjustment Layer를 잘라준 후, 해당 ❶ Adjustment Layer만 밝기를 조절하면 됩니다.

LUT을 사용합니다

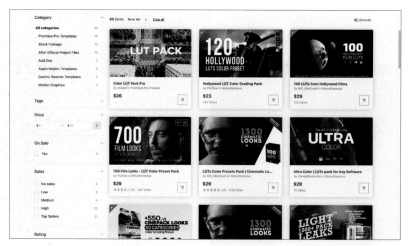

◆ Videohive에서 판매되고 있는 LUT. 700 종류의 LUT이 $29(약 3만 3천 원)에 판매되고 있습니다.

촬영되어 온 영상을 하나하나 작업할 시간이 충분하지 않다면 LUT을 사용하시길 추천합니다.

시간이 없는 상황에서는 Basic Correction을 이용해서 일일이 노출을 다 잡아주기보다는 Rec.709 LUT을 이용해서 일괄적으로 맞춰준 후 약간의 차이만 잡아주는 것이 좋습니다.

도저히 원하는 Look을 만들기 어렵다면 유료 사이트를 이용해서 시네마틱 LUT이나 특정 느낌을 만들어놓은 LUT을 활용하는 것을 추천합니다. Videohive나 Envato Market에서 구입할 수 있고, 이 외에도 유튜버 또는 개인이 만들어놓은 무료 LUT들도 있습니다.

물론 처음부터 LUT을 자꾸 쓰는 버릇을 들이다 보면 나중에는 본인이 원하는 색감을 만들기 어려워지기 때문에 개인 작업이나 시간이 넉넉한 작업이라면 직접 보정을 해보는 것을 추천합니다.

결국 연습이 가장 중요합니다

색보정은 기술적인 부분만으로는 보완이 되지 않습니다. 색을 보는 눈, 색을 꾸미는 눈, 즉 감각이 굉장히 중요한 분야입니다. 레퍼런스를 보고 따라 만들어보는 연습을 통해 실력이 성장합니다. 그만큼 많은 시간이 필요하다는 뜻이겠지요. 여유 시간이 있다면 간단하게 집 앞의 풍경 또는 색상이 많이 있는 장면을 촬영해서 보정해보시는 것을 추천합니다.

"한 권으로 끝내는 영상 기획/촬영/편집/제작 with 프리미어 프로" 본문에서 담지 못한 알찬 내용을 모아 별책 부록으로 제공합니다. 별책 부록에는 유튜브 채널 운영 전략과 방법, 나에게 맞는 장비 선택 방법, 촬영 세팅 및 다양한 영상 촬영 방법, 통통 튀는 자막 효과와 그 외 영화 비율 만들기, 에프터이펙트 활용 방법, 색보정, 플러그인 사용법 등 바로 활용할 수 있는 영상 편집 꿀팁이 수록되어 있습니다. 별책 부록은 PDF 파일로 제공하며, PDF 별책 부록의 다운로드 방법은 4쪽을 참조합니다.